Anthologie de la
littérature anglaise

DES MÊMES AUTEURS

François Laroque, *Shakespeare et la fête*, Paris, PUF, 1988.

Alain Morvan, *La tolérance dans le roman anglais de 1726 à 1771*, Paris, Didier-Erudition, 1984.

André Topia. Prépare un ouvrage sur la parodie chez James Joyce.

Collection
Premier
Cycle

Anthologie de la littérature anglaise

FRANÇOIS LAROQUE
Professeur
à l'Université Paul-Valéry, Montpellier III

ALAIN MORVAN
Professeur
à l'Université de la Sorbonne-Nouvelle, Paris III

ANDRÉ TOPIA
Maître de conférences
à l'Université de Paris X - Nanterre

*Presses
Universitaires
de France*

puf

ISBN 2 13 043531 9

Dépôt légal — 1re édition : 1991, février

Sommaire

Introduction générale

Dans cette anthologie les auteurs se sont délibérément fixé des objectifs limités et se sont contraints à opérer des choix difficiles pour faire entrer dans un format réduit ce qui leur apparaît être l'essentiel de ce qu'il faut connaître de la littérature anglaise au cours des deux premières années d'enseignement supérieur ou de classe préparatoire à une grande école.

A l'intérieur de ce panorama restreint mais indispensable si l'on désire que la littérature soit étudiée dans son développement historique et située dans un contexte qui fasse ressortir des enracinements, des continuités ou des différences au sein d'une époque, d'une œuvre ou d'un genre, chaque responsable a été guidé par ses préférences tout en suivant une ligne de conduite générale définie par une politique d'ensemble.

Ainsi a-t-il été convenu de ne garder que les « grands » textes et de n'inclure les auteurs considérés comme secondaires que de façon discrète ou indirecte, par simple référence dans les différentes introductions ou chapeaux. Il a également été décidé de tenter de préserver un équilibre relatif entre la poésie, la prose et le théâtre et d'accorder une représentation aux grands courants littéraires et aux principaux mouvements d'idées. Un glossaire de termes techniques et d'appellations génériques a été constitué pour chacun des mots ou expressions affectés d'un astérisque. Une liste de lectures complémentaires et de références bibliographiques est également donnée pour chaque grande période. Les notes infrapaginales ont été ramenées au strict nécessaire (mots vieillis, expressions obscures ou techniques ne figurant pas dans le dictionnaire anglais-français de Robert et Collins, ou allusions culturelles, historiques ou idéologiques). L'une des premières notes situe brièvement le texte lorsqu'il s'agit d'un extrait posant des problèmes d'élucidation contextuelle.

François Laroque s'est chargé de la période 1560-1660, ainsi délimitée à la suite d'une double décision. Celle qui a consisté, dans un premier temps, à se résoudre à ce que l'ensemble de la littérature anglaise de l'époque saxonne (Beowulf) *et médiévale (Mystères, Moralités, ballades et chansons de geste, Chaucer) ne soit pas représenté, décision qui prend acte du constat que ces textes ne sont plus désormais, à de rares exceptions près, enseignés dans les premiers cycles des universités ni dans les classes préparatoires aux grandes écoles. La seconde décision fut celle d'inclure le texte complet d'une pièce de Shakespeare plutôt que de tenter d'esquisser un panorama plus complet du théâtre élisabéthain et jacobéen. S'il est, en effet, un auteur dramatique de cette époque qui est encore étudié c'est bien Shakespeare, plus que Ben Jonson, dont la langue est difficile et chargée d'allusions devenues obscures, ou encore Dekker, Middleton, Webster ou Shirley.* The Tempest *paraissait une œuvre toute désignée pour figurer dans une anthologie, car c'est l'une des pièces les plus courtes de Shakespeare et celle qui rassemble l'essentiel des thèmes de son théâtre. Elle pose en outre des problèmes hérités de la Renaissance (pouvoirs et limites de l'éducation par rapport à la naissance, découverte du nouveau monde, rapports du sauvage et de la civilité) tout en se situant par rapport à la nouvelle esthétique du baroque ("Masque", enchantements, divertissement mythologique).*

The Tempest *étant ainsi appelée à devenir le dispositif central de la première partie de l'anthologie, un certain nombre de textes ont été choisis pour pouvoir être lus et étudiés aussi en rapport avec elle. Qu'il s'agisse de l'extrait de* The Arcadia *de Sidney, de la description par Sir Walter Ralegh de la Guyane et de ses* mirabilia, *de la découverte du* Bower of Bliss *de la magicienne Acrasia dans* The Faerie Queene *de Spenser, du passage de la Genèse dans la Version Autorisée de la* Bible *de 1611, ou de la description du jardin d'Eden par Milton, tous ces passages gravitent autour de la définition de l'ailleurs ou du lieu idéal (enclos pastoral, île ou contrée exotique). L'espoir qui s'exprime ici est que, faute de pallier les nombreuses et inévitables lacunes d'une telle anthologie, l'existence d'une certaine cohérence thématique permettra de remédier en partie à la dispersion des extraits reproduits ci-après.*

Alain Morvan s'est chargé de la période allant de 1660 aux années 1820-1830. Cette tranche chronologique fort longue, qui s'étend de la Restauration jusqu'à la fin de la Régence et presque aux prémices de l'ère victorienne, voit se produire des mutations littéraires considérables : l'apogée du classicisme, le développement du roman, qui suscite déjà sa propre parodie, le bouleversement du romantisme, entre autres, font de ces quelque cent soixante-dix ans une époque féconde et puissamment contrastée. Cette richesse protéiforme a rendu plus que jamais nécessaire le respect des exigences concomitantes de la représentativité et de la sélectivité.

Cette partie a été divisée en quatre sections, en fonction de critères qui ressortissent à la fois au chronologique et au thématique : la Restauration et les débuts du dix-huitième siècle, qui sont virtuellement indissociables ; les grands romanciers du dix-huitième siècle ; les écrivains gravitant "autour de Samuel Johnson" ; enfin, le préromantisme et le romantisme. Certes, on peut trouver réducteur le maniement de ces étiquettes — du moins la clarté de l'exposition et la perception des évolutions y trouvent-elles leur compte. De même, la troisième de ces sections procède d'un découpage qui peut de prime abord, paraître relever de l'arbitraire — et il est vrai que certains des auteurs qui y figurent auraient pu trouver leur place ailleurs : le Goldsmith de The Vicar of Wakefield *avec les romanciers, par exemple, ou Burke avec les romantiques. Mais cette section est consacrée à une pléiade d'auteurs qui se sont tous personnellement connus, et qui, tous, ont subi l'influence tutélaire du grand Johnson. Elle trouve donc sa pleine légitimité.*

Afin de réduire les inconvénients d'une trop grande atomisation, un texte de taille moyenne — A Modest Proposal, *de Swift, œuvre fondatrice de la satire — a été cité dans son intégralité. Une pondération aussi scrupuleuse que possible a été tentée entre les divers genres, poésie, roman, théâtre. La prose non romanesque et l'essai — si importants à cette période — sont eux aussi représentés. Ainsi, même s'il subsiste des lacunes, déchirantes pour l'auteur, mais inévitables du fait des contraintes techniques, il est à espérer qu'aucun registre majeur n'a été sacrifié. Le responsable de cette section regrette de n'avoir pu étoffer l'étude de la littérature gothique — mais celle-ci figure néanmoins dans l'ouvrage par le truchement de Mary Shelley, voire de Godwin, et même, en un certain sens, avec l'extrait des* Reflections *de Burke. Quant au grand débat sur la Révolution française et, d'une manière plus générale, au discours idéologique, il a certes fallu les traiter avec quelque parcimonie. Mais en agir autrement eût été sortir des limites assignées à cette anthologie, qui demeure prioritairement littéraire.*

André Topia s'est chargé de la période qui va du début de l'ère victorienne au temps présent. La difficulté était de trouver un point d'équilibre entre le désir de ne sacrifier aucun auteur important et le danger d'un émiettement excessif, vu l'abondance des postulants et l'incertitude des réputations à mesure qu'on se rapproche de l'époque actuelle. Des choix déchirants ont dû être faits. C'est ainsi qu'après bien des hésitations, les préraphaélites, Meredith, Hardy poète, Wells ont été éliminés. En revanche, certains auteurs trouvent place dans ce recueil soit pour des raisons d'inclination personnelle (Butler, Waugh), soit parce qu'ils cristallisent un moment symptomatique (Swinburne, Osborne). Quant à James et Pound, malgré leur rôle essentiel dans la littérature anglaise, ils nous ont paru relever davantage de la lignée américaine. La périodisation est toujours un exercice périlleux et là encore il nous a fallu faire des choix parfois un peu arbitraires. Ainsi Kipling et Shaw apparaissent dans la fin de l'époque victorienne et la transition édouardienne, alors que Conrad et Forster basculent dans l'époque moderne, même si une part essentielle de leur œuvre date d'avant la première guerre mondiale. Quant à Yeats, à la fois dans le siècle et hors du temps, il était de toute façon inclassable. Pour tout ce qui est postérieur à la seconde guerre mondiale, nous avons abandonné toute prétention à l'exhaustivité, nous limitant à quelques personnalités qui nous paraissaient — à tort ou à raison — indiscutables ou particulièrement représentatives. En face du foisonnement qui est la marque même de la modernité nous avons préféré un petit nombre de textes, parfois longs mais substantiels, à un saupoudrage qui, sans parvenir à donner une vue d'ensemble, ne fournirait pas non plus de points d'appui suffisants pour des analyses approfondies, ce qui est finalement le but premier d'une anthologie.

L'époque élisabéthaine : le XVIe siècle

Le XVIe siècle est marqué par l'avènement de la dynastie des Tudors, qui commence avec l'accession au trône d'Henri Tudor, comte de Richmond, en 1485, après sa victoire contre Richard III à la bataille de Bosworth qui mettait fin à la longue guerre des Deux-Roses où s'étaient affrontées les familles rivales des Lancastre et des York. Trois générations de souverains Tudors se succéderont dès lors sur le trône d'Angleterre jusqu'à la mort d'Elisabeth Ire en 1603.

Ce siècle est marqué par des inventions très importantes par leurs conséquences, comme la composition typographique importée d'Allemagne par William Caxton vers 1480, les découvertes des voyageurs et des explorateurs, qui permettront l'expansion maritime et commerciale de l'Angleterre au cours des siècles suivants. Il voit le développement de l'Humanisme, en particulier sous l'influence de Thomas More, dont l'*Utopia*, publiée en latin en 1516, met l'accent sur la connaissance des auteurs de l'Antiquité classique et sur l'apprentissage de la rhétorique et annonce l'action et les traités de pédagogues influents comme Roger Ascham et Thomas Elyot.

La Réforme survient en Angleterre plus tard que sur le continent et elle n'obéit pas à des motifs idéologiques mais au désir d'Henri VIII de s'émanciper de la tutelle de Rome qui refusait de sanctionner son divorce avec Catherine d'Aragon dont il n'avait pas eu d'héritier. En 1535, Henri VIII se proclame chef de l'Eglise d'Angleterre et, en 1538, il ordonne la dissolution des monastères dont les biens iront enrichir une nouvelle aristocratie qui demeurera attachée à la couronne. En 1549, sous Edouard VI, le *Book of Common Prayer* fixe le rite de la liturgie anglicane, désormais célébrée en langue vernaculaire et non plus en latin.

Les cinq années du règne de Marie Tudor, sœur aînée d'Edouard VI, mort à seize ans en 1553, sont marquées par une tentative de retour au catholicisme et par de nombreuses persécutions religieuses à l'égard des membres du clergé anglican. L'épouse de Philippe II d'Espagne devait être désormais connue sous le nom infamant de « Marie la Sanglante ». Sa mort en 1558 ramène en Angleterre les protestants qui s'étaient exilés sur le continent et elle est remplacée par sa demi-sœur Elisabeth, fille d'Henri VIII et d'Anne Boleyn, qu'elle avait fait enfermer à la Tour de Londres.

Elisabeth, qui accède au trône à vingt-cinq ans, régnera jusqu'en 1603 et l'autorité de celle qui sera surnommée la « reine vierge » permettra de rétablir l'ordre à l'intérieur en consolidant les acquis de la Réforme dans un esprit de compromis et de tolérance. Douée de beaucoup de caractère et d'un remarquable sens politique, c'est sous son règne que s'épanouiront les arts et la littérature à l'origine de la Renaissance en Angleterre.

Dans le domaine de la prose, l'œuvre la plus remarquable de la première partie du XVIe siècle est l'*Utopia*, le reste étant essentiellement composé de sermons (Cranmer) et de traductions du Nouveau Testament (William Tyndale et Miles Coverdale). La fin du XVIe siècle voit l'essor d'œuvres de fiction, avec les romans de John Lyly, comme *Euphues or the Anatomy of Wit* (1578), qui seront à l'origine de la vogue de l'euphuisme*. L'autre contribution importante à la prose de cette époque est constituée par l'*Arcadia* (1590), de Philip Sidney, qui créera le goût de la pastorale. A l'opposé, on trouve un courant réaliste illustré en particulier par le roman de Thomas Nashe, *The Unfortunate Traveller* (1594), dont l'humour et la variété préfigurent ceux de Henry Fielding.

Les genres poétiques pratiqués sont alors très variés et vont de l'épopée, qui était considérée comme le plus noble, à la pastorale et à la satire, d'un statut plus humble mais néanmoins très demandé. Les poèmes lyriques, souvent relativement brefs, sont particulièrement prisés. Sir Thomas Wyatt et le comte de Surrey introduiront en Angleterre le sonnet, forme fixe de quatorze vers établie par le poète italien Pétrarque (1304-1374), qui explore la nature contradictoire des sentiments de l'amant vis-à-vis d'une dame conventionnellement aussi belle qu'elle est inaccessible et qu'il idéalise et désire tour à tour. Dans un autre registre, le poème narratif, d'inspiration ovidienne et à caractère mythologique et érotique, comme *Hero and Leander* de Marlowe ou *Venus and Adonis* de Shakespeare, insiste sur la beauté physique et le plaisir des sens et vise à séduire le goût des aristocrates de la Cour. Mais c'est l'épopée, dont le modèle est fourni par l'Arioste et Le Tasse, qui reste alors la forme de poésie la plus haute. Dans ce mode héroïque, il s'agit d'exalter les valeurs de l'honneur, du courage et de la loyauté. C'est Spenser qui, avec *The Faerie Queene*, obtiendra la réussite la plus éclatante dans ce domaine, où il ajoute une part importante de merveilleux et d'allégorie qui donne à son poème une dimension nationale et protestante.

Mais, à cette époque, c'est surtout le théâtre qui connaît l'essor le plus significatif. Au Moyen Age, les Mystères et les Moralités (dont *Everyman* marque la fin, au xve siècle) étaient organisés par les corporations et joués par des amateurs. Jusqu'en 1576, date à laquelle James Burbage construit le premier théâtre permanent à Shoreditch, par-delà les murs de la City, les pièces étaient jouées dans la salle d'apparat des demeures princières, dans les Ecoles de droit de Londres ou dans des auberges. Les acteurs, désormais rattachés à la maison d'un seigneur, dont ils portent la livrée et dont ils sont théoriquement les serviteurs, échappent à la législation sur le vagabondage et l'oisiveté qui frappait les comédiens ambulants, cloués au pilori, fouettés et marqués au fer rouge lorsqu'ils étaient appréhendés. A côté des compagnies d'adultes, comme les « Lord Chamberlain's Men » (la compagnie de Shakespeare, formée en 1594), on trouvait des enfants, tels les « Children of St Paul's », jeunes garçons formant le chœur de la cathédrale et qui présentaient en outre des pièces à la Cour.

Ces théâtres permanents et professionnels vont se développer à partir des années 1580, les plus connus étant le théâtre de la Rose, de la Fortune et celui du Globe, construit en 1599 de l'autre côté de la Tamise, à Southwark, près des arènes de combats d'ours. Certains estiment à 2 000 le nombre moyen des spectateurs que pouvaient accueillir ces théâtres mais la découverte récente des fondations de la Rose et du Globe oblige à revoir ce chiffre à la baisse. Ces théâtres avaient une forme ovale ou octogonale et le parterre se tenait debout, dans l'espace à ciel ouvert au centre, tandis que les spectateurs plus aisés pouvaient trouver une place couverte sur l'un des trois niveaux de galerie qui entouraient la scène. Quelques rares spectateurs privilégiés pouvaient même assister à la représentation sur des sièges installés de part et d'autre de la scène qui s'avançait jusqu'au milieu du parterre. Les places debout (occupées par les *groundlings*) valaient un penny et il fallait payer six fois plus pour une place couverte. Les représentations avaient lieu l'après-midi et pouvaient être annulées en cas d'intempéries. Ce n'est qu'en 1608 que Shakespeare et sa troupe, devenue celle des « King's Men », feront l'acquisition d'un théâtre couvert, le théâtre privé des Blackfriars. Les acteurs principaux étaient actionnaires et recevaient leur part de bénéfice : Shakespeare, qui avait le double statut d'acteur et d'auteur attaché à la compagnie, possédait une action de 10 % qu'il sut faire fructifier. Les rôles féminins étaient alors tenus par de jeunes garçons jusqu'à ce que leur voix ait mué et, comme dans les corporations ordinaires, ils avaient le statut d'apprentis. Le texte des pièces appartenait à la troupe et celle-ci le conservait avec un soin jaloux car il leur assurait l'exclusivité de sa représentation sur scène.

Le répertoire de ces théâtres était très varié. Les comédies, influencées par les modèles classiques (Plaute et Térence) ainsi que par l'Italie *(commedia dell'arte)* et la France, allaient de la comédie romanesque, fondée sur l'intrigue amoureuse et couronnée par un mariage (c'est le principe de la comédie shakespearienne), à la comédie citadine (*The Shoemaker's Holiday* de Dekker ou *A Chaste Maid in Cheapside* de Middleton), sans oublier la comédie d'intrigue *(Volpone)* et la comédie des humeurs *(Every Man in His Humour)*, toutes deux illustrées par Ben Jonson. La tragi-comédie, qui ne se développe qu'au début du XVIIe siècle représente un genre intermédiaire où le mal et les problèmes qui aboutissent normalement à une fin tragique sont soudain miraculeusement dissipés pour permettre une fin heureuse (comme dans *The Winter's Tale* et *The Tempest* de Shakespeare).

La tragédie élisabéthaine emprunte essentiellement son ton aux tragédies de Sénèque, traduites en anglais à partir de 1559, où l'on voit la déesse Fortune actionner sa roue et jeter à bas les princes qui se trouvaient à son sommet. Ces pièces, outre leurs longs monologues inspirés par la mythologie et dotés d'une grande richesse rhétorique et métaphorique, frappaient par leur caractère violent et sanglant ainsi que par le recours aux fantômes à des fins d'explication de l'intrigue. La première tragédie anglaise, *Gorboduc or Ferrex and Porrex,* est l'œuvre de deux juristes, Thomas Sackville et Thomas Norton, et elle fut jouée en 1561 à l'école de droit de l'Inner Temple. Fortement inspirée par Sénèque, elle garde un aspect didactique mais montre une certaine originalité dans le choix d'un sujet tiré des annales de l'Angleterre (comme Shakespeare le fera plus tard avec *King Lear*) et introduit le vers non rimé au théâtre, pratique qui ne sera pas ensuite remise en question. On retrouve l'influence de Sénèque dans la *Spanish Tragedy* de Thomas Kyd (1587), prototype de la tragédie de vengeance, où le personnage victime d'une injustice organise une vengeance spectaculaire qui entraîne sa propre destruction. La présence d'un fantôme, le thème de la folie simulée servant de masque au personnage du vengeur ainsi que l'insertion d'une pièce dans la pièce sont des éléments que l'on retrouvera dans *Hamlet*, encore que le thème de la vengeance soit compliqué chez Shakespeare par l'addition d'une dimension psychologique et politique.

Mais la tragédie élisabéthaine apparaît aussi comme la descendante du drame historique adapté des chroniques de l'histoire nationale rédigées par John Hall et Raphaël Holinshed et présentant une série d'exemples de la chute des princes comme autant d'avertissements aux gouvernants (souvent inspirés du recueil d'histoires publié en 1559 et intitulé *A Mirror for Magistrates*). Shakespeare commencera sa carrière par des pièces historiques, genre très populaire dans les années 1590, et ses deux tétralogies, qui couvrent environ cent années d'histoire anglaise, peuvent être considérées comme véritablement matricielles en ce qu'elles contiennent en germe les thèmes et les images qu'il développera dans le reste de son œuvre. Il y mêle scènes tragiques et éléments comiques, particulièrement dans les deux parties d'*Henry IV* avec l'étonnant personnage de Falstaff, et il retrouve en cela la tradition médiévale où la bouffonnerie du Vice côtoyait librement les aspects sérieux, didactiques ou tragiques du drame. Cet affranchissement à l'égard de la tyrannie des genres est une caractéristique remarquable du théâtre élisabéthain et il marque la continuité qui a pu s'établir sur la scène anglaise grâce au métier de professionnels du jeu dramatique ainsi que par sa constante proximité du monde des fêtes et des traditions calendaires.

BIBLIOGRAPHIE SÉLECTIVE. — Douglas Bush, *Mythology and the Renaissance Tradition in English Poetry,* The University of Minnesota Press, 1932, rééd. New York, 1960 ; John Buxton, *Elizabethan Taste,* Londres, 1963 ; Harry Levin, *The Myth of the Golden Age in the Renaissance,* Bloomington, Indiana, 1969 ; E. M. W. Tillyard, *The Elizabethan World Picture,* Londres, 1943, rééd. 1972 ; Keith Thomas, *Religion and the Decline of Magic,* Londres, 1971.

F. P. Wilson et Bonamy Dobrée eds, *English Literature in the Sixteenth Century (excluding drama),* Oxford, 1945, rééd. 1962 ; F. P. Wilson et Bonamy Dobrée eds, *The English Drama c. 1485-1642,* Oxford, 1945, rééd. 1962 ; Boris Ford ed., *The Age of Shakespeare, The Pelican Guide to English Literature,* vol. 2, Harmondsworth, 1956, rééd. 1966 ; Christopher Ricks ed., *English Poetry and Prose 1540-1674, Sphere History of Literature,* Londres, 1971, rééd., 1987 ; Christopher Ricks ed., *English Drama to 1710, Sphere History of Literature,* Londres, 1971, rééd. 1987 ; Harry Blamires, *A Short History of English Literature,* Londres, 1974 ; Jean Raimond, *La littérature anglaise,* « Que sais-je ? », Paris, 1986.

Maurice Evans, *English Poetry in the Sixteenth Century,* Londres, 1955 ; D. L. Peterson, *The English Lyric from Wyatt to Donne,* Princeton, 1966 ; J. W. Lever, *The Elizabethan Love Sonnet,* Londres, 1956 ; J. J. Jusserand, *The English Novel in the Time of Shakespeare,* Londres, 1890, rééd. 1901 ; E. K. Chambers, *The Elizabethan Stage,* 4 vol., Oxford, 1923 ; David Bevington, *From Mankind to Marlowe,* Cambridge, Mass., 1962.

SIR THOMAS WYATT (1503-1542) et HENRY HOWARD, comte de SURREY (1517-1547)

Sir Thomas Wyatt est un gentilhomme du Kent, né près de Maidstone, qui fit sa carrière à la Cour d'Henri VIII et connut les brusques revirements de fortune qui caractérisent cette époque mouvementée.

Voyageur et diplomate, il se rend à plusieurs reprises en

Italie, où il découvre Pétrarque. Il traduisit ses poèmes en s'efforçant, non sans difficultés prosodiques (il mêle système syllabique et système accentuel*), d'adapter dans la langue anglaise les quatorze vers du sonnet italien. C'est son disciple et successeur, Henry Howard, comte de Surrey, qui introduira en Angleterre le *blank verse** dans sa traduction des second et quatrième livres de l'*Enéide* de Virgile. C'est aussi Surrey qui inventera le sonnet anglais, également appelé sonnet shakespearien, composé de trois quatrains et d'un distique final, qui se substitue désormais aux deux quatrains et aux deux tercets (ou du sizain) du sonnet italien.

Les poèmes de Wyatt et du comte de Surrey furent publiés ensemble dans une anthologie intitulée *Tottel's Miscellany* (1557). Tous deux peuvent être considérés comme les pères des grands sonnettistes élisabéthains (Sidney, Spenser, Shakespeare) même si leur imitation de Pétrarque a souvent une allure conventionnelle et artificielle : les ardeurs de l'amant sont aussi brûlantes que vaines devant une maîtresse qui reste inaccessible et quasi divine.

BIBLIOGRAPHIE SÉLECTIVE. — E. M. W. Tillyard, *The Poetry of Sir Thomas Wyatt*, Londres, 1929 ; Patricia Thomson, *Sir Thomas Wyatt and His Background*, Londres, 1965 ; E. Casady, *Henry Howard, Earl of Surrey*, New York, 1938.

Sonnets (1557)

XXXIII

You that in love find luck and abundance
And live in lust and joyful jollity,
Arise for shame, do away your sluggardy,[1]
Arise, I say, do May[2] some observance!
Let me in bed lie dreaming in mischance,
Let me remember the haps most unhappy
That me betide in May most commonly,

1. *Sluggardy :* paresse.
2. *May :* à la fois le renouveau printanier et fêtes de *May Day*. Voir *infra* le poème de Herrick, « Corinna's Going A-Maying ».

As one whom love list little to avance.
Sephame said true that my nativity
Mischanced was with the ruler of the May.
He guessed, I prove of that the verity:
In May my wealth and eke[1] my life, I say,
Have stood so oft in such perplexity.
Rejoice! Let me dream of your felicity.

Alas ! So All Things Now Do Hold Their Peace[2]

Alas! so all things now do hold their peace,
Heaven and earth disturbéd in no thing;
The beasts, the air, the birds their song do cease,
The nightés chare[3] the stars about doth bring.
Calm is the sea, the waves work less and less;
So am not I, whom love, alas, doth wring,
Bringing before my face the great increase
Of my desires, whereat I weep and sing,
In joy and woe, as in a doubtful case.
For my sweet thoughts sometime do pleasure bring,
But by and by the cause of my disease[4]
Gives me a pang that inwardly doth sting,
When that I think what grief it is again
To live and lack the thing should rid my pain.

ROBERT SOUTHWELL (1561-1595)

Né dans le Norfolk, dans le sud-est de l'Angleterre, au sein d'une famille d'ardents catholiques, il est envoyé sur le continent à l'âge de quinze ans où il est l'élève des Jésuites à Douai et à Paris. Ordonné prêtre en 1584, il choisit de faire partie de la dangereuse mission anglaise. Malgré la surveillance dont il est l'objet, il poursuit des activités

1. *Eke :* also.
2. Ce sonnet est une traduction du sonnet n° 113 de Dante, « Sonnetto in Vita ».
3. *Chare :* le chariot de la Grande Ourse.
4. *Disease :* à lire ici comme *dis-ease,* c'est-à-dire, littéralement, mal-aise.

littéraires et pastorales. Il est arrêté en 1592, et, après trois années d'emprisonnement et de tortures, il meurt en martyr, exécuté à Tyburn le 21 février 1595. Ses poèmes, graves et à forte tonalité religieuse, furent pour la plupart composés au cours de ses années d'emprisonnement et furent publiés après sa mort. « The Burning Babe », poème intense et visionnaire, devait plus tard faire l'admiration de Ben Jonson. On remarquera l'originalité métrique de ce poème, composé de seize vers de quatorze pieds.

BIBLIOGRAPHIE SÉLECTIVE. — Pierre Janelle, *Robert Southwell the Writer*, Clermont-Ferrand, 1935.

The Burning Babe (1602)

As I in hoarie Winters night stoode shivering in the snow,
Surpris'd I was with sodaine heate, which made my hart to glow;
And lifting up a fearefull eye, to view what fire was neare,
A pretty Babe all burning bright did in the ayre appeare;
Who scorched with excessive heate, such floods of teares did shed,
As though his floods should quench his flames, which with his teares were bred:
Alas (quoth he) but newly borne, in fierie heates I frie,[1]
Yet none approach to warme their harts or feele my fire, but I;
My faultlesse breast the furnace is, the fuell wounding thornes:
Love is the fire, and sights the smoake, the ashes, shames and scornes;
The fewell[2] justice layeth on, and Mercie blowes the coales,
The mettall in this furnace wrought, are mens defiled soules:
For which, as now on fire I am to worke them to their good,
So will I melt into a bath, to wash them in my blood.
With this he vanisht out of sight, and swiftly shrunk away,
And straight I called unto minde, that it was Christmasse day.

1. *Frie :* brûle.
2. *Fewell : fuel,* le combustible.

SIR PHILIP SIDNEY (1554-1586)

Neveu du comte de Leicester, favori de la reine Elisabeth Ire, il fut un brillant homme de Cour ; lettré et homme d'action, il était éminemment doté de cette nonchalance, ou *spezzatura,* vantée par Castiglione dans son célèbre ouvrage *Le courtisan* qui sera traduit en anglais en 1561. Après des études à Oxford et à Cambridge, Sidney voyage sur le continent, servant la cause protestante tout en enrichissant sa vaste culture littéraire et scientifique, participe à des missions diplomatiques et à des faits guerriers. Blessé aux Pays-Bas lors de la bataille de Zutphen contre les Espagnols, il meurt peu après à l'âge de trente-deux ans.

Poète, il est l'auteur des 108 sonnets et 11 chansons d'*Astrophel and Stella.* Au-delà des jeux de mots savants (*Astrophel* signifie l'amoureux des étoiles en grec et *stella* désigne l'étoile en latin), il chante son amour malheureux pour la jeune Penelope Devereux par le biais des conventions pétrarquisantes mises à la mode par Wyatt et le comte de Surrey.

Il est aussi théoricien puisqu'avec *The Art of English Poesie,* texte également connu sous le titre de *The Defence of Poesie* (écrit en 1583 et publié en 1595), il signe une œuvre écrite pour répondre à un pamphlet du puritain Stephen Gosson contre la poésie. Sidney défend les anciens et prend parti pour des règles strictes de construction (au théâtre en particulier où il s'en prend aux libertés et aux extravagances de tragédies comme *Gorboduc*).

Il écrivit encore une longue œuvre en prose, agrémentée de poèmes et de chansons, dont le nom est à lui seul évocateur de toute la litteature pastorale et chevaleresque, très prisée à l'époque : *Arcadia.* Cette œuvre fit l'objet de deux versions successives. La première, achevée dès 1580, ne satisfaisait pas Sidney qui entreprend alors de la modifier. Il n'acheva pas ce travail, qui ne fut publié qu'après sa mort en 1590. Une version remaniée, rassemblant l'ancienne et la nouvelle *Arcadia* et comportant les passages ajoutés ou supprimés par la sœur

inner sense of aristocracy-

de Sidney, la comtesse de Pembroke, à qui l'ouvrage avait été dédié, parut en 1621 sous le titre de *The Countess of Pembroke's Arcadia.* Le style est généralement affecté et sa manière à la fois pédante et ornée rappelle les romans de John Lyly, *Eupheus, The Anatomy of Wit* et *Euphues and his England* (1578 et 1580), œuvres par ailleurs influentes, qui donnèrent naissance à la vogue de l'euphuisme*, forme anglaise de la préciosité littéraire.

BIBLIOGRAPHIE SÉLECTIVE. — John Buxton, *Sir Philip Sidney and the English Renaissance,* Londres, 1954.

An Apology for Poetry (1583)

Our Tragedies and Comedies (not without cause cried out against), observing rules neither of honest civility nor of skilful Poetry, excepting *Gorboduc*[1] (again, I say, of those that I have seen), which notwithstanding, as it is full of stately speeches and well-sounding phrases, climbing to the height of Seneca's style,[2] and as full of notable morality, which it doth most delightfully teach, and so obtain the very end of Poesy, yet in truth it is very defectious[3] in the circumstances,[4] which grieveth[5] me, because it might not remain as an exact model of all tragedies. For it is faulty both in place and time, the two necessary companions of all corporal actions. For where the stage should always represent but one place, and the uttermost time presupposed in it should be, both by Aristotle's precept[6] and common reason, but one day,

1. *Gorboduc :* dans ce passage appartenant à la dernière partie de son court traité de défense et illustration de la poésie, Sidney passe en revue les poètes anglais et, après avoir décerné des louanges à Chaucer et Spenser, en vient à la poésie dramatique. Il commence par *Gorboduc,* la première tragédie anglaise, écrite en collaboration par Thomas Sackville (1536-1608), l'un des auteurs du *Mirror for Magistrates,* et Thomas Norton (1532-1584), homme de loi de l'Inner Temple. La pièce fut jouée pour la première fois devant la reine Elisabeth en 1561.

2. *Seneca's style :* le philosophe Sénèque (4 av. J.-C. - 65 apr. J.-C.), auteur de dix tragédies en vers traduites en anglais entre 1559 et 1581, dont le style déclamatoire et les horreurs spectaculaires devaient exercer une profonde influence sur la tragédie élisabéthaine (voir *The Spanish Tragedy* de Kyd, *Titus Andronicus* et *Macbeth* de Shakespeare, *The Malcontent* de Marston, etc.).

3. *Defectious :* pauvre en.

4. *Circumstances :* terme utilisé en rhétorique pour désigner les accompagnants logiques d'une action, c'est-à-dire les compléments de temps, de lieu, de manière, etc.

5. *Grieveth : grieves,* me peine.

6. *Aristotle's precept :* la règle des unités définie par Aristote dans sa *Poétique.*

there is both many days, and many places, inartificially imagined [...]

But if it be so in *Gorboduc,* how much more in all the rest? where you shall have Asia of the one side, and Afric of the other, and so many other under-kingdoms, that the player, when he cometh in, must ever begin with telling where he is, or else the tale will not be conceived. Now ye shall have three ladies walk to gather flowers and then we must believe the stage to be a garden. By and by we hear news of shipwreck in the same place, and then we are to blame if we accept it not for a rock. Upon the back of[1] that comes out a hideous monster with fire and smoke, and then the miserable beholders are bound to take it for a cave. While in the meantime two armies fly in, represented with four swords and bucklers,[2] and then what hard heart will not receive it for a pitched field?

Now of time they are much more liberal, for ordinary it is that two young princes fall in love. After many traverses,[3] she is got with child, delivered of a fair boy, he is lost, groweth a man, falls in love, and is ready to get another child, and all this in two hours' space [...]

But besides these gross absurdities, how all their plays be neither right tragedies, nor right comedies, mingling kings and clowns, not because the matter so carrieth it, but thrust in clowns by head and shoulders, to play a part in majestical matters, with neither decency nor discretion, so as neither the admiration and commiseration, nor the right sportfulness, is by their mongrel tragi-comedy obtained.

But, if we mark them well, we shall find, that they never, or very daintily, match hornpipes[4] and funerals. So falleth it out that, having indeed no right comedy, in that comical part of our tragedy, we have nothing but scurrility, unworthy of any chaste ears, or some extreme show of doltishness, indeed fit to lift up a loud laughter, and nothing else: where the whole tract of a comedy should be full of delight, as the tragedy should be still maintained in a well-raised admiration.

1. *Upon the back of :* tout de suite après.
2. *Bucklers :* mot formé d'après le français bouclier.
3. *Traverses :* difficultés, malheurs.
4. *Hornpipes :* joyeuse et vigoureuse danse de marins.

Astrophel and Stella (1591)

89

Now that of absence the most irksome night
With darkest shade doth overcome my day,
Since *Stellas* eyes, wont to give me my day,
Leaving my Hemisphere, leave me in night,

Each day seemes long, and longs for long-staid[1] night;
The night, as tedious, wooes th' approch of day;
Tired with the dusty toiles of busie day,
Languisht with horrors of the silent night,

Suffering the evils both of the day and night,
While no night is more darke then is my day,
Nor no day hath lesse quiet then my night.[2]

With such bad mixture of my night and day,
That living thus in blackest winter night,
I feele the flames of hottest sommer day.

Arcadia (1593)

But Palladius[3] having gotten his health, and only staying there to be in place where he might hear answer of the ships set forth, Kalander one afternoon led him abroad to a well-arrayed ground he had behind his house, which he thought to show him before his going as the place himself more than in any other delighted.[4] The backside of the house was neither field, garden nor orchard, or

1. *Long-staid :* à la longue durée *(= long-staying)*. Noter la répétition et le jeu de mots sur *long*, à la fois adjectif et verbe qu'il faut en outre prendre ici dans son double sens de « s'allonge en attendant » et de « languit après ». Ce sonnet illustre l'art raffiné du *conceit** des sonnettistes élisabéthains, que l'on retrouvera amplifié dans la poésie « métaphysique » du XVIIe siècle. Il est ici tout entier fondé sur l'opposition de la nuit et du jour.

2. *Each day... my night :* cette longue période de 5 vers est d'une syntaxe assez libre et n'a pas de proposition principale.

3. *Palladius :* nom d'emprunt du prince Musidorus. Celui-ci et son cousin Pyrocles sont originaires de Thrace et, au cours du voyage qui les ramenait chez eux, ils ont fait naufrage et échoué dans la contrée d'Arcadie. Ils sont accueillis par des bergers. Dans ce passage situé au début du roman, ils visitent le palais de Kalander, gentilhomme natif d'Arcadie.

4. La description qui suit correspond à l'idéal pastoral du lieu idéal *(locus amoenus)*.

rather it was both field, garden and orchard; for as soon as the descending of the stairs had delivered them down, they came into a place cunningly set with trees of the most taste-pleasing fruits; but scarcely they had taken that into their consideration but that they were suddenly stept into a delicate green; of each side of the green a thicket, and behind the thickets again new beds of flowers, which being under the trees, the trees were to them a pavilion[1] and they to the trees a mosaical floor, so that it seemed that Art therein would needs be delightful by counterfeiting his enemy Error and making order in confusion.

In the midst of all the place was a fair pond whose shaking crystal was a perfect mirror to all the other beauties, so that it bare show of two gardens; one in deed, the other in shadows. And in one of the thickets was a fine fountain made thus: a naked Venus of white marble, wherein the graver had used such cunning, that the natural blue veins of the marble were framed in fit places to set forth the beautiful veins of her body. At her breast she had her babe Aeneas, who seemed, having begun to suck, to leave that to look upon her fair eyes which smiled at the babe's folly, meanwhile the breast running.[2]

Hard by was a house of pleasure built for a summer retiring-place; whither Kalander leading him, he found a square room full of delightful pictures made by the most excellent workman of Greece. There was Diana when Actaeon saw her bathing, in whose cheeks the painter had set such a colour as was mixed between shame and disdain; and one of her foolish nymphs, who weeping and withal louring, one might see the workman meant to set forth tears of anger [...]

This country Arcadia among all the provinces of Greece hath ever been had in singular reputation; partly for the sweetness of the air and other natural benefits, but principally for the well-tempered minds of the people who (finding that the shining title of glory, so much affected by other nations, doth indeed help little to the happiness of life) are the only people which, as by their

1. *Pavilion :* dais de feuillage.

2. Sidney peuple le jardin et la maison de Kalander d'emblèmes représentant les différentes formes de la passion amoureuse et qui reflètent le sujet principal de l'œuvre. Enée est issu des amours légitimes de Vénus, contrairement à Eros ou Cupidon, qui naquit de ses dérèglements. On trouve plus bas une allusion à Actéon, le chasseur qui surprit Diane au bain et fut changé par elle en cerf, animal qui symbolise la concupiscence dans l'emblématique de la Renaissance.

justice and providence give neither cause nor hope to their neighbours to annoy them, so are they not stirred with false praise to trouble others' quiet, thinking it a small reward for the wasting of their own lives in ravening that their posterity should long after say they had done so. Even the Muses seem to approve their good determination by choosing this country for their chief repairing place, and by bestowing their perfections so largely here that the very shepherds have their fancies lifted to so high conceits that the learned of other nations are content both to borrow their names and imitate their cunning.

(I, 3)

THOMAS NASHE (1567-1601)

Le style de Nashe est aux antipodes des afféteries de Lyly et de Sidney. Vigoureux, réaliste, truculent, il s'inspire de l'Arétin (Pietro Aretino, écrivain italien de la Renaissance et auteur, entre autres, de sonnets licencieux) et de Rabelais. Ecrivain pamphlétaire et satirique, il participe à la controverse de Martin Marprelate* dans les années 1590. Il s'attaque aux superstitions, aux croyances absurdes de certains de ses contemporains dans *The Anatomy of Absurditie* (1589) et dans *The Terrors of the Night* (1594). Aux côtés de Robert Greene (1560-1592), auteur des *Cony-Catching Pamphlets* qui dénoncent le monde de la pègre londonienne avec ses tours, ses duperies et son argot (véritable langage codé servant à abuser les naïfs venus de la province) et Thomas Dekker (1572-1632) qui, dans *The Wonderful Year*, décrit non sans une certaine complaisance macabre les ravages de la peste de 1603 à Londres, Nashe est l'inventeur du roman élisabéthain. Il crée un style proche du picaresque où le réalisme est pimenté d'humour noir et d'une note grotesque*. *The Unfortunate Traveller or The Life of Jack Wilton* (1594) est incontestablement son chef-d'œuvre et ce roman frappe par son allure très moderne. Jack Wilton est un picaro sans scrupules, dont nous suivons les aventures en Flandre, en Allemagne et en Italie sous le règne d'Henri VIII. Le roman s'achève sur une scène de torture, où le criminel Cutwolfe est publiquement mis à mort par le bourreau avec un raffinement de cruauté particulièrement apprécié des élisabéthains qui assistaient en grand nombre aux exécutions qui avaient lieu à Tyburn.

BIBLIOGRAPHIE SÉLECTIVE. — G. R. Hibbard, *Thomas Nashe, A Critical Introduction,* Londres, 1962.

The Unfortunate Traveller (1594)

The executioner needed no exhortation hereunto,[1] for of his own nature was he hackster[2] good enough. Old excellent he was at a boneache. At the first chop with his wood-knife would he fish for a man's heart and fetch it out as easily as a plum from the bottom of a porridge pot. He would crack necks as fast as a cook cracks eggs; a fiddler cannot turn his pin[3] so soon as he would turn a man off the ladder. Bravely did he drum on this Cutwolfe's[4] bones, not breaking them outright but, like a saddler knocking in of tacks, jarring on them quaveringly with his hammer a great while together. No joint about him but with a hatchet he had for the nonce he disjointed half, and then with boiling lead soldered up the wounds from bleeding. His tongue he pulled out, lest he should blaspheme in his torment. Venomous stinging worms he thrust into his ears to keep his head ravingly occupied. With cankers scruzed[5] to pieces he rubbed his mouth and his gums. No limb of his but was lingeringly splintered in shivers. In this horror left they him on the wheel as in hell, where, yet living, he might behold his flesh legacied amongst the fowls of the air.

Unsearchable is the book of our destinies. One murder begetteth another; was never yet bloodshed barren from the beginning of the world to this day. Mortifiedly abjected and

1. *Hereunto :* pour ceci. La scène se passe à Bologne. Après s'être expliqué de ses actes devant la foule rassemblée sous l'échafaud, le cordonnier Cutwolfe est torturé avec art par le bourreau.
2. *Hackster :* coupe-jarret.
3. *Pin : peg,* cheville (pour accorder un violon).
4. *Cutwolfe :* nom du supplicié, qui s'est livré auparavant à une vengeance effroyable sur la personne d'Esdras, qui avait lui-même tué le frère de Cutwolfe à la suite d'une rivalité au sujet d'une courtisane, après l'avoir traqué dans toute l'Italie pendant deux ans.
5. *Scruzed :* pilés, hachés menu.

daunted was I with this truculent[1] tragedy of Cutwolfe and Esdras.[2] To such straight life did it thenceforward incite me that ere I went out of Bologna I married my courtesan, performed many alms-deeds,[3] and hasted so fast out of the Sodom of Italy, that within forty days I arrived at the King of England's camp[4] twixt Ardes and Guines in France, where he with great triumphs met and entertained the Emperor and the French King and feasted many days. And so, as my story began with the King at Tournay and Turwin, I think meet here to end it with the King at Ardes and Guines. All the conclusive epilogue I will make is this: that if herein I have pleased any, it shall animate me to more pains in this kind.

Otherwise I will swear upon an English Chronicle
never to be outlandish Chronicler more
while I live. Farewell as many
as wish me well.

FINIS

SIR WALTER RALEGH (1552-1618)

Courtisan, soldat, lettré, il devint l'un des favoris de la reine Elisabeth qui l'encouragea et lui permit de s'enrichir. Grand voyageur et navigateur, il implanta une colonie en Virginie et explora la Guyane avant de participer en 1596 à la bataille navale de Cadix contre les Espagnols (il les combattit toute sa vie durant et c'est à eux qu'il dut de monter sur l'échafaud le 29 octobre 1618). Il aurait dirigé le groupe connu sous le nom d' « Ecole de la nuit », comprenant des poètes comme Chapman et Marlowe et qui lui valut une réputation d'athéisme. Après avoir été le protégé de la reine, il encourut les foudres du nouveau roi Jacques Ier, qui le fit arrêter pour trahison et enfermer à la Tour de Londres pendant treize ans et, après une brève

1. *Truculent :* cruelle.
2. *Esdras :* voir n. 4, p. 20.
3. *Alms-deeds :* actions charitables.
4. *King of England's camp :* le campement d'Henri VIII lors de l'entrevue du Camp du Drap d'Or avec Charles Quint et François Ier.

période de liberté pour organiser une nouvelle expédition en Guyane, il fut à nouveau arrêté à l'instigation de l'ambassadeur d'Espagne puis décapité. En dehors d'un long poème composé à la gloire de la reine, *Cynthia*, dont il ne reste que des fragments, il a écrit quelques courts poèmes, denses, brillants, désabusés, qui résument la philosophie hautaine d'un homme d'exception qui eut un destin à sa mesure. Passé brutalement du faîte des honneurs à l'adversité la plus funeste, il sut endurer sa nouvelle situation avec un stoïcisme arrogant. Apprécié pour l'esprit de ses vers, Ralegh est aussi connu pour sa monumentale *History of the World*, qu'il écrivit en prison et publia en partie de son vivant, mais qui devait rester en grande partie inachevée à sa mort en 1618.

BIBLIOGRAPHIE SÉLECTIVE. — E. A. Strahmann, *Ralegh : A Study in Elizabethan Skepticism*, New York, 1951 ; Pierre Lefranc, *Ralegh écrivain : l'œuvre et les idées*, Paris, 1968.

Poèmes (1600-1612)

Sir Walter Ralegh To His Son (1600)

Three things there be that prosper up apace
And flourish, whilst they grow asunder far,
But on a day they meet all in one place,
And when they meet they one another mar;
And they be these—the wood, the weed,[1] the wag.[2]
The wood is that which makes the gallow tree,
The weed is that which strings the hangman's bag,
The wag, my pretty knave, betokeneth[3] thee.
Mark well, dear boy: whilst these assemble not,
Green springs the tree, hemp grows, the wag is wild;
But when they meet, it makes the timber rot,
It frets the halter, and it chokes the child.
Then bless thee, and beware, and let us pray
We part not with thee at this meeting day.

1. *Weed :* le chanvre qui sert à faire les cordes.
2. *Wag :* plaisantin, drôle, chenapan. Terme affectueux pour désigner un jeune garçon.
3. *Betokeneth :* qui te désigne.

On the Life Of Man (1612)

What is our life? A play of passion;[1]
Our mirth, the music of division;[2]
Our mothers' wombs the tiring houses[3] be,
When we are dressed for this short comedy.
Heaven the judicious sharp spectator is,
That sits and marks still who doth act amiss;
Our graves that hide us from the searching sun
Are like drawn curtains when the play is done.
Thus march we playing to our latest[4] rest—
Only we die in earnest, that's no jest.

My Body in the Walls Captived[5] (n.d.)

My body in the walls captived
Feels not the wounds of spiteful envy,
But my thralled mind, of liberty deprived,
Fast fettered in her ancient memory,
Doth naught behold but sorrow's dying face.
Such prison erst[6] was so delightful
As it desired no other dwelling place,
But time's effects, and destinies despiteful,
Have changed both my keeper and my fare.
Love's fire and beauty's light I then had store,
But now close kept, as captives wonted[7] are,
That food, that heat, that light I find no more.
    Despair bolts up my doors, and I alone
    Speak to dead walls, but those hear not my moan.

1. *Play of passions :* jeu de mots sur le thème du théâtre, miroir du monde *(theatrum mundi)*, lieu commun de l'époque, et sur le drame religieux de la passion.

2. *Division :* terme musical désignant une variation ou une modulation sur un thème.

3. *Tiring-houses :* loges des acteurs.

4. *Latest :* dernier.

5. Poème probablement composé en 1592, lors d'un premier emprisonnement à la Tour, à la suite de l'aventure de Ralegh avec l'une des dames d'honneur de la reine, Elisabeth Throckmorton, qui avait provoqué la jalousie de la souveraine vieillissante.

6. *Erst :* avant.

7. *Wonted :* c'est le lot de.

The Discovery of Guiana (1596)

Next unto *Arui* there are two rivers *Atoica* and *Caora*, and on that branch which is called *Caora* are a nation of people, whose heads appear not above their shoulders,[1] which though it may be thought a mere fable, yet for mine own part I am resolved it is true, because every child in the provinces of *Arromaia* and *Canuri* affirm the same: they are called *Ewaipanoma*: they are reported to have their eyes in their shoulders, and their mouths in the middle of their breasts, and that a long train of hair groweth backward between their shoulders. The son of *Topiawari*, which I brought with me into England told me that they are the most mighty men of all the land, and use bows, arrows, and clubs thrice as big as any of *Guiana*, or of the *Orenoqueponi*, and that one of the *Iwarawakeri* took a prisoner of them the year before our arrival there, and brought him into the borders of *Arromaia* his father's Country: And farther when I seemed to doubt of it, he told me that it was no wonder among them, but that they were as great a nation, and as common, as any other in all the provinces, and had of late years slain many hundreds of his father's people, and of other nations their neighbours, but it was not my chance to hear of them till I was come away, and if I had but spoken one word of it while I was there, I might have brought one of them with me to put the matter out of doubt. Such a nation was written of by *Mandeville*,[2] whose reports were held for fables many years, and yet since the East *Indies* were discovered, we find his relations true of such things as heretofore were held incredible: whether it be true or no the matter is not great, neither can there be any profit in the imagination, for mine own part I saw them not, but I am resolved that so many people did not all combine, of forethink to make the report.

1. Voir *The Tempest*, III, 3, 47-48.

2. *Mandeville :* allusion aux *Voyages* de Sir John Mandeville. Mandeville, Jean de Bourgogne de son vrai nom, était un médecin de Liège et un grand voyageur, et il écrivit son livre en français au cours de la deuxième moitié du XVe siècle. Il y raconte les voyages qu'il aurait faits en Orient en mêlant les observations minutieuses et les légendes les plus fantaisistes. Traduit en anglais au début du XVe siècle, l'ouvrage eut un très grand succès par la suite.

EDMUND SPENSER (1552-1599)

C'est le plus grand poète de l'époque élisabéthaine, si l'on exclut la poésie dramatique, salué de son vivant comme le « poète des poètes ». Originaire d'une famille modeste, il fait ses études à Londres sous la conduite de Richard Mulcaster, l'un des maîtres les plus renommés de son temps, avant d'être admis comme boursier à Cambridge, à Pembroke Hall. Il y subit une influence puritaine marquante au contact de Gabriel Harvey, qui devait par la suite servir de cible à Thomas Nashe dans plusieurs de ses pamphlets. Harvey introduisit Spenser dans la famille du comte de Leicester et c'est là qu'il fera la connaissance de Philip Sidney auquel il restera lié. Ils fonderont ensemble un club littéraire, l' « Areopagus ».

En 1579, Spenser, qui avait déjà publié des traductions en vers de Pétrarque et de Du Bellay, publie *The Shepherd's Calendar*, poème pastoral rappelant les *Géorgiques* de Virgile et où chaque mois de l'année est illustré par une églogue écrite dans un mètre différent ; Spenser écrit ces poèmes dans une langue délibérément vieillie inspirée de celle de Chaucer, l'auteur des *Canterbury Tales* (fin du XVe siècle), qu'il vénérait comme le père de la poésie anglaise. Ces archaïsmes lui furent reprochés ; il reste que, derrière un apparent retour à la tradition et au passé, Spenser apportait là une œuvre hardie et novatrice, en particulier sur le plan de la prosodie anglaise.

La même année, il commence ce qui devait être la grande œuvre de sa vie, *The Faerie Queene*, long poème allégorique en douze livres (il n'en achèvera que la moitié) inspiré de l'Arioste (auteur du *Roland Furieux*, publié en 1516), dans lequel chaque livre est consacré à l'illustration d'une vertu (les six premiers montrent les vertus de Sainteté, Tempérance, Chasteté, Amitié, Justice et de Courtoisie). Dans cette féerie épique, où la Reine des Fées est une représentation allégorique de la reine Elisabeth, les douze chants représentent chacun l'un des douze jours de fête de la reine, illustrés par douze aventures différentes mettant en valeur un des chevaliers de la reine ainsi qu'une vertu particulière. On retrouve ici l'atmosphère des romans de chevalerie, avec des personnages comme Redcrosse, Guyon, Britomart ou le roi Arthur. Il y a aussi des monstres et des enchanteurs ou des magiciennes, telle Acrasia, moderne Circé qui tente de séduire le chevalier Guyon dans son *Bower of Bliss*. Du point de vue formel, ce poème est une suite de strophes de neuf vers, comprenant huit pentamètres iambiques*, comme dans l'*ottava rima**, suivis d'un alexandrin qui en ralentit le rythme tout en l'amplifiant et qui répond au schéma de rimes a b a b b c b c c. C'est là ce qu'il est désormais convenu d'appeler la « stance spensérienne »*, promise à un bel avenir puisqu'elle sera reprise par des poètes comme Keats, Shelley, Byron et Tennyson.

En 1580, Spenser quitte l'Angleterre pour l'Irlande en tant que secrétaire de Lord Grey de Wilton, qui venait d'y être nommé gouverneur. Il acquiert en 1586 le château de Kilcolman, dans le comté de Cork, et se consacre désormais à son œuvre poétique ainsi qu'à l'administration de ses terres. Malgré de brefs retours à Londres (en 1589 et en 1596), il devrait rester en Irlande, non sans éprouver une certaine amertume face à ce qu'il considérait comme un exil, si loin de Londres et de la Cour. En 1590, sur les conseils de Sir Walter Ralegh, son voisin en Irlande, il publie les trois premiers livres de *The Faerie Queene*. Cinq années plus tard paraît un recueil de sonnets, *Amoretti*, où il chante son amour pour Elisabeth Boyle, qu'il épousera la même année en secondes noces. A la suite des *Sonnets*, Spenser ajouta un poème superbe, *Epithalamion*, œuvre sereine, harmonieuse et complexe à la fois, qu'il écrivit en l'honneur de son mariage. L'année suivante, en 1596, paraissent trois autres livres de *The Faerie Queene* qui, restée inachevée à la mort de son auteur, n'en représentera pas moins un monument de quelque 35 000 vers ! Au cours de cette même année, il publie encore « Four Hymnes in Honour of Love and Beautie », œuvre néo-platonicienne et composée à Cambridge dans sa jeunesse, ainsi qu'un autre poème de mariage, *Prothalamion*, écrit en l'honneur des noces conjointes des deux filles du comte de Worcester. En octobre 1598, il doit quitter précipitamment son château qui est mis à sac au cours de la révolte de Tyrone, face à laquelle Essex connaîtra un échec cuisant, source de sa disgrâce et de sa chute ultérieure. Spenser, très marqué par ces épreuves, retourne vivre à Londres, où il meurt au tout début de l'année suivante. Il est enterré à Westminster à côté de la tombe de Chaucer.

BIBLIOGRAPHIE SÉLECTIVE. — C. S. Lewis, *The Allegory of Love*, Oxford, 1936 ; Robert Ellrodt, *Neoplatonism in the Poetry of Spenser*, Genève, 1960 ; Isabel Mac Caffrey, *Spenser's Allegory, The Anatomy of Imagination*, Princeton, 1976.

Amoretti (1595)

SONNET 54

Of this worlds theatre in which we stay,
My love like the spectator ydly sits
Beholding me that all the pageants[1] play,
Disguysing diversly my troubled wits.
Sometimes I joy when glad occasion fits,
And mask in myrth[2] lyke to a comedy:
Soone after when my joy to sorrow flits,
I waile and make my woes a tragedy.
Yet she, beholding me with constant eye,
Delights not in my merth nor rues my smart:
But when I laugh she mocks, and when I cry
She laughs and hardens evermore her heart.
What then can move her? if nor merth nor mone,[3]
She is no woman, but a sencelesse stone.

1. *Pageants :* nom d'abord donné aux processions des Mystères donnés jusqu'à la Réforme à la Pentecôte et à la Fête Dieu dans les grandes villes de province (Chester, Coventry, Digby, York). Il s'appliqua ensuite aux fêtes civiques qui avaient lieu à la Saint-Jean ou lors de l'intronisation du Lord Maire. Le terme a ici le sens de rôle que l'on joue.

2. *Myrth* ou *merth : mirth.*

3. *Mone : moan,* gémissements. Noter le jeu très riche des sonorités dans ce distique.

The Faerie Queene (1590-1609)

There the most daintie[1] Paradise on ground,
It selfe doth offer to his sober eye,
In which all pleasures plenteously abound,
And none does others happinesse enuye:[2]
The painted flowres,[3] the trees vpshooting hye,[4]
The dales for shade, the hilles for breathing space,
The trembling groues, the Christall running by;
And that, which all faire workes doth most aggrace,[5]
The art, which all that wrought, appeared in no place.

One would haue thought, (so cunningly, the rude,
And scorned parts were mingled with the fine,)
That nature had for wantonesse ensude[6]
Art, and that Art at nature did repine;[7]
So striuing each th'other to vndermine,
Each did the others worke more beautifie;
So diff'ring both in willes, agreed in fine:[8]
So all agreed through sweete diuersitie,
This Gardin to adorne with all varietie.

And in the midst of all, a fountaine stood,
Of richest substaunce, that on earth might bee,
So pure and shiny, that the siluer flood
Through euery channell running one might see;
Most goodly it with curious imageree
Was ouer-wrought, and shapes of naked boyes,

1. *Daintie : dainty,* délicieux à voir, enchanteur. Ce tableau du « Bower of Bliss » (le Jardin des Délices) est l'un des passages les plus célèbres de l'œuvre de Spenser. Le chevalier Guyon, qui symbolise la Tempérance, y pénètre en compagnie d'un pèlerin et il va être confronté à une scène de séduction et de tentation. Ce repaire de l'enchanteresse Acrasia, dont le nom signifie à la fois excès et impuissance, est en effet le lieu de l'excitation sensuelle et de la perdition. Guyon saura-t-il résister à de si troublantes beautés ? (L'extrait reproduit ici correspond aux strophes 58 à 65 du chant XII, qui comprend 87 strophes à lui seul.)

2. *Enuye : envy.*

3. *Painted flowres :* à prendre au sens figuré, c'est-à-dire de couleur vive.

4. *Hye : high.*

5. *Aggrace :* embellit.

6. *Ensude :* imitée.

7. *Repine :* se plaignait.

8. *In fine :* à la fin.

Of which some seemd with liuely iollitee,[1]
To fly about, playing their wanton toyes,[2]
Whilest others did them selues embay[3] in liquid ioyes.

And ouer all, of purest gold was spred,
A trayle of yuie[4] in his natiue hew.[5]
For the rich mettall was so colouréd,
That wight, who did not well auis'd it vew,
Would surely deeme it to be yuie trew:
Low his lasciuious armes adown did creepe,
That themselues dipping in the siluer dew,
Their fleecy flowres they tenderly did steepe,
Which[6] drops of Christall seemd for wantones[7] to weepe.

Infinit streames continually did well
Out of this fountaine, sweet and faire to see,
The which into an ample lauer[8] fell,
And shortly grew to so great quantitie,
That like a little lake it seemd to bee;
Whose depth exceeded not three cubits[9] hight,
That through the waues one might the bottom see,
All pau'd beneath with Iaspar[10] shining bright,
That seemd the fountaine in that sea did sayle vpright.

And all the margent[11] round about was set,
With shady Laurell trees, thence to defend[12]
The sunny beames, which on the billowes bet,[13]
And those which therein bathed, mote[14] offend.

1. *Iollitee : jollity.*
2. *Toyes :* jeux, ébats.
3. *Embay :* se baignaient..
4. *Yvie : ivy.*
5. *Hew : hue :* le mot a ici le sens d'apparence.
6. *Which : on which.*
7. *Wantones : wantonness.*
8. *Laver :* bassin (voir le mot français « lavoir »).
9. *Cubit :* coudée (ancienne mesure équivalant à 50 cm environ).
10. *Iaspar : jasper,* jaspe (pierre veinée, de couleur diverse et analogue au marbre).
11. *Margent : margin.*
12. *To defend :* pour faire écran.
13. *Bet : beat.*
14. *Mote : might.*

As *Guyon* hapned[1] by the same to wend,
Two naked Damzelles he therein espyde,
Which therein bathing, seemed to contend,
And wrestle wantonly; ne[2] car'd to hyde,
Their dainty parts from vew of any, which them eyde.

Sometimes the one would lift the other quight[3]
Aboue the waters, and then downe againe
Her plong,[4] as ouer maistered by might,
Where both awhile would couered remaine,
And each the other from to rise[5] restraine;
The whiles their snowy limbes, as through a vele,
So through the Christall waues appeared plaine:
Then suddeinly both would themselues vnhele,[6]
And th'amarous sweet spoiles to greedy eyes reuele.

As that faire Starre, the messenger of morne,
His deawy face out of the sea doth reare:
Or as the *Cyprian* goddesse,[7] newly borne
Of th'Oceans fruitfull froth, did first appeare:[8]
Such seemed they, and so[9] their yellow heare[10]
Christalline humour[11] dropped downe apace.[12]
Whom such when *Guyon* saw, he drew him neare,
And somewhat gan[13] relent his earnest pace,
His stubborne[14] brest[15] gan secret pleasaunce to embrace.

(Book II, Canto XII, stanzas 58-65, ll. 514-585)

1. *Hapned : happened.*
2. *Ne : nor.*
3. *Quight : quite.*
4. *Plong : plunged.*
5. *To rise : rising.*
6. *Unhele :* se dévoiler.
7. *Cyprian goddess :* Vénus, qui avait à Chypre un important lieu de culte.
8. Allusion à la naissance de Vénus, surgie de l'écume des flots.
9. *So :* de la même façon.
10. *Heare : hair.*
11. *Humour :* des gouttes.
12. *Apace : quickly.*
13. *Gan : began.*
14. *Stubborne :* inflexible.
15. *Brest : heart.*

"THE MUTABILITIE CANTOS"

So, forth issew'd[1] the Seasons of the yeare;
First, lusty *Spring*, all dight[2] in leaues of flowres
That freshly budded and new bloosmes did beare
(In which a thousand birds had built their bowres
That sweetly sung, to call forth Paramours):
And in his hand a iauelin he did beare,
And on his head (as fit for warlike stoures)[3]
A guilt engrauen morion[4] he did weare;
That as some did him loue, so others did him feare.

Then came the iolly *Sommer*, being dight
In a thin silken cassock coloured greene,
That was vnlyned all, to be more light:
And on his head a girlond well beseene
He wore, from which as he had chauffed,[5] been
The sweat did drop; and in his hand he bore
A boawe[6] and shaftes, as he in forrest greene
Had hunted late the Libbard[7] or the Bore,[8]
And now would bathe his limbes, with labor heated sore.[9]

Then came the *Autumne* all in yellow clad,
As though he ioyed in his plentious store,

1. *Issew'd : issued*. Les chants VI et VII sont un fragment du livre VII, resté inachevé comme toute la seconde partie de l'œuvre. Ils traduisent en images et dans la musique harmonieuse du vers de Spenser le thème philosophique de la mutabilité, traditionnellement attachée à l'univers sublunaire dans la cosmologie de Ptolémée qui était toujours en vigueur dans l'Angleterre des XVIe et XVIIe siècles. Ptolémée était un astronome et mathématicien grec du IIe siècle (90-168 apr. J.-C.), qui mit au point la description géocentrique du monde dans laquelle la terre était immobile et entourée des sept planètes *(wandering stars)* censées graviter autour d'elle (soit, dans l'ordre, la Lune, Mercure, Vénus, le Soleil, Mars, Jupiter et Saturne). Au-delà de Saturne on trouvait les constellations *(fixed stars)* qui étaient comme des clous d'or (ou de feu) plantés dans le firmament. Ce thème de la mutabilité est l'un des grands *topoi* de la Renaissance, qui remonte aux *Métamorphoses* d'Ovide et qui sert ici d'antithèse à la Constance, vertu illustrée dans le livre VI. Les quatre strophes ci-dessus constituent la parade des mois de l'année, imitée des défilés des fêtes civiques ou *pageants*, terme auquel Spenser avait d'abord pensé comme titre possible pour son œuvre.

2. *Dight : dressed*.
3. *Stoures :* combats.
4. *Morion :* casque.
5. *Chauffed :* eut chaud.
6. *Boawe : bow*.
7. *Libbard :* léopard.
8. *Bore :* boar.
9. *Sore : sorely :* durement.

Laden with fruits that made him laugh, full glad
That he had banisht hunger, which to-fore
Had by the belly oft him pinched sore.
Vpon his head a wreath that was enrold
With eares of corne, of euery sort he bore:
And in his hand a sickle he did holde,
To reape the ripened fruits the which the earth had yold.[1]

Lastly, came *Winter* cloathed all in frize,[2]
Chattering his teeth for cold that did him chill,
Whil'st on his hoary beard his breath did freese;
And the dull drops that from his purpled bill[3]
As from a limbeck did adown distill.
In his right hand a tipped staffe he held,
With which his feeble steps he stayed still:
For, he was faint with cold, and weak with eld;[4]
That scarse his loosed[5] limbes he hable[6] was to weld.[7]

The Faerie Queene
(Book VII, Canto VII, stanzas 28-31, ll. 244-279)

CHRISTOPHER MARLOWE (1564-1593)

Né à Cantorbéry en février 1564, deux mois avant Shakespeare, Marlowe était d'origine modeste (fils de cordonnier). Elève brillant, il obtient une bourse pour faire ses études à Cambridge au collège de Corpus Christi, où il restera jusqu'en 1587, passant les six années correspondant à la durée maximale de la bourse à écrire des pièces de théâtre au lieu de se préparer à la carrière ecclésiastique. On pense qu'il a alors écrit la première partie de *Tamburlaine,* son coup d'essai au théâtre qui

1. *Yold : yielded.*
2. *Frize : frieze :* ratine (tissu rugueux).
3. *Bill :* nez.
4. *Eld : old age.*
5. *Loosed :* faibles.
6. *Hable : able.*
7. *To weld :* contrôler.

devint aussitôt un coup de maître. La pièce eut en effet un tel succès que l'auteur dut en improviser une seconde partie, presque totalement issue de sa prodigieuse imagination.

Cette tragédie écrite en vers lyriques et flamboyants, que Ben Jonson devait qualifier de *mighty line*, et qui introduisait le vers non rimé (*blank verse**) sur la scène des théâtres de la fin des années 1580, conte les exploits guerriers accomplis au XIVe siècle de notre ère par Tamerlan, un simple berger scythe dont les conquêtes se comparent à celles d'Alexandre. Le héros de Marlowe est un être excessif, aussi cruel que sensuel, qui brave les dieux et le destin, massacre, pille et fait tirer son char par des rois captifs qu'il a auparavant fait mettre en cage. Il est aussi capable d'une intense passion amoureuse, comme le montre sa tirade désespérée lors de l'agonie et de la mort de son épouse Zénocrate, qui ne tarde d'ailleurs pas à entraîner la sienne. Tamerlan n'obéit qu'aux impulsions d'une énergie inépuisable et à un immense appétit de gloire et de pouvoir. Le cortège des toponymes exotiques ou barbares évoque une géographie lointaine à la forte charge imaginaire et que Shakespeare reprendra dans les discours du général maure devant le Sénat de Venise au début d'*Othello*. L'abondance des allusions au cosmos, aux éléments, aux planètes et aux astres, emprunte sa magie aux constellations du zodiaque et au système de Ptolémée tout en donnant l'impression que Tamerlan, maître du monde, domine aussi les mouvements de l'univers. C'est ce rêve d'un homme exceptionnel, affranchi des contraintes ordinaires de la morale, que l'on désigne en anglais par le terme d'*overreacher*, c'est-à-dire celui qui ne connaît pas de limites.

Marlowe est à l'origine de la création d'un autre type dramatique, le personnage machiavélique qui apparaît dans *The Jew of Malta* (1592). Illustration du thème de l'ambition attachée au lucre et à l'argent, la pièce s'ouvre sur un prologue de 35 vers qui sont dits par Machiavel lui-même et elle donne du juif une image ambivalente, ricanante et sinistre à la fois. Dans une pièce antérieure, qui demeure la plus célèbre de toute son œuvre, *The Tragical History of Doctor Faustus* (1588), Marlowe avait illustré un autre type d'ambition, le désir d'accéder à un savoir interdit. Les héros damnés de Marlowe, qu'il s'agisse du conquérant, du juif ou du savant maudit, violent les règles de la morale chrétienne traditionnelle en cédant à la plupart des tentations (les pièges du malin mis en scène par les Moralités*) et en transgressant les interdits ordinaires.

Par contre, dans une tragédie historique comme *Edward II* (1592), le roi est un être faible, dominé par son favori Gaveston, avant d'être renversé puis assasssiné de façon horrible dans sa cellule à l'instigation du machiavélique Mortimer, l'amant de la reine Isabelle. Outre deux autres tragédies de moindre importance, *The Tragedy of Dido* (1587) et *The Massacre at Paris* (1593), Marlowe est aussi l'auteur d'un poème mythologique inspiré des *Elégies* d'Ovide, *Hero and Leander,* que sa mort brutale à l'âge de vingt-neuf ans ne lui permit pas d'achever. Marlowe devait en effet connaître une fin tragique et mystérieuse, poignardé dans une taverne de Londres par un dénommé Ingram Friser, escroc notoire et informateur à ses heures, ce qui laisse croire à un règlement de comptes entre espions, Marlowe ayant probablement lui-même rendu des services assez spéciaux à la couronne.

La fin de *Hero and Leander* fut écrite par un ami de Marlowe, George Chapman (1559-1634), lui aussi poète et dramaturge ainsi qu'auteur d'une remarquable traduction de l'*Iliade* et de l'*Odyssée,* et le poème fut finalement publié en 1598. Ce type de long récit poétique, qui accorde une place discrète à un érotisme appelé par le contexte de la mythologie païenne et l'influence d'Ovide, devait connaître un grand succès et être souvent imité par la suite. Là encore Marlowe fait office de novateur et on ne peut qu'admirer la force et la fertilité de sa fulgurante carrière tout en regrettant les œuvres dont nous a privés sa disparition précoce.

BIBLIOGRAPHIE SÉLECTIVE. — Harry Levin, *The Overreacher : A Study of Marlowe,* Cambridge, Mass., 1953 ; J. B. Steane, *Marlowe : A Critical Study,* Londres, 1964.

Hero and Leander (1598)

And now the sun that through the horizon peeps,
As pitying these lovers, downward creeps,
So that in silence of the cloudy night,
Though it was morning, did he take his flight.
But what the secret trusty night concealed,
Leander's amorous habit[1] soon revealed;
With Cupid's myrtle[2] was his bonnet crowned,
About his arms the purple riband wound
Wherewith she wreathed her largely spreading hair;
Nor could the youth abstain, but he must wear
The sacred ring wherewith she was endowed,
When first religious chastity she vowed;
Which made his love through Sestos to be known,
And thence unto Abydos sooner blown
Than he could sail; for incorporeal Fame,
Whose weight consists in nothing but her name,
Is swifter than the wind, whose tardy plumes
Are reeking water and dull earthly fumes.
Home, when he came, he seemed not to be there,
But like exiled heir thrust from his sphere,
Set in a foreign place; and straight from thence,
Alcides[3] like, by mighty violence
He would have chased away the swelling main
That him from her unjustly did detain.
Like as the sun in a diameter[4]
Fires and inflames objects removed far,
And heateth kindly, shining laterally,
So beauty sweetly quickens when 'tis nigh,[5]

1. *Habit :* les habits. Le poème a pour toile de fond l'Hellespont (c'est-à-dire le détroit des Dardanelles), bras de mer séparant les deux villes de Sestos, où habite Hero, et d'Abydos, où réside Léandre. Léandre est tombé amoureux d'Hero qu'il a vue dans le temple de Vénus, déesse qu'elle vénère. Après un échange de baisers, il rentre chez lui hanté par l'idée de la revoir. Ce passage, qui souligne la beauté physique du jeune homme, est de ceux qui ont contribué à établir la réputation d'homosexualité de Marlowe. On trouve aussi, vers la fin de l'extrait, une note amusante qui montre que Marlowe n'était pas aussi dépourvu d'humour que certains critiques l'ont prétendu.

2. *Cupid's myrtle :* feuilles de myrte, plante traditionnellement consacrée à Vénus et emblème de la passion amoureuse.

3. *Alcides :* Hercule.

4. *In a diameter :* à la verticale.

5. *Nigh : near.*

But being separated and removed,
Burns where it cherished, murders where it loved.
Therefore even as an index to a book,
So to his mind was young Leander's look.
Oh, none but gods have power their love to hide;
Affection by the countenance is descried.
The light of hidden fire itself discovers,
And love that is concealed betrays poor lovers.
His secret flame apparently[1] was seen;
Leander's father knew where he had been,
And for the same mildly rebuked his son,
Thinking to quench the sparkles new begun.
But love, resisted once, grows passionate,
And nothing more than counsel lovers hate:
For as a hot proud horse highly disdains
To have his head controlled, but breaks the reins,
Spits forth the ringled[2] bit, and with his hooves
Checks[3] the submissive ground, so he that loves,
The more he is restrained, the worse he fares.
What is it now but mad Leander dares?[4]
"Oh Hero, Hero!" thus he cried full oft,
And then he got him to a rock aloft,
Where having spied her tower, long stared he on't
And prayed the narrow toiling Hellespont
To part in twain,[5] that he might come and go,
But still the rising billows answered "No".
With that he stripped him to the ivory skin,
And crying, "Love, I come!" leaped lively[6] in.
Whereat the sapphire-visaged god[7] grew proud,
And made his capering Triton sound aloud,
Imagining that Ganymede,[8] displeased,
Had left the heavens; therefore on him he seized.
Leander strived; the waves about him wound,

1. *Apparently :* au grand jour.
2. *Ringled bit :* frein orné d'anneaux.
3. *Checks :* piétine.
4. *But mad Leander dares :* c'est-à-dire « que dans sa folie Leander n'ose faire ».
5. *To part in twain :* de s'ouvrir en deux (pour lui faire un passage à sec au milieu).
6. *Lively :* bravement.
7. *God :* Neptune.
8. *Ganymede :* beau jeune homme enlevé par Jupiter et devenu son échanson.

And pulled him to the bottom, where the ground
Was strewed with pearl, and in low coral groves
Sweet singing mermaids sported with their loves
On heaps of heavy gold, and took great pleasure
To spurn in careless sort[1] the shipwreck treasure.[2]
For here the stately azure palace stood
Where kingly Neptune and his train abode.
The lusty god embraced him, called him love,
And swore he never should return to Jove.
But when he knew it was not Ganymede,
(For under water he was almost dead)
He heaved him up, and looking on his face,
Beat down the bold waves with his triple mace,[3]
Which mounted up, intending to have kissed him,
And fell in drops like tears, because they missed him.
Leander, being up, began to swim,
And looking back, saw Neptune follow him;
Whereat aghast, the poor soul gan to cry,
"Oh, let me visit Hero ere I die!"
The god put Helle's bracelet[4] on his arm,
And swore the sea should never do him harm.
He clapped his plump cheeks, with his tresses played,
And smiling wantonly, his love bewrayed.[5]
He watched his arms, and as they opened wide
At every stroke, betwixt them would he slide
And steal a kiss, and then run out and dance,
And as he turned, cast many a lustful glance,
And threw him gaudy toys to please his eye,
And dive into the water, and there pry
Upon his breast, his thighs, and every limb,
And up again, and close beside him swim,
And talk of love. Leander made reply,
"You are deceived, I am no woman, I."
Thereat smiled Neptune, and then told a tale

1. *Sort* : manière.
2. *Shipwreck treasure* : comparer ces cinq derniers vers avec la chanson d'Ariel dans *The Tempest* (« Full fathom five... »), I, 2, 399 sq.
3. *Triple mace* : le trident de Neptune.
4. *Helle's bracelet* : Hellé, fille du roi de Thèbes, avait fui la cruauté de sa marâtre en s'envolant sur un bélier ailé mais elle perdit l'équilibre et tomba dans la mer qui prit désormais le nom d'*Helle*spont.
5. *Bewrayed* : révéla.

How that a shepherd, sitting in a vale,
Played with a boy so lovely, fair, and kind,
As for his love both earth and heaven pined;
That of the cooling river durst not drink
Lest water nymphs should pull him from the brink;
And when he sported in the fragrant lawns,
Goat-footed satyrs and up-staring fauns
Would steal him thence. Ere half this tale was done,
"Ay me," Leander cried, "the enamoured sun,
That now should shine on Thetis"[1] glassy bower,[2]
Descends upon my radiant Hero's tower.
O, that these tardy arms of mine were wings!'
And as he spake, upon the wares he springs.
Neptune was angry that he gave no ear,
And in his heart revenging malice bare:
He flung at him his mace, but as it went
He called it in, for love made him repent.
The mace returning back, his own hand hit,
As meaning to be venged for darting it.
When this fresh bleeding wound Leander viewed,
His colour went and came, as if he rued
The grief which Neptune felt. In gentle breasts
Relenting thoughts, remorse, and pity rests;
And who have hard hearts and obdurate minds
But vicious, harebrained, and illiterate hinds?[3]
The god, seeing him with pity to be moved,
Thereon concluded that he was beloved.
(Love is too full of faith, too credulous,
With folly and false hope deluding us.)
Wherefore, Leander's fancy to surprise,[4]
To the rich ocean for gifts he flies.
'Tis wisdom to give much; a gift prevails
When deep persuading oratory fails.
By this, Leander, being near the land,
Cast down his weary feet and felt the sand.
Breathless albeit he were, he rested not

1. *Thetis :* nymphe marine, mère d'Achille.
2. *Glassy bower :* la mer.
3. *Hinds :* rustres.
4. *Fancy to surprise :* pour susciter l'amour.

Till to the solitary tower he got,
And knocked and called, at which celestial noise
The longing heart of Hero much more joys
Than nymphs or shepherds when the timbrel[1] rings,
Or crooked dolphin[2] when the sailor sings[3]
She stayed not for her robes, but straight arose,
And drunk with gladness, to the door she goes,
Where seeing a naked man, she screeched for fear,
—Such sights as this to tender maids are rare—
And ran into the dark herself to hide.
Rich jewels in the dark are soonest spied;
Unto her was he led, or rather drawn,
By those white limbs which sparkled through the lawn.[4]

(ll. 583-726)

Tamburlaine (1587-1588)

The arras[5] *is drawn, and* ZENOCRATE *is discovered lying in her bed of state;* TAMBURLAINE *sitting by her; three* PHYSICIANS *about her bed, tempering potions,*[6] *her three sons* CALYPHAS, AMYRAS, *and* CELEBINUS*;* THERIDAMAS,[7] TECHELLES *and* USUMCASANE.

TAMBURLAINE: Black is the beauty of the brightest day;
The golden ball of heaven's eternal fire,
That danc'd with glory on the silver waves,
Now wants the fuel that inflam'd his beams,
And all with faintness and for foul disgrace,
He binds his temples with a frowning cloud,
Ready to darken earth with endless night.
Zenocrate, that gave him light and life,

1. *Timbrel :* tambourin.
2. *Crooked dolphin :* le dauphin au dos sinueux (recourbé lorsqu'il fait des bonds hors de l'eau).
3. *Sailor sings :* allusion au mythe d'Arion sauvé de la noyade par un dauphin qu'il avait apprivoisé grâce à sa musique.
4. *Lawn :* batiste, toile de lin très fine.
5. *Arras :* tapisserie, originellement fabriquée à Arras, servant de tenture. Après les victoires de Tamerlan contre les rois d'Anatolie et de Hongrie, le conquérant se trouve ici confronté à un obstacle insurmontable, la maladie de la reine Zénocrate qui va mourir sous ses yeux.
6. *Tempering potions :* préparant des breuvages.
7. *Theridamas, Techelles, Usumcasane :* respectivement rois d'Alger, de Fez et du Maroc et alliés de Tamerlan.

Whose eyes shot fire from their ivory bowers,
And temper'd every soul with lively heat,
Now by the malice of the angry skies,
Whose jealousy admits no second mate,
Draws in the comfort of her latest breath,
All dazzled with the hellish mists of death.
Now walk the angels on the walls of heaven,
As sentinels to warn th' immortal souls
To entertain divine Zenocrate:
Apollo, Cynthia, and the ceaseless lamps
That gently look'd upon this loathsome earth,
Shine downwards now no more, but deck the heavens
To entertain divine Zenocrate:
The crystal springs, whose taste illuminates
Refined eyes with an eternal sight,
Like tried silver run through Paradise
To entertain divine Zenocrate:
The cherubins and holy seraphins,
That sing and play before the King of Kings,
Use all their voices and their instruments
To entertain divine Zenocrate:
And in this sweet and curious[1] harmony,
The god that tunes this music to our souls
Holds out his hand in highest majesty
To entertain divine Zenocrate.
Then let some holy trance convey my thoughts
Up to the palace of th' empyreal heaven,
That this my life may be as short to me
As are the days of sweet Zenocrate.
Physicians, will no physic do her good?
FIRST PHYSICIAN: My lord, your majesty shall soon perceive,
And if she pass this fit, the worst is past.
TAMBURLAINE: Tell me, how fares my fair Zenocrate?
ZENOCRATE: I fare, my lord, as other empresses,
That, when this frail and transitory flesh
Hath suck'd the measure of that vital air
That feeds the body with his dated health,
Wanes with enforc'd and necessary change.

1. *Curious :* exquise.

TAMBURLAINE: May never such a change transform my love,
In whose sweet being I repose my life;
Whose heavenly presence, beautified with health,
Gives light to Phoebus[1] and the fixed stars,[2]
Whose absence makes the sun and moon as dark
As when, oppos'd in one diameter,
Their spheres are mounted on the serpent's head,[3]
Or else descended to his winding train[4]
Live still, my love, and so conserve my life,
Or, dying, be the author of my death.

(Part II, Act II, scene iv)

WILLIAM SHAKESPEARE (1564-1616)

On pense que Shakespeare, baptisé en l'église de la Sainte-Trinité, à Stratford-Upon-Avon, le 26 avril 1564, naquit trois jours plus tôt, le 23 avril, jour de la Saint-Georges. En vertu d'une coïncidence étrange, il devait mourir le même jour, cinquante-deux ans plus tard, au terme d'une carrière et d'une vie bien remplies.

Il était le fils d'un bourgeois prospère de Stratford, John Shakespeare, qui exerçait le métier d'artisan gantier mais avait aussi des intérêts dans le commerce de la laine et du bois. Propriétaire de plusieurs maisons à Stratford, il avait également des fonctions municipales importantes. Mais, à partir de 1576, sa fortune décline brusquement et les raisons de ses subites difficultés financières et personnelles demeurent assez mystérieuses. On pense que, dans cette époque troublée du début du règne d'Elisabeth Ire, il aurait été victime de ses idées religieuses qui l'auraient fait pencher vers les catholiques réfractaires (les *recusants*) plutôt qu'en faveur de la Réforme et de l'anglicanisme.

1. *Phoebus :* le Soleil.
2. *The fixed stars :* l'expression renvoie au système de Ptolémée.
3. *The serpent's head:* le serpent désignait la constellation d'Ophiucus, aussi connue sous le nom de Serpentaire dans les 48 constellations du système de Ptolémée. La tête du serpent désigne la constellation du Scorpion, située dans l'alignement de la terre, de la lune et du soleil en cas d'éclipse de soleil.
4. *His winding train:* éclipse de lune lorsque cet astre se trouve dans le prolongement de la queue du Serpentaire, dans le cône d'ombre de la terre.

On ne sait rien de la jeunesse de William mais il est à peu près certain qu'il fréquenta la *Grammar School* de sa ville, d'où les élèves sortaient avec une bonne connaissance des auteurs classiques, du latin et de la rhétorique. Bien que Shakespeare n'ait pas fréquenté les universités, contrairement à la plupart des autres écrivains et dramaturges de sa génération (les fameux *University wits**), la remarque perfide de son ami Ben Jonson dans l'épitaphe en vers qu'il rédigea pour l'in-folio de 1623, selon laquelle il n'aurait su que peu de latin et encore moins de grec *(thou hadst small Latin and less Greeke)*, est certainement exagérée. Un élève sortant d'une *Grammar School* du XVIe siècle connaissait probablement aussi bien les langues et la littérature anciennes qu'un actuel diplômé de Cambridge et il est parfaitement abusif, comme n'ont pas hésité à le faire certains, de tirer argument du fait que Shakespeare n'était allé ni à Oxford ni à Cambridge pour vouloir attribuer son œuvre à Sir Francis Bacon ou à tel autre homme noble ou lettré parmi ses contemporains.

Les registres de la paroisse mentionnent à nouveau le nom de Shakespeare le 28 novembre 1582, date où une licence de mariage lui est accordée pour épouser une jeune femme de huit ans son aînée, Ann Hathaway, de surcroît déjà enceinte, ainsi que devait le révéler la naissance, six mois plus tard, de sa fille Susanna. A un peu plus d'un an et demi d'intervalle, le 2 février 1585, naissent deux jumeaux, Hamnet et Judith. Ensuite, on perd toute trace de Shakespeare pendant sept ans (période de sa vie généralement désignée comme celle des « années perdues » et au sujet de laquelle courent diverses légendes). Il refait brusquement surface, à Londres, comme acteur et auteur dramatique cette fois, et c'est à la plume plutôt acerbe de Robert Greene, son confrère dramaturge et pamphlétaire à l'étoile déclinante et bientôt finissante, que nous devons ce témoignage de première main sur l'étourdissante percée de cet inconnu sur la scène. Dans un texte datant de 1592, Greene stigmatise le succès d'un parvenu du théâtre et il s'en prend à celui qu'il appelle « un corbeau parvenu, paré de nos plumes, qui, avec son *Cœur de tigre caché sous une peau d'acteur* [vers tiré de la troisième partie d'*Henry VI*, I, 4, 137], pense qu'il est capable d'enfler le vers de théâtre aussi bien que les meilleurs d'entre vous et cet homme à tout faire s'imagine être dans ce pays le seul branle-scène [*Shake-scene* en anglais, jeu de mots qui renvoie à la fois au métier des planches — ébranlées par les déplacements des acteurs — et au nom de *Shake-speare*] ».

Shakespeare est en effet le premier représentant d'une nouvelle génération de professionnels du théâtre, à la fois acteurs, auteurs et actionnaires de la compagnie (il possédait dix parts, ce qui revenait à lui assurer 10 % des bénéfices de l'entreprise), prompts à s'emparer des sujets à la mode et à flatter les goûts d'un public populaire aussi bien qu'aristocratique. Sa carrière, qui s'étale sur près de vingt années, comporte trois phases principales.

La première va de 1592 à 1601. On sait que Shakespeare fait alors partie de la troupe des Comédiens du Chambellan *(Lord Chamberlain's Men)* qui se forme en 1594 et joue au Théâtre à Holywell, au nord de Londres, ainsi qu'à la Cour et dans les collèges comme Gray's Inn (école de droit de Londres). En 1599, l'acteur James Burbage prendra de vitesse les démolisseurs du Théâtre en le démontant et en allant le construire de l'autre côté de la Tamise, à Southwark, pour créer ce qui allait devenir le Globe. En dehors de deux tragédies *(Titus Andronicus* et *Romeo and Juliet)*, cette première période est caractérisée par la création de drames historiques et de comédies. Désireux de jouer sur la ferveur du sentiment national exalté par la défaite de l'Armada espagnole en 1588 et d'exploiter l'engouement pour l'histoire de l'Angleterre révélé par le succès d'une pièce comme *Edward II* de Marlowe, il s'attelle à une œuvre considérable au cours de cette décennie, puisqu'elle représente un ensemble de neuf pièces constitué par deux groupes de quatre pièces (tétralogies) reliées entre elles par une pièce charnière, *King John* (1595).

Cette vaste fresque historique emprunte son matériau à l'historien John Holinshed, qui publie en 1577 ses six volumes de *Chroniques d'Angleterre, d'Ecosse et d'Irlande,* et elle couvre plus d'un siècle d'affrontements civils et extérieurs (guerres françaises et guerre des Deux-Roses), du règne de Richard II en 1377 à l'avènement d'Henri VII, en 1485. La première tétralogie est faite de la période la plus longue et la plus récente, puisqu'elle retrace la guerre des Deux-Roses en trois pièces consacrées au règne d'Henri VI et une qui dépeint le règne aussi bref que sanglant et tyrannique de Richard III (1, 2, 3, *Henry VI* et *Richard III*) ; dans la seconde, écrite entre 1595 et 1599, Shakespeare remonte dans le temps, comme s'il avait voulu retrouver les causes profondes de ces désastres, véritable traumatisme national, et dépeint la séquence allant du règne de Richard II aux victoires françaises d'Henri V, qui triomphe à Azincourt et efface le cauchemar des humiliations subies sous Henri VI et Richard III. Dans *Richard II,* Shakespeare dépeint un roi faible et injuste qui se voit successivement déposé, emprisonné et mis à mort par son cousin Bolingbroke, lequel se fera sacrer à sa place sous le nom d'Henri IV, assurant ainsi l'accession de la maison de Lancastre à la couronne. Les troubles de son règne, marqué par la rébellion des barons du nord et de l'ouest contre lui ainsi que par les dissipations de son fils, le prince Hal, en compagnie de Falstaff, sont retracés dans les deux parties d'*Henry IV*. La fin de la deuxième partie, qui montre la mort du roi, l'accession du prince à la couronne et le bannissement de Falstaff, fait la transition avec *Henry V*, pièce qui exalte les victoires du jeune roi et sa conquête de la paix grâce à son mariage avec la princesse Catherine de France. Cette idée d'inverser la chronologie pour présenter en dernier le souvenir le plus glorieux obéissait peut-être à un plan visant à ce que ce vaste cycle dramatique s'achève sur une apothéose et non sur l'image du déclin et du chaos national.

En marge de ces vastes cycles historiques, véritable « école d'imagination » pour le dramaturge comme l'a justement écrit Paul Bacquet, Shakespeare écrit *Titus Andronicus* aux alentours de 1593. A la fois première de ses pièces romaines (les autres seront *Julius Caesar,* 1599, *Antony and Cleopatra,* 1607-1608, et *Coriolanus,* 1608) et première tragédie de vengeance (thème repris dans *Julius Caesar,* mais surtout dans *Hamlet,* 1601), *Titus,* pièce réputée injouable à cause de ses atrocités en série et de ses scènes de mutilation et de cannibalisme a cependant été plusieurs fois montée au théâtre avec succès. Ces scènes démarquées de Sénèque et de la mythologie ovidienne fonctionnent comme les icônes maniéristes d'un spectacle de l'horreur où cruauté, folie et vengeance participent d'un rituel à la limite de l'humain mais que l'on retrouvera plus tard dans le drame jacobéen. Par ailleurs, le monde de la barbarie où dominent la forêt primitive, emblème d'un monde de prédateurs et de proies innocentes, et le rituel lancinant de la souffrance et du sacrifice, reviendra sous des formes atténuées ou transformées dans nombre de pièces ultérieures. Dans *Romeo and Juliet* (1595) Shakespeare reprend la trame d'une histoire connue en Italie et en France pour porter sur scène le saisissant jeu de l'amour et de la mort marqué par la malchance et le destin des jeunes amants, sur la toile de fond de la querelle implacable que se vouent deux familles de Vérone, les Capulet et les Montaigu. L'auteur y révèle sa maîtrise de la langue dramatique, qu'il s'agisse de l'artifice rhétorique qui signale les excès et les confusions des élans du cœur, les morceaux de bravoure comme le monologue de Mercutio sur « Queen Mab », la reine des fées, ou les nombreux sous-entendus obscènes qui émaillent la pièce et servent de contrepoint au lyrisme et à l'idéalisme des deux jeunes amoureux. Cette pièce, qui s'achève de manière tragique à cause d'une lettre qui n'arrive pas à son destinataire (Roméo ne reçoit en effet jamais la lettre que lui envoie Frère Laurent pour lui signifier que sa Juliette n'est pas vraiment morte), présente cependant de nombreux points communs avec le monde des comédies.

Car, à côté de ses neuf pièces historiques, c'est essentiellement aux comédies que Shakespeare consacre son activité créatrice dans cette première phase de sa carrière puisqu'il en écrit dix entre 1592 et 1601. Les quatre premières, *The Comedy of Errors, The Two Gentlemen of Verona, Love's Labour's Lost* et *The Taming of the Shrew* sont des œuvres de jeunesse où le dramaturge s'essaie à des thèmes et à des intrigues qu'il modulera ou raffinera par la suite. Ainsi retrouve-t-on un peu de l'exubérance verbale et de la fantaisie de *Two Gentlemen* ou de *Love's Labour's Lost* dans des comédies plus tardives comme *Much Ado About Nothing* et *As You Like It.* A part *Love's Labour's Lost,* pièce au sujet assez personnel et original (Shakespeare, à l'instar de ses contemporains, n'est pas coutumier du fait), les sources sont d'origine latine (les

Ménechmes de Plaute) ou italienne (Montemayor et l'Arioste). Les six comédies suivantes, qu'il écrit entre 1596 et 1601 *(A Midsummer Night's Dream, The Merchant of Venice, The Merry Wives of Windsor, Much Ado About Nothing, As You Like It,* et *Twelfth Night)*, sont les plus achevées et les plus caractéristiques de sa manière, bien différente de la satire des humeurs* ou la comédie de mœurs* de Ben Jonson ou de Middleton.

Dans le monde des comédies romanesques, c'est principalement le thème de l'amour qui prédomine chez des jeunes gens dont les penchants se voient contrariés par l'opposition paternelle ou les manigances de personnages acariâtres ; mais, au terme d'une période d'épreuves qui les mènent dans un monde à la fois insolite et réparateur (la forêt proche d'Athènes dans *A Midsummer Night's Dream,* le palais de Portia à Belmont dans *The Merchant of Venice*), leurs peines d'amour prennent fin pour faire place à une fête nuptiale et à des mariages en série. Dans cette comédie qui mêle courtoisie et merveilleux, les réminiscences du folklore, les légendes et les traditions empruntées au cycle saisonnier ou aux saynètes du drame populaire *(Mummer's plays*)*, l'influence du Moyen Age et d'un écrivain comme Chaucer n'est pas négligeable.

Ces pièces font la part belle à la musique, aux chansons, à la danse et aux masques, et elles révèlent également une prédilection pour le travesti masculin endossé par ses héroïnes sous des prétextes divers : ainsi Portia, Rosalinde et Viola se déguisent-elles toutes en garçon dans *The Merchant of Venice, As You Like It* et *Twelfth Night.* Il faut peut-être voir là le goût et la mode d'une certaine ambiguïté sexuelle dans les milieux aristocratiques de l'époque, mais il s'agit aussi d'une pratique normale de la scène élisabéthaine, où les rôles féminins étaient interprétés par de jeunes garçons. Le rôle du fou (Touchstone dans *As You Like It,* Feste dans *Twelfth Night*) ou du « clown », au sens anglais de personnage rustique et de lourdaud (Costard dans *Love's Labour's Lost* ou Bottom dans *A Midsummer Night's Dream*), consiste à multiplier les équivoques et les jeux du langage ou encore à donner de l'intrigue principale une version déformée et bouffonne qui permet d'équilibrer l'économie générale de la pièce en accordant une place au monde de l'appétit matériel.

La deuxième partie de la carrière de Shakespeare suit de peu l'installation de sa troupe au théâtre du Globe en 1599 et elle commence au tournant du XVIIe siècle, vers 1601, période à partir de laquelle le dramaturge écrit des pièces beaucoup plus sombres. C'est l'époque des comédies noires ou des pièces à problèmes, comme on les appelle aussi, en ce qu'elles campent un monde grisâtre et désabusé où les jeux de l'amour se déroulent sur une toile de fond de moralité et de mortalité dans lequel le mariage n'est plus le couronnement joyeux des péripéties mais un piège ou une punition. Dans *All's Well That Ends Well* (1602), le jeune Bertrand de Roussillon doit piteusement se résoudre à accepter Hélène, l'épouse que le roi lui avait donnée, après que celle-ci, qu'il avait désertée pour la guerre et les conquêtes amoureuses en Italie, l'eut confondu en public grâce à un stratagème (la ruse du lit ou *bed-trick*) qui lui a permis de prendre la place de la jeune Italienne que Bertrand croyait avoir séduite. De même, à la fin de *Measure for Measure* (1604), le gouverneur Angelo pensait gagner les faveurs de la chaste Isabelle grâce à un chantage sur la vie de son frère, condamné à mort au nom d'une loi qu'il a contribué à remettre en vigueur et que, au moins sur le plan des intentions, il viole lui-même de la façon la plus flagrante. Le retour inopiné du Duc Vincentio le contraint à choisir entre mourir ou épouser Marianne, la jeune femme à qui il avait autrefois promis le mariage et avec qui il vient de passer la nuit alors qu'il pensait avoir étreint Isabelle. Quant à *Troilus and Cressida* (1601), où la déchirure de l'amour trahi se produit sur la toile de fond d'une guerre absurde, c'est une pièce inclassable, qui n'appartient ni au monde de la comédie, ni à celui de la tragédie. L'idéal de Troilus est bafoué, la noblesse d'Hector saccagée par la traîtrise d'Achille, tandis que les sarcasmes de Thersite, le soldat de base, pleuvent sur des généraux grecs impuissants, las et divisés. Par son pessimisme, cette pièce rejoint *Timon of Athens* (1608), qui montre un généreux et joyeux mécène se transformer en imprécateur misanthrope lorsqu'une situation de difficultés financières le conduit à constater brutalement l'ingratitude de ses anciens amis.

Il est plus aisé de regrouper sous l'appellation de pièces

romaines, *Julius Caesar* (1600), *Antony and Cleopatra* (1606) et *Coriolanus* (1608), qui forment le pendant des pièces historiques de la première période, Shakespeare prenant cette fois ses sources dans Plutarque plutôt que dans les *Chroniques* de Holinshed. Si *Julius Caesar* et *Coriolanus* sont des drames politiques autant que des confrontations cruelles entre le rêve idéaliste (Brutus) ou l'ambition (Coriolan) et la réalité, *Antony and Cleopatra* est une tragédie de la passion sexuelle qui prolonge dans un autre cadre et dans le monde de la maturité l'expérience tragique de *Romeo and Juliet.*

Mais c'est surtout par les quatre grandes tragédies, *Hamlet* (1601), *Othello* (1603), *King Lear* (1605) et *Macbeth* (1606) qu'est marquée cette seconde période de la carrière de Shakespeare. *Hamlet* participe de la tragédie de vengeance inaugurée par *The Spanish Tragedy* (1592), de Thomas Kyd, qui fut peut-être lui-même auteur d'un premier *Hamlet,* pièce aujourd'hui perdue et qui aurait servi de modèle à Shakespeare. Mais *Hamlet* est aussi une pièce à problèmes avec un héros qui s'interroge sur la réalité du fantôme de son père et qui, contrairement aux autres personnages de vengeurs, tarde à accomplir la mission dont le spectre l'a investi. Tragédie politique, drame philosophique, réflexion du théâtre sur lui-même dans les scènes des comédiens et de la pièce dans la pièce, cette tragédie est la plus connue de Shakespeare et celle qui, par sa richesse et sa complexité, occupe une place centrale dans l'ensemble de son œuvre. *Othello* se présente comme une tragédie domestique ou comédie qui tourne mal sous l'empire de la jalousie. C'est aussi une Moralité* où le tentateur diabolique, Iago, vengeur d'une cause qui restera mystérieuse, travaille à la destruction de sa dupe, le noble général maure, ainsi qu'à celle de son épouse, la belle et blanche Vénitienne Desdémone. *Othello* est la tragédie de l'illusion, où les rapports de l'apparence et de la réalité sont faussés par l'habileté d'un manipulateur pervers et la naïveté d'un étranger qui croit à la réalité du pouvoir des mots. *King Lear,* dont la trame provient de l'histoire légendaire de l'Angleterre, est aussi le récit d'une illusion, celle de l'aveuglement d'un roi, qui se trompe sur ses filles, qui le flattent par leur beau langage, et entre lesquelles il commet l'erreur de partager son royaume, alors qu'il bannit celle qui l'aime le plus mais refuse de se prêter à la mascarade de la déclaration d'affection du roi leur père. Il faudra l'épreuve de la folie, du dénuement, la confrontation avec le fou ainsi qu'avec Edgar, déguisé en pauvre mendiant et lui aussi banni par son père, pour que Lear soit conduit à comprendre toute la fragilité de l'humaine condition et l'énormité de son erreur. Quand il retrouve Cordélie, c'est une brève scène de bonheur suivie du déchirement de sa perte lorsque le bâtard Edmond, après l'avoir faite prisonnière, la fait pendre. Le sentiment tragique, tout au long de la pièce, oscille entre le grotesque et le pathétique. *Macbeth* opère un retour en force du surnaturel, entrevu dans *Hamlet* avec les apparitions du fantôme, dans les incantations et les machinations des trois sœurs maléfiques qui viennent tenter le vaillant guerrier au soir de la bataille et semer le doute et l'ambition dans son esprit. Poussé au régicide par l'appétit de pouvoir de sa femme, il devient un tyran sanglant, prêt à toutes les compromissions avec les forces du mal pour conserver son pouvoir. Drame métaphysique autant que tragédie politique, *Macbeth* traduit en termes cosmiques l'affrontement du bien et du mal tout en donnant, grâce à la puissance de son langage et de ses images, une vision terrifiante de l'empire des ténèbres ainsi que de son entreprise de destruction de l'innocence et des sources mêmes de la vie.

La dernière période de la carrière de Shakespeare coïncide avec l'acquisition par sa troupe, devenue celle des « Comédiens du roi » à partir de 1603, d'un nouveau lieu scénique, le théâtre couvert des Blackfriars, ancien monastère situé à l'ouest de la cité. Ce lieu, plus commode pour les représentations d'hiver que le théâtre du Globe qui était à ciel ouvert, est probablement à l'origine de la nouvelle dramaturgie des dernières pièces, *Pericles* (1608), *Cymbeline* (1609), *The Winter's Tale* (1611), et *The Tempest* (1611), auxquelles il faut ajouter deux dernières œuvres écrites en collaboration avec John Fletcher, *Henry VIII* et *The Two Noble Kinsmen* (1613). Ces dernières pièces appartiennent à des genres très différents dans la mesure où, dans l'in-folio de 1623, publié par deux acteurs de la troupe sept ans après la mort de Shakespeare, *The Tempest* et *The Winter's Tale* sont classées parmi les comédies,

Henry VIII au côté des drames historiques, *Cymbeline* rangé avec les tragédies tandis que ni *Pericles* ni *The Two Noble Kinsmen* n'y figurent. *Henry VIII* est sans doute une œuvre à part, liée aux drames historiques par son sujet, encore que le thème du renouvellement des générations, de la valeur rédemptrice de la souffrance et sa fin heureuse la rattachent aux dernières pièces. La dénomination utilisée aujourd'hui pour les désigner est celle de tragi-comédies ou de drames romanesques (« romances » en anglais). Elles ont en commun une dramaturgie de type nouveau, qui fait la part belle à la légende, au surnaturel (apparitions d'esprits, de fantômes, de dieux et de déesses antiques), à l'illusion, à la musique, à la danse et au « Masque »* ; ce somptueux divertissement de Cour était fondé sur le triomphe du spectaculaire et empruntait ses thèmes et ses personnages à la mythologie antique autant qu'à la légende et au folklore du fond britannique. L'accent est mis sur la surprise, le coup de théâtre, l'incroyable, et l'horreur se mêle aux réjouissances. La structure commune à ces dernières œuvres est celle de la dispersion et des retrouvailles des familles, où enfants et parents, d'abord séparés par la fureur des éléments *(Pericles)* ou la rage et les malentendus de la passion et de la folie *(Cymbeline, The Winter's Tale)*, sont finalement réunis au terme d'une longue séparation. Dans certains cas, la réunion de la famille s'opère par l'entremise d'une résurrection tantôt miraculeuse *(Pericles)*, tantôt savamment orchestrée *(The Winter's Tale)*. Ces pièces révèlent une assez forte influence de la comédie italienne, qu'il s'agisse de la « commedia dell' arte » ou du merveilleux baroquisant avec ses enchanteurs, ses voyages lointains, son monde pastoral, ses bêtes sauvages et ses intrigues amoureuses aussi raffinées que compliquées. Elles traduisent l'émergence d'un goût nouveau né des miracles accomplis par les décors et la machinerie des spectacles de Cour et que les théâtres privés s'efforceront de satisfaire auprès d'un public plus large.

BIBLIOGRAPHIE SÉLECTIVE. — Wilson Knight, *The Crown of Life*, Londres, 1947, rééd. 1977 ; Henri Fluchère, *Shakespeare, dramaturge élisabéthain*, Paris, 1947, rééd., 1966 ; F. E. Halliday, *A Shakespeare Companion, 1564-1964*, Harmondsworth, 1964 ; Jean Fuzier, *Les sonnets de Shakespeare*, Paris, 1970 ; Paul Bacquet, *Les pièces historiques de Shakespeare,* 2 vol., Paris, 1978 ; Stanley Wells ed., *The Cambridge Companion to Shakespeare Studies,* Cambridge, 1986 ; Richard Marienstras, *Le proche et le lointain. Sur Shakespeare, le drame élisabéthain et l'idéologie anglaise aux XVIe et XVIIe siècles,* Paris, 1981 ; Marie-Thérèse Jones-Davies, *Shakespeare, le théâtre du monde,* Paris, 1987 ; Michel Grivelet, Marie-Madeleine Martinet, Dominique Goy-Blanquet, *Shakespeare de A à Z... ou presque,* Paris, 1988 ; François Laroque, *Shakespeare et la fête,* Paris, 1988 ; René Girard, *Shakespeare. Les feux de l'envie,* Paris, 1990.

Sonnets (1609)

12

When I do count the clock that tells[1] the time,
And see the brave[2] day sunk in hideous night;
When I behold the violet past prime,
And sable[3] curls all silvered o'er with white;

1. On remarquera que si Shakespeare ne s'est pas préoccupé de son vivant de la publication de son œuvre théâtrale et en laissa le soin à la postérité, il s'est par contre soucié de son œuvre poétique. Il commence par deux longs poèmes d'inspiration érotico-mythologique, *Venus and Adonis* et *The Rape of Lucrece,* tous deux dédiés au comte de Southampton, Henry Wriothesley. Ecrits pendant le long intervalle où les théâtres durent rester fermés à cause de l'épidémie de peste qui fit rage à Londres, où elle causa plus de 10 000 morts, ils furent respectivement publiés en 1593 et 1594. Quant à ses *Sonnets,* qui offrent ce que son œuvre poétique a de plus remarquable, il furent publiés en 1609, probablement sans l'aval de leur auteur. Dans *Palladis Tamia* (1598), Francis Meres mentionne à côté d'un certain nombre de pièces de Shakespeare « ses sonnets sucrés circulant en privé parmi ses amis... ». Dédiés à un mystérieux Mr. W. H., dans lequel, entre autres possibilités, on a vu les initiales inversées de l'ami et protecteur de Shakespeare, Henry Wriothesley, ces sonnets constituent un cycle avec une histoire, où interviennent successivement l'ami (le jeune homme que le poète invite à se marier pour engendrer des enfants mais dont la beauté l'émeut au point qu'il lui déclare une affection et même un amour qui, sans être ouvertement physique, n'en n'est pas pour autant simplement platonique), le poète rival et la maîtresse brune, à laquelle sont consacrés les 27 derniers sonnets sur les 154 que compte le recueil. Beaucoup d'encre a coulé au sujet du caractère prétendument autobiographique de ces sonnets (c'est le poète Wordsworth qui a été le premier à faire cette suggestion) mais, si beaucoup de clés ont été proposées, aucune interprétation ne semble véritablement satisfaisante et ces poèmes conservent tout leur mystère. Publiés bien après la fin de la vogue des sonnets, qui connut son apogée au début des années 1590, ils prennent à rebours le thème pétrarquisant de la maîtresse inaccessible en introduisant le thème d'une amitié amoureuse pour un jeune homme ; d'autre part, dans les sonnets à la dame brune qui disent les délices et les tortures d'une passion intensément physique, ponctuée par la jalousie et le dégoût de soi, Shakespeare viole toutes les conventions établies ou respectées par ses prédécesseurs.
   Mais l'originalité et la force des *Sonnets* de Shakespeare résident dans la richesse sémantique, rhétorique et prosodique de ces vers qui modulent, avec une grande variété et une intensité presque constante, des thématiques successives qui s'articulent autour de l'amour et du culte de la beauté, à savoir l'obsession du passage du temps, l'expérience de la finitude et l'angoisse de la mort, l'opposition de l'art et de la nature, l'immortalité conférée par la poésie. *Tells* : compte.
2. *Brave :* resplendissant.
3. *Sable :* noir.

When lofty trees I see barren of leaves,
Which erst[1] from heat did canopy the herd,
And summer's green, all girded up in sheaves,
Borne on the bier with white and bristly beard;
Then of thy beauty do I question make,
That thou among the wastes of time[2] must go,
Since sweets and beauties do themselves forsake,[3]
And die as fast as they see others grow;
  And nothing 'gainst Time's scythe can make defence
  Save breed to brave him when he takes thee hence.

20

A woman's face, with Nature's own hand painted,
Hast thou, the master-mistress of my passion;
A woman's gentle heart, but not acquainted
With shifting change, as is false women's fashion;
An eye more bright than theirs, less false in rolling,
Gilding the object whereupon it gazeth;
A man in hue[4] all hues in his controlling,
Which steals men's eyes and women's souls amazeth.
And for a woman wert thou first created,
Till Nature as she wrought thee fell a-doting,
And by addition me of thee defeated,[5]
By adding one thing to my purpose nothing.
  But since she pricked thee out[6] for women's pleasure,
  Mine be thy love, and thy love's use[7] their treasure.

30

When to the sessions[8] of sweet silent thought
I summon up remembrance of things past,

1. *Erst :* auparavant.
2. *The wastes of time : the things which time has destroyed.*
3. *Forsake :* défont, détruisent.
4. *Hue :* forme, apparence.
5. *Defeated :* privé.
6. *Pricked thee out :* elle t'a choisi (avec un jeu de mots sur le sens viril de *prick*).
7. *Use :* plaisir sexuel.
8. *Sessions :* le terme a ici le sens juridique de sessions d'un tribunal. Ce sonnet utilise d'autres termes d'origine juridique comme *dateless, cancelled, expense, account.*

I sigh the lack of many a thing I sought,
And with old woes new wail my dear[1] time's waste;
Then can I drown an eye, unused to flow,
For precious friends hid in death's dateless[2] night,
And weep afresh love's long since cancelled woe,
And moan th'expense[3] of many a vanished sight;
Then can I grieve at grievances foregone,
And heavily from woe to woe tell[4] o'er
The sad account of fore-bemoanèd moan,
Which I new pay as if not paid before.
  But if the while I think on thee, dear friend,
  All losses are restored and sorrows end.

65

Since brass, nor stone, nor earth, nor boundless sea,
But[5] sad mortality o'ersways their power,
How with this rage shall beauty hold a plea,
Whose action[6] is no stronger than a flower?
O, how shall summer's honey breath hold out
Against the wrackful siege of battering[7] days,
When rocks impregnable are not so stout,
Nor gates of steel so strong, but Time decays?
O, fearful meditation! Where, alack,
Shall Time's best jewel from Time's chest lie hid?
Or what strong hand can hold his swift foot back?
Or who his spoil of beauty can forbid?
  O, none, unless this miracle have might,
  That in black ink my love may still shine bright.

1. *Dear :* l'adjectif a ici le sens de cher (au sens d'aimé et de coûteux) et de cruel (qui porte cette fois sur *waste* et non sur *time*).
2. *Dateless :* sans fin.
3. *Expense :* perte.
4. *Tell :* compte.
5. *Since... but :* construction elliptique : puisque ni... n'empêche... de.
6. *Action :* force.
7. *Battering :* évoque le bélier, ou *battering-ram*, utilisé pour enfoncer la porte des places fortes.

129

Th'expense[1] of spirit[2] in a waste[3] of shame
Is lust in action, and, till action, lust
Is perjured, murd'rous, bloody, full of blame,
Savage, extreme,[4] rude,[5] cruel, not to trust,
Enjoyed no sooner but despisèd straight,
Past[6] reason hunted, and no sooner had,
Past reason hated as a swallowed bait
On purpose laid to make the taker mad;
Mad in pursuit, and in possession so,
Had, having, and in quest to have, extreme,
A bliss in proof,[7] and proved, a very woe,
Before, a joy proposed,[8] behind, a dream.
All this the world well knows, yet none knows well
To shun the heaven that leads men to this hell.[9]

130

My mistress' eyes are nothing like the sun;
Coral is far more red than her lips' red;
If snow be white, why then her breasts are dun;
If hairs be wires, black wires grow on her head.
I have seen roses damasked;[10] red and white,
But no such roses see I in her cheeks,
And in some perfumes is there more delight
Than in the breath that from my mistress reeks.[11]
I love to hear her speak, yet well I know
That music hath a far more pleasing sound.
I grant I never saw a goddess go ;

1. *Expense :* gaspillage.
2. *Spirit :* le mot a ici à la fois le sens général d'énergie et le sens précis de semence masculine.
3. *Waste :* jeu de mots sur *waste,* à la fois la ruine et le désert, et sur *waist,* la taille ou, plus exactement, la partie du corps féminin située au- dessous de la ceinture.
4. *Extreme :* violent.
5. *Rude :* brutal.
6. *Past :* au-delà de.
7. *In proof :* quand on s'y adonne.
8. *Proposed :* en vue.
9. *Hell :* ici le mot a probablement les deux sens d'enfer et de sexe de la femme.
10. *Damasked :* roses de Damas, panachées rouge et blanc
11. *Reeks :* émane, sans idée péjorative, de mauvaise odeur.

My mistress when she walks treads on the ground.
And yet, by heaven, I think my love as rare[1]
As any she belied with false compare.[2]

The Tempest (1611)[3]

I.1

A tempestuous noise of thunder and lightning heard.
Enter a Shipmaster and a Boatswain

MASTER Boatswain!

BOATSWAIN Here, Master. What cheer?

1. *Rare :* le sens est ici celui de précieux.
2. *Compare : comparison.*
3. *The Tempest,* pièce écrite et jouée en 1611, marque à la fois l'achèvement de l'art de Shakespeare et un retour à ses débuts. Comme dans *The Comedy of Errors,* le dramaturge revient aux unités néo-classiques de lieu, de temps et d'unité d'action, grâce à un long discours liminaire qui permet de résumer les événements précédant la pièce (le long récit que l'enchanteur Prospéro fait à sa fille Miranda au sujet de ses origines véritables, des circonstances de la perte de son duché et de leur arrivée dans l'île dont il est devenu le maître). Shakespeare y rassemble l'essentiel des thèmes développés dans les pièces historiques et les tragédies (le cycle de l'usurpation et de sa rétribution, la rivalité des frères ennemis, accomplissement de la vengeance) ainsi que dans ses comédies (naissance et épanouissement de l'amour entre Ferdinand, prince de Naples, et Miranda, péripéties bouffonnes du complot manqué contre Prospéro ourdi par Caliban, Stéphano et Trinculo dans l'intrigue secondaire). La pièce pose en outre des problèmes hérités de la Renaissance et, égratignant au passage l'utopie du Montaigne des « Cannibales », elle s'interroge sur les pouvoirs et sur les limites de l'éducation face à la naissance ou à la nature (à propos d'Antonio, le frère dégénéré, ou de l'esclave Caliban, dont le nom est un anagramme de cannibale). Elle traduit aussi les émerveillements qui sont liés à la découverte du nouveau monde (Shakespeare fait écho à des récits de voyage aux Bermudes et de naufrages qui s'avérèrent plus miraculeux que catastrophiques) et qui vont dans le sens des intérêts de la Compagnie de la Virginie. Ce monde nouveau, ce *brave new world,* selon l'exclamation naïve de Miranda à la fin, désigne aussi de façon ironique le vieux monde et le groupe des méchants, ce qui contribue à relativiser tout enthousiasme précipité.

Cette œuvre tardive a également le grand mérite de poser les bases d'une esthétique nouvelle : art de l'illusion, de l'enchantement, qui devient l'instrument d'une méditation sur le caractère éphémère de l'existence humaine qui n'est qu'un songe, comme le dira plus tard l'Espagnol Calderon. *The Tempest,* en effet, se prête aisément à des interprétations de type allégorique ou mythique car, outre la densité d'une langue riche en noms composés et d'une structure grammaticale très resserrée, elle repose autant sur le non-dit que sur ce qui est dit et fait appel à l'image autant qu'à l'ordre du discours. Le spectateur est parfois décontenancé par les brusques sautes d'humeur de Prospéro, qui tient tout en son pouvoir mais qui reste étrangement opaque, dans la mesure où ses monologues ne révèlent jamais ses pensées intimes ou le mouvement de ses émotions. C'est dans une série d'images, dans des tableaux scéniques comme ceux marquant l'apparition des harpies, l'évanouissement des tables du banquet, la poursuite de Caliban et de ses compagnons par une meute de chiens, ou encore le jeu d'échecs entre Ferdinand et Miranda, que le sens se manifeste, donnant ainsi à la pièce une complexité souvent énigmatique qui semble exiger un constant travail de déchiffrement. Le miracle de ce drame poétique c'est qu'il ne bascule jamais pour autant dans l'occulte ou le sybillin, même à l'occasion du « Masque »* que Prospéro offre à titre de divertissement prénuptial à Ferdinand et à Miranda. La magie n'y prenant jamais le pas sur l'humain, le message théâtral fonctionne parfaitement à son premier niveau et la pièce reste constamment accessible à tous.

MASTER Good. Speak to th'mariners. Fall to't, yarely,[1] or we run ourselves aground. Bestir, bestir! *Exit*

Enter Mariners

BOATSWAIN Heigh, my hearts! Cheerly, cheerly, my hearts! Yare, yare! Take in the topsail! Tend to th'Master's whistle!—Blow till thou burst thy wind, if room enough.[2]

Enter Alonso, Sebastian, Antonio, Ferdinand, Gonzalo, and others

ALONSO Good Boatswain, have care. Where's the Master? Play the men.

BOATSWAIN I pray now, keep below.

ANTONIO Where is the Master, Boatswain?

BOATSWAIN Do you not hear him? You mar our labour. Keep your cabins! You do assist the storm.

GONZALO Nay, good, be patient.

BOATSWAIN When the sea is. Hence! What cares these roarers[3] for the name of king? To cabin! Silence! Trouble us not.

GONZALO Good, yet remember whom thou hast aboard.

BOATSWAIN None that I more love than myself. You are a councillor. If you can command these elements to silence, and work the peace of the present, we will not hand[4] a rope more. Use your authority. If you cannot, give thanks you have lived so long, and make yourself ready in your cabin for the mischance of the hour, if it so hap.—Cheerly, good hearts!—Out of our way, I say! *Exit*

GONZALO I have great comfort from this fellow. Methinks he hath no drowning-mark upon him: his complexion is perfect gallows.[5] Stand fast, good Fate, to his hanging. Make the rope of his destiny our cable, for our own doth little advantage. If he be not born to be hanged, our case is miserable. *Exeunt Gonzalo and the other nobles*

Enter Boatswain

1. *Yarely :* vite. Voir plus bas *yare, yare*.

2. *Blow... enough :* le maître d'équipage s'adresse ici à la tempête.

3. *Roarers :* grosses vagues (les rugissants). L'utilisation d'un verbe à la 3e personne du singulier avec un pluriel n'est pas inhabituelle chez Shakespeare. On en trouvera d'autres exemples dans la pièce.

4. *Hand : handle.*

5. *Methinks... gallows :* Gonzalo pense au proverbe « He that's born to be hanged [v. *gallows*] need fear no drowning ».

BOATSWAIN Down with the topmast! Yare! Lower, lower! Bring her to try with main-course.[1]

A cry within

A plague upon this howling! They are louder than the weather, or our office.

Enter Sebastian, Antonio, and Gonzalo

Yet again? What do you here? Shall we give o'er and drown? Have you a mind to sink?

SEBASTIAN A pox o'your throat, you bawling, blasphemous, incharitable dog!

BOATSWAIN Work you, then.

ANTONIO Hang, cur, hang, you whoreson, insolent noisemaker! We are less afraid to be drowned than thou art.

GONZALO I'll warrant him for[2] drowning, though the ship were no stronger than a nutshell and as leaky as an unstanched wench.[3]

BOATSWAIN Lay her a-hold,[4] a-hold! Set her two courses! Off to sea again! Lay her off!

Enter Mariners wet

MARINERS All lost! To prayers, to prayers! All lost! *Exeunt*

BOATSWAIN What, must our mouths be cold?[5]

GONZALO

The King and Prince at prayers, let's assist them,
For our case is as theirs.

SEBASTIAN I'm out of patience.

ANTONIO

We are merely cheated of our lives by drunkards.
This wide-chopped rascal—would thou mightst lie drowning
The washing of ten tides!

GONZALO He'll be hanged yet,
Though every drop of water swear against it,

1. *To try with main-course :* affaler la grand-voile (*course* a ici le sens de voile) pour naviguer au plus près du vent.

2. *For : against.*

3. *Unstanched wench :* fille en chaleur.

4. *Lay her a-hold :* serrez au vent.

5. *Must our mouths be cold? :* proverbialement *to be cold in the mouth* voulait dire mourir. On peut imaginer que le maître d'équipage sort à cet instant une bouteille pour se donner du cœur à l'ouvrage.

And gape at wid'st to glut[1] him.
A confused noise within: "Mercy on us!"—"We split, we split!"—"Farewell, my wife and children!"—"Farewell, brother!""We split, we split, we split!"
Exit Boatswain

ANTONIO Let's all sink wi'th'King.
SEBASTIAN Let's take leave of him. *Exit, with Antonio*
GONZALO Now would I give a thousand furlongs of sea for an acre of barren ground. Long heath, brown furze, anything. The wills above be done, but I would fain die a dry death.
Exit

I.2

Enter Prospero and Miranda

MIRANDA
If by your art, my dearest father, you have
Put the wild waters in this roar, allay them.
The sky it seems would pour down stinking pitch,
But that the sea, mounting to th'welkin's cheek,[2]
Dashes the fire out. O, I have suffered
With those that I saw suffer! A brave vessel,
Who had, no doubt, some noble creature in her,
Dashed all to pieces. O, the cry did knock
Against my very heart! Poor souls, they perished.
Had I been any god of power, I would
Have sunk the sea within the earth, or ere
It should the good ship so have swallowed and
The fraughting souls[3] within her.
PROSPERO Be collected.
No more amazement. Tell your piteous heart
There's no harm done.
MIRANDA O, woe the day!
PROSPERO No harm.
I have done nothing but in care of thee,
Of thee, my dear one, thee my daughter, who
Art ignorant of what thou art, naught knowing

1. *To glut : to swallow.*
2. *Welkin's cheek :* la face du ciel (littéralement la joue du firmament).
3. *Fraughting souls :* cargaison d'âmes.

Of whence I am, nor that I am more better[1]
Than Prospero, master of a full poor cell,
And thy no greater father.

MIRANDA
More to know
Did never meddle with[2] my thoughts.

PROSPERO
'Tis time
I should inform thee farther. Lend thy hand,
And pluck my magic garment from me.—So,
Lie there, my art.—Wipe thou thine eyes. Have comfort.
The direful spectacle of the wrack, which touched
The very virtue of compassion in thee,
I have with such provision[3] in mine art
So safely ordered, that there is no soul—
No, not so much perdition as an hair
Betid[4] to any creature in the vessel
Which thou heard'st cry, which thou sawst sink. Sit down.
For thou must now know farther.

MIRANDA
You have often
Begun to tell me what I am, but stopped,
And left me to a bootless inquisition,[5]
Concluding, "Stay: not yet."

PROSPERO
The hour's now come.
The very minute bids thee ope thine ear.
Obey, and be attentive. Canst thou remember
A time before we came unto this cell?
I do not think thou canst, for then thou wast not
Out[6] three years old.

MIRANDA
Certainly, sir, I can.

PROSPERO
By what? By any other house or person?
Of any thing the image tell me, that
Hath kept with thy remembrance.

MIRANDA
'Tis far off,

1. *More better :* double comparatif, assez courant en anglais élisabéthain ; comprendre ici « de plus haut rang ».
2. *Meddle with : mingle.*
3. *Provision :* prévision (du latin *providere*).
4. *Betid : happened.*
5. *Bootless inquisition :* vaines interrogations.
6. *Out : fully.*

And rather like a dream than an assurance
That my remembrance warrants. Had I not
Four or five women once that tended me?

PROSPERO

Thou hadst, and more, Miranda. But how is it
That this lives in thy mind? What seest thou else
In the dark backward and abysm of time?
If thou rememb'rest aught ere thou cam'st here,
How thou cam'st here thou mayst.

MIRANDA
But that I do not.

PROSPERO

Twelve year since, Miranda, twelve year since,
Thy father was the Duke of Milan and
A prince of power.

MIRANDA
Sir, are not you my father?

PROSPERO

Thy mother was a piece of virtue, and
She said thou wast my daughter; and thy father
Was Duke of Milan; and his only heir
And princess, no worse issued.

MIRANDA
O the heavens!
What foul play had we, that we came from thence?
Or blessèd was't we did?

PROSPERO
Both, both, my girl.
By foul play, as thou sayst, were we heaved thence,
But blessedly holp[1] hither.

MIRANDA
O, my heart bleeds
To think o'th'teen[2] that I have turned you to,
Which is from[3] my remembrance! Please you, farther.

PROSPERO

My brother and thy uncle, called Antonio—
I pray thee mark me, that a brother should
Be so perfidious!—he, whom next thyself
Of all the world I loved, and to him put
The manage of my state, as at that time
Through all the signories[4] it was the first,

1. *Holp : helped.*
2. *Teen :* trouble.
3. *From :* absent de.
4. *Signories :* Etats italiens.

And Prospero the prime duke, being so reputed
In dignity, and for the liberal arts
Without a parallel; those being all my study,
The government I cast upon my brother,
And to my state grew stranger, being transported
And rapt in secret studies. Thy false uncle—
Dost thou attend me?

MIRANDA
Sir, most heedfully.

PROSPERO
Being once perfected how to grant suits,
How to deny them, who t'advance, and who
To trash[1] for over-topping,[2] new created
The creatures that were mine, I say, or changed 'em,
Or else new formed 'em; having both the key[3]
Of officer and office, set all hearts i'th'state
To what tune pleased his ear, that now he was
The ivy which had hid my princely trunk,
And sucked my verdure[4] out on't. Thou attend'st not!

MIRANDA
O, good sir, I do.

PROSPERO
I pray thee, mark me.
I, thus neglecting worldly ends, all dedicated
To closeness and the bettering of my mind
With that which, but by being so retired,
O'er-prized all popular rate, in my false brother
Awaked an evil nature; and my trust,
Like a good parent, did beget of him
A falsehood in its contrary, as great
As my trust was, which had indeed no limit,
A confidence sans[5] bound. He being thus lorded,
Not only with what my revenue yielded,
But what my power might else exact, like one
Who having into truth, by telling of it,
Made such a sinner of his memory

1. *To trash :* tenir en laisse.
2. *Overtopping :* quelqu'un ayant pris trop d'importance.
3. *Key :* jeu de mots sur le double sens de clé, la clé servant à fermer une porte et la clé de portée musicale.
4. *Verdure :* sève, vitalité.
5. *Sans :* c'est le mot français sans (prononcer comme *sense*).

To credit his own lie, he did believe
He was indeed the Duke, out o'th'substitution
And executing th'outward face of royalty,
With all prerogative.[1] Hence his ambition growing—
Dost thou hear?

MIRANDA Your tale, sir, would cure deafness.

PROSPERO
To have no screen between this part he played
And him he played it for, he needs will be
Absolute Milan.[2] Me, poor man, my library
Was dukedom large enough. Of temporal royalties
He thinks me now incapable, confederates[3]—
So dry[4] he was for sway[5]—wi'th'King of Naples
To give him annual tribute, do him homage,
Subject his coronet to his crown, and bend
The dukedom yet unbowed—alas, poor Milan—
To most ignoble stooping.

MIRANDA O the heavens!

PROSPERO
Mark his condition and th'event; then tell me
If this might be a brother.

MIRANDA I should sin
To think but nobly of my grandmother.
Good wombs have borne bad sons.

PROSPERO Now the condition.[6]
This King of Naples, being an enemy
To me inveterate, hearkens my brother's suit,
Which was, that he, in lieu o'th'premises[7]
Of homage and I know not how much tribute,
Should presently extirpate me and mine
Out of the dukedom, and confer fair Milan,
With all the honours, on my brother. Whereon,

1. *He being thus lorded... with all prerogative :* après s'être emparé de mes revenus et de mes pouvoirs il finit par croire à ses propres mensonges et, à force de me représenter avec toutes mes prérogatives, à s'imaginer qu'il était vraiment duc.
2. *He needs... Milan :* il fallait à tout prix [*needs : absolutely*] qu'il devienne [duc de] Milan.
3. *Confederates : conspires.*
4. *Dry : thirsty.*
5. *Sway : power.*
6. *The condition :* dans quelles conditions cela (l'accord conclu avec le roi de Naples) s'est passé.
7. *In lieu o'th'premises :* en contrepartie de.

A treacherous army levied, one midnight
Fated to th'purpose, did Antonio open
The gates of Milan; and, i'th'dead of darkness,
The ministers for th'purpose hurried thence
Me and thy crying self.

MIRANDA Alack, for pity.
I, not remembering how I cried out then,
Will cry it o'er again. It is a hint
That wrings mine eyes to't.

PROSPERO Hear a little further,
And then I'll bring thee to the present business
Which now's upon's; without the which, this story
Were most impertinent.[1]

MIRANDA Wherefore did they not
That hour destroy us?

PROSPERO Well demanded, wench.
My tale provokes that question. Dear, they durst not,
So dear the love my people bore me; nor set
A mark so bloody on the business, but
With colours fairer painted their foul ends.
In few,[2] they hurried us aboard a bark,
Bore us some leagues to sea, where they prepared
A rotten carcass of a butt,[3] not rigged,
No tackle, sail, nor mast. The very rats
Instinctively have quit it. There they hoist us,
To cry to th'sea that roared to us, to sigh
To th'winds, whose pity sighing back again
Did us but loving wrong.

MIRANDA Alack, what trouble
Was I then to you!

PROSPERO O, a cherubin
Thou wast that did preserve me. Thou didst smile,
Infusèd with a fortitude from heaven,
When I have decked[4] the sea with drops full salt,

1. *Were most impertinent :* n'aurait pas d'objet.

2. *In few :* bref.

3. *Butt :* littéralement le mot signifie un baquet, une petite baignoire. Le mot vient sans doute du français boute et désigne un mauvais bateau, un rafiot.

4. *Decked :* recouvert, mais le sens est aussi celui de décoré. Le récit prend ici un tour artificiel et maniéré qui signale l'abandon du réalisme au profit du poétique et de l'imaginaire.

Under my burden groaned, which raised in me
An undergoing stomach,[1] to bear up
Against what should ensue.

MIRANDA
How came we ashore?

PROSPERO
By Providence divine.
Some food we had, and some fresh water, that
A noble Neapolitan, Gonzalo,
Out of his charity, who being then appointed
Master of this design, did give us, with
Rich garments, linens, stuffs, and necessaries
Which since have steaded[2] much. So, of his gentleness,
Knowing I loved my books, he furnished me
From mine own library with volumes that
I prize above my dukedom.

MIRANDA
Would I might
But ever[3] see that man!

PROSPERO
Now I arise.
Sit still, and hear the last of our sea-sorrow.
Here in this island we arrived, and here
Have I, thy schoolmaster, made thee more profit
Than other princess can, that have more time
For vainer hours, and tutors not so careful.

MIRANDA
Heavens thank you for't! And now, I pray you, sir,
For still 'tis beating in my mind, your reason
For raising this sea-storm?

PROSPERO
Know thus far forth.
By accident most strange, bountiful Fortune,
Now my dear lady, hath mine enemies
Brought to this shore; and by my prescience
I find my zenith[4] doth depend upon
A most auspicious star, whose influence
If now I court not, but omit, my fortunes
Will ever after droop. Here cease more questions.
Thou art inclined to sleep. 'Tis a good dullness,

1. *Undergoing stomach :* capacité d'endurance.
2. *Steaded :* servi.
3. *Would I might but ever :* puissé-je un jour.
4. *My zenith :* le moment le plus favorable pour moi.

And give it way. I know thou canst not choose.
Miranda sleeps
Come away, servant, come! I am ready now.
Approach, my Ariel! Come!
Enter Ariel

ARIEL
All hail, great master! Grave sir, hail! I come
To answer thy best pleasure, be't to fly,
To swim, to dive into the fire, to ride
On the curled clouds. To thy strong bidding task
Ariel and all his quality.[1]

PROSPERO Hast thou, spirit,
Performed to point the tempest that I bade thee?

ARIEL
To every article.
I boarded the King's ship. Now on the beak,[2]
Now in the waist,[3] the deck, in every cabin
I flamed amazement. Sometime I'd divide,
And burn in many places. On the topmast,
The yards, and boresprit[4] would I flame distinctly,
Then meet and join. Jove's lightnings, the precursors
O'th'dreadful thunderclaps, more momentary
And sight-outrunning were not. The fire and cracks
Of sulphurous roaring the most mighty Neptune
Seem to besiege, and make his bold waves tremble,
Yea, his dread trident shake.

PROSPERO My brave spirit!
Who was so firm, so constant, that this coil[5]
Would not infect his reason?

ARIEL Not a soul
But felt a fever of the mad, and played
Some tricks of desperation. All but mariners
Plunged in the foaming brine, and quit the vessel,
Then all afire with me. The King's son Ferdinand,

1. *Quality :* compagnons.
2. *Beak :* à l'avant.
3. *In the waist :* au milieu.
4. *Boresprit : bowsprit,* le beaupré.
5. *Coil :* tumulte.

With hair up-staring[1]—then like reeds, not hair—
Was the first man that leaped; cried, "Hell is empty,
And all the devils are here!"

PROSPERO Why, that's my spirit!
But was not this nigh shore?

ARIEL Close by, my master.

PROSPERO
But are they, Ariel, safe?

ARIEL Not a hair perished.
On their sustaining[2] garments not a blemish,
But fresher than before; and as thou bad'st me,
In troops I have dispersed them 'bout the isle.
The King's son have I landed by himself,
Whom I left cooling of the air with sighs
In an odd angle of the isle, and sitting,
His arms in this sad knot.

PROSPERO Of the King's ship,
The mariners, say how thou hast disposed,
And all the rest o'th'fleet?

ARIEL Safely in harbour
Is the King's ship, in the deep nook where once
Thou called'st me up at midnight to fetch dew
From the still-vexed Bermoothes,[3] there she's hid;
The mariners all under hatches stowed,
Who, with a charm joined to their suffered labour,
I have left asleep. And for the rest o'th'fleet,
Which I dispersed, they all have met again,
And are upon the Mediterranean flote[4]
Bound sadly home for Naples,
Supposing that they saw the King's ship wracked,
And his great person perish.

PROSPERO Ariel, thy charge
Exactly is performed, but there's more work.
What is the time o'th'day?

1. *With hair up-staring :* les cheveux dressés (par la peur).

2. *Sustaining :* flottant sur l'eau grâce à leurs vêtements (comme Ophélie dans *Hamlet,* IV, 7, 175-183).

3. *Still-vexed Bermoothes :* avant que n'apparaissent les croyances sur le triangle des Bermudes, ces îles avaient déjà la réputation d'être sujettes à de terribles tempêtes. *Still-vexed* signifie littéralement qu'elles étaient constamment battues par les tourmentes.

4. *Flote : sea.*

ARIEL
Past the mid-season.[1]

PROSPERO
At least two glasses. The time 'twixt six and now
Must by us both be spent most preciously.

ARIEL
Is there more toil? Since thou dost give me pains,
Let me remember thee what thou hast promised,
Which is not yet performed me.

PROSPERO
How now? Moody?
What is't thou canst demand?

ARIEL
My liberty.

PROSPERO
Before the time be out? No more.

ARIEL
I prithee,
Remember I have done thee worthy service,
Told thee no lies, made thee no mistakings, served
Without or grudge or grumblings. Thou did promise
To bate me[2] a full year.

PROSPERO
Dost thou forget
From what a torment I did free thee?

ARIEL
No.

PROSPERO
Thou dost; and think'st it much to tread the ooze
Of the salt deep,
To run upon the sharp wind of the north,
To do me business in the veins o'th'earth
When it is baked with frost.

ARIEL
I do not, sir.

PROSPERO
Thou liest, malignant thing! Hast thou forgot
The foul witch Sycorax,[3] who with age and envy
Was grown into a hoop? Hast thou forgot her?

ARIEL
No, sir.

1. *Mid-season :* midi.

2. *To bate me :* de m'accorder une réduction (de mon temps de service).

3. *Sycorax :* nom inventé par Shakespeare, probablement à partir de la combinaison des mots grecs signifiant la truie *(sys)* et le corbeau *(korax)*.

PROSPERO
Thou hast. Where was she born? Speak! Tell me!
ARIEL
Sir, in Argier.
PROSPERO O, was she so! I must
Once in a month recount what thou hast been,
Which thou forget'st. This damned witch Sycorax,
For mischiefs manifold, and sorceries terrible
To enter human hearing, from Argier,
Thou know'st, was banished. For one thing she did[1]
They would not take her life. Is not this true?
ARIEL
Ay, sir.
PROSPERO
This blue-eyed[2] hag was hither brought with child,
And here was left by th'sailors. Thou, my slave,
As thou report'st thyself, was then her servant.
And for[3] thou wast a spirit too delicate
To act her earthy and abhorred commands,
Refusing her grand hests,[4] she did confine thee,
By help of her more potent ministers,
And in her most unmitigable rage,
Into a cloven pine; within which rift
Imprisoned, thou didst painfully remain
A dozen years, within which space she died,
And left thee there, where thou didst vent thy groans
As fast as millwheels strike. Then was this island—
Save for the son that she did litter here,
A freckled whelp, hag-born—not honoured with
A human shape.
ARIEL Yes, Caliban[5] her son.
PROSPERO
Dull thing, I say so! He, that Caliban
Whom now I keep in service. Thou best know'st

1. *One thing she did :* allusion au fait qu'elle était enceinte, ce qui, à l'époque, permettait à une femme condamnée comme sorcière d'avoir la vie sauve.
2. *Blue-eyed :* des cernes bleutés sous les yeux d'une femme étaient considérés comme un signe de grossesse.
3. *For :* because.
4. *Hests :* ordres.
5. *Caliban :* nom inventé par Shakespeare et qui est formé à partir d'un anagramme de cannibale.

What torment I did find thee in. Thy groans
Did make wolves howl, and penetrate the breasts
Of ever-angry bears. It was a torment
To lay upon the damned, which Sycorax
Could not again undo. It was mine art,
When I arrived and heard thee, that made gape
The pine, and let thee out.

ARIEL
I thank thee, master.

PROSPERO
If thou more murmur'st, I will rend an oak,
And peg thee in his knotty entrails, till
Thou hast howled away twelve winters.

ARIEL
Pardon, master
I will be correspondent[1] to command,
And do my spriting gently.

PROSPERO
Do so, and after two days
I will discharge thee.

ARIEL
That's my noble master!
What shall I do? Say what! What shall I do?

PROSPERO
Go make thyself like a nymph o'th'sea.
Be subject to no sight but thine and mine, invisible
To every eyeball else. Go take this shape,
And hither come in't. Go! Hence with diligence! *Exit Ariel*
Awake, dear heart, awake! Thou hast slept well.
Awake!

MIRANDA The strangeness of your story put
Heaviness in me.

PROSPERO
Shake it off. Come on;
We'll visit Caliban, my slave, who never
Yields us kind answer.

MIRANDA
'Tis a villain, sir,
I do not love to look on.

PROSPERO
But, as 'tis,
We cannot miss[2] him. He does make our fire,
Fetch in our wood, and serves in offices
That profit us. What, ho! Slave! Caliban!

1. *Correspondent :* obéissant.
2. *Miss him :* nous passer de lui.

Thou earth, thou, speak!
CALIBAN *(within)* There's wood enough within.
PROSPERO
Come forth, I say! There's other business for thee.
Come, thou tortoise! When?
Enter Ariel like a water-nymph
Fine apparition! My quaint[1] Ariel,
Hark in thine ear.
ARIEL My lord, it shall be done. *Exit*
PROSPERO
Thou poisonous slave, got by the devil himself[2]
Upon thy wicked dam, come forth!
Enter Caliban
CALIBAN
As wicked dew as e'er my mother brushed
With raven's[3] feather from unwholesome fen
Drop on you both. A south-west blow on ye
And blister you all o'er.
PROSPERO
For this, be sure, tonight thou shalt have cramps,
Side-stitches that shall pen thy breath up. Urchins[4]
Shall for that vast of night that they may work
All exercise on thee. Thou shalt be pinched
As thick as honey-comb,[5] each pinch more stinging
Than bees that made 'em.
CALIBAN I must eat my dinner.
This island's mine, by Sycorax my mother,
Which thou tak'st from me. When thou cam'st first,
Thou strok'st me, and made much of me, wouldst give me
Water with berries in't,[6] and teach me how
To name the bigger light, and how the less,
That burn by day and night. And then I loved thee,
And showed thee all the qualities o'th'isle,

1. *Quaint :* le mot combine les sens de gracieux et d'ingénieux.
2. *Got by the devil himself :* Caliban est issu de l'union d'une sorcière et d'un esprit diabolique (incube).
3. La rosée *(dew)* et le corbeau *(raven)* sont deux éléments à la fois magiques et maléfiques.
4. *Urchins :* esprits familiers prenant la forme de hérissons.
5. *Pinched as thick as honeycomb :* tu seras pincé jusqu'à ce que ta peau soit couverte d'alvéoles comme un nid d'abeilles. L'image est expressive et concrète à souhait pour être bien comprise de Caliban. En même temps les pinçons *(pinched)* évoquent la douleur cuisante des piqûres d'abeilles.
6. *Water with berries in't :* peut-être du café.

The fresh springs, brine-pits, barren place and fertile.
Cursed be I that did so! All the charms
Of Sycorax—toads, beetles, bats light on you!
For I am all the subjects that you have,
Which first was mine own king; and here you sty[1] me
In this hard rock, whiles you do keep from me
The rest o'th'island.

PROSPERO Thou most lying slave,
Whom stripes[2] may move, not kindness! I have used thee,
Filth as thou art, with human care, and lodged thee
In mine own cell, till thou didst seek to violate
The honour of my child.

CALIBAN
O ho, O ho! Would't had been done!
Thou didst prevent me. I had peopled else
This isle with Calibans.

MIRANDA Abhorrèd slave,
Which any print[3] of goodness wilt not take,
Being capable of all ill! I pitied thee,
Took pains to make thee speak, taught thee each hour
One thing or other. When thou didst not, savage,
Know thine own meaning, but wouldst gabble like
A thing most brutish, I endowed thy purposes
With words that made them known. But thy vile race,
Though thou didst learn, had that in't which good natures
Could not abide to be with. Therefore wast thou
Deservedly confined into this rock, who hadst
Deserved more than a prison.

CALIBAN
You taught me language, and my profit on't
Is, I know how to curse. The red plague[4] rid[5] you
For learning me your language!

PROSPERO Hag-seed, hence!

1. *Sty :* vous me parquez (comme un porc).
2. *Stripes :* les lanières (du fouet).
3. *Print : imprint.*
4. *The red plague :* la peste bubonique ou toute autre maladie caractérisée par des plaies ou des inflammations rougeâtres sur la peau.
5. *Rid : destroy.*

Fetch us in fuel—and be quick, thou'rt best,
To answer other business. Shrug'st thou, malice?
If thou neglect'st, or dost unwillingly
What I command, I'll rack thee with old cramps,[1]
Fill all thy bones with aches, make thee roar,
That beasts shall tremble at thy din.

CALIBAN No, pray thee!
(aside) I must obey. His art is of such power,
It would control[2] my dam's god Setebos,[3]
And make a vassal of him.

PROSPERO So, slave. Hence! *Exit Caliban*

Enter Ferdinand; and Ariel, invisible, playing and singing

ARIEL *Song*

Come unto these yellow sands,
And then take hands.
Curtsied when you have and kissed
The wild waves whist,[4]
Foot it featly[5] here and there;
And, sweet sprites, the burden[6] bear.
Hark, hark!
(Burden, dispersedly) Bow-wow!
The watch-dogs bark.
(Burden, dispersedly) Bow-wow!
Hark, hark! I hear
The strain of strutting chanticleer
Cry cock-a-diddle-dow!

FERDINAND
Where should this music be? I'th'air or th'earth?
It sounds no more; and sure it waits upon
Some god o'th'island. Sitting on a bank,
Weeping again the King my father's wrack,
This music crept by me upon the waters,
Allaying both their fury and my passion[7]

1. *Old cramps :* les crampes qui affligent la vieillesse.
2. *Control : command.*
3. *Setebos :* dieu païen de Patagonie mentionné par Robert Eden dans *History of Travail* (1577), qui relate les voyages de Magellan.
4. *Whist : silent.*
5. *Featly :* avec grâce.
6. *Burden :* refrain.
7. *Passion :* littéralement, ma souffrance (v. la passion du Christ).

With its sweet air. Thence I have followed it,
Or it hath drawn me, rather. But 'tis gone.
No, it begins again.

ARIEL *Song*

Full fathom five thy father lies,
Of his bones are coral made;
Those are pearls that were his eyes;
Nothing of him that doth fade,
But doth suffer a sea-change
Into something rich and strange.
Sea-nymphs hourly ring his knell:
(Burden) Ding-dong.
Hark! Now I hear them—Ding-dong bell.

FERDINAND

The ditty[1] does remember my drowned father.
This is no mortal business, nor no sound
That the earth owes.[2] I hear it now above me.

PROSPERO

The fringèd curtains of thine eye advance,
And say what thou seest yond.

MIRANDA What is't? A spirit?
Lord, how it looks about! Believe me, sir,
It carries a brave form. But 'tis a spirit.

PROSPERO

No, wench. It eats and sleeps and hath such senses
As we have, such. This gallant which thou seest
Was in the wrack; and, but he's someting stained
With grief, that's beauty's canker, thou mightst call him
A goodly person. He hath lost his fellows,
And strays about to find 'em.

MIRANDA I might call him
A thing divine, for nothing natural
I ever saw so noble.

PROSPERO *(aside)* It[3] goes on, I see,
As my soul prompts it.—Spirit, fine spirit, I'll free thee
Within two days for this!

1. *Ditty :* ici, les paroles de la chanson.
2. *Owes : owns*.
3. *It goes on : it* renvoie ici à « mon plan ».

FERDINAND Most sure, the goddess
On whom these airs attend! Vouchsafe my prayer
May know if you remain upon this island,
And that you will some good instruction give
How I may bear me here. My prime request,
Which I do last pronounce, is—O you wonder![1]—
If you be maid or no?

MIRANDA No wonder, sir,
But certainly a maid.

FERDINAND My language? Heavens!
I am the best of them that speak this speech,
Were I but where 'tis spoken.

PROSPERO How? The best?
What wert thou if the King of Naples heard thee?

FERDINAND
A single[2] thing, as I am now, that wonders
To hear thee speak of Naples. He does hear me,
And that he does, I weep. Myself am Naples,
Who with mine eyes, never since at ebb, beheld
The King my father wracked.

MIRANDA Alack, for mercy!

FERDINAND
Yes, faith, and all his lords, the Duke of Milan
And his brave son[3] being twain.

PROSPERO *(aside)* The Duke of Milan
And his more braver[4] daughter could control[5] thee,
If now 'twere fit to do't. At the first sight
They have changed eyes.[6] Delicate Ariel,
I'll set thee free for this.—A word, good sir.
I fear you have done yourself some wrong.[7] A word!

1. *Wonder :* joue, sans le savoir, sur l'étymologie latine du nom de Miranda, c'est-à-dire celle qu'on admire ou l'admirable.

2. *Single :* à la fois solitaire et célibataire. Ferdinand veut aussi dire que lui et le roi de Naples ne sont plus qu'un seul (il pense que son père s'est noyé au cours du naufrage).

3. *Brave son :* c'est la seule allusion qui est faite dans la pièce au fils d'Antonio. Ce personnage figurait peut-être dans une version antérieure de la pièce et Shakespeare aurait ensuite oublié de supprimer cette allusion lorsqu'il écrivit la version définitive.

4. *More braver :* pour l'emploi du double comparatif, voir note 1, *supra*, p. 59.

5. *Control : refute.*

6. *Changed eyes : fallen in love (at first sight).*

7. *You have done yourself some wrong :* vous devez vous tromper (ton ironique).

MIRANDA
Why speaks my father so ungently? This
Is the third man that e'er I saw; the first
That e'er I sighed for. Pity move my father
To be inclined my way.
FERDINAND O, if a virgin,
And your affection not gone forth, I'll make you
The Queen of Naples.
PROSPERO Soft, sir! One word more.
(aside) They are both in either's powers. But this swift business
I must uneasy make, lest too light winning
Make the prize light.—One word more! I charge thee
That thou attend me. Thou dost here usurp
The name thou ow'st not, and hast put thyself
Upon this island as a spy, to win it
From me, the lord on't.
FERDINAND No, as I am a man!
MIRANDA
There's nothing ill can dwell in such a temple.
If the ill spirit have so fair a house,
Good things will strive to dwell with't.[1]
PROSPERO Follow me.
(to Miranda) Speak not you for him. He's a traitor.—Come!
I'll manacle thy neck and feet together.
Sea-water shalt thou drink; thy food shall be
The fresh-brook mussels, withered roots, and husks
Wherein the acorn cradled. Follow!
FERDINAND No!
I will resist such entertainment[2] till
Mine enemy has more power.
He draws, and is charmed from moving
MIRANDA O dear father,
Make not too rash a trial of him, for
He's gentle, and not fearful.[3]

1. *There's nothing ill... to dwell with't :* traduit l'idée des néo-platoniciens selon laquelle la beauté du corps est le temple du bien et la laideur physique le reflet de la méchanceté de l'âme (voir Caliban).
2. *Entertainment :* traitement mais aussi, dans un sens ironique, hospitalité.
3. *Gentle and not fearful :* il est noble de naissance et n'est pas un poltron.

PROSPERO What, I say,
My foot my tutor[1]?—Put thy sword up, traitor,
Who mak'st a show, but dar'st not strike, thy conscience
Is so possessed with guilt. Come from thy ward![2]
For I can here disarm thee with this stick,
And make thy weapon drop.
MIRANDA Beseech you, father!
PROSPERO
Hence! Hang not on my garments.
MIRANDA Sir, have pity.
I'll be his surety.
PROSPERO Silence! One word more
Shall make me chide thee, if not hate thee. What,
An advocate for an impostor? Hush!
Thou think'st there is no more such shapes as he,
Having seen but him and Caliban. Foolish wench!
To[3] th'most of men this is a Caliban,
And they to him are angels.
MIRANDA My affections
Are then most humble. I have no ambition
To see a goodlier man.
PROSPERO Come on, obey!
Thy nerves[4] are in their infancy again,
And have no vigour in them.
FERDINAND So they are.
My spirits,[5] as in a dream, are all bound up.
My father's loss, the weakness which I feel,
The wrack of all my friends, nor this man's threats
To whom I am subdued, are but light to me,[6]
Might I but through my prison once a day
Behold this maid. All corners else o'th'earth
Let liberty make use of. Space enough
Have I in such a prison.

1. *My foot my tutor :* dans cette exclamation, qui s'adresse à Miranda, Prospero s'appuie sur le proverbe disant « Do not make the foot the head ».
2. *Ward :* posture défensive. Prospero ordonne à Ferdinand de baisser sa garde.
3. *To : in comparison with.*
4. *Nerves :* muscles.
5. *Spirits :* mon énergie.
6. *Are but light to me :* ne seraient pour moi que peu de chose.

PROSPERO *(aside)* It works. *(to Ferdinand)* Come on.
Thou hast done well, fine Ariell *(to Ferdinand)* Follow me
(to Ariel)
Hark what thou else shalt do me.

MIRANDA Be of comfort.
My father's of a better nature, sir,
Than he appears by speech. This is unwonted[1]
Which now came from him.

PROSPERO *(to Ariel)* Thou shalt be as free
As mountain winds; but then exactly do
All points of my command.

ARIEL To th'syllable.

PROSPERO
Come, follow! *(to Miranda)* Speak not for him. *Exeunt*

II.1

Enter Alonso, Sebastian, Antonio, Gonzalo, Adrian,
Francisco, and others

GONZALO
Beseech you, sir, be merry. You have cause—
So have we all—of joy; for our escape
Is much beyond our loss. Our hint[2] of woe
Is common. Every day, some sailor's wife,
The masters of some merchant,[3] and the merchant,
Have just our theme of woe. But for the miracle,
I mean our preservation, few in millions
Can speak like us. Then wisely, good sir, weigh
Our sorrow with our comfort.

ALONSO Prithee, peace.

SEBASTIAN *(aside to Antonio)* He receives comfort like cold porridge.

ANTONIO *(aside to Sebastian)* The visitor[4] will not give him o'er[5] so.

1. *This is unwonted :* ce n'est pas habituel.
2. *Hint :* occasion.
3. *Merchant : merchant vessel.*
4. *Visitor :* employé de l'église chargé de consoler les malades de la paroisse.
5. *Give him o'er :* le lâcher.

SEBASTIAN *(aside to Antonio)* Look, he's winding up the watch of his wit. By and by it will strike.

GONZALO Sir—

SEBASTIAN One: tell.

GONZALO
When every grief is entertained that's offered,
Comes to th'entertainer—

SEBASTIAN A dollar.[1]

GONZALO Dolour comes to him indeed. You have spoken truer than you purposed.

SEBASTIAN You have taken it wiselier than I meant you should.

GONZALO *(to Alonso)* Therefore, my lord—

ANTONIO Fie, what a spendthrift is he of his tongue!

ALONSO I prithee, spare.

GONZALO Well, I have done. But yet—

SEBASTIAN He will be talking.

ANTONIO Which, of he or Adrian, for a good wager, first begins to crow?

SEBASTIAN The old cock.

ANTONIO The cockerel.

SEBASTIAN Done. The wager?

ANTONIO A laughter.

SEBASTIAN A match.

ADRIAN Though this island seem to be desert—

ANTONIO Ha, ha, ha!

SEBASTIAN So, you're paid.

ADRIAN Uninhabitable, and almost inaccessible—

SEBASTIAN Yet—

ADRIAN Yet—

ANTONIO He could not miss't.

ADRIAN It must needs be of subtle, tender, and delicate temperance.[2]

ANTONIO Temperance was a delicate wench.

SEBASTIAN Ay, and a subtle, as he most learnedly delivered.

ADRIAN The air breathes upon us here most sweetly.

1. *Dollar :* somme d'argent. Ce terme, qui fait suite à l'ambiguïté de *entertainer* (victime du chagrin et acteur), permet d'introduire le jeu de mots qui suit sur *dolour*.

2. *Temperance :* climat. A la ligne suivante, Antonio en fait un nom de fille aimant le plaisir *(delicate wench)* et Sebastian poursuit sur le même registre en la disant experte *(subtle)*.

SEBASTIAN As if it had lungs, and rotten ones.

ANTONIO Or, as 'twere perfumed by a fen.

GONZALO Here is everything advantageous to life.

ANTONIO True, save means to live.

SEBASTIAN Of that there's none, or little.

GONZALO How lush and lusty[1] the grass looks! How green!

ANTONIO The ground, indeed, is tawny.[2]

SEBASTIAN With an eye of green[3] in't.

ANTONIO He misses not much.

SEBASTIAN No. He doth but mistake the truth totally.

GONZALO But the rarity of it is—which is indeed almost beyond credit—

SEBASTIAN As many vouched rarities are.

GONZALO That our garments, being, as they were, drenched in the sea, hold, notwithstanding, their freshness and glosses, being rather new-dyed than stained with salt water.

ANTONIO If but one of his pockets could speak, would it not say he lies?

SEBASTIAN Ay, or very falsely pocket up[4] his report.

GONZALO Methinks our garments are now as fresh as when we put them on first in Afric, at the marriage of the King's fair daughter Claribel to the King of Tunis.

SEBASTIAN 'Twas a sweet marriage, and we prosper well in our return.

ADRIAN Tunis was never graced before with such a paragon to their queen.

GONZALO Not since widow Dido's[5] time.

ANTONIO Widow? A pox o'that! How came that widow in? Widow Dido!

SEBASTIAN What if he had said "widower Aeneas" too? Good Lord, how you take it!

1. *Lush and lusty :* tendre et luxuriante.

2. *Tawny :* jaune.

3. *An eye of green :* un soupçon de vert.

4. *Pocket up :* dissimule (avec un jeu de mots sur *pockets* à la ligne précédente).

5. *Widow Dido :* allusion moqueuse, peut-être par le biais d'une rengaine perdue comme le suggèrent les fortes assonances de l'expression, à l'*Enéide* de Virgile qui est l'une des sources de la pièce. Didon, reine de Carthage était veuve de Sychée, prince phénicien, tandis qu'Enée, comme le remarque Sebastian un peu plus bas, était lui aussi veuf puisqu'il avait perdu sa femme Créüse au cours de la destruction de Troie.

ADRIAN "Widow Dido", said you? You make me study of[1] that. She was of Carthage, not of Tunis.

GONZALO This Tunis, sir, was Carthage.

ADRIAN Carthage?

GONZALO I assure you, Carthage.

ANTONIO His word is more than the miraculous harp.[2]

SEBASTIAN He hath raised the wall, and houses too.

ANTONIO What impossible matter will he make easy next?

SEBASTIAN I think he will carry this island home in his pocket and give it his son for an apple.

ANTONIO And sowing the kernels of it in the sea, bring forth more islands.

GONZALO Ay

ANTONIO Why, in good time.

GONZALO *(to Alonso)* Sir, we were talking, that our garments seem now as fresh as when we were at Tunis at the marriage of your daughter, who is now Queen.

ANTONIO And the rarest that e'er came there.

SEBASTIAN Bate,[3] I beseech you, widow Dido.

ANTONIO O, widow Dido? Ay, widow Dido.

GONZALO Is not, sir, my doublet as fresh as the first day I wore it? I mean, in a sort.

ANTONIO That "sort" was well fished for.

GONZALO When I wore it at your daughter's marriage.

ALONSO

You cram these words into mine ears against
The stomach of my sense.[4] Would I had never
Married my daughter there! For, coming thence,
My son is lost, and, in my rate,[5] she too,
Who is so far from Italy removed
I ne'er again shall see her. O thou mine heir
Of Naples and of Milan, what strange fish
Hath made his meal on thee?

1. *Study of : meditate on.*

2. *Miraculous harp:* celle d'Amphion qui, par la magie de sa mélodie, fit surgir les murs de Thèbes. Gonzalo, en confondant Tunis et l'antique Carthage, deux villes proches par leur site mais non identiques, fait aussi, à sa façon, naître une ville du néant.

3. *Bate : except.*

4. *You cram... my sense :* Alonso se plaint du fait que Gonzalo lui fasse avaler de force *(cram)* des mots pour lesquels son esprit *(sense)* n'a aucun appétit *(stomach)*.

5. *Rate : opinion.*

FRANCISCO Sir, he may live.
I saw him beat the surges[1] under him,
And ride upon their backs. He trod the water,
Whose enmity he flung aside, and breasted
The surge most swoll'n that met him. His bold head
'Bove the contentious waves he kept, and oared
Himself with his good arms in lusty stroke
To th'shore, that o'er his wave-worn basis bowed,[2]
As stooping to relieve him. I not doubt
He came alive to land.

ALONSO No, no, he's gone.

SEBASTIAN
Sir, you may thank yourself for this great loss,
That would not bless our Europe with your daughter
But rather loose her to an African,
Where she, at least, is banished from your eye,
Who hath cause to wet the grief on't.

ALONSO Prithee, peace.

SEBASTIAN
You were kneeled to and importuned otherwise
By all of us; and the fair soul herself
Weighed between loathness and obedience[3] at
Which end o'th'beam should bow. We have lost your son,
I fear, for ever. Milan and Naples have
More widows in them of this business' making
Than we bring men to comfort them.
The fault's your own.

ALONSO So is the dear'st[4] o'th'loss.

GONZALO
My lord Sebastian,
The truth you speak doth lack some gentleness,
And time to speak it in. You rub the sore,
When you should bring the plaster.

1. *Surges* : vagues.

2. *To th'shore... bowed* : cette image précieuse, où l'on peut voir une forme de *conceit**, est celle d'une falaise dont la base *(basis)* a été creusée par le ressac et qui semble s'incliner au dessus des flots.

3. *And the fair soul... obedience* : il s'agit de Claribel, la fille d'Alonso, qui a épousé le roi de Tunis. Partagée entre sa réticence à l'idée d'épouser un Africain et son devoir d'obéissance vis-à-vis de son père, elle opta finalement pour cette dernière solution. Rappelons que la tempête déchaînée par Prospéro a surpris le navire royal alors qu'il rentrait de Tunis à Naples.

4. *Dear'st : bitterest.*

SEBASTIAN Very well.
ANTONIO And most chirugeonly.[1]
GONZALO *(to Alonso)*
It is foul weather in us all, good sir,
When you are cloudy.
SEBASTIAN *(aside to Antonio)*
Foul weather?
ANTONIO *(aside to Sebastian)* Very foul.
GONZALO
Had I plantation[2] of this isle, my lord—
ANTONIO *(aside to Sebastian)*
He'd sow't with nettle-seed.
SEBASTIAN *(aside to Antonio)* Or docks, or mallows.[3]
GONZALO
And were the king on't, what would I do?
SEBASTIAN *(aside to Antonio)* 'Scape being drunk, for want of wine.
GONZALO
I'th'commonwealth[4] I would by contraries[5]
Execute all things. For no kind of traffic[6]
Would I admit, no name of magistrate.
Letters[7] should not be known. Riches, poverty,
And use of service, none. Contract, succession,
Bourn, bound of land,[8] tilth,[9] vineyard, none.
No use of metal, corn, or wine, or oil.
No occupation: all men idle, all,
And women too, but innocent and pure.
No sovereignty—
SEBASTIAN *(aside to Antonio)* Yet he would be king on't.
ANTONIO *(aside to Sebastian)* The latter end of his

1. *Chirugeonly :* comme un chirurgien.
2. *Plantation :* mot utilisé ici au sens de colonie.
3. *Docks, or mallows :* des patiences, ou des mauves, plantes connues pour leurs propriétés d'antidotes aux piqûres d'orties *(nettle-seed)*. On voit qu'Antonio et Sebastian prennent le mot *plantation* au pied de la lettre (plantation au lieu de colonie) et qu'ils en pervertissent à nouveau le sens en ne mentionnant que des mauvaises herbes.
4. *I'th' commonwealth... my innocent people :* tout ce passage est directement inspiré de l'essai de Montaigne, « Des cannibales » et suit de près la traduction de John Florio (1603).
5. *By contraries :* à rebours, comme au moment de l'Age d'Or où, selon Platon, tout allait à rebours.
6. *Traffic :* commerce.
7. *Letters :* l'écriture, le savoir.
8. *Bourn, bound of land :* termes synonymes désignant les bornes, les clôtures fermant les propriétés.
9. *Tilth : tillage.*

commonwealth forgets the beginning.

GONZALO

All things in common nature should produce
Without sweat or endeavour. Treason, felony,
Sword, pike, knife, gun, or need of any engine[1]
Would I not have; but nature should bring forth
Of it own kind all foison,[2] all abundance,
To feed my innocent people.

SEBASTIAN *(aside to Antonio)* No marrying 'mong his subjects?

ANTONIO *(aside to Sebastian)* None, man, all idle—whores and knaves.

GONZALO

I would with such perfection govern, sir,
T'excel the Golden Age.

SEBASTIAN 'Save his majesty!

ANTONIO

Long live Gonzalo!

GONZALO And—do you mark me, sir?

ALONSO

Prithee, no more. Thou dost talk nothing to me.

GONZALO I do well believe your highness, and did it to minister occasion[3] to these gentlemen, who are of such sensible and nimble lungs that they always use to laugh at nothing.

ANTONIO 'Twas you we laughed at.

GONZALO Who, in this kind of merry fooling, am nothing to you; so you may continue, and laugh at nothing still.

ANTONIO What a blow was there given!

SEBASTIAN An it had not fall'n flat-long.[4]

GONZALO You are gentlemen of brave mettle. You would lift the moon out of her sphere, if she would continue in it five weeks without changing.

Enter Ariel, playing solemn music

1. *Engine :* arme.
2. *Foison :* abondance. Voir l'expression française « à foison ».
3. *Minister occasion :* fournir une occasion (de rire).
4. *Flat-long :* à plat.

SEBASTIAN We would so, and then go a-bat-fowling.[1]

ANTONIO Nay, good my lord, be not angry.

GONZALO No, I warrant you, I will not adventure my discretion so weakly.[2] Will you laugh me asleep, for I am very heavy?[3]

ANTONIO Go sleep, and hear us.

All sleep except Alonso, Sebastian, and Antonio

ALONSO
What, all so soon asleep? I wish mine eyes
Would, with themselves, shut up my thoughts. I find
They are inclined to do so.

SEBASTIAN Please you, sir,
Do not omit the heavy offer of it.
It seldom visits sorrow; when it doth,
It is a comforter.

ANTONIO We two, my lord,
Will guard your person while you take your rest,
And watch your safety.

ALONSO Thank you. Wondrous heavy.

Alonso sleeps. Exit Ariel

SEBASTIAN
What a strange drowsiness possesses them!

ANTONIO
It is the quality o'th'climate.

SEBASTIAN Why
Doth it not then our eyelids sink? I find
Not myself disposed to sleep.

ANTONIO
Nor I. My spirits are nimble.
They fell together all, as by consent.
They dropped, as by a thunderstroke. What might,
Worthy Sebastian?—O, what might?—No more!
And yet methinks I see it in thy face,
What thou shouldst be. Th'occasion speaks thee,[4] and
My strong imagination sees a crown

1. *Go a-bat-fowling :* chasser les oiseaux aux flambeaux (ici, en se servant de la lune comme lanterne). L'expression signifiait aussi « aller à la chasse aux gogos ».

2. *I will not... weakly :* Gonzalo dit qu'il ne veut pas se laisser démonter pour si peu.

3. *Heavy : sleepy.*

4. *Th' occasion speaks thee :* la chance te sourit.

Dropping upon thy head.
SEBASTIAN What, art thou waking?
ANTONIO
Do you not hear me speak?
SEBASTIAN I do, and surely
It is a sleepy language, and thou speak'st
Out of thy sleep. What is it thou didst say?
This is a strange repose, to be asleep
With eyes wide open; standing, speaking, moving,
And yet so fast asleep.
ANTONIO Noble Sebastian,
Thou let'st thy fortune sleep—die, rather; wink'st[1]
Whiles thou art waking.
SEBASTIAN Thou dost snore distinctly.
There's meaning in thy snores.
ANTONIO
I am more serious than my custom. You
Must be so too, if heed me; which to do
Trebles thee o'er.[2]
SEBASTIAN Well, I am standing water.
ANTONIO
I'll teach you how to flow.
SEBASTIAN Do so. To ebb
Hereditary sloth instructs me.
ANTONIO O,
If you but knew how you the purpose cherish
Whiles thus you mock it! How, in stripping it,
You more invest it![3] Ebbing men, indeed,
Most often do so near the bottom run
By their own fear, or sloth.
SEBASTIAN Prithee, say on.
The setting[4] of thine eye and cheek proclaim
A matter[5] from thee; and a birth, indeed,
Which throes thee much to yield.[6]

1. *Wink'st :* ferme les yeux.
2. *Trebles thee o'er :* te rend trois fois plus grand.
3. *How... invest it :* métaphore vestimentaire, *invest* ayant ici le sens de mettre des vêtements de cérémonie.
4. *Setting :* l'expression fixe.
5. *Matter :* quelque chose d'important.
6. *Throes... yield :* [une naissance] dont tu as beaucoup de peine à accoucher.

ANTONIO Thus, sir:
Although this lord of weak remembrance, this,
Who shall be of as little memory
When he is earthed,[1] hath here almost persuaded—
For he's a spirit of persuasion, only
Professes to persuade[2]—the King his son's alive,
'Tis as impossible that he's undrowned
As he that sleeps here swims.

SEBASTIAN I have no hope
That he's undrowned.

ANTONIO O, out of that no hope
What great hope have you! No hope that way is
Another way so high a hope that even
Ambition cannot pierce a wink beyond,
But doubt discovery there.[3] Will you grant with me
That Ferdinand is drowned?

SEBASTIAN He's gone.

ANTONIO Then, tell me,
Who's the next heir of Naples?

SEBASTIAN Claribel.

ANTONIO
She that is Queen of Tunis; she that dwells
Ten leagues beyond man's life,[4] she that from Naples
Can have no note, unless the sun were post[5]—
The Man i'th'Moon's too slow—till newborn chins
Be rough and razorable; she that from whom
We all were sea-swallowed, though some cast again,
And, by that destiny, to perform an act
Whereof what's past is prologue, what to come,
In yours and my discharge.[6]

SEBASTIAN What stuff is this?
How say you?

1. *Earthed : buried.*
2. *Professes to persuade :* Gonzalo est en effet un conseiller de métier.
3. *Ambition... there :* passage obscur qui signifie que l'ambition ne peut rien espérer atteindre de plus élevé qu'une couronne.
4. *Ten leagues... life :* c'est-à-dire qu'elle habite encore dix lieues plus loin que la distance qu'un homme pourrait accomplir en voyageant toute sa vie. Cette exagération vise à faire sortir Sebastian de sa nonchalance.
5. *Post :* messager.
6. *Cast... perform an act... prologue... discharge* (au sens élisabéthain de rôle) : longue métaphore théâtrale.

'Tis true my brother's daughter's Queen of Tunis,
So is she heir of Naples, 'twixt which regions
There is some space.

ANTONIO A space whose ev'ry cubit
Seems to cry out, "How shall that Claribel
Measure us back to Naples? Keep in Tunis,
And let Sebastian wake." Say this were death
That now hath seized them, why, they were no worse
Than now they are. There be that can rule Naples
As well as he that sleeps; lords that can prate
As amply and unnecessarily
As this Gonzalo. I myself could make
A chough of as deep chat.[1] O, that you bore
The mind that I do! What a sleep were this
For your advancement! Do you understand me?

SEBASTIAN
Methinks I do.

ANTONIO And how does your content
Tender your own good fortune?

SEBASTIAN I remember
You did supplant your brother Prospero.

ANTONIO True.
And look how well my garments sit upon me,
Much feater[2] than before. My brother's servants
Were then my fellows. Now they are my men.

SEBASTIAN
But, for your conscience?

ANTONIO
Ay, sir, where lies that? If 'twere a kibe,
'Twould put me to my slipper;[3] but I feel not
This deity in my bosom. Twenty consciences
That stand 'twixt me and Milan, candied[4] be they,
And melt ere they molest. Here lies your brother,
No better than the earth he lies upon,
If he were that which now he's like—that's dead—

1. *Could make... as deep chat :* apprendre à un corbeau à parler aussi bien que lui [Gonzalo].
2. *Much feater :* ils [mes vêtements] me vont mieux qu'avant.
3. *Kibe... slipper :* il sentirait le remords s'il se traduisait par des symptômes physiques comme des engelures l'obligeant à porter des pantoufles.
4. *Candied :* le sens est sans doute ici celui de gelé plutôt que sucré.

Whom I with this obedient steel, three inches of it,
Can lay to bed for ever; whiles you, doing thus,
To the perpetual wink for aye might put
This ancient morsel, this Sir Prudence, who
Should not upbraid our course. For all the rest,
They'll take suggestion as a cat laps milk.
They'll tell the clock to any business that
We say befits the hour.[1]

SEBASTIAN Thy case, dear friend,
Shall be my precedent. As thou got'st Milan,
I'll come by Naples. Draw thy sword. One stroke
Shall free thee from the tribute which thou payest,
And I the King shall love thee.

ANTONIO Draw together.
And when I rear my hand, do you the like,
To fall it on Gonzalo.

SEBASTIAN O, but one word.

Enter Ariel with music and song

ARIEL
My master through his art foresees the danger
That you, his friend,[2] are in, and sends me forth—
For else his project dies—to keep them living.
Sings in Gonzalo's ear

While you here do snoring lie,
Open-eyed conspiracy
His time doth take.
If of life you keep a care,
Shake off slumber, and beware.
Awake, awake!

ANTONIO
Then let us both be sudden.

GONZALO *(awakes)* Now, good angels
Preserve the King!

The others awake

ALONSO
Why, how now?—Ho, awake!—Why are you drawn?
Wherefore this ghastly looking?

1. *Tell... hour :* ils trouveront que tout ce que nous proposons est opportun.
2. *His friend :* Gonzalo.

GONZALO
What's the matter?

SEBASTIAN
Whiles we stood here securing your repose,
Even now, we heard a hollow burst of bellowing
Like bulls, or rather lions. Did't not wake you?
It struck mine ear most terribly.

ALONSO
I heard nothing.

ANTONIO
O, 'twas a din to fright a monster's ear,
To make an earthquake! Sure it was the roar
Of a whole herd of lions.

ALONSO
Heard you this, Gonzalo?

GONZALO
Upon mine honour, sir, I heard a humming,
And that a strange one too, which did awake me.
I shaked you, sir, and cried. As mine eyes opened,
I saw their weapons drawn. There was a noise,
That's verily.[1] 'Tis best we stand upon our guard,
Or that we quit this place. Let's draw our weapons.

ALONSO
Lead off this ground and let's make further search
For my poor son.

GONZALO
Heavens keep him from these beasts!
For he is sure i'th'island.

ALONSO
Lead away.

ARIEL
Prospero my lord shall know what I have done.
So, King, go safely on to seek thy son. *Exeunt*

II.2

Enter Caliban with a burden of wood. A noise of thunder heard

CALIBAN
All the infections that the sun sucks up
From bogs, fens, flats, on Prosper fall, and make him
By inch-meal[2] a disease! His spirits hear me,

1. *Verily : to speak truly.*
2. *By inch-meal : inch by inch.*

And yet I needs must curse. But they'll nor pinch,
Fright me with urchin-shows,[1] pitch me i'th'mire,
Nor lead me, like a firebrand,[2] in the dark
Out of my way, unless he bid 'em. But
For every trifle are they set upon me;
Sometime like apes, that mow[3] and chatter at me,
And after bite me; then like hedgehogs, which
Lie tumbling in my barefoot way, and mount
Their pricks at my football. Sometime am I
All wound with adders, who with cloven tongues
Do hiss me into madness.

Enter Trinculo

Lo, now, lo!
Here comes a spirit of his, and to torment me
For bringing wood in slowly. I'll fall flat.
Perchance he will not mind me.

TRINCULO Here's neither bush nor shrub, to bear off[4] any weather at all, and another storm brewing. I hear it sing i'th'wind. Yond same black cloud, yond huge one, looks like a foul bombard[5] that would shed his liquor. If it should thunder as it did before, I know not where to hide my head. Yond same cloud cannot choose but fall by pailfuls. What have we here? A man or a fish? Dead or alive? A fish! He smells like a fish; a very ancient and fishlike smell; a kind of not-of-the-newest poor-John.[6] A strange fish! Were I in England now, as once I was, and had but this fish painted,[7] not a holiday fool there but would give a piece of silver. There would this monster make a man.[8] Any strange beast there makes a man. When they will not give a doit[9] to relieve a lame beggar, they will lay out ten to see a dead

1. *Urchin-shows :* apparitions d'esprits en forme de hérissons (voir I, 2, 326).
2. *Firebrand :* le mot, qui veut dire brandon, a ici le sens de feu follet.
3. *Mow :* font des grimaces.
4. *To bear off :* pour se protéger.
5. *Bombard :* une outre.
6. *Poor-John :* poisson séché et salé.
7. *This fish painted :* Trinculo pense que, s'il était en Angleterre, il pourrait faire une peinture de foire représentant le monstre pour attirer les badauds et gagner facilement de l'argent.
8. *Make a man :* l'expression a à la fois le sens de « enrichirait son homme » et « serait considéré comme un homme ».
9. *Doit :* petite pièce de monnaie équivalant à un demi-farthing, c'est-à-dire un liard.

Indian.[1] Legged like a man! And his fins like arms! Warm, o' my troth! I do now let loose my opinion, hold it no longer. This is no fish, but an islander that hath lately suffered by a thunderboldt.

Thunder

Alas, the storm is come again. My best way is to creep under his gaberdine. There is no other shelter hereabout. Misery acquaints a man with strange bed-fellows. I will here shroud till the dregs[2] of the storm be past.

Enter Stephano, singing, a bottle in his hand

STEPHANO

I shall no more to sea, to sea,
Here shall I die ashore.

This is a very scurvy tune to sing at a man's funeral Well, here's my comfort.

He drinks and then sings

The master, the swabber,[3] the boatswain, and I,
The gunner and his mate,
Loved Mall, Meg, and Marian, and Margery,
But none of us cared for Kate.
For she had a tongue with a tang,
Would cry to a sailor, "Go hang!"
She loved not the savour of tar nor of pitch,
Yet a tailor might scratch her where'er she did itch.
Then to sea, boys, and let her go hang!

This is a scurvy tune too. But here's my comfort.

He drinks

CALIBAN Do not torment me! O!

STEPHANO What's the matter? Have we devils here? Do you put tricks upon's with savages and men-of Ind,[4] ha? I have not 'scaped drowning to be afeard now of your four legs. For it hath been said, "As proper a man as ever went on four legs cannot make him give ground"; and it shall be said so again, while Stephano breathes at' nostrils.

1. *A dead Indian :* les voyageurs comme Sir Martin Frobisher en 1576-1577, ramenaient parfois des Indiens de leurs expéditions coloniales afin de les exhiber devant les foules et tirer profit de leur curiosité. En général, les indigènes ne survivaient pas longtemps à ce genre d'expérience.

2. *Dregs :* terme qui poursuit la comparaison du nuage et de l'outre à vin.

3. *Swabber :* faubertier, marin chargé de laver le pont.

4. *Men-of Ind : Indians.*

CALIBAN The spirit torments me! O!

STEPHANO This is some monster of the isle with four legs, who hath got, as I take it, an ague. Where the devil should he learn our language? I will give him some relief, if it be but for that. If I can recover him, and keep him tame, and get to Naples with him, he's a present for any emperor[1] that ever trod on neat's leather.[2]

CALIBAN Do not torment me, prithee. I'll bring my wood home faster.

STEPHANO He's in his fit now, and does not talk after the wisest. He shall taste of my bottle. If he have never drunk wine afore, it will go near to remove his fit. If I can recover him, and keep him tame, I will not take too much for him.[3] He shall pay for him that hath him, and that soundly.

CALIBAN Thou dost me yet but little hurt. Thou wilt anon. I know it by thy trembling. Now Prosper works upon thee.

STEPHANO Come on your ways. Open your mouth. Here is that which will give language to you, cat.[4] Open your mouth. This will shake your shaking, I can tell you, and that soundly. *(He gives Caliban wine)* You cannot tell who's your friend. Open your chaps again.

TRINCULO I should know that voice. It should be—but he is drowned, and these are devils. O, defend me!

STEPHANO Four legs and two voices—a most delicate monster. His forward voice now is to speak well of his friend. His backward voice is to utter foul speeches and to detract. If all the wine in my bottle will recover him, I will help his ague. Come! *(Caliban drinks)* Amen! I will pour some in thy other mouth.

TRINCULO Stephano!

STEPHANO Doth thy other mouth call me? Mercy, mercy! This is a devil, and no monster. I will leave him; I have no long spoon.[5]

TRINCULO Stephano! If thou beest Stephano, touch me and

1. *Present for any emperor :* comme Trinculo, Stephano pense à ramener avec lui le monstre pour en tirer profit.
2. *That ever... leather :* proverbial (qui ait jamais été chaussé de cuir de vache).
3. *I will... for him :* aucun prix ne sera assez élevé pour lui.
4. *Cat :* allusion au proverbe qui veut que « ale (liquor) will make a cat speak ».
5. *I have no long spoon :* allusion au proverbe selon lequel « he who sups with the devil must have a long spoon ».

speak to me; for I am Trinculo—be not afeard—thy good friend Trinculo.

STEPHANO If thou beest Trinculo, come forth. I'll pull thee by the lesser legs. If any be Trinculo's legs, these are they. Thou art very Trinculo indeed! How cam'st thou to be the siege[1] of this mooncalf?[2] Can he vent[3] Trinculos?

TRINCULO I took him to be killed with a thunderstroke. But art thou not drowned, Stephano? I hope now thou art not drowned. Is the storm overblown? I hid me under the dead mooncalf's gaberdine for fear of the storm. And art thou living, Stephano? O Stephano, two Neapolitans 'scaped?

STEPHANO Prithee, do not turn me about. My stomach is not constant.

CALIBAN *(aside)*
These be fine things, an if[4] they be not sprites.
That's a brave god, and bears celestial liquor.
I will kneel to him.

STEPHANO How didst thou 'scape? How cam'st thou hither? Swear by this bottle how thou cam'st hither. I escaped upon a butt of sack,[5] which the sailors heaved o'erboard, by this bottle, which I made of the bark of a tree, with mine own hands, since I was cast ashore.

CALIBAN I'll swear upon that bottle to be thy true subject, for the liquor is not earthly.

STEPHANO Here! Swear, then, how thou escaped'st.

TRINCULO Swum ashore, man, like a duck. I can swim like a duck, I'll be sworn.

STEPHANO Here, kiss the book. *(He gives him wine)* Though thou canst swim like a duck, thou art made like a goose.

TRINCULO O Stephano, hast any more of this?

STEPHANO The whole butt, man. My cellar is in a rock by th'seaside, where my wine is hid. How now, mooncalf? How does thine ague?

1. *Siege :* l'excrément.
2. *Mooncalf :* ce terme, qui signifie littéralement le « veau lunaire », désigne un monstre en vertu de la croyance à l'influence pernicieuse de la lune sur certaines naissances.
3. *Vent :* défèque. Ce passage frappe par son obscénité et son caractère grotesque*. Selon Stephano, le monstre à quatre pattes accouche ici de Trinculo en défèquant, image qui évoque les naissances anales de certains rites carnavalesques.
4. *An if : if.*
5. *Sack :* variété de xérès, vin blanc de la région de Jerez en Espagne. C'est la boisson favorite de Sir John Falstaff dans les deux parties d'*Henry IV*.

CALIBAN Hast thou not dropped from heaven?

STEPHANO Out o'th'moon, I do assure thee. I was the Man i'th'Moon[1] when time was.[2]

CALIBAN I have seen thee in her, and I do adore thee. My mistress showed me thee, and thy dog, and thy bush.

STEPHANO Come, swear to that. Kiss the book. I will furnish it anon with new contents. Swear! *(Caliban drinks)*

TRINCULO By this good light, this is a very shallow monster! I afeard of him? A very weak monster! The Man i'th'Moon? A most poor credulous monster!—Well drawn,[3] monster, in good sooth![4]

CALIBAN I'll show thee every fertile inch o'th'island, and I will kiss thy foot. I prithee, be my god.

TRINCULO By this light, a most perfidious and drunken monster! When's god's asleep, he'll rob his bottle.

CALIBAN I'll kiss thy foot. I'll swear myself thy subject.

STEPHANO Come on then. Down, and swear!

TRINCULO I shall laugh myself to death at this puppy-headed monster. A most scurvy monster! I could find in my heart to beat him—

STEPHANO Come, kiss.

TRINCULO But that the poor monster's in drink. An abominable monster!

CALIBAN

I'll show thee the best springs. I'll pluck thee berries.
I'll fish for thee, and get thee wood enough.
A plague upon the tyrant that I serve!
I'll bear him no more sticks, but follow thee,
Thou wondrous man.

TRINCULO A most ridiculous monster, to make a wonder of a poor drunkard!

CALIBAN

I prithee, let me bring thee where crabs[5] grow;

1. *The Man i'th'Moon :* vieille croyance d'un homme envoyé sur la lune pour avoir ramassé un fagot de bois un dimanche. On le représentait avec un chien et un fagot (voir *A Midsummer Night's Dream,* V, 2, 248-249).

2. *When time was : once upon a time.*

3. *Well drawn :* une belle lampée.

4. *In good sooth :* ma foi.

5. *Crabs : crab-apples.*

And I with my long nails will dig thee pignuts,[1]
Show thee a jay's nest, and instruct thee how
To snare the nimble marmoset. I'll bring thee
To clust'ring filberts,[2] and sometimes I'll get thee
Young scamels[3] from the rock. Wilt thou go with me?

STEPHANO I prithee now, lead the way without any more talking.—Trinculo, the King and all our company else being drowned, we will inherit here. Here, bear my bottle. Fellow Trinculo, we'll fill him by and by again.

Caliban sings drunkenly

CALIBAN Farewell, master! Farewell, farewell!

TRINCULO A howling monster! A drunken monster!

CALIBAN

No more dams I'll make for fish,
  Nor fetch in firing
  At requiring,
Nor scrape trenchering,[4] nor wash dish.
  Ban, Ban, Cacaliban
  Has a new master—get a new man![5]
Freedom, high-day![6] High-day, freedom! Freedom, high-day, freedom!

STEPHANO O brave monster! Lead the way. *Exeunt*

III. 1

Enter Ferdinand, bearing a log

FERDINAND

There be some sports are painful, and their labour
Delight in them sets off.[7] Some kinds of baseness
Are nobly undergone, and most poor matters
Point to rich ends. This my mean task
Would be as heavy to me as odious, but
The mistress which I serve quickens what's dead,

1. *Pignuts :* sorte de tubercules.
2. *Filberts :* avelines.
3. *Scamels :* mot inexpliqué. Un oiseau (corruption de *sea-mel* ?) ou un petit crustacé.
4. *Trenchering :* plats en bois.
5. *Get a new man :* s'adresse à Prospero.
6. *High day : holiday*.
7. *There be... sets off :* pour certains travaux pénibles, le plaisir peut parfois annuler la peine qu'ils ont donnée. Ferdinand explique ensuite (vers 6) que, grâce à la présence de Miranda, son labeur se trouve changé en délices.

And makes my labours pleasures. O, she is
Ten times more gentle than her father's crabbed,
And he's composed of harshness. I must remove
Some thousands of these logs and pile them up,
Upon a sore injunction.[1] My sweet mistress
Weeps when she sees me work, and says such baseness
Had never like executor. I forget;
But these sweet thoughts do even refresh my labours,
Most busy lest when I do it.[2]

Enter Miranda, and Prospero at a distance, unseen

MIRANDA Alas, now pray you
Work not so hard. I would the lightning had
Burnt up those logs that you are enjoined to pile!
Pray, set it down and rest you. When this burns,
'Twill weep[3] for having wearied you. My father
Is hard at study. Pray now, rest yourself.
He's safe for these three hours.

FERDINAND O most dear mistress,
The sun will set before I shall discharge
What I must strive to do.

MIRANDA If you'll sit down,
I'll bear your logs the while. Pray, give me that.
I'll carry it to the pile.

FERDINAND No, precious creature.
I had rather crack my sinews, break my back,
Than you should such dishonour undergo,
While I sit lazy by.

MIRANDA It would become me
As well as it does you; and I should do it
With much more ease; for my good will is to it,
And yours it is against.

PROSPERO *(aside)* Poor worm, thou art infected.[4]

1. *Sore injunction :* ordre sévère.

2. *Most busy lest when I do it :* obscurité textuelle qui a fait couler beaucoup d'encre. On peut comprendre *most busy least*, c'est-à-dire « c'est quand je ne fais rien que je suis le plus actif », déclaration qui ne serait, en somme, qu'un paradoxe galant dans la bouche de Ferdinand, totalement absorbé par les pensées de sa dame quand il ne s'active pas à quelque besogne.

3. *'Twill weep :* c'est-à-dire qu'il en coulera de la résine ou de la sève. Encore un exemple de faux pathétique *(pathetic fallacy*)* qui appartient aux *conceits** du langage amoureux.

4. *Poor worm... infected :* Prospero compare l'affection de Miranda à une infection semblable à la peste, comme l'indique plus bas le mot *visitation*, qui signifie à la fois visite et épidémie.

This visitation shows it.
MIRANDA
You look wearily.
FERDINAND
No, noble mistress, 'tis fresh morning with me
When you are by at night. I do beseech you,
Chiefly that I might set it in my prayers,
What is your name?
MIRANDA
Miranda. O my father,
I have broke your hest[1] to say so!
FERDINAND
Admired Miranda!
Indeed, the top of admiration, worth
What's dearest to the world. Full many a lady
I have eyed with best regard, and many a time
Th'harmony of their tongues hath into bondage
Brought my too diligent ear. For several virtues
Have I liked several women; never any
With so full soul but some defect in her
Did quarrel with the noblest grace she owed,[2]
And put it to the foil.[3] But you, O you,
So perfect and so peerless, are created
Of every creature's best.
MIRANDA
I do not know
One of my sex; no woman's face remember,
Save, from my glass, mine own. Nor have I seen
More that I may call men than you, good friend,
And my dear father. How features are abroad
I am skill-less[4] of; but, by my modesty,
The jewel in my dower, I would not wish
Any companion in the world but you.
Nor can imagination form a shape,
Besides yourself, to like of. But I prattle
Something too wildly, and my father's precepts
I therein do forget.
FERDINAND
I am, in my condition,[5]
A prince, Miranda; I do think, a king—

1. *Hest : order.*
2. *Owed : owned.*
3. *Put it to the foil :* ne l'ait gâché, anéanti.
4. *Skill-less : ignorant.*
5. *Condition : rank.*

I would not so—and would no more endure
This wooden slavery than to suffer
The flesh-fly blow[1] my mouth. Hear my soul speak.
The very instant that I saw you did
My heart fly to your service, there resides
To make me slave to it; and for your sake
Am I this patient log-man.

MIRANDA Do you love me?

FERDINAND

O heaven, O earth, bear witness to this sound,
And crown what I profess with kind event,[2]
If I speak true! If hollowly,[3] invert
What best is boded me to mischief! I,
Beyond all limit of what else i'th'world,
Do love, prize, honour you.

MIRANDA I am a fool
To weep at what I am glad of.

PROSPERO *(aside)* Fair encounter
Of two most rare affections. Heavens rain grace
On that which breeds between 'em.

FERDINAND Wherefore weep you?

MIRANDA

At mine unworthiness, that dare not offer
What I desire to give, and much less take
What I shall die to want. But this is trifling;
And all the more it seeks to hide itself,
The bigger bulk it shows.[4] Hence, bashful cunning!
And prompt me, plain and holy innocence.
I am your wife, if you will marry me.
If not, I'll die your maid.[5] To be your fellow
You may deny me, but I'll be your servant
Whether you will or no.

FERDINAND My mistress, dearest,
And I thus humble ever.

1. *Blow :* ne souille.
2. *Kind event :* issue favorable.
3. *Hollowly : insincerely.*
4. *And all the more... it shows :* image d'une grossesse qu'on cherche à dissimuler. Bien qu'elle paraisse étrange dans la bouche d'une jeune fille vierge, censée ignorer tout de la sexualité, elle reprend, pour le spectateur, le fil métaphorique annoncé par Prospero avec le verbe *breeds*.
5. *Your maid :* double sens ici de vierge et de servante.

MIRANDA My husband, then?

FERDINAND
Ay, with a heart as willing
As bondage e'er of freedom. Here's my hand.

MIRANDA
And mine, with my heart in't; and now farewell
Till half an hour hence.

FERDINAND A thousand, thousand![1]

Exeunt Ferdinand and Miranda in different directions

PROSPERO
So glad of this as they I cannot be,
Who are surprised with all,[2] but my rejoicing
At nothing can be more. I'll to my book,
For yet ere suppertime must I perform
Much business appertaining.[3] *Exit*

III.2

Enter Caliban, Stephano, and Trinculo

STEPHANO Tell not me![4] When the butt is out[5] we will drink water; not a drop before. Therefore, bear up and board 'em.[6] Servant monster, drink to me.

TRINCULO Servant monster? The folly[7] of this island! They say there's but five upon this isle. We are three of them. If th'other two be brained like us, the state totters.

STEPHANO Drink, servant monster, when I bid thee. Thy eyes are almost set in thy head.

TRINCULO Where should they be set else? He were a brave monster indeed if they were set in his tail.

STEPHANO My man-monster hath drowned his tongue in sack. For my part, the sea cannot drown me. I swam, ere I could recover the shore, five and thirty leagues off and on. By this light, thou shalt be my lieutenant, monster, or my standard.

1. *A thousand : a thousand farewells.*
2. *With all : with all this.*
3. *Appertaining : relating.*
4. *Tell not me :* à d'autres, dit Stephano à Trinculo qui essaie de l'amener à boire moins.
5. *When the butt is out :* quand le tonneau sera vide.
6. *Bear up and board'em :* terme de marine (littéralement « droit dessus, à l'abordage ! ») qui a ici le sens de « vide ton verre ».
7. *Folly : freak.*

TRINCULO Your lieutenant, if you list; he's no standard.[1]

STEPHANO We'll not run, Monsieur Monster.

TRINCULO Nor go neither; but you'll lie like dogs, and yet say nothing neither.

STEPHANO Mooncalf, speak once in thy life, if thou beest a good mooncalf.

CALIBAN

How does thy honour? Let me lick thy shoe.
I'll not serve him: he is not valiant.

TRINCULO Thou liest, most ignorant monster! I am in case[2] to justle a constable. Why, thou deboshed fish, thou, was there ever man a coward that hath drunk so much sack as I today? Wilt thou tell a monstrous lie, being but half a fish and half a monster?

CALIBAN Lo, how he mocks me! Wilt thou let him, my lord?

TRINCULO "Lord", quoth he? That a monster should be such a natural![3]

CALIBAN Lo, lo, again! Bite him to death, I prithee.

STEPHANO Trinculo, keep a good tongue in your head. If you prove a mutineer—the next tree![4] The poor monster's my subject, and he shall not suffer indignity.

CALIBAN I thank my noble lord. Wilt thou be pleased to hearken once again to the suit I made to thee?

STEPHANO Marry, will I. Kneel, and repeat it. I will stand, and so shall Trinculo.

Enter Ariel, invisible

CALIBAN As I told thee before, I am subject to a tyrant, a sorcerer, that by his cunning hath cheated me of the island.

ARIEL Thou liest.

CALIBAN *(to Trinculo)*

Thou liest, thou jesting monkey, thou.
I would my valiant master would destroy thee!
I do not lie.

STEPHANO Trinculo, if you trouble him any more in's tale, by this hand, I will supplant[5] some of your teeth.

1. *No standard :* jeu de mots sur « standard », le porte-étendard, et le verbe *to stand* suggérant que Caliban est saoul et ne tient plus debout.

2. *In case : prepared.*

3. *Natural : idiot.*

4. *The next tree :* tu seras pendu à l'arbre le plus proche.

5. *Supplant :* te faire sauter.

TRINCULO Why, I said nothing.

STEPHANO Mum, then, and no more. Proceed!

CALIBAN

I say, by sorcery he got this isle;
From me he got it. If thy greatness will
Revenge it on him—for I know thou dar'st,
But this thing[1] dare not—

STEPHANO That's most certain.

CALIBAN

Thou shalt be lord of it, and I'll serve thee.

STEPHANO How now shall this be compassed? Canst thou bring me to the party?

CALIBAN

Yea, yea, my lord, I'll yield him thee asleep,
Where thou mayst knock a nail into his head.

ARIEL Thou liest, thou canst not.

CALIBAN

What a pied ninny's[2] this! Thou scurvy patch![3]
I do beseech thy greatness give him blows,
And take his bottle from him. When that's gone,
He shall drink naught but brine, for I'll not show him
Where the quick freshes[4] are.

STEPHANO Trinculo, run into no further danger. Interrupt the monster one word further and, by this hand, I'll turn my mercy out o'doors, and make a stockfish[5] of thee.

TRINCULO Why, what did I? I did nothing. I'll go farther off.

STEPHANO Didst thou not say he lied?

ARIEL Thou liest.

STEPHANO Do I so? Take thou that!

He strikes Trinculo

As you like this, give me the lie another time.

TRINCULO I did not give the lie. Out o'your wits, and hearing too? A pox o' your bottle! This can sack and drinking do. A murrain[6] on your monster, and the devil take your fingers!

1. *This thing :* Trinculo.
2. *A pied ninny :* l'expression de Caliban désigne le costume bigarré *(pied)* traditionnellement porté par le fou *(ninny)*.
3. *Patch : fool.*
4. *Quick freshes : fresh springs.*
5. *Stockfish :* pan de morue salée et séchée, que l'on attendrissait à la batte avant de le mettre à cuire. L'image fait allusion au proverbe « to beat someone like a stockfish ».
6. *Murrain :* épizootie (épidémie animale) ; ici la peste.

CALIBAN Ha, ha, ha!

STEPHANO Now forward with your tale.—Prithee, stand further off.

CALIBAN

Beat him enough. After a little time,
I'll beat him too.

STEPHANO Stand farther.—Come, proceed.

CALIBAN

Why, as I told thee, 'tis a custom with him
I'th'afternoon to sleep. There thou mayst brain him,
Having first seized his books; or with a log
Batter his skull, or paunch him with a stake,[1]
Or cut his weasand[2] with thy knife. Remember
First to possess his books, for without them
He's but a sot, as I am, nor hath not
One spirit to command. They all do hate him
As rootedly as I. Burn but his books.
He has brave utensils,[3] for so he calls them,
Which, when he has a house, he'll deck withal.
And that most deeply to consider is
The beauty of his daughter. He himself
Calls her a nonpareil. I never saw a woman
But only Sycorax my dam and she;
But she as far surpasseth Sycorax
As great'st does least.

STEPHANO Is it so brave a lass?

CALIBAN

Ay, lord. She will become thy bed, I warrant,
And bring thee forth brave brood.

STEPHANO Monster, I will kill this man. His daughter and I will be King and Queen—save our graces!—and Trinculo and thyself shall be viceroys. Dost thou like the plot, Trinculo?

TRINCULO Excellent.

STEPHANO Give me thy hand. I am sorry I beat thee but, while thou livest, keep a good tongue in thy head.

1. *Paunch him with a stake :* lui enfoncer un pieu dans le ventre.
2. *Weesand :* la trachée, la gorge.
3. *Utensils :* instruments de magie et/ou de cuisine.

CALIBAN
Within this half hour will he be asleep.
Wilt thou destroy him then?
STEPHANO Ay, on mine honour.
ARIEL This will I tell my master.
CALIBAN
Thou mak'st me merry. I am full of pleasure.
Let us be jocund! Will you troll the catch[1]
You taught me but while-ere?
STEPHANO At thy request, monster, I will do reason, any reason. Come on, Trinculo, let us sing.
Sings
Flout 'em and scout 'em,[2]
And scout 'em and flout 'em!
Thought is free.
CALIBAN That's not the tune.
Ariel plays the tune on a tabor and pipe
STEPHANO What is this same?
TRINCULO This is the tune of our catch, played by the picture of Nobody.[3]
STEPHANO If thou beest a man, show thyself in thy likeness. If thou beest a devil, take't as thou list.
TRINCULO O, forgive me my sins!
STEPHANO He that dies pays all debts. I defy thee. Mercy upon us!
CALIBAN Art thou afeard?
STEPHANO No, monster, not I.
CALIBAN
Be not afeard; the isle is full of noises,
Sounds, and sweet airs, that give delight and hurt not.
Sometimes a thousand twangling instruments
Will hum about mine ears; and sometime voices
That, if I then had waked after long sleep,
Will make me sleep again; and then, in dreaming,
The clouds methought would open, and show riches

1. *Troll the catch :* entonner le canon (chanson à plusieurs voix où le même thème est répété).
2. *Flout 'em and scout 'em :* raillez-les et moquez-les.
3. *The picture of Nobody :* l'équivalent élisabéthain de l'homme invisible. C'est une allusion à des images représentant un homme dont seules la tête et les mains sont visibles, comme sur la gravure accompagnant le texte d'une comédie anonyme intitulée *No-body and Some-body* (1606).

Ready to drop upon me, that when I waked
I cried to dream again.

STEPHANO This will prove a brave kingdom to me, where I shall have my music for nothing.

CALIBAN When Prospero is destroyed.

STEPHANO That shall be by and by. I remember the story.

TRINCULO The sound is going away. Let's follow it, and after do our work.

STEPHANO Lead, monster; we'll follow. I would I could see this taborer! He lays it on.

TRINCULO Wilt come?—I'll follow, Stephano. *Exeunt*

III.3

Enter Alonso, Sebastian, Antonio, Gonzalo, Adrian, Francisco, and others

GONZALO
By'r lakin,[1] I can go no further, sir.
My old bones aches. Here's a maze trod indeed,
Through forthrights[2] and meanders![3] By your patience,
I needs must rest me.

ALONSO
Old lord, I cannot blame thee,
Who am myself attached[4] with weariness
To th'dulling of my spirits. Sit down and rest.
Even here I will put off my hope, and keep it
No longer for my flatterer. He is drowned
Whom thus we stray to find, and the sea mocks
Our frustrate[5] search on land. Well, let him go.

ANTONIO *(aside to Sebastian)*
I am right glad that he's so out of hope.
Do not, for one repulse, forgo the purpose
That you resolved t'effect.

SEBASTIAN *(aside to Antonio)*
The next advantage

1. *By'r lakin : by our Ladykin* (la Vierge Marie).
2. *Forth-rights :* chemins droits.
3. *Meanders :* méandres, chemins tortueux.
4. *Attached : seized.*
5. *Frustrate :* vaine.

Will we take throughly.[1]

ANTONIO Let it be tonight;
For, now they are oppressed with travel, they
Will not, nor cannot, use such vigilance
As when they are fresh.

SEBASTIAN *(aside to Antonio)*
I say tonight. No more.

Solemn and strange music; and Prospero on the top, invisible. Enter several strange shapes, bringing in a banquet; and dance about it with gentle actions of salutations; and, inviting the King, etc., to eat, they depart

ALONSO
What harmony is this? My good friends, hark!

GONZALO Marvellous sweet music!

ALONSO
Give us kind keepers,[2] heavens! What were these?

SEBASTIAN
A living drollery.[3] Now I will believe
That there are unicorns; that in Arabia
There is one tree, the phoenix' throne,[4] one phoenix
At this hour reigning there.

ANTONIO I'll believe both;
And what does else want credit, come to me
And I'll be sworn 'tis true. Travellers ne'er did lie,
Though fools at home condemn 'em.

GONZALO If in Naples
I should report this now, would they believe me?
If I should say I saw such islanders?—
For certes, these are people of the island—
Who, though they are of monstrous shape, yet note,
Their manners are more gentle, kind, than of
Our human generation you shall find
Many, nay, almost any.

PROSPERO *(aside)* Honest lord,

1. *Throughly : thoroughly.*
2. *Kind keepers :* anges gardiens.
3. *A living drollery :* un spectacle de marionnettes vivantes.
4. *Phoenix :* oiseau mythique venu d'Arabie. Unique de son espèce, il vivait perché sur un type de palmier lui aussi unique, et il était censé se reproduire en se jetant dans un brasier d'où il renaissait ensuite de ses cendres. Shakespeare exploite cette légende dans un mystérieux poème allégorique, *The Phoenix and the Turtle.*

Thou hast said well, for some of you there present
Are worse than devils.

ALONSO I cannot too much muse
Such shapes, such gesture, and such sound, expressing,
Although they want the use of tongue, a kind
Of excellent dumb discourse.

PROSPERO *(aside)* Praise in departing.

FRANCISCO
They vanished strangely.

SEBASTIAN No matter, since
They have left their viands[1] behind, for we have stomachs.[2]
Will't please you taste of what is here?

ALONSO Not I.

GONZALO
Faith, sir, you need not fear. When we were boys,
Who would believe that there were mountaineers
Dewlapped like bulls, whose throats had hanging at 'em
Wallets of flesh?[3] Or that there were such men
Whose heads stood in their breasts?[4] Which now we find
Each putter-out of five for one[5] will bring us
Good warrant of.

ALONSO I will stand to and feed,
Although my last—no matter, since I feel
The best is past. Brother, my lord the Duke,
Stand to, and do as we.

Thunder and lightning. Enter Ariel, like a harpy, claps his wings upon the table, and, with a quaint device,[6] the banquet vanishes

ARIEL
You are three men of sin, whom destiny—

1. *Viands : food.*
2. *Stomachs : good appetites.*
3. *Wallets of flesh :* des goîtres.
4. *Men... breasts :* à ce sujet, voir *Othello,* I, 3, 144-145 (« The anthropophagi, and men whose heads / Do grow beneath their shoulders »).
5. *Each putter-out of five for one :* forme d'assurance-pari pratiquée alors par les voyageurs qui payaient une prime avant leur départ vers quelque contrée lointaine. Ils trouvaient cette somme quintuplée à leur retour s'ils pouvaient administrer la preuve qu'ils avaient bien atteint leur destination. Dans le cas contraire, ils perdaient purement et simplement leur mise.
6. *A quaint device :* mécanisme ingénieux destiné à surprendre les spectateurs autant que les personnages de l'intrigue.

That hath to instrument[1] this lower world
And what is in't—the never-surfeited sea
Hath caused to belch up you, and on this island
Where man doth not inhabit, you 'mongst men
Being most unfit to live. I have made you mad;
And even with suchlike valour[2] men hang and drown
Their proper selves.
Alonso, Sebastian, and the others draw their swords
You fools! I and my fellows
Are ministers of Fate. The elements,
Of whom your swords are tempered, may as well
Wound the loud winds, or with bemocked-at stabs
Kill the still-closing waters,[3] as diminish
One dowle[4] that's in my plume. My fellow ministers
Are like invulnerable. If you could hurt,
Your swords are now too massy for your strengths,
And will not be uplifted. But remember—
For that's my business to you—that you three
From Milan did supplant good Prospero,
Exposed unto the sea, which hath requit it,
Him and his innocent child; for which foul deed
The powers, delaying, not forgetting, have
Incensed the seas and shores, yea, all the creatures
Against your peace. Thee of thy son, Alonso,
They have bereft; and do pronounce by me
Lingering perdition[5]—worse than any death
Can be at once—shall step by step attend
You and your ways; whose wraths to guard you from,
Which here, in this most desolate isle, else falls
Upon your heads, is nothing but heart's sorrow,
And a clear life ensuing.
He vanishes in thunder. Then, to soft music, enter the shapes again, and dance with mocks and mows,[6] carrying out the table

1. *To instrument : as its instrument.*
2. *Suchlike valour :* courage du désespoir, qui s'oppose au véritable héroïsme.
3. *Still-closing waters :* les eaux qui toujours se referment.
4. *Dowle : small feather.*
5. *Lingering perdition :* mort lente.
6. *With mocks and mows :* en une pantomime grimaçante.

PROSPERO

Bravely[1] the figure of this harpy hast thou
Performed, my Ariel: a grace it had, devouring.[2]
Of my instruction hast thou nothing bated[3]
In what thou hadst to say. So, with good life
And observation strange,[4] my meaner ministers
Their several kinds[5] have done. My high charms work,
And these, mine enemies, are all knit up
In their distractions. They now are in my power;
And in these fits I leave them while I visit
Young Ferdinand, whom they suppose is drowned,
And his and mine loved darling. *Exit*

GONZALO

I'th'name of something holy, sir, why stand you
In this strange stare?

ALONSO

O, it is monstrous, monstrous!
Methought the billows spoke, and told me of it;
The winds did sing it to me; and the thunder,
That deep and dreadful organ-pipe, pronounced
The name of Prosper: it did bass my trespass.[6]
Therefore my son i'th'ooze is bedded, and
I'll seek him deeper than e'er plummet sounded,
And with him there lie mudded. *Exit*

SEBASTIAN But one fiend at a time

I'll fight their legions o'er.[7]

ANTONIO I'll be thy second.

Exeunt Antonio and Sebastian

GONZALO

All three of them are desperate. Their great guilt,
Like poison given to work a great time after,
Now 'gins to bite the spirits. I do beseech you,

1. *Bravely : finely.*
2. *Devouring :* comme dans l'*Enéide* où les harpies dévorent le repas des Troyens, Ariel a fait disparaître le repas en donnant l'impression qu'il le dévorait (les harpies étaient traditionnellement dotées d'un appétit féroce).
3. *Bated : left out.*
4. *With good life... strange :* Prospero félicite ses esprits pour leur performance en tant qu'acteurs, pour un jeu vivant et naturel qui suit ses consignes à la lettre.
5. *Their several kinds :* leurs divers rôles.
6. *Bass my trespass :* les voix graves des basses chantaient mon crime.
7. *O'er : one after another.*

That are of suppler joints, follow them swiftly,
And hinder them from what this ecstasy[1]
May now provoke them to.

ADRIAN
Follow, I pray you. *Exeunt*

IV.1

Enter Prospero, Ferdinand, and Miranda

PROSPERO
If I have too austerely punished you,
Your compensation makes amends, for I
Have given you here a third of mine own life,[2]
Or that for which I live; who once again
I tender to thy hand. All thy vexations
Were but my trials of thy love, and thou
Hast strangely[3] stood the test. Here, afore heaven,
I ratify this my rich gift. O Ferdinand,
Do not smile at me that I boast her off,
For thou shalt find she will outstrip all praise,
And make it halt[4] behind her.

FERDINAND
I do believe it
Against an oracle.

PROSPERO
Then, as my gift, and thine own acquisition
Worthily purchased, take my daughter; but
If thou dost break her virgin-knot before
All sanctimonious[5] ceremonies may
With full and holy rite be ministered,
No sweet aspersion[6] shall the heavens let fall
To make this contract grow; but barren hate,
Sour-eyed disdain and discord shall bestrew
The union of your bed with weeds so loathly
That you shall hate it both. Therefore take heed,

1. *Ecstasy : madness.*

2. *A third... life :* précision énigmatique par son caractère mathématique, comme la phrase « every third thought shall be my grave » que Prospero prononce à l'acte final (V, 1, 312). L'expression *a third* désigne peut-être ici une part importante de sa vie et donc une personne très chère comme l'est pour lui Miranda.

3. *Strangely : wonderfully.*

4. *Halt : limp.*

5. *Sanctimonious : holy.*

6. *Aspersion :* pluie ou rosée avec, en outre, le sens de bénédiction.

As Hymen's lamps[1] shall light you.
FERDINAND As I hope
For quiet days, fair issue, and long life,
With such love as 'tis now, the murkiest den,
The most opportune place, the strong'st suggestion[2]
Our worser genius can, shall never melt
Mine honour into lust, to take away
The edge[3] of that day's celebration
When I shall think or Phoebus' steeds are foundered[4]
Or Night kept chained below.[5]
PROSPERO Fairly spoke.
Sit then and talk with her: she is thine own.
What, Ariel! My industrious servant, Ariel!
Enter Ariel
ARIEL
What would my potent master? Here I am.
PROSPERO
Thou and thy meaner fellows your last service
Did worthily perform, and I must use you
In such another trick. Go bring the rabble,[6]
O'er whom I give thee power, here to this place.
Incite them to quick motion, for I must
Bestow upon the eyes of this young couple
Some vanity[7] of mine art. It is my promise,
And they expect it from me.
ARIEL Presently?[8]
PROSPERO
Ay, with a twink.[9]
ARIEL
Before you can say "Come" and "Go",
And breathe twice, and cry, "So, So",

1. *Hymen's lamps :* les torches nuptiales.
2. *Suggestion :* tentation.
3. *Edge :* la joie intense.
4. *Foundered : lame.*
5. *When I shall think... chained below :* images traduisant l'impatience de voir arriver ce jour tant attendu et qui tarde parce que les chevaux du soleil boitent ou parce que la nuit est retenue enchaînée.
6. *Rabble :* voir plus haut l'expression *meaner fellows*, qui désigne les esprits inférieurs sur lesquels Ariel exerce un pouvoir.
7. *Vanity :* divertissement, menu plaisir.
8. *Presently : immediately.*
9. *With a twink : in a twinkling.*

Each one, tripping on his toe,
Will be here with mop and mow.[1]
Do you love me, master? No?

PROSPERO
Dearly, my delicate Ariel. Do not approach
Till thou dost hear me call.

ARIEL
Well, I conceive.[2] *Exit*

PROSPERO
Look thou be true. Do not give dalliance[3]
Too much the rein. The strongest oaths are straw
To th'fire i'th'blood. Be more abstemious,
Or else, good night your vow.

FERDINAND
I warrant you, sir,
The white cold virgin snow upon my heart
Abates the ardour of my liver[4]

PROSPERO
Well.
Now come, my Ariel! Bring a corollary,[5]
Rather than want a spirit. Appear, and pertly.[6]
No tongue! All eyes! Be silent.

Soft music. Enter Iris[7]

IRIS
Ceres, most bounteous lady, thy rich leas[8]
Of wheat, rye, barley, fetches,[9] oats, and pease;
Thy turfy mountains, where live nibbling sheep,
And flat meads thatched with stover,[10] them to keep;
Thy banks with pionèd and twillèd brims,[11]
Which spongy April at thy hest betrims,
To make cold nymphs chaste crowns; and thy broom-groves,

1. *Mop and mow :* grimaces.
2. *Conceive : understand.*
3. *Dalliance :* jeux amoureux, désir.
4. *Liver :* source du désir sexuel dans la physiologie antique.
5. *Corollary :* aide, assistant.
6. *Pertly : smartly.*
7. *Enter Iris :* ce qui suit est l'équivalent d'un « Masque »* de Cour de forme réduite, donné à l'occasion des fiançailles de Ferdinand et de Miranda. Iris, déesse de l'arc-en-ciel, était la messagère des dieux.
8. *Leas : meadows.*
9. *Fetches : vetches* (vesces, fourrage vert).
10. *Stover :* fourrage hivernal.
11. *Banks with pionèd and twillèd brims:* il s'agit probablement de berges renforcées par des branchages disposés en croisillons.

Whose shadow the dismissèd bachelor loves,
Being lass-lorn: thy pole-clipt[1] vineyard,
And thy sea-marge, sterile and rocky-hard,
Where thou thyself dost air—the queen o'th'sky,[2]
Whose wat'ry arch and messenger am I,
Bids thee leave these, and with her sovereign grace
Here on this grass-plot, in this very place,
To come and sport. Her peacocks[3] fly amain.[4]
Juno descends
Approach, rich Ceres, her to entertain.
Enter Ceres

CERES
Hail, many-coloured messenger, that ne'er
Dost disobey the wife of Jupiter;
Who, with thy saffron wings, upon my flowers
Diffusest honey-drops, refreshing showers;
And with each end of thy blue bow dost crown
My bosky[5] acres and my unshrubbed down,[6]
Rich scarf to my proud earth. Why hath thy queen
Summoned me hither to this short-grassed green?

IRIS
A contract of true love to celebrate,
And some donation freely to estate
On the blest lovers.

CERES Tell me, heavenly bow,[7]
If Venus or her son, as thou dost know,
Do now attend the queen? Since they did plot
The means that dusky Dis my daughter got,[8]
Her and her blind boy's[9] scandalled[10] company
I have forsworn.

IRIS Of her society

1. *Pole-clipt :* émondé.
2. *The queen o'th'sky :* Junon.
3. *Peacocks :* les paons, oiseaux sacrés de Junon, formaient un attelage tirant le char de la déesse.
4. *Amain : at full speed*
5. *Bosky : wooded.*
6. *Unshrubbed down :* plaines sans arbres.
7. *Bow : rainbow.*
8. *Since... got :* la fille de Cérès, Proserpine, avait été enlevée dans un champ de fleurs en Sicile et emmenée aux enfers par Pluton (Dis).
9. *Blind boy :* Cupidon, l'amour aveugle
10. *Scandalled : scandalous.*

Be not afraid. I met her deity
Cutting the clouds towards Paphos,[1] and her son
Dove-drawn[2] with her. Here thought they to have done
Some wanton charm upon this man and maid,
Whose vows are, that no bed-right[3] shall be paid
Till Hymen's torch be lighted : but in vain.
Mars's hot minion[4] is returned again;
Her waspish-headed son has broke his arrows,
Swears he will shoot no more, but play with sparrows,
And be a boy right out.[5]

CERES
Highest queen of state,
Great Juno comes; I know her by her gait.

JUNO
How does my bounteous sister? Go with me
To bless this twain, that they may prosperous be,
And honoured in their issue.

They sing

JUNO
Honour, riches, marriage blessing,
Long continuance, and increasing,
Hourly joys be still upon you!
Juno sings her blessings on you.

CERES
Earth's increase, foison plenty,
Barns and garners never empty,
Vines with clust'ring bunches growing,
Plants with goodly burden bowing;
Spring come to you at the farthest
In the very end of harvest.[6]
Scarcity and want shall shun you,
Ceres' blessing so is on you.

FERDINAND
This is a most majestic vision, and
Harmonious charmingly. May I be bold

1. *Paphos :* centre du culte de Vénus sur l'île de Chypre.
2. *Dove-drawn :* les colombes, oiseaux sacrés de Vénus, tiraient son char.
3. *Bed-right :* la consommation du mariage.
4. *Mars's hot minion :* Vénus.
5. *Be a boy right out :* être un garçon comme les autres.
6. *Spring... harvest :* Cérès souhaite aux fiancés une année sans hiver.

To think these spirits?
PROSPERO Spirits, which by mine art
I have from their confines called to enact
My present fancies.[1]
FERDINAND Let me live here ever!
So rare a wondered[2] father and a wise
Makes this place Paradise.
Juno and Ceres whisper, and send Iris on employment
PROSPERO Sweet, now, silence!
Juno and Ceres whisper seriously.
There's something else to do. Hush and be mute,
Or else our spell is marred.
IRIS
You nymphs, called Naiades, of the windring[3] brooks,
With your sedged crowns and ever-harmless looks,
Leave your crisp[4] channels, and on this green land
Answer your summons; Juno does command.
Come temperate nymphs, and help to celebrate
A contract of true love. Be not too late.
Enter certain Nymphs
You sunburned sicklemen, of August weary,
Come hither from the furrow, and be merry.
Make holiday; your rye-straw hats put on,
And these fresh nymphs encounter every one
In country footing.[5]
Enter certain Reapers, properly habited. They join with the Nymphs in a graceful dance, towards the end whereof, Prospero starts suddenly and speaks; after which, to a strange, hollow, and confused noise, they heavily[6] vanish
PROSPERO *(aside)*
I had forgot that foul conspiracy
Of the beast Caliban and his confederates
Against my life. The minute of their plot
Is almost come.—Well done! Avoid![7] No more!—

1. *My present fancies :* les divertissements que j'ai imaginés.
2. *Wondered : wonderful.*
3. *Windring :* mot qui semble formé de l'alliance entre *winding* et *wandering*.
4. *Crisp :* ondoyant.
5. *Encounter... footing :* prenez-les (ces nymphes) comme partenaires dans une danse rustique.
6. *Heavily :* à regret.
7. *Avoid :* partez.

FERDINAND
This is strange. Your father's in some passion
That works him strongly.
MIRANDA Never till this day
Saw I him touched with anger so distempered.
PROSPERO
You do look, my son, in a moved sort,[1]
As if you were dismayed. Be cheerful, sir.
Our revels[2] now are ended. These our actors,
As I foretold you, were all spirits, and
Are melted into air, into thin air;
And, like the baseless fabric of this vision,
The cloud-capped towers, the gorgeous palaces,
The solemn temples, the great globe itself,
Yea, all which it inherit,[3] shall dissolve,
And, like this insubstantial pageant[4] faded,
Leave not a rack[5] behind. We are such stuff
As dreams are made on; and our little life
Is rounded with a sleep. Sir, I am vext.
Bear with my weakness; my old brain is troubled.
Be not disturbed with my infirmity.
If you be pleased, retire into my cell
And there repose. A turn or two I'll walk,
To still my beating mind.
FERDINAND *and* MIRANDA We wish your peace.
Exeunt Ferdinand and Miranda
PROSPERO
Come with a thought.[6] I thank thee, Ariel. Come!
Enter Ariel
ARIEL
Thy thoughts I cleave to. What's thy pleasure?

1. *Sort : condition.*

2. *Revels :* spectacle. Il y a sans doute aussi une allusion au sens technique du mot qui désignait les réjouissances qui suivaient la représentation du « Masque »* proprement dit et au cours desquelles les acteurs invitaient les spectateurs à danser.

3. *It inherit : occupy it.*

4. *Pageant :* autre terme technique, comme *revels* plus haut il désignait un tableau vivant ou une scène allégorique et il a ici le sens général de spectacle.

5. *Rack :* nuage. Le mot s'appliquait aussi aux nuages utilisés dans le « Masque »* lors des changements de décor.

6. *Come with a thought :* pour Prospero, le seul fait de penser à Ariel le fait arriver. Ses désirs sont des ordres. Voir le vers suivant.

PROSPERO Spirit,
We must prepare to meet with Caliban.
ARIEL
Ay, my commander. When I presented[1] Ceres,
I thought to have told thee of it, but I feared
Lest I might anger thee.
PROSPERO
Say again, where didst thou leave these varlets?[2]
ARIEL
I told you, sir, they were red-hot with drinking.
So full of valour that they smote the air
For breathing in their faces, beat the ground
For kissing of their feet; yet always bending[3]
Towards their project. Then I beat my tabor,
At which, like unbacked[4] colts, they pricked their ears,
Advanced[5] their eyelids, lifted up their noses
As[6] they smelt music. So I charmed their ears
That calf-like they my lowing followed, through
Toothed briars, sharp furzes, pricking goss,[7] and thorns,
Which entered their frail shins. At last I left them
I'th'filthy mantled[8] pool beyond your cell,
There dancing up to th'chins, that the foul lake
O'erstunk their feet.
PROSPERO This was well done, my bird!
Thy shape invisible retain thou still.
The trumpery[9] in my house, go bring it hither,
For stale[10] to catch these thieves.
ARIEL I go, I go! *Exit*
PROSPERO
A devil, a born devil, on whose nature
Nurture[11] can never stick; on whom my pains,

1. *Presented :* jouer le rôle de.
2. *Varlets :* vauriens.
3. *Bending : aiming.*
4. *Unbacked : unbroken.*
5. *Advanced : raised, opened.*
6. *As : as if.*
7. *Goss : gorse.*
8. *Filthy mantled :* algues verdâtres ou écume recouvrant un étang.
9. *Trumpery :* camelote.
10. *Stale : decoy.*
11. *Nature/Nurture :* l'opposition de la nature et de l'art constitue l'un des grands *topoi* de la Renaissance.

Humanely taken, all, all lost, quite lost.
And as with age his body uglier grows,
So his mind cankers. I will plague them all
Even to roaring.

Enter Ariel, loaden with glistering apparel, etc.

Come, hang them on this line.[1]

Enter Caliban, Stephano, and Trinculo, all wet

CALIBAN

Pray you, tread softly, that the blind mole may not
Hear a foot fall. We now are near his cell.

STEPHANO Monster, your fairy, which you say is a harmless fairy, has done little, better than played the Jack[2] with us.

TRINCULO Monster, I do smell all horse-piss, at which my nose is in great indignation.

STEPHANO So is mine. Do you hear, monster? If I should take a displeasure against you, look you—

TRINCULO Thou wert but a lost monster.

CALIBAN

Good my lord, give me thy favour still.
Be patient, for the prize I'll bring thee to
Shall hoodwink this mischance![3] Therefore, speak softly.
All's hushed as midnight yet.

TRINCULO Ay, but to lose our bottles in the pool—

STEPHANO There is not only disgrace and dishonour in that, monster, but an infinite loss.

TRINCULO That's more to me than my wetting. Yet this is your harmless fairy, monster.

STEPHANO I will fetch off my bottle, though I be o'er ears for my labour.

CALIBAN

Prithee, my king, be quiet. Seest thou here,
This is the mouth o'th'cell. No noise, and enter.
Do that good mischief which may make this island
Thine own for ever, and I, thy Caliban,
For aye thy foot-licker.

1. *Line : lime-tree*, le tilleul.

2. *Played the Jack :* l'expression a les deux sens de *jack-o'-lantern* (feu follet) et de *played the knave* (nous a roulés).

3. *Hoodwink this mischance :* va effacer (littéralement, aveugler) cette mésaventure.

STEPHANO Give me thy hand. I do begin to have bloody thoughts.

TRINCULO O King Stephano! O peer! O worthy Stephano, look what a wardrobe here is for thee![1]

CALIBAN
Let it alone, thou fool! It is but trash.

TRINCULO O ho, monster! We know what belongs to a frippery.[2] O King Stephano!

STEPHANO Put off that gown, Trinculo. By this hand, I'll have that gown!

TRINCULO Thy grace shall have it.

CALIBAN
The dropsy[3] drown this fool! What do you mean
To dote thus on such luggage?[4] Let't alone,
And do the murder first. If he awake,
From toe to crown he'll fill our skins with pinches,
Make us strange stuff.[5]

STEPHANO Be you quiet, monster. Mistress line, is not this my jerkin? Now is the jerkin under the line. Now, jerkin, you are like to lose your hair and prove a bald jerkin.[6]

TRINCULO Do, do! We steal by line and level,[7] an't like your grace.

STEPHANO I thank thee for that jest. Here's a garment for't. Wit shall not go unrewarded while I am king of this country. "Steal by line and level" is an excellent pass of pate.[8] There's another garment for't.

1. *O King...for thee :* allusion à une vieille ballade que Iago chante dans *Othello* (« King Stephen was a worthy peer », II, 3, 84).

2. *Frippery :* vieux habits. Vient du français friperie.

3. *Dropsy :* hydropisie, excès de fluides dans le corps. Terme utilisé comme image pour désigner une soif inextinguible.

4. *Luggage :* babioles inutiles.

5. *Strange stuff :* il nous donnera une allure encore plus étrange que ces vêtements (renvoie aux expressions *glistening apparel* et *luggage*).

6. *Mistress line... a bald jerkin :* jeu de mots difficilement traduisible sur *line,* qui signifie à la fois le tilleul et la ligne de l'équateur. Le pourpoint est suspendu au tilleul et se trouve donc sous l'arbre ; par ailleurs, en passant sous la ligne de l'équateur, les voyageurs pouvaient contracter des maladies (syphilis) dont le traitement (au mercure) entraînait la perte des cheveux. D'où l'idée que *under the line* le pourpoint perd son poil.

7. *By line and level :* poursuit le jeu de mots sur *line* pour dire qu'ils volent sur l'arbre *(line)* et dans les règles de l'art.

8. *Pass of pate :* trait d'esprit.

TRINCULO Monster, come put some lime[1] upon your fingers, and away with the rest.

CALIBAN

I will have none on't. We shall lose our time,
And all be turned to barnacles,[2] or to apes
With foreheads villainous low.

STEPHANO Monster, lay to your fingers. Help to bear this away where my hogshead of wine is, or I'll turn you out of my kingdom. Go to, carry this!

TRINCULO And this.

STEPHANO Ay, and this.

A noise of hunters heard. Enter divers Spirits in shape of dogs and hounds, hunting them about, Prospero and Ariel setting them on

PROSPERO Hey, Mountain, hey!

ARIEL Silver! There it goes, Silver!

PROSPERO Fury, Fury! There, Tyrant,[3] there! Hark, hark!

Caliban, Stephano, and Trinculo are driven out

Go, charge my goblins that they grind their joints
With dry convulsions,[4] shorten up their sinews
With aged cramps, and more pinch-spotted[5] make them
Than pard or cat o'mountain.[6]

ARIEL Hark, they roar!

PROSPERO

Let them be hunted soundly. At this hour
Lies at my mercy all mine enemies.
Shortly shall all my labours end, and thou
Shalt have the air at freedom. For a little
Follow, and do me service. *Exeunt*

1. *Lime :* glu, pour attraper les oiseaux.

2. *Barnacles :* la barnacle ou oie sauvage qui, dans la tradition populaire, naissait d'un petit crustacé (la bernache) vivant accroché aux mâts des bateaux.

3. *Mountain, Silver, Fury, Tyrant :* noms de chiens.

4. *Dry convulsions :* peut-être les convulsions ou les crampes causées par l'insuffisance d'humeur liquide dans certaines parties du corps.

5. *Pinch-spotted :* les bleus tachetant le corps.

6. *Pard or cat o'mountain :* le léopard et la panthère.

V.1

Enter Prospero, in his magic robes, and Ariel

PROSPERO
Now does my project gather to a head.[1]
My charms crack[2] not, my spirits obey, and time
Goes upright with his carriage.[3] How's the day?

ARIEL
On the sixth hour, at which time, my lord,
You said our work should cease.

PROSPERO
I did say so,
When first I raised the tempest. Say, my spirit,
How fares the King and's followers?

ARIEL
Confined together
In the same fashion as you gave in charge,
Just as you left them—all prisoners, sir,
In the line-grove which weather-fends[4] your cell.
They cannot budge till your release.[5] The King,
His brother, and yours, abide all three distracted,
And the remainder mourning over them,
Brimful of sorrow and dismay; but chiefly,
Him that you termed, sir, the good old lord Gonzalo,
His tears runs down his beard like winter's drops
From eaves of reeds.[6] Your charm so strongly works 'em
That if you now beheld them your affections[7]
Would become tender.

PROSPERO
Dost thou think so, spirit?

ARIEL
Mine would, sir, were I human.

PROSPERO
And mine shall.
Hast thou, which art but air, a touch, a feeling
Of their afflictions, and shall not myself,
One of their kind, that relish all as sharply

1. *Gather to a head :* atteignent la phase finale (image alchimique).
2. *Crack : fail* (peut-être en pensant à la cornue de l'alchimiste qui pouvait se briser à ce point).
3. *Goes... carriage :* il reste peu de choses à accomplir et le temps, allégé de son fardeau, se redresse dans sa marche.
4. *Weathers-fends :* protège des intempéries.
5. *Your release : you release them.*
6. *Drops... reeds :* comme la pluie qui coule sur un toit de chaume.
7. *Affections : feelings.*

Passion as they,[1] be kindlier moved than thou art?
Though with their high wrongs I am struck to th'quick
Yet with my nobler reason 'gainst my fury
Do I take part. The rarer action is
In virtue than in vengeance. They being penitent,
The sole drift of my purpose doth extend
Not a frown further. Go release them, Ariel.
My charms I'll break, their senses I'll restore,
And they shall be themselves.

ARIEL
I'll fetch them, sir. *Exit*

PROSPERO
Ye elves[2] of hills, brooks, standing lakes, and groves,
And ye that on the sands with printless foot
Do chase the ebbing Neptune, and do fly him
When he comes back; you demi-puppets[3] that
By moonshine do the green, sour ringlets[4] make,
Whereof the ewe not bites; and you whose pastime
Is to make midnight mushrumps,[5] that rejoice
To hear the solemn curfew,[6] by whose aid—
Weak masters[7] though ye be—I have bedimmed
The noontide sun, called forth the mutinous winds,
And 'twixt the green sea and the azured vault
Set roaring war; to the dread rattling thunder
Have I given fire, and rifted Jove's stout oak
With his own bolt; the strong-based promontory
Have I made shake, and by the spurs[8] plucked up
The pine and cedar; graves at my command
Have waked their sleepers, oped, and let 'em forth
By my so potent art. But this rough magic
I here abjure, and when I have required
Some heavenly music—which even now I do—

1. *That relish... as they : I who feel passion even as they do.*

2. *Ye elves :* ce passage, où Prospero dit adieu à la magie, suit de très près le discours de Médée au livre VII des *Métamorphoses* d'Ovide (vers 197-209).

3. *Demi-puppets :* fées à peu près de la taille de poupées ou de pantins.

4. *Ringlets :* ce sont les fameux *fairy rings* que la superstition populaire attribue aux rondes nocturnes des fées et qui sont dus aux racines des champignons.

5. *Midnight mushrumps :* champignons *(mushrooms)* qui sortent au cours de la nuit.

6. *Curfew :* cloche qui sonnait le soir à neuf heures et qui donnait autrefois le signal de l'extinction des feux. C'est alors (ou à minuit) que les esprits pouvaient vagabonder.

7. *Masters : ministers.* Esprits au service du magicien.

8. *Spurs : roots.*

To work mine end upon their senses that
This airy charm is for, I'll break my staff,
Bury it certain fathoms in the earth,
And deeper than did ever plummet sound
I'll drown my book.

Solemn music

Here enters Ariel before; then Alonso with a frantic gesture, attended by Gonzalo; Sebastian and Antonio in like manner, attended by Adrian and Francisco. They all enter the circle which Prospero had made, and there stand charmed; which Prospero observing, speaks

A solemn air, and the best comforter
To an unsettled fancy, cure thy brains,[1]
Now useless, boiled within thy skull. There stand,
For you are spell-stopped.
Holy Gonzalo, honourable man,
Mine eyes, ev'n sociable to the show of thine,
Fall[2] fellowly[3] drops. The charm dissolves apace.
And as the morning steals upon the night,
Melting the darkness, so their rising senses
Begin to chase the ignorant fumes that mantle
Their clearer reason. O good Gonzalo,
My true preserver, and a loyal sir
To him thou follow'st, I will pay thy graces
Home[4] both in word and deed. Most cruelly
Didst thou, Alonso, use me and my daughter.
Thy brother was a furtherer in the act.
Thou art pinched for't now, Sebastian. Flesh and blood,
You, brother mine, that entertained ambition,
Expelled remorse[5] and nature, whom, with Sebastian—
Whose inward pinches therefore are most strong—
Would here have killed your king, I do forgive thee,
Unnatural though thou art. Their understanding
Begins to swell, and the approaching tide

1. *A solemn air... brain :* forme de mélothérapie, technique consistant à utiliser la musique comme remède aux désordres mentaux et remontant à l'Antiquité classique (voir le mythe d'Orphée).

2. *Fall : let fall.*

3. *Fellowly : sympathetic.*

4. *I will pay... Home :* je te rendrai les faveurs que tu m'as faites.

5. *Remorse : pity.*

Will shortly fill the reasonable shore
That now lies foul and muddy.[1] Not one of them
That yet looks on me, or would know me. Ariel,
Fetch me the hat and rapier in my cell.
I will discase me,[2] and myself present
As I was sometime Milan.[3] Quickly, spirit!
Thou shalt ere long be free.
Ariel sings and helps to attire him

ARIEL

Where the bee sucks, there suck I,
In a cowslip's bell I lie;
There I couch when owls do cry.
On the bat's back I do fly
After summer merrily.
Merrily, merrily shall I live now,
Under the blossom that hangs on the bough.

PROSPERO

Why, that's my dainty Ariel! I shall miss thee,
But yet thou shalt have freedom—so, so, so.
To the King's ship, invisible as thou art!
There shalt thou find the mariners asleep
Under the hatches. The Master and the Boatswain
Being awake, enforce them to this place,
And presently, I prithee.

ARIEL

I drink the air[4] before me, and return
Or ere your pulse twice beat. *Exit*

GONZALO

All torment, trouble, wonder, and amazement
Inhabits here. Some heavenly power guide us
Out of this fearful country!

PROSPERO Behold, sir King,
The wronged Duke of Milan, Prospero.
For more assurance that a living prince
Does now speak to thee, I embrace thy body,

1. *Their understanding... foul and muddy :* l'image assimile le retour de leurs esprits *(reasonable shore)* au retour de la marée *(swell, tide, fill)*.
2. *Discase me :* retirer mon manteau de magicien.
3. *As I was sometime Milan :* comme jadis quand j'étais duc de Milan.
4. *I drink the air :* latinisme signifiant « dévorer la route », « aller à toute allure ».

And to thee and thy company I bid
A hearty welcome.
ALONSO Whe'er[1] thou beest he or no,
Or some enchanted trifle[2] to abuse[3] me,
As late I have been, I not know. Thy pulse
Beats as of flesh and blood; and, since I saw thee,
Th'affliction of my mind amends, with which
I fear a madness held me. This must crave—
An if this be at all—a most strange story.
Thy dukedom I resign, and do entreat
Thou pardon me my wrongs. But how should Prospero
Be living, and be here?
PROSPERO First, noble friend,
Let me embrace thine age, whose honour cannot
Be measured or confined.
GONZALO Whether this be
Or be not, I'll not swear.
PROSPERO You do yet taste
Some subtleties[4] o'th'isle, that will not let you
Believe things certain. Welcome, my friends all!
(aside to Sebastian and Antonio)
But you, my brace of lords, were I so minded,
I here could pluck[5] his highness' frown upon you,
And justify[6] you traitors. At this time
I will tell no tales.
SEBASTIAN *(aside)* The devil speaks in him.
PROSPERO No.[7]
For you, most wicked sir, whom to call brother
Would even infect my mouth, I do forgive
Thy rankest fault—all of them; and require
My dukedom of thee, which perforce, I know,
Thou must restore.

1. *Whe'er : whether.*
2. *Enchanted trifle :* apparition, tour de magie.
3. *To abuse : to deceive* (sens français de « m'abuser »).
4. *Subtleties :* jeux de mots sur les sens d'illusion, de mirage et de pièce montée, ou encore de friandise ornementale en forme de *pageant*, qui était servie à la fin d'un banquet (par association avec le verbe *taste*).
5. *Pluck : bring down.*
6. *Justify : prove.*
7. *No :* Prospero, grâce à sa magie, a probablement entendu ce que Sebastian disait en aparté.

ALONSO If thou beest Prospero,
Give us particulars of thy preservation;
How thou hast met us here, whom three hours since
Were wracked upon this shore; where I have lost—
How sharp the point of this remembrance is!—
My dear son Ferdinand.
PROSPERO I am woe[1] fort't, sir.
ALONSO
Irreparable is the loss, and patience
Says it is past her cure.
PROSPERO I rather think
You have not sought her help, of whose soft grace
For the like loss, I have her sovereign aid,
And rest myself content.
ALONSO You the like loss?
PROSPERO
As great to me, as late,[2] and supportable
To make the dear loss,[3] have I means such weaker
Than you may call to comfort you, for I
Have lost my daughter.
ALONSO A daughter?
O heavens, that they were living both in Naples,
The King and Queen there! That[4] they were, I wish
Myself were mudded in that oozy bed
Where my son lies. When did you lose your daughter?
PROSPERO
In this last tempest. I perceive these lords
At this encounter do so much admire[5]
That they devour their reason,[6] and scarce think
Their eyes do offices of truth, their words
Are natural breath. But, howsoe'er you have
Been justled from your senses, know for certain
That I am Prospero, and that very Duke

1. *Woe : sorry.*
2. *Late : recent.*
3. *Supportable... loss :* comprendre « To make the dear loss supportable ».
4. *That : provided that.*
5. *Admire : wonder.*
6. *Devour their reason :* ils en restent bouche bée (littéralement : ils en avalent leur raison d'étonnement).

Which was thrust forth of[1] Milan, who most strangely
Upon this shore, where you were wracked, was landed
To be the lord on't. No more yet of this,
For 'tis a chronicle of day by day,
Not a relation for a breakfast, nor
Befitting this first meeting. Welcome, sir.
This cell's my court. Here have I few attendants,
And subjects none abroad. Pray you, look in.
My dukedom since you have given me again,
I will requite you with as good a thing,
At least bring forth a wonder[2] to content ye
As much as me my dukedom.

Here Prospero discovers[3] Ferdinand and Miranda, playing at chess[4]

MIRANDA
Sweet lord, you play me false.[5]

FERDINAND
No, my dearest love,
I would not for the world.

MIRANDA
Yes, for a score of kingdoms you should wrangle,
And I would call it fair play.[6]

ALONSO
If this prove
A vision of the island, one dear son
Shall I twice lose.

SEBASTIAN
A most high miracle.

FERDINAND
Though the seas threaten, they are merciful.
I have cursed them without cause.

He comes forward, and kneels

ALONSO
Now all the blessings

1. *Of : from.*
2. *Wonder :* mot qui fait allusion à sa fille Miranda *(the wonder)* et qui annonce apparemment un dernier tour de magie.
3. *Discovers : reveals.* Prospero tire un rideau pour cette révélation ultime qui prend, aux yeux de personnages comme Alonso, Sebastian et Gonzalo, l'allure de l'un de ces tours dont ce faiseur d'illusions a le secret.
4. *Playing at chess :* le jeu d'échecs offre une image en miniature des ambitions territoriales ou dynastiques chez les courtisans de la pièce. Ce divertissement aristocratique était aussi alors fréquemment associé avec les jeux de l'amour.
5. *Play me false : you cheat.*
6. *Yes... fair play :* si vous trichiez alors que l'enjeu est de vingt royaumes, je dirais qu'il n'en est rien.

Of a glad father compass thee about!
Arise, and say how thou cam'st here.

MIRANDA O, wonder!
How many goodly creatures are there here!
How beauteous mankind[1] is! O brave new world,
That has such people in't!

PROSPERO 'Tis new to thee.

ALONSO
What is this maid with whom thou was at play?
Your eld'st[2] acquaintance cannot be three hours.
Is she the goddess that hath severed us,
And brought us thus together?

FERDINAND Sir, she is mortal;
But by immortal Providence, she's mine.
I chose her when I could not ask my father
For his advice, nor thought I had one. She
Is daughter to this famous Duke of Milan,
Of whom so often I have heard renown,
But never saw before; of whom I have
Received a second life; and second father
This lady makes him to me.

ALONSO I am hers.[3]
But, O, how oddly will it sound that I
Must ask my child forgiveness!

PROSPERO There, sir, stop.
Let us not burden our remembrances with
A heaviness[4] that's gone.

GONZALO I have inly wept,
Or should have spoke ere this. Look down, you gods,
And on this couple drop a blessèd crown!
For it is you that have chalked forth[5] the way
Which brought us hither.

ALONSO I say amen, Gonzalo.

1. *Mankind :* c'est-à-dire les hommes autant que l'humanité en général, dans la mesure où, en dehors de Miranda elle-même, il n'y a aucune femme présente.

2. *Eld'st : oldest.*

3. *Hers : second father.*

4. *Heaviness : grief.*

5. *Chalked forth :* littéralement : qui avez tracé à la craie le chemin qui nous a mené ici.

GONZALO

Was Milan thrust from Milan that his issue
Should become kings of Naples? O, rejoice
Beyond a common joy, and set it down
With gold on lasting pillars. In one voyage
Did Claribel her husband find at Tunis,
And Ferdinand her brother found a wife
Where he himself was lost; Prospero his dukedom
In a poor isle, and all of us ourselves
When no man was his own.[1]

ALONSO *(to Ferdinand and Miranda)*

Give me your hands.
Let grief and sorrow still[2] embrace his heart
That doth not wish you joy.

GONZALO Be it so! Amen.

Enter Ariel, with the Master and Boatswain amazedly following

O look sir, look sir, here is more of us!
I prophesied, if a gallows were on land,
This fellow could not drown. Now, blasphemy,[3]
That swear'st grace o'erboard,[4] not an oath on shore?
Hast thou no mouth by land? What is the news?

BOATSWAIN

The best news is that we have safely found
Our King and company; the next, our ship—
Which, but three glasses since,[5] we gave out split—
Is tight and yare[6] and bravely rigged, as when
We first put out to sea.

ARIEL *(aside to Prospero)* Sir, all this service
Have I done since I went.

PROSPERO *(aside to Ariel)* My tricksy[7] spirit!

ALONSO

These are not natural events. They strengthen

1. *When... his own* : quand tous avaient perdu leurs esprits. On voit que le vieux Gonzalo est un incorrigible optimiste, car ni Sebastian ni Antonio ne sont véritablement revenus à la raison par le repentir.
2. *Still : always.*
3. *Blasphemy : blasphemer.*
4. *Swear'st... o'erboard :* qui éloigne la grâce divine du bateau à cause de tes jurons.
5. *Three glasses since : three hours ago.*
6. *Yare : shipshape.*
7. *Tricksy :* à la fois enjoué et ingénieux.

From strange to stranger. Say, how came you hither?

BOATSWAIN

If I did think, sir, I were well awake,
I'd strive to tell you. We were dead of sleep[1]
And—how we know not—all clapped under hatches,
Where, but even now, with strange and several[2] noises
Of roaring, shrieking, howling, jingling chains,
And more diversity of sounds, all horrible,
We were awaked; straightway at liberty;
Where we, in all our trim,[3] freshly beheld
Our royal, good, and gallant ship, our Master
Cap'ring[4] to eye her. On a trice, so please you,
Even in a dream, were we divided from them,
And were brought moping[5] hither.

ARIEL *(aside to Prospero)* Was't well done?

PROSPERO *(aside to Ariel)*

Bravely, my diligence.[6] Thou shalt be free.

ALONSO

This is as strange a maze as e'er men trod,
And there is in this business more than nature
Was ever conduct[7] of. Some oracle
Must rectify our knowledge.

PROSPERO Sir, my liege,

Do not infest[8] your mind with beating[9] on
The strangeness of this business. At picked leisure,[10]
Which shall be shortly, single I'll resolve you,
Which to you shall seem probable, of every
These happened accidents. Till when, be cheerful,
And think of each thing well.[11] *(aside to Ariel)* Come hither, spirit.
Set Caliban and his companions free.

1. *Of sleep : asleep.*
2. *Several : diverse.*
3. *Trim :* nos habits intacts.
4. *Cap'ring :* dansant de joie.
5. *Moping : amazed, bewildered.*
6. *My diligence : my diligent one.*
7. *Conduct : director.*
8. *Infest : trouble.*
9. *Beating : insisting.*
10. *Picked leisure :* lorsque nous prendrons un peu de répit.
11. *Well : favourably.*

Untie the spell. *Exit Ariel*
How fares my gracious sir?
There are yet missing of your company
Some few odd lads that you remember not.

Enter Ariel, driving in Caliban, Stephano, and Trinculo in their stolen apparel

STEPHANO Every man shift for all the rest, and let no man take care for himself, for all is but fortune. Coragio,[1] bully[2]-monster, coragio!

TRINCULO If these be true spies[3] which I wear in my head, here's a goodly sight!

CALIBAN
O Setebos, these be brave spirits indeed!
How fine my master is! I am afraid
He will chastise me.

SEBASTIAN Ha, ha!
What things are these, my lord Antonio?
Will money buy 'em?

ANTONIO Very like. One of them
Is a plain fish, and no doubt marketable.

PROSPERO
Mark but the badges[4] of these men, my lords,
Then say if they be true.[5] This misshapen knave,
His mother was a witch, and one so strong
That could control the moon, make flows and ebbs,
And deal in her command without[6] her power.[7]
These three have robbed me, and this demi-devil—
For he's a bastard[8] one—had plotted with them
To take my life. Two of these fellows you
Must know and own.[9] This thing of darkness I
Acknowledge mine.

1. *Coragio :* courage.
2. *Bully :* terme familier impliquant une admiration affectueuse ou amicale (voir l'expression *bully Bottom* dans *A Midsummer Night's Dream*).
3. *True spies :* si je peux me fier à ces observateurs (mes yeux).
4. *Badges :* blason du seigneur que ses serviteurs arboraient en signe d'allégeance.
5. *If they be true : if they are honest men.*
6. *Without : beyond the reach of.*
7. *That could... power :* comme Médée, Sycorax a le pouvoir de contrôler la lune et les marées qui en dépendent.
8. *Demi-devil... bastard :* Caliban est le fruit bâtard de l'union d'une sorcière et du diable.
9. *Own : acknowledge.*

CALIBAN I shall be pinched to death.

ALONSO

Is not this Stephano, my drunken butler?

SEBASTIAN

He is drunk now. Where had he wine?

ALONSO

And Trinculo is reeling ripe.[1] Where should they
Finds this grand liquor that hath gilded 'em?[2]
How cam'st thou in this pickle?

TRINCULO I have been in such a pickle[3] since I saw you last that I fear me will never out of my bones. I shall not fear fly-blowing.

SEBASTIAN Why, how now, Stephano?

STEPHANO O, touch me not! I am not Stephano, but a cramp!

PROSPERO You'd be king o'th'isle, sirrah?

STEPHANO I should have been a sore[4] one, then.

ALONSO

This is a strange thing as e'er I looked on.

PROSPERO

He is as disproportioned in his manners
As in his shape.—Go, sirrah, to my cell.
Take with you your companions. As you look
To have my pardon, trim it handsomely.

CALIBAN

Ay, that I will; and I'll be wise hereafter,
And seek for grace.[5] What a thrice double ass
Was I to take this drunkard for a god,
And worship this dull fool!

PROSPERO Go to. Away!

ALONSO

Hence, and bestow your luggage where you found it.

SEBASTIAN

Or stole it, rather.

1. *Reeling ripe :* il ne tient pas debout (tellement il est soûl).

2. *Grand liquor... 'em :* Alonso fait allusion au vin qui les a rendus si rubiconds et il le décrit en même temps de façon ironique comme l'élixir servant aux alchimistes à faire de l'or *(gilded)*.

3. *Pickle :* le mot joue sur ses sens de situation difficile et de légume conservé dans l'alcool, car Trinculo est lui-même si imprégné d'alcool qu'il détourne les mouches *(fly-blowing)*.

4. *Sore : sorry.*

5. *Grace : forgiveness.*

Exeunt Caliban, Stephano, and Trinculo

PROSPERO

Sir, I invite your highness and your train
To my poor cell, where you shall take your rest
For this one night; which, part of it, I'll waste[1]
With such discourse as, I not doubt, shall make it
Go quick away—the story of my life,
And the particular accidents[2] gone by
Since I came to this isle. And in the morn,
I'll bring you to your ship, and so to Naples,
Where I have hope to see the nuptial
Of these our dear-beloved solemnized;
And thence retire me to my Milan, where
Every third thought shall be my grave.

ALONSO I long
To hear the story of your life, which must
Take[3] the ear strangely.

PROSPERO I'll deliver[4] all,
And promise you calm seas, auspicious gales,
And sail so expeditious, that shall catch
Your royal fleet far off.—My Ariel, chick,[5]
That is thy charge. Then to the elements
Be free, and fare thou well.—Please you, drawn near.

Exeunt

EPILOGUE

Spoken by Prospero

Now my charms are all o'erthrown,
And what strength I have's mine own,
Which is most faint. Now 'tis true
I must be here confined by you,
Or sent to Naples. Let me not,
Since I have my dukedom got
And pardoned the deceiver, dwell

1. *Waste : pass.*
2. *Accidents : incidents.*
3. *Take : captivate.*
4. *Deliver : relate.*
5. *Chick :* terme d'affection qui assimile Ariel à un oiseau.

In this bare island by your spell;
But release me from my bands[1]
With the help of your good hands.[2]
Gentle breath[3] of yours my sails
Must fill, or else my project fails,
Which was to please. Now I want
Spirits to enforce,[4] art to enchant;
And my ending is despair,
Unless I be relieved by prayer,
Which pierces[5] so, that it assaults[6]
Mercy itself, and frees[7] all faults.
As you from crimes would pardoned be,
Let your indulgence set me free. *Exit*

1. *Bands : bonds.*
2. *Your good hands :* c'est-à-dire vos applaudissements.
3. *Gentle breath :* vos louanges.
4. *Enforce : control.*
5. *Pierces :* idée que la prière touche en profondeur.
6. *Assaults :* voir le proverbe « prayers... break open heaven's gate ».
7. *Frees : frees from.*

Le XVIIe siècle

La première moitié du XVIIe siècle correspond au règne des deux premiers souverains Stuarts qui commence en 1603, lorsque Jacques VI d'Ecosse succède à Elisabeth pour devenir Jacques Ier d'Angleterre ; au-delà, elle englobe la période de l'interrègne de la Guerre civile et du Commonwealth qui s'achève après la mort de Cromwell (1658) et avec la restauration monarchique de Charles II en 1660. Aux dissensions sociales et religieuses apparues dès le règne d'Elisabeth s'ajoute, à partir de 1625, sous Charles Ier, un conflit entre une monarchie qui tend vers l'absolutisme et un parlement jaloux de ses droits. En 1642, le conflit devient une guerre ouverte et, après la défaite de ses partisans, le roi est arrêté, jugé et exécuté en 1649. C'est le triomphe des puritains qui avaient farouchement combattu l'Eglise épiscopale et qui, comme les fameux *Pilgrim Fathers*, préférèrent en 1620 l'exil dans le désert du Massachusetts à la persécution en Angleterre.

Du point de vue littéraire, les divisions sont moins tranchées si l'on s'avise que Donne commence à écrire en 1592 alors que Spenser est loin d'avoir fini son œuvre et que la moitié de la carrière de Shakespeare est située dans la période jacobéenne. En un sens, l'opposition entre le XVIe et le XVIIe siècle est moins nette que celle qui sépare les catégories plus larges que sont la Renaissance, la Restauration et le XVIIIe siècle. Néanmoins les différences entre la génération de Sidney, de Spenser et de

Marlowe d'un côté et de Marvell, Milton et Webster de l'autre sont bien réelles. Le fait est que cette première moitié du XVIIe siècle est essentiellement une période de transition.

Malgré certains doutes qui s'expriment chez John Donne (« And freely men confesse, that this world's spent [...] / 'Tis all in pieces, all coherence gone » dans *The Anatomy of the World*, 1612), l'univers mental des Jacobéens et des Caroléens reste celui de l'*Elizabethan World Picture*, à savoir un monde géocentrique dominé par une vision hiérarchique et une pensée analogique qui rend possible la fantaisie des *conceits* des poètes Métaphysiques*. Cette vision relativement statique des choses conduit à un scepticisme général, au désenchantement et à la mélancolie, nouveau mal du siècle dont Robert Burton passera sa vie à analyser les différentes manifestations dans *The Anatomy of Melancholy* (1621).

Sur le plan du style, poètes comme prosateurs tendent à s'éloigner de la rhétorique de Cicéron, dominée par l'abondance (la *copia verborum*) et l'élaboration formelle (parallélisme ou contrastes nettement marqués) au profit d'une écriture plus dense et plus directe inspirée de la manière de Sénèque ou de Tacite qui favorisent le trait et l'épigramme.

L'une des caractéristiques de cette époque est le développement de la prose avec, par exemple, les *Essays* de Bacon qui illustrent cette tendance à l'aphorisme et à la concision, et qui se retrouve chez les auteurs de « caractères » s'inspirant de Théophraste (Sir Thomas Overbury ou John Earle). Ces œuvres témoignent d'un intérêt nouveau pour le réalisme, la satire, ainsi que pour les humeurs qui constituent le tempérament humain. Des psychologues comme Burton ou Sir Thomas Browne s'intéressent à la personnalité humaine, qu'ils explorent à partir de la philosophie des humeurs, ainsi qu'aux différentes superstitions et croyances qu'ils décrivent empiriquement pour essayer de démêler la part de vérité et d'erreur qu'elles contiennent. Le public est désormais plus large qu'à l'époque élisabéthaine où, en dehors du théâtre qui gardait un caractère populaire, les écrivains travaillaient alors surtout pour l'aristocratie et la Cour. Les femmes font sentir leur présence, la science prend de l'importance et cette curiosité générale, cet appétit de connaissances se traduisent par un certain éclectisme qui marque ces écrits en prose. Le sermon, genre qui combine l'esprit *(wit)* et l'éloquence, devient l'une des formes les plus populaires de la prose et John Donne et Lancelot Andrewes y excellent. Par ailleurs, la guerre civile verra fleurir les pamphlets politiques et religieux et marquera les débuts du journalisme en Angleterre.

La poésie du XVIIe siècle introduit un renouvellement considérable par rapport à la poésie élisabéthaine qui restait marquée par le lyrisme, la grâce, la musicalité. Donne introduira la vigueur du style parlé et surtout une fusion du registre passionnel et de l'argumentation logique ou dialectique qui a donné naissance à la poésie « Métaphysique »*. On assiste au XVIIe siècle à un développement de la pensée religieuse dont Donne fournit l'exemple avec ses *Holy Sonnets*. Les poètes catholiques comme Richard Crashaw subissent l'influence du baroque italien et espagnol tandis que les protestants, comme George Herbert, s'inspirent du poète huguenot français Du Bartas, dont *La Semaine* avait été traduite en anglais par Sylvester (1605). L'autre grand courant poétique est alors celui représenté par Ben Jonson, dont les poèmes marquent une sûreté de mouvement et une régularité qui ne sont pas dénuées d'énergie ni de clarté et qui aboutit à un certain classicisme. Tout en rejetant la fluidité spensérienne, Jonson évite le rythme brisé, la théâtralité et les obscurités du *conceit** métaphysique. Il sera suivi par un grand nombre de disciples appelés *the sons of Ben*, les futurs poètes Cavaliers* comme Carew, Suckling, Lovelace ou Herrick, qui mettront l'accent sur la concision, le raffinement de la forme plus que sur l'originalité de l'inspiration. Andrew Marvell, dont l'œuvre mêle la légèreté et le sérieux, allie le goût de Donne pour la surprise et le paradoxe à la grâce civilisée d'un Jonson et associe la galanterie des Cavaliers à la gravité délicate de certains Métaphysiques, se situe probablement à la croisée des chemins. John Milton, quant à lui, suivra un parcours plus personnel : parti d'un modèle spensérien dans ses premiers poèmes, il adoptera successivement les conventions du « Masque »* et de l'élégie pastorale avant de donner toute la mesure de son génie épique et visionnaire dans la dernière partie de sa carrière avec *Paradise Lost* (1667).

Pour ce qui est du théâtre, les successeurs de Shakespeare, Webster, Tourneur, Middleton, Ford, Shirley, reprennent en les exacerbant les grands thèmes de la tragédie élisabéthaine. C'est un monde assez sombre et oppressant où dominent la tyrannie, la folie ainsi que les vengeances les plus macabres et où l'amour est souvent mâtiné de perversion ou d'inceste. L'énergie conquérante et l'optimisme des années 1580-1590, qui exprimait la confiance en l'homme et la volonté du héros de se dépasser, ont fait désormais place à un certain vide spirituel, à l'angoisse, qui pousse à s'en tenir au témoignage des sens, et au monde de l'expérience pratique. Le spectacle du crime et de la souffrance atteint des sommets dans le raffinement et dans l'horreur chez Cyril Tourneur, mais il reste finalement dénué de sens profond ou ultime. Il émane de ces drames un sentiment d'échec et de corruption généralisée, accentué par un contexte qui est principalement celui de l'Italie de la Renaissance, avec ses cardinaux et ses princes débauchés et pervers, où l'humanité se trouve souvent bafouée par une atmosphère de cynisme et de passions sans merci. Ce climat délétère s'exprime à travers des images recherchées et des formulations où alternent proverbes et paradoxes. Le goût de la formule, la recherche de l'effet, de l'inédit ou du spectaculaire l'emportent souvent sur les nécessités de l'action ou du développement de l'intrigue. Mais, comme l'ont montré nombre de mises en scène modernes, ces pièces, malgré leurs outrances, ne sont cependant pas de simples curiosités littéraires et elles restent éminemment jouables, qu'il s'agisse de *The Revenger's Tragedy* (1607) de Tourneur ou de *The Changeling* (1623) de Middleton et Rowley. N'oublions pas qu'elles furent écrites par des professionnels du théâtre. Mais leur obscurité et leur caractère morbide finirent par choquer le goût des critiques et du public et elles sombrèrent dans l'oubli avant d'être redécouvertes par T. S. Eliot (comme la poésie métaphysique* d'ailleurs, avec laquelle elles ne sont pas sans présenter certaines affinités) dans les essais critiques qu'il publia au cours des années 1920. A côté de ces œuvres sombres, on trouve aussi des tragi-comédies écrites en collaboration par Francis Beaumont et John Fletcher, des pastorales et de nombreuses comédies. La période caroléenne (1625-1642), si elle voit toujours la création de grandes tragédies, sous la plume de John Ford et de Shirley en particulier, est cependant marquée par l'importance prise par les divertissements populaires, comme la comédie, ainsi que par les « Masques »* de Cour. Après 1642, le théâtre allait connaître une interruption de près de vingt années, avant de pouvoir renaître à la Restauration grâce à l'action de William Davenant qui fait le lien entre les deux époques. On joua alors les pièces de l'ancien répertoire et il fallut attendre quelques années avant qu'un nouveau théâtre, marqué par la comédie de mœurs à la française et un esprit très libre, voire licencieux, ne voie le jour.

BIBLIOGRAPHIE SÉLECTIVE. — Basil Willey, *The Seventeenth Century Background*, Londres, 1934, rééd. Harmondsworth, 1962 ; A. O. Lovejoy, *The Great Chain of Being : A Study of the History of an Idea*, Cambridge, Mass., 1936, rééd. 1964 ; L. C. Knights, *Drama and Society in the Age of Jonson*, Londres, 1937, rééd. Harmondsworth, 1962 ; Christopher Hill, *Society and Puritanism in Pre-Revolutionary England*, Londres, 1964 ; Frances Yates, *The Art of Memory*, Londres, 1966.

Douglas Bush, *English Literature in the Earlier Seventeenth Century 1600-1660*, Oxford, 1945, rééd. 1962 ; Boris Ford ed., *From Donne to Marvell, The Pelican Guide to English Literature*, vol. 3, Harmondsworth, 1956, rééd. 1966 ; Jean-François Camé, *Myth and Poetry in Seventeenth Century England*, Montpellier, 1989.

Rosemond Tuve, *Essays in Spenser, Herbert, Milton*, Princeton, 1970 ; Gerald Hammond ed., *The Metaphysical Poets*, Londres, 1974 ; Una Ellis-Fermor, *The Jacobean Drama*, Londres, 1936, rééd. 1973 ; G. E. Bentley, *The Jacobean and Caroline Stages*, vol. 3-5, Oxford, 1956 ; T. McAlindon, *English Renaissance Tragedy*, Londres, 1986 ; Christopher Ricks ed., *English Drama to 1710, Sphere History of Literature*, Londres, 1971, rééd. 1987 ; Peter Ure, *Seventeenth Century Prose*, Londres, 1956 ; F. P. Wilson, *Seventeenth Century Prose*, Los Angeles, 1960.

JOHN WEBSTER (1580 ?-1625)

Dramaturge de l'époque jacobéenne, c'est-à-dire de la période qui correspond au règne de Jacques Ier (1603-1625), il est l'auteur de tragédies dominées par une poésie fulgurante et intense et des personnages dominés par la mélancolie la plus sombre. Ainsi, dans *The Duchess of Malfi*, Daniel de Bosola, soldat de métier confiné dans des tâches subalternes d'espionnage domestique (il surveille les mouvements de la duchesse pour le compte du frère de celle-ci, Ferdinand, duc de Calabre, qui en est secrètement amoureux), laisse-t-il éclater son ressentiment ainsi que les turpitudes de son âme mercenaire dans des monologues chargés d'images, de phrases gnomiques et teintés d'un humour sardonique.

Comme dans *The White Devil*, Webster situe sa tragédie dans une Italie corrompue et raffinée, où princes et cardinaux sont des êtres débauchés et pervers à l'imagination malade. Cette terre du crime et de tous les vices correspond aux stéréotypes alors propagés au sujet de l'Italie du XVIe siècle, pays des papistes et des zélateurs de Nicolas Machiavel, telle qu'elle apparaissait dans l'imaginaire des élisabéthains marqués par la Réforme. Les passions y sont exacerbées et violentes, les supplices particulièrement macabres (Ferdinand, pour punir sa sœur d'avoir enfreint son commandement de ne pas se remarier, la fera jeter en prison au milieu d'une horde de fous déchaînés et lui présentera une main de cire en la faisant passer pour celle de son mari), la fin inévitablement sanglante.

BIBLIOGRAPHIE SÉLECTIVE. — Clifford Leech, *John Webster, A Critical Study*, Londres, 1951.

The Duchess of Malfi (1612)

Enter BOSOLA.[1]

BOS. Hah? 'twas the cardinal's voice: I heard him name
Bosola, and my death: listen, I hear one's footing.

Enter FERDINAND.

FERD. Strangling is a very quiet death.
BOS. [*Aside*] Nay then, I see I must stand upon my guard.
FERD. What say' to that? whisper, softly: do you agree to't?
So it must be done i'th' dark: the cardinal
Would not for a thousand pounds the doctor should see it.
Exit.
BOS. My death is plotted; here's the consequence of murder:
We value not desert, nor Christian breath,
When we know black deeds must be cur'd with death.

1. Cet extrait se situe à la fin, à l'avant-dernière scène de la pièce. La duchesse, jeune veuve qui avait enfreint l'interdiction signifiée par son frère Ferdinand, duc de Calabre, de ne pas se remarier meurt étranglée dans sa prison à la fin de l'acte IV. Son maître palefrenier, Daniel de Bosola, homme aigri qui espionne et exécute les basses besognes pour le compte du cardinal, le frère de Ferdinand, est ici victime d'une méprise tragique qui l'amène à tuer par erreur celui que la duchesse avait épousé en secret et dont elle avait eu des enfants, Antonio Bologna son intendant. Juste avant l'entrée en scène de Bosola, le cardinal vient, dans un aparté, de décréter la mort de ce dernier qui commence à devenir encombrant.

Enter ANTONIO *and* Servant.

SERV. Here stay sir, and be confident, I pray:
I'll fetch you a dark lantern.[1] *Exit.*
ANT. Could I take him at his prayers,
There were hope of pardon.
BOS. Fall right my sword! [*Stabs him.*]
I'll not give thee so much leisure as to pray.
ANT. O, I am gone! Thou hast ended a long suit
In a minute.
BOS. What art thou?
ANT. A most wretched thing,
That only have thy benefit[2] in death,
To appear myself.[3]

[*Enter* Servant *with a light.*]

SERV. Where are you, sir?
ANT. Very near my home:—Bosola!
SERV. O, misfortune!
BOS. Smother thy pity, thou art dead else:—Antonio!
The man I would have sav'd 'bove mine own life!
We are merely the stars' tennis-balls, struck and banded[4]
Which way please them—O good Antonio,
I'll whisper one thing in thy dying ear
Shall make thy heart break quickly: Thy fair duchess
And two sweet children—
ANT. Their very names
Kindle a little life in me.
BOS. Are murder'd!
ANT. Some men have wish'd to die
At the hearing of sad tidings: I am glad
That I shall do't in sadness;[5] I would not now
Wish my wounds balm'd, nor heal'd, for I have no use
To put my life to. In all our quest of greatness,
Like wanton boys whose pastime is their care,
We follow after bubbles, blown in th' air.
Pleasure of life, what is't? only the good hours

1. *A dark lantern :* lanterne dotée d'un dispositif destiné à empêcher le rayonnement de sa lumière.
2. *Benefit : favour.*
3. *To appear myself :* pour apparaître sous mon vrai jour.
4. *Banded : bandied.*
5. *In sadness : in earnest.*

Of an ague; merely a preparative to rest,
To endure vexation:—I do not ask
The process of my death; only commend me
To Delio.

BOS. Break heart!—

ANT. And let my son fly the courts of princes.
[*Dies.*]

BOS. Thou seem'st to have lov'd Antonio?

SERV. I brought him hither,
To have reconcil'd him to the cardinal.

BOS. I do not ask thee that:—
Take him up, if thou tender thine own life,
And bear him, where the Lady Julia
Was wont to lodge.—O, my fate moves swift!
I have this cardinal in the forge already,
Now I'll bring him to th' hammer:—O direful misprision!
I will not imitate things glorious,
No more than base: I'll be mine own example.
On, on: and look thou represent, for silence,
The thing thou bear'st. *Exeunt.*

(Act V, scene iv, ll. 32-84)

BEN JONSON (1572-1637)

La vie de Benjamin Jonson semble avoir été aussi remplie que son œuvre est ample et diverse. Né à titre posthume d'un père pasteur, il est adopté dans sa petite enfance par un artisan maçon. Avant d'être lui-même formé à ce métier, il est envoyé à l'école de Westminster, grâce à l'aide d'un donateur anonyme. Il y reçoit une excellente formation, et bénéficie de l'enseignement de William Camden, érudit et grand connaisseur des auteurs de l'Antiquité gréco-latine. Jonson le considérera toujours comme son maître et lui dédiera un poème pour lui exprimer sa reconnaissance. En 1589, il doit quitter l'école pour devenir apprenti maçon, mais il échappe à ce métier qu'il déteste en partant comme soldat pour la guerre de Flandre. De retour en Angleterre, il s'intéresse au théâtre d'abord comme acteur puis en tant qu'auteur.

Ses premières pièces sont des comédies, *Every Man in His Humour* et *Every Man Out of His Humour*, écrites et jouées en 1598 et 1599. C'est à cette occasion qu'il élabore son système de la comédie des humeurs*, selon lequel chaque personnage illustre la prédominance d'une humeur particulière, c'est-à-dire d'un type de bêtise, de folie ou d'excentricité qui fait de lui une victime potentielle de la satire. Jonson s'essaie ensuite à la tragédie avec *Sejanus* (1603) et un peu plus tard avec *Catiline* (1611), mais c'est avec la comédie qu'il triomphe et ses pièces les plus célèbres restent *Volpone* (1606), *Epicoene or The Silent Woman* (1609), *The Alchemist* et *Bartholomew Fair* (1614). Il écrira en tout dix-neuf pièces. Certaines, auxquelles il ne fit d'ailleurs que collaborer, telles *The Isle of Dogs* (1597) et *Eastward Hoe* (1604), lui valurent d'aller en prison, la première parce qu'elle avait offensé les autorités par son aspect séditieux et la seconde parce qu'elle riait des Ecossais et pouvait offenser le roi Jacques Ier qui était aussi Jacques VI d'Ecosse.

Jonson était également poète et il est l'auteur de pièces de circonstances (élégies ou épitaphes), d'épigrammes à l'antique dans la veine de Juvénal et de Martial, de chansons et de poèmes qui célèbrent ce qui était pour lui l'image de la vie heureuse et dont le plus bel exemple est « To Penshurst ». Malgré des démêlés avec le pouvoir au moment de la Conspiration des Poudres (il s'était converti au catholicisme qu'il abjurera, d'ailleurs, en 1610), il devint bientôt un poète apprécié de la Cour. A partir de 1612, il prépare une édition de ses œuvres qui seront rassemblées dans l'in-folio qui paraît en 1616. Pour choquante que cette initiative ait pu alors paraître à certains (jusque-là les œuvres dramatiques n'étaient pas considérées comme une forme de littérature noble), elle servit de précédent utile en donnant à Heminge et Condell l'idée de constituer un semblable in-folio rassemblant les pièces de Shakespeare. C'est aussi en 1616, année décidément faste pour le poète, que le roi lui attribua une pension de £100 qui revenait à faire de lui un Poète lauréat.

Il est vrai que Jonson avait bien mérité de la Cour car, depuis 1605 avec *The Masque of Blackness*, il travaillait en collaboration avec l'architecte Inigo Jones à la réalisation de « Masques »* destinés à la divertir. Jonson écrira ainsi le texte de vingt-huit d'entre eux jusqu'à sa brouille avec Inigo Jones, en 1631, au sujet de la place qu'il convenait d'accorder au poète et à l'architecte, responsables respectivement de l'âme et du corps (c'est-à-dire de la poésie d'un côté, des machines et du décor de l'autre) du « Masque ». C'est dans *The Masque of Queenes* (1609) que Jonson introduit la notion d'antimasque, qu'il définit comme un contraste ou repoussoir composé de personnages difformes, laids ou bizarres — sorcières, pygmées, satyres, alchimistes — destiné à créer un effet de surprise, de comédie grotesque, de frayeur ou encore une note macabre. Notons aussi le « Masque » intitulé *Pleasure Reconciled to Virtue* (1618), spectacle à dominante néo-platonicienne et utilisant d'ingénieux dispositifs scéniques, qui influencera le *Comus* de Milton.

A partir de 1613, Jonson exerce une influence notable dans le milieu littéraire londonien auprès des beaux esprits *(wits)* qui se réunissaient à la taverne de la Sirène. Plus tard, un certain nombre de jeunes gens du nom de Thomas Carew, John Suckling ou Robert Herrick, les futurs poètes « Cavaliers »*, se réclameront de lui.

Sous Charles Ier, à partir de 1625, Jonson verra son prestige s'amoindrir et, en 1628, après une attaque qui le laissera à demi paralysé, c'est sa santé de colosse qui sera fortement diminuée. Ses dernières pièces, *The Staple of News* (1626), *The New Inn* (1629), *A Tale of A Tub* (1633) furent loin de remporter le succès de ses comédies précédentes. Il meurt le 6 août 1637 et est enterré à l'abbaye de Westminster, non loin de Chaucer et de Spenser.

BIBLIOGRAPHIE SÉLECTIVE. — Marie-Thérèse Jones-Davies, *Ben Jonson*, Paris, 1980 ; Anne Barton, *Ben Jonson, Dramatist*, Cambridge, 1984.

Epicoene, or The Silent Woman (1609)

TRUEWIT Marry,[1] your friends do wonder, sir, the Thames being so near, wherein you may drown so handsomely; or London Bridge at a low fall[2] with a fine leap, to hurry you down the stream; or such a delicate steeple i' the town as Bow,[3] to vault from; or a braver height as Paul's; or if you affected to do it nearer home and a shorter way, an excellent garret window into the street; or a beam in the said garret, with this halter *(he shows him a halter)*, which they have sent, and desire that you would sooner commit your grave head to this knot than to the wedlock noose; or take a little sublimate[4] and go out of the world like a rat, or a fly, as one said, with a straw i' your arse:[5] any way rather than to follow this goblin matrimony. Alas, sir, do you ever think to find a chaste wife in these times? Now? When there are so many masques, plays, Puritan preachings, mad folks,[6] and other strange sights to be seen daily, private and public? If you had lived in King Etheldred's[7] time, sir, or Edward the Confessor's, you might perhaps have found in some cold country hamlet, then, a dull frosty wench would[8] have been contented with one man; now, they will as soon be pleased with one leg or one eye. I'll tell you, sir, the monstrous hazards you shall run with a wife.

MOROSE Good sir! Have I ever cozened any friends of yours of their land? bought their possessions? taken forfeit of their

1. Le vieux Morose, célibataire endurci et ennemi juré du bruit, a décidé de se marier et donc de déshériter son neveu Sir Dauphine Eugenie. Mais il ne le fera que s'il réussit à trouver une femme silencieuse. Son ami Truewit va s'ingénier à empêcher ce mariage par tous les moyens. L'expression *marry* est un jeu de mots sur l'interjection signifiant la surprise (« diantre » ou « par ma foi ») et sur le verbe *to marry*.

2. *At a low fall : at a low ebb-tide.* Les effets de la marée se font en effet sentir jusque dans la capitale et les courants occasionnaient des mouvements d'eau assez forts autour des piles du pont de Londres.

3. *Bow :* église de St Mary-le-Bow à Cheapside (quartier de Londres).

4. *Sublimate :* sublimé de mercure utilisé comme mort-aux rats.

5. *Fly... arse :* dans le jeu consistant à organiser des combats de mouches et d'araignées, on mettait une paille dans le derrière de la mouche.

6. *Mad folks :* c'était une autre distraction courante à cette époque que d'aller voir les fous à l'hôpital de Bedlam.

7. *Ethelred :* Ethelred II (978-1016), dit l'irrésolu *(the Unready)*, père d'Edouard le Confesseur (1042-1066).

8. *Would : who would.*

mortgage? begged a reversion[1] from[2] 'em? bastarded[3] their issue? What have I done that may deserve this?

TRUEWIT Nothing, sir, that I know, but your itch of marriage.

MOROSE Why, if I had made an assassinate[4] upon your father, vitiated[5] your mother, ravished your sisters—

TRUEWIT I would kill you, sir, I would kill you if you had.

MOROSE Why, you do more in this, sir. It were a vengeance centuple for all facinorous[6] acts that could be named, to do that you do—

TRUEWIT Alas, sir, I am but a messenger: I but tell you what you must hear. It seems your friends are careful after your soul's health, sir, and would have you know the danger—but you may do your pleasure for all them; I persuade not, sir. If after you are married your wife do run away with a vaulter,[7] or the Frenchman that walks upon ropes,[8] or him that dances the jig, or a fencer for his skill at his weapon, why, it is not their fault; they have discharged[9] their consciences when you know what may happen. Nay, suffer valiantly, sir, for I must tell you all the perils that you are obnoxious[10] to. If she be fair, young, and vegetous,[11] no sweetmeats ever drew more flies; all the yellow doublets and great roses[12] i' the town will be there. If foul and crooked, she'll be with them and buy[13] those doublets and roses, sir. If rich and that you marry her dowry, not her, she'll reign in your house as imperious as a widow. If noble, all her kindred will be your tyrans.[14] If fruitful, as proud[15] as

1. *Reversion :* droit de succession à une charge.
2. *From : away from.*
3. *Bastarded :* rendu illégitime.
4. *Assassinate :* assassinat.
5. *Vitiated :* corrompu.
6. *Facinorous :* infâme.
7. *Vaulter... jig... weapon :* série d'images à forts sous-entendus d'ordre sexuel.
8. *Ropes :* l'agilité des acrobates français sur la corde raide est souvent mentionnée à cette époque.
9. *Discharged : relieved.*
10. *Obnoxious :* périls auxquels vous êtes sujet.
11. *Vegetous :* vive.
12. *Roses :* roses de tissu parfois très élaborées et que les élégants arboraient sur leurs chaussures.
13. *Be with them and buy :* recherchera leur compagnie et achètera.
14. *Tyrans : tyrants.*
15. *Proud :* l'adjectif a ici les trois sens de 1) superbe, magnifique ; 2) arrogant ; 3) avide, brûlante de désir, excitée.

May and humourous[1] as April; she must have her doctors, her midwives, her nurses, her longings every hour, though it be for the dearest morsel of man. If learned, there was never such a parrot; all your patrimony will be too little for the guests that must be invited to hear her speak Latin and Greek, and you must lie with her in thoses languages too, if you will please her. If precise,[2] you must feast all the silenced brethren[3] once in three days, salute the sisters, entertain the whole family or wood[4] of 'em, and hear long-winded exercises,[5] singings, and catechizings, which you are not given to and yet must give for, to please the zealous matron your wife, who for the holy cause will cozen you over and above. You begin to sweat, sir? But this is not half, i' faith; you may do your pleasure notwithstanding, as I said before; I come not to persuade you.—

The MUTE *is stealing away*

Upon my faith, master servingman, if you do stir, I will beat you.

MOROSE Oh, what is my sin, what is my sin?

(Act II, scene ii)

To Penshurst (1616)[6]

Thou are not, Penshurst, built to envious show
Of touch,[7] or marble; nor canst boast a row
Of polished pillars, or a roof of gold;
Thou hast no lantern,[8] whereof tales are told,
Or stair, or courts; but stand'st an ancient pile,
And, these grudged at, art reverenced the while.[9]

1. *Humorous :* capricieuse.
2. *Precise :* puritaine.
3. *The silenced brethren :* l'expression désigne les membres du clergé d'obédience puritaine qui, ayant refusé de se soumettre aux prescriptions du congrès épiscopal de Hampton Court (1604), furent interdits de prédication.
4. *Wood :* foule, ensemble (pas seulement d'arbres) ; il y a également ici un jeu de mots sur l'adjectif *wood*, qui signifiait fou.
5. *Exercises :* rites de piété.
6. Ce poème, qui fait l'éloge de la demeure rurale de la famille Sidney située près de Tunbridge Wells dans le Kent, se situe dans le cadre de la tradition de la poésie topographique.
7. *Touch : touchstone* (marbre noir ou variété de basalte rare).
8. *Lantern :* petite coupole vitrée située au faîte de la demeure.
9. *Grudged at... the while :* ces belles demeures font des envieux mais pas Penshurst qui ne possède pas de tels ornements.

Thou joy'st in better marks, of soil, of air,
Of wood, of water: therein thou art fair.
Thou hast thy walks for health, as well as sport;
Thy Mount, to which the dryads[1] do resort,
Where Pan and Bacchus their high feasts have made
Beneath the broad beech and the chestnut shade;
That taller tree, which of a nut was set,
At his great birth, where all the Muses met.[2]
There in the writhed bark are cut the names
Of many a sylvan, taken with his flames.[3]
And thence the ruddy satyrs oft provoke
The lighter fauns to reach thy Lady's oak.[4]
Thy copse, too, named of Gamage,[5] thou hast there,
That never fails to serve thee seasoned deer
When thou wouldst feast, or exercise thy friends.
The lower land, that to the river bends,
Thy sheep, thy bullocks, kine, and calves do feed;
The middle grounds thy mares and horses breed.
Each bank doth yield thee coneys;[6] and the tops
Fertile of wood, Ashore and Sidney's copse,[7]
To crown thy open table, doth provide
The purpled pheasant with the speckled side;
The painted partridge lies in every field,
And, for thy mess, is willing to be killed.
And if the high-swol'n Medway[8] fail thy dish,
Thou hast thy ponds, that pay thee tribute fish,
Fat, aged carps, that run into thy net,
And pikes, now weary their own kind to eat,
As loath the second draught[9] or cast to stay,[10]

1. *Dryads :* nymphes des bois, dryades.
2. *All the Muses met :* allusion à la naissance de Sir Philip Sidney, le 30 novembre 1554.
3. *Flames :* les habitants des bois enflammés par la lecture de sa poésie
4. *Lady's oak :* selon la tradition locale, *My Lady's oak* désigne le chêne où Lady Sidney fut prise de douleurs juste avant d'accoucher de son fils.
5. *Gamage :* Lady Barbara Gamage, épouse de Robert Sidney, frère du poète et propriétaire du château lorsque Jonson écrivit le poème.
6. *Coneys :* lapins
7. *Ashore... Sidney's copse :* noms désignant deux bosquets
8. *Medway :* rivière traversant la propriété.
9. *Draught :* la relève des filets.
10. *Stay : await.*

Officiously[1] at first themselves betray;
Bright eels that emulate them, and leap on land
Before the fisher, or into his hand.
Then hath thy orchard fruit, thy garden flowers,
Fresh as the air, and new as are the hours.
The early cherry, with the later plum,
Fig, grape, and quince, each in his time doth come;
The blushing apricot and woolly peach
Hang on thy walls[2] that[3] every child may reach.
And though thy walls be of the country stone,
They're reared with no man's ruin, no man's groan;
There's none that dwell about them wish them down;
But all come in, the farmer, and the clown,[4]
And no one empty-handed to salute
Thy lord and lady, though they have no suit.[5]
Some bring a capon, some a rural cake,
Some nuts, some apples; some that think they make
The better cheeses bring 'em, or else send
By their ripe daughters whom they would commend
This way to husbands, and whose baskets bear
An emblem of themselves, in plum or pear.
But what can this (more than express their love)
Add to thy free provisions, far above
The need of such whose liberal board doth flow
With all that hospitality doth know!
Where comes no guest but is allowed to eat
Without his fear,[6] and of thy lord's own meat;
Where the same beer and bread and self-same wine
That is his lordship's shall be also mine.
And I not fain to sit, as some, this day,
At great men's tables, and yet dine away.[7]
Here no man tells[8] my cups; nor, standing by,
A waiter doth my gluttony envy,

1. *Officiously : dutifully.*
2. *Hang on thy walls :* il s'agit d'arbres taillés en espaliers.
3. *That : so that.*
4. *Clown :* paysan.
5. *Suit :* requête.
6. *Fear :* peur de s'empoisonner.
7. *Dine away :* repartir affamés de sorte qu'ils doivent manger ailleurs.
8. *Tells : counts.*

But gives me what I call and lets me eat,
He knows, below, he shall find plenty of meat.
Thy tables hoard not up for the next day,
Nor when I take my lodging need I pray
For fire, or lights, or livery;[1] all is there
As if thou, then, wert mine, or I reigned here;
There's nothing I can wish, for which I stay.
That found King James, when hunting late this way
With his brave son, the Prince,[2] they saw thy fires
Shine bright on every hearth as[3] the desires
Of thy Penates had been set on flame
To entertain them; or the country came,
With all their zeal, to warm their welcome here.
What (great, I will not say, but) sudden cheer
Didst thou then make them! and what praise was heaped
On thy good lady then! who therein reaped
The just reward of her high huswifery;
To have her linen, plate, and all things nigh,
When she was far; and not a room but dressed,
As if it had expected such a guest!
These, Penshurst, are thy praise, and yet not all.
Thy lady's noble, fruitful, chaste withal.
His children thy great lord may call his own,
A fortune in this age but rarely known.
They are and have been taught religion; thence
Their gentler spirits have sucked innocence.
Each morn and even they are taught to pray
With the whole household, and may, every day,
Read, in their virtuous parents' noble parts,
The mysteries[4] of manners, arms and arts.
Now, Penshurst, they that will proportion[5] thee
With other edifices, when they see
Those proud, ambitious heaps, and nothing else,
May say, their lords have built, but thy lord dwells.

1. *Livery :* nourriture.
2. *The Prince :* le prince de Galles, Henry, mort en novembre 1612.
3. *As : as if.*
4. *Mysteries :* le mot a ici le double sens de mystères et de métiers.
5. *Proportion : compare.*

JOHN DONNE (1572-1631)

Né à Londres dans une famille prospère (son père était un riche ferronnier) d'ascendance galloise, il est marqué dès l'enfance par une forte empreinte catholique avec une mère liée à la famille de Sir Thomas More, deux oncles jésuites et un frère, incarcéré à Newgate pour avoir caché un prêtre, qui meurt en prison en 1593. Il se ralliera cependant à l'église anglicane avant la fin du siècle, peut-être par opportunisme.

Donne passa six années à Oxford et à Cambridge, où il était entré à l'âge de douze ans, car, en tant que catholique, il ne pouvait pas y obtenir de diplôme. Puis, il fait à Londres des études de droit et de théologie et, en 1596 et 1597, il participe aux expéditions du comte d'Essex contre la flotte espagnole à Cadix et aux Açores. Devenu secrétaire de l'influent Sir Thomas Egerton, il ruine ses chances d'avancement en épousant secrètement en 1601 Ann More, la nièce de ce dernier. Il perd son poste, tâte même de la prison avant de connaître plusieurs années de graves difficultés financières faute de trouver un emploi ou un patron.

La première partie de la vie de Donne est celle d'un jeune homme brillant et ambitieux, aussi avide de savoir qu'empressé auprès des dames, auxquelles il rendait souvent visite ainsi que l'attestent ses *Elegies* et ses *Songs and Sonets*. Ces poèmes furent publiés après sa mort, comme l'essentiel de son œuvre, mais ils étaient connus de son vivant car ils avaient largement circulé en manuscrit à la Cour et dans les salons à la fin des années 1590. Ses *Elegies* sont inspirées par *Les amours* d'Ovide et sont caractérisées par l'emploi d'images insolites où le trait d'esprit s'allie à un érotisme souvent assez suggestif. Dans les *Songs and Sonets*, le poète cultive une image de libertin par laquelle il exprime sa révolte contre les attitudes et le style conventionnels, qu'il s'agisse de l'idéalisation amoureuse pratiquée par les poètes pétrarquistes ou des règles habituelles de l'éloquence ; il adopte une attitude de scepticisme, d'insolence, et préfère l'expression familière, à la fois rude et virile, le paradoxe brutal ou le rapprochement inusité plutôt que la rhétorique et les douceurs mélodieuses d'un Spenser.

En outre, il révèle un goût marqué pour l'analogie et les comparaisons recherchées, pour les allusions subtiles ou obscures qui empruntent leurs références à des domaines aussi variés que la cosmologie, la théologie, l'alchimie ou les arcanes du droit. Donne se plaît à les combiner selon des réseaux de correspondances élaborés afin de produire des alliances de sens inattendues, bizarres et parfois choquantes. Ainsi, dans son célèbre poème « The Flea », ce petit insecte aussi peu attirant que possible devient-il, par le jeu d'une ingéniosité qui n'est pas exempte d'humour, le cloître aux murs de jais où s'est déjà réalisée l'union désirée du poète et de sa maîtresse car, en suçant leur sang, elle les a déjà faits mari et femme. Le *conceit**, si important dans la poésie de Donne, produit, par le rapprochement incongru de notions normalement disjointes, un éclair qui se prolonge tout au long du poème jusqu'à en devenir l'âme même. Cette traduction très originale de l'abstrait par un faisceau d'images ou de références à la fois concrètes et recherchées, cette alliance de la sensualité la plus vive et d'un intellect très aiguisé, sont à l'origine de la tendance que l'on désigne sous le terme de poésie « Métaphysique »*. Elle est d'abord attachée à la poésie de Donne au XVIIIe siècle par le poète et critique Samuel Johnson (« les idées les plus hétérogènes accouplées de force ») ; T. S. Eliot devait ensuite en reprendre la dénomination pour tenter de mieux la définir dans ses essais sur le théâtre et la poésie du XVIIe siècle, qu'il contribua à faire redécouvrir.

En dehors de son attirance pour les femmes et de sa passion pour l'occultisme et la religion, Donne nourrissait un goût prononcé pour le théâtre dont il était un habitué. C'est en effet une autre des grandes caractéristiques de sa poésie que cette théâtralité qui, par sa vivacité, contribue à rendre présent à l'imagination le moment particulier du poème. Ce sens aigu de la dramatisation se retrouve dans les *Holy Sonnets*, où la conscience du péché et l'angoisse de la rédemption s'expriment avec force et une forte coloration émotionnelle grâce à des images et à des analogies qui transposent sur le plan de la foi l'ardeur érotique de sa jeunesse. Dans la deuxième partie de sa vie, le docteur Donne (entendez docteur en théologie) prend le pas sur Jack Donne le débauché ainsi que le poète l'a écrit lui-même de façon facétieuse. De même, dans les *Sermons* qu'il écrira dans la dernière partie de sa carrière lorsqu'il occupe en 1616 le poste de Maître de théologie au collège de Lincoln's Inn avant d'accéder, en 1622, à celui de doyen de la cathédrale Saint-Paul à Londres, il saura évoquer de façon poignante la peur de la mort pour insuffler la crainte de Dieu chez ses auditeurs de la Cour : la méditation XVIII, en particulier, qui a inspiré à Hemingway le titre d'un de ses romans, *For whom the Bell Tolls*, rappelle que le glas qui est en train de sonner sonnera peut-être bientôt pour l'un de ceux qui l'écoutent. La mort de sa femme en 1617 avait accru sa ferveur religieuse et son obsession de la mort. Gravement malade en 1623-1624, il est de nouveau atteint au cours de l'hiver 1630, ce qui ne l'empêche pas d'aller prêcher son sermon de carême devant le roi Charles Ier, et il meurt un mois plus tard, le 31 mars 1631, en contemplant le portrait qu'il avait fait peindre de lui-même, mourant enveloppé de son suaire.

BIBLIOGRAPHIE SÉLECTIVE. — Robert Ellrodt, *L'inspiration personnelle et l'esprit du temps chez les poètes métaphysiques anglais*, 2 tomes, Paris, 1960, rééd. 1973 (t. 1 : *John Donne et les poètes de la tradition chrétienne*).

Elegie: To his Mistris Going to Bed (1669)[1]

Come, Madam, come, all rest my powers defie,
Until I labour, I in labour lye.[2]
The foe oft-times, having the foe in sight,
Is tir'd with standing,[3] though they never fight.

1. Ce poème, interdit de publication dans l'édition de 1633, ne fut publié que sous la Restauration, trente-six ans plus tard.
2. *Labour lye :* Donne joue ici sur les deux sens de *labour*, à savoir labeur et souffrance.
3. *Standing :* debout pour le combat, avec le sens sexuel d'un état d'érection.

Off with that girdle, like heavens zone[1] glistering
But a farre fairer world encompassing.
Unpin that spangled brest-plate,[2] which you weare
That th'eyes of busy fooles may be stopt there:
Unlace your selfe, for that harmonious chime
Tells me from you that now 'tis your bed time.
Off with that happy buske,[3] whom I envye
That still can be, and still can stand so nigh.
Your gownes going off such beauteous state reveales
As when from flowery meades th'hills shadow steales.
Off with your wyrie coronet[4] and showe
The hairy dyadem which on you doth growe.
Off with those shoes : and then safely tread
In this loves hallow'd temple, this soft bed.
In such white robes heavens Angels us'd to bee
Receiv'd by men; thou Angel bring'st with thee
A heaven like Mahomets Paradise;[5] and though
Ill spirits walk in white, we easily know
By this these Angels from an evill sprite:
They set our haires, but these the flesh upright.
Licence my roving hands, and let them goe
Behind, before, above, between, below.
Oh my America, my new found lande,
My kingdome, safeliest when with one man man'd,[6]
My myne of precious stones, my empiree,[7]
How blest am I in this discovering thee.
To enter in these bonds[8] is to be free,
Then where my hand is set my seal shall be.[9]
Full nakedness, all joyes are due to thee,
As soules unbodied, bodies uncloth'd must bee
To taste whole joyes. Gems which you women use

1. *Heavens zone :* la ceinture d'Orion (du latin *zona*, la ceinture).
2. *Brest-plate :* à la fois cuirasse et bustier orné de bijoux *(spangled)*.
3. *Buske :* corset.
4. *Wyrie coronet :* bandeau de métal entourant le front.
5. *Mahomet's paradise :* paradis du prophète, peuplé de houris (beautés célestes) séduisantes.
6. *Man'd :* habité, servi.
7. *Empiree :* empire.
8. *These bonds :* les bras de sa maîtresse.
9. *Where... shall be :* images à la fois juridiques et sexuelles. Le poète ayant signé le document de sa main va maintenant y porter son sceau et dans cette obligation, ou entrave, il va trouver la liberté.

Are as Atlanta's balls,[1] cast in mens viewes,
That when a fooles eye lighteth on a gem
His earthly soule may covet theirs not them.
Like pictures, or like bookes gay coverings made
For laymen,[2] are all women thus arraid;
Themselves are mystique bookes, which only wee
Whom their imputed grace will dignify
Must see reveal'd.[3] Then since I may knowe,
As liberally as to a midwife showe
Thy selfe; cast all, yea this white linnen hence.
Here is no pennance, much lesse innocence.
  To teach thee, I am naked first: Why then
What need'st thou have more covering than a man.

Holy Sonnets [Divine Meditations] (1633)

6

This is my playes last scene, here heavens appoint
My pilgrimages last mile; and my race
Idly,[4] yet quickly runne, hath this last pace,
My spans[5] last inch, my minutes last point,
And gluttonous death, will instantly unjoynt
My body, and soule, and I shall sleepe a space,
But my ever-waking part[6] shall see that face,
Whose feare[7] already shakes my every joynt:
Then, as my soule, to heaven her first seate, takes flight,
And earth-borne body, in the earth shall dwell,
So, fall my sinnes, that all may have their right,
To where they are bred, and would presse me, to hell.
Impute me righteous, thus purg'd of evill,
For thus I leave the world, the flesh, and devill.[8]

1. *Atalanta's balls :* la nymphe Atalante qui faisait la course avec son prétendant, Hippomenes, fut battue par ce dernier lorsqu'il lui jeta des pommes d'or qu'elle ramassa en chemin. Donne inverse ici le mythe.

2. *Laymen :* le profane, qui n'en comprend pas le contenu.

3. *Imputed grace... reveal'd :* en accordant leurs faveurs à ceux qu'elles ont élus, les femmes leur confèrent la grâce nécessaire à cette révélation, tout comme Dieu, pour les calvinistes, accorde sa grâce à ceux qu'il veut sauver.

4. *Idly :* à la fois paresseusement et stupidement.

5. *Spans : life-span's.*

6. *My' ever-waking part :* mon âme éternelle.

7. *Whose fear : the fear of whom.*

8. *And devill :* variante : *the devill.*

14

Batter my heart, three person'd God;[1] for, you
As yet but knocke, breathe, shine, and seeke to mend;
That I may rise, and stand, o'erthrow mee, and bend
Your force, to breake, blowe, burn and make me new.
I, like an usurpt towne, to another due,
Labour to admit you, but Oh, to no end,
Reason your viceroy in mee, mee should defend,
But is captiv'd, and proves weake or untrue,
Yet dearely I love you, and would be lov'd faine,[2]
But am betroth'd unto your enemie,
Divorce mee, untie, or breake that knot againe,
Take mee to you, imprison mee, for I
Except[3] you enthrall[4] mee, never shall be free,
Nor ever chast, except you ravish[5] mee.

GEORGE HERBERT (1593-1633)

Né dans une famille galloise aisée, son père meurt alors qu'il est encore très jeune et il est élevé par sa mère, une amie de Donne réputée pour sa culture et sa piété. Il fait ses études à Cambridge où il devient Maître de rhétorique avant d'être élu Orateur public de l'université, poste qui aurait pu lui servir pour faire carrière à la Cour, mais la mort de ses protecteurs autant que sa modestie naturelle l'en dissuadent et il se tourne vers la carrière ecclésiastique. Il se marie en 1629 et accepte l'année suivante la cure de Bermerton, près de Salisbury, où il se dévoue entièrement à sa tâche, réparant l'église de ses deniers, se rendant au chevet des malades et des mourants, priant et prêchant avec ferveur. Mort de la tuberculose trois ans plus tard, il laisse un volume de

1. *Three person'd God :* le Dieu en trois personnes, le Père, le Fils et le Saint-Esprit.
2. *Faine : gladly.*
3. *Except : unless.*
4. *Enthrall :* à la fois mettre en esclavage et enchanter.
5. *Ravish :* violer mais aussi ravir.

poèmes, *The Temple*, qui sera publié la même année par les soins d'un ami.

Ces poèmes sont très variés et constituent les moments d'une liturgie personnelle, une série de méditations qui expriment une foi intense et pure. Riches en procédés subtils et en images ingénieuses, ils comportent une grande diversité de versification et de formes strophiques, où la disposition typographique donne parfois une reproduction visuelle du titre en prenant la forme d'ailes ou celle d'un autel. Ils recourent à l'interrogation, à l'exclamation et au dialogue dans une langue qui reste généralement simple. Poète visuel autant que visionnaire, il est marqué par la vogue des livres d'emblèmes*. Les aspects les plus simples de la vie cléricale deviennent sous sa plume un emblème et l'anecdote se transfigure alors en image signifiante et en allégorie de la foi.

BIBLIOGRAPHIE SÉLECTIVE. — Robert Ellrodt, *L'inspiration personnelle et l'esprit du temps chez les poètes métaphysiques anglais*, 2 tomes, Paris, 1960, rééd. 1973 (t. 2).

Death, *The Temple* (1633)

Death, thou wast once an uncouth hideous thing,
Nothing but bones,
The sad effect of sadder grones;
Thy mouth was open, but thou couldst not sing.

For we consider'd thee as at some six
Or ten yeares hence,
After the losse of life and sense,
Flesh being turn'd to dust, and bones to sticks.

We lookt on this side of thee, shooting short;
Where we did finde
The shells of fledge souls left behinde,[1]
Dry dust, which sheds no tears, but may extort.

1. Il s'agit des âmes qui ont quitté le corps, sont montées au ciel et ressemblent à des poussins qui viennent de briser leur coquille. Cette coquille corporelle, bien qu'elle ne verse pas elle-même de larmes, peut néanmoins en tirer aux survivants *(extort)*.

But since our Saviours death did put some bloud
Into thy face;
Thou art grown fair and full of grace,
Much in request, much sought for as a good.

For we do now behold thee gay and glad,
As at dooms-day;
When souls shall wear their new aray,
And all thy bones with beautie shall be clad.

Therefore we can go die as sleep, and trust
Half that we have
Unto an honest faithfull grave;
Making our pillows either down, or dust.

ROBERT HERRICK (1591-1674)

Fils d'un joaillier londonien et lui-même apprenti chez un oncle exerçant cette profession, il abandonne tout à vingt-deux ans pour aller étudier à Cambridge où, après avoir obtenu ses diplômes, il est ordonné prêtre en 1623. Il retourne alors à Londres où, jusqu'en 1629, il participe au cercle de Ben Jonson et vit en compagnie de courtisans lettrés. Il obtient alors une cure dans le Devon et mènera désormais l'existence d'un clergyman de campagne, rongé par l'ennui et la nostalgie de la capitale. Il a donc tout le temps de s'adonner à la poésie. Le recueil qu'il publie en 1648 comprend plus de 1 200 pièces, des poèmes lyriques souvent assez brefs qui s'inspirent librement d'Anacréon, d'Horace et de divers autres poètes de l'Antiquité classique. Il chante la campagne anglaise, ses fêtes, son folklore et ses jeux rustiques de *May Day* ou de l'Epiphanie, dans un monde semi-païen où galanterie et convivialité font bon ménage tout en restant compatibles avec la pensée chrétienne.

Mécontent de son exil rustique, il est paradoxalement le plus heureux des poètes anglais et sait dire les joies simples et charmantes des saisons et des jours. De Ben Jonson il tient le goût de l'épigramme, de la brièveté, l'art de faire de la circonstance l'occasion de la découverte poétique et le don de trouver le mot inattendu qui illumine l'ensemble. Certes, il n'a rien d'un poète de Cour comme Carew, dont il n'a pas la grâce urbaine et civilisée, et son recours à l'ornement mythologique, aux images florales et aux expressions familières ne sont pas sans rappeler les conventions du siècle précédent. En ce sens, il fait un peu figure de marginal parmi les poètes Cavaliers*. Mais, dans ce travail de recréation imaginaire de la vie et du monde où il vise à concilier un culte du bonheur et les joies de l'instant avec sa croyance en Dieu, il garde un ton enjoué et léger, évitant de dramatiser lors même que les traditions qu'il décrit avec nostalgie étaient en train de disparaître.

BIBLIOGRAPHIE SÉLECTIVE. — Floris Delattre, *Robert Herrick, contribution à l'étude de la poésie anglaise au XVIIe siècle*, Bruges, 1912.

Corinna's Going A-Maying, Hesperides (1648)[1]

Get up, get up for shame; the blooming morn
Upon her wings presents the god unshorn.[2]
See how Aurora throws her fair
Fresh-quilted colors through the air:
Get up, sweet slug-a-bed, and see
The dew bespangling herb and tree.
Each flower has wept, and bowed toward the east,
Above an hour since; yet you not dressed;
Nay! not so much as out of bed?
When all the birds have matins said,
And sung their thankful hymns, 'tis sin,
Nay, profanation to keep in,
Whenas a thousand virgins on his day
Spring, sooner than the lark, to fetch in May.[3]

1. Ce poème est une illustration du thème du *carpe diem* (cueille le jour) d'Horace à travers l'invitation faite à l'aimée de se lever de bon matin pour aller cueillir les fleurs et les rameaux le jour de « May Day » (1er mai).

2. Apollon, dieu du soleil, dont la chevelure (les rayons du soleil) n'est jamais coupée.

3. *Spring... to fetch in May* : cueillette du mai, c'est-à-dire des rameaux d'églantine symbolisant le retour du printemps.

Rise, and put on your foliage, and be seen
To come forth, like the springtime, fresh and green,
And sweet as Flora.[1] Take no care
For jewels for your gown or hair:
Fear not; the leaves will strew
Gems in abundance upon you;
Besides, the childhood of the day has kept,
Against[2] you come, some orient[3] pearls unwept;
Come, and receive them while the light
Hangs on the dew-locks of the night,
And Titan on the eastern hill
Retires himself, or else stands still
Till you come forth. Wash, dress, be brief in praying:
Few beads[4] are best when once we go a-Maying.

Come, my Corinna, come; and coming, mark
How each field turns a street,[5] each street a park
Made green, and trimmed with trees; see how
Devotion gives each house a bough
Or branch; each porch, each door, ere this,
An ark, a tabernacle is,[6]
Made up of white-thorn neatly interwove,
As if here were those cooler shades of love.
Can such delights be in the street
And open fields, and we not see't?
Come, we'll abroad; and let's obey
The proclamation made for May,[7]
And sin no more, as we have done, by staying;
But my Corinna, come, let's go a-Maying.

There's not a budding boy or girl this day
But is got up, and gone to bring in May.

1. *Flora :* déesse romaine des fleurs et du printemps.
2. *Against : until.*
3. *Orient :* brillantes mais aussi situées à l'est.
4. *Few beads :* c'est-à-dire des prières, par allusion aux grains *(beads)* du chapelet.
5. *Turns a street : turns into a street.*
6. *Each door... a tabernacle is :* les portes ornées d'aubépine sont comme l'arche du contrat et un tabernacle (voir Exode 37, 40). Herrick combine les rites tirés des Ecritures et les cérémonies d'un folklore qu'il élève au rang d'une religion de la nature.
7. *Proclamation... May :* la proclamation autorisant la fête de *May Day*.

A deal[1] of youth, ere this, is come
Back, and with white-thorn laden home.
Some have dispatched their cakes and cream,
Before that we have left to dream;
And some have wept, and wooed, and plighted troth,
And chose their priest, ere we can cast off sloth.
Many a green-gown[2] has been given;
Many a kiss, both odd and even;[3]
Many a glance too has been sent
From out the eye, love's firmament;
Many a jest told of the keys betraying
This night, and locks picked, yet we're not a-Maying.

Come, let us go, while we are in our prime,
And take the harmless folly of the time.
We shall grow old apace, and die
Before we know our liberty.
Our life is short; and our days run
As fast away as does the sun;
And as a vapor, or a drop of rain
Once lost, can ne'er be found again,
So when or you or I are made
A fable, song, or fleeting shade,
All love, all liking, all delight
Lies drowned with us in endless night.
Then while time serves, and we are but decaying,
Come, my Corinna, come, let's go a-Maying.

HENRY VAUGHAN (1621-1695)

De lignée galloise, il naît dans les monts du comté de Brecknock, le pays des Silures situé à la frontière de l'Angleterre. Lui et son frère jumeau Thomas iront faire

1. *Deal : a great number.*
2. *Green-gown :* robe qui a épousé la couleur de l'herbe par suite d'ébats champêtres.
3. *Kiss... even :* allusion aux *kissing games* où les baisers sont pairs ou impairs.

leurs études à Jesus College à Oxford. Mais, tandis qu'Henry quittera l'université dès 1640, son frère y restera pour devenir un adepte de l'hermétisme sur lequel il publiera plusieurs traités. Parti à Londres pour étudier le droit, Henry s'adonne plus volontiers à la littérature au contact des beaux esprits de la Cour. En 1642, il entre au service d'un juge au Pays de Galles avant de s'engager en 1645 aux côtés des Royalistes pendant la guerre civile. En 1646, il publie un petit volume de poèmes d'amour inspirés par celle qui devait devenir sa femme et, en 1650, paraît *Silex Scintillans*, auquel il ajoutera une seconde partie en 1655 et qui témoigne d'un total changement d'inspiration. Vaughan abandonne la galanterie et les sujets profanes et y révèle sa conversion à la vie spirituelle à la suite des chocs occasionnés en lui par la mort d'un jeune frère, en 1648, ainsi que par la victoire des Puritains. Il découvre les poèmes de George Herbert qui exercent sur lui une influence profonde, il lit la Bible et, à la suite de son frère Thomas, il se plonge dans l'hermétisme.

Les poèmes de ce recueil mettent en évidence l'existence de sympathies dans l'univers, qui permettent à l'esprit de saisir les liens entre le macrocosme et le microcosme humain et de découvrir les correspondances secrètes entre la nature et le monde céleste. L'originalité de Vaughan, par rapport à Donne, est que ces sympathies donnent lieu chez lui à une émotion vécue, au frisson de la sensibilité et à un culte de l'enfance qui annonce Wordsworth. Il y a là une aspiration à un monde paradisiaque qui le conduit à tenter de déchiffrer l'idéal platonicien et le divin dans ce que Robert Ellrodt a appelé « le monde de l'innocence végétale ». Ses vers sont traversés d'illuminations (« I saw eternity the other night » commence-t-il par affirmer au début de *The World*) et d'arcanes mystiques qui se situent aux antipodes du nouveau rationalisme illustré par Hobbes, Locke ou Newton.

BIBLIOGRAPHIE SÉLECTIVE. — Robert Ellrodt, *L'inspiration personnelle et l'esprit du temps chez les poètes métaphysiques anglais*, 2 tomes, Paris, 1960, rééd. 1973 (t. 2).

The Water-fall, Silex Scintillans (1650)

With what deep murmurs through times silent stealth
Doth thy transparent, cool and watry[1] wealth
Here flowing fall,
And chide, and call,
As if his liquid, loose Retinue staid
Lingring,[2] and were of this steep place afraid,
The common pass
Where, clear as glass,
All must descend
Not to an end:
But quickned[3] by this deep and rocky grave,
Rise to a longer course more bright and brave.

Dear stream! dear bank, where often I
Have sate, and pleas'd my pensive eye,
Why, since each drop of thy quick store
Runs thither, whence it flow's before,
Should poor souls fear a shade or night,
Who came (sure) from a sea of light?
Or since those drops are all sent back
So sure to thee, that none doth lack,
Why should frail flesh doubt any more
That what God takes, hee'l not restore?
O useful Element and clear!
My sacred wash and cleanser here,
My first consigner unto those
Fountains of life, where the Lamb goes?
What sublime truths, and wholesome themes,
Lodge in thy mystical, deep streams!
Such as dull man can never finde
Unless that Spirit lead his minde,
Which first upon thy face did move,
And hatch'd all with his quickning love.
As this loud brooks incessant fall

1. *Watry : watery.*
2. *Lingring : lingering.*
3. *Quickned : quickened.*

In streaming rings restagnates[1] all,
Which reach by course the bank, and then
Are no more seen, just so pass men.
O my invisible estate,
My glorious liberty, still late!
Thou art the Channel my soul seeks,
Not this with Cataracts and Creeks.

ANDREW MARVELL (1621-1678)

Fils d'un ministre anglican de Hull élu prédicateur et maître de l'hospice de la ville, Marvell entre comme boursier à Trinity College à Cambridge où il passe le diplôme de bachelier ès arts en 1639. Son père vint alors l'arracher à la tentation du catholicisme et à la séduction des jésuites, avant de mourir noyé en traversant la Humber à la nage deux ans plus tard. Andrew ne prend pas parti quand la guerre civile éclate et, après avoir été exclu de Trinity en 1641, il part sur le continent, probablement en tant que précepteur. Lorsqu'il rentre en Angleterre, entre 1646 et 1649, il semble que ses sympathies penchent du côté des royalistes mais, en 1650, on le retrouve au service de Lord Fairfax, général en chef des troupes parlementaires, en tant que tuteur de sa fille à Nun Appleton House dans le Yorkshire. En 1657, il revient à Londres pour aider Milton, devenu aveugle, dans ses fonctions de secrétaire du Commonwealth pour les Affaires étrangères et, à la Restauration, c'est lui qui protégera son protecteur en lui évitant la prison et peut-être l'exécution. En 1659, il est élu au Parlement par ses concitoyens de Hull et il représentera la ville jusqu'à la fin de ses jours, en se faisant le ferme défenseur des libertés constitutionnelles. En 1681, trois ans après sa mort, une dame se faisant passer pour sa veuve et qui n'était probablement que sa gouvernante, publiera un volume de *Miscellaneous Poems*.

1. *Restagnates : remains stagnant.*

Il a fallu du temps pour que ses poèmes soient appréciés à leur juste valeur, c'est-à-dire comme l'un des sommets de la poésie dite « mineure », celle qui est faite de pièces d'occasion et qui ne répond pas, comme *Paradise Lost*, à un vaste projet d'ensemble. Là encore c'est à T. S. Eliot qu'on doit la remise à l'honneur de Marvell qui, par ses exquises miniatures et son art de capter le bonheur de l'instant, séduit en fait plus facilement le lecteur d'aujourd'hui que la puissante architecture de la poésie épique. Eliot a vu dans ces poèmes « [the] alliance of levity and seriousness » et il est vrai que Marvell combine en lui la grâce cultivée des Cavaliers* et le sérieux d'un platoniste puritain. Auteur de poèmes d'amour non pétrarquistes, dans la veine cynique et railleuse d'un Donne (voir « To His Coy Mistress »), Marvell exprime ailleurs un sentiment profond de la nature dans son évocation d'un jardin, symbole de jouissance sensuelle et délicieusement solitaire (« The Garden »), où le temps est consubstantiel aux choses et où se déchiffre sans peine l'œuvre du Créateur, l'artiste suprême. Dans ses satires, comme « The Last Instructions to a Painter », il s'en prend avec amertume et avec une certaine violence à la politique de son pays et l'on ne reconnaît plus guère dans ces dernières œuvres le ton charmant et brillant de sa poésie antérieure.

BIBLIOGRAPHIE SÉLECTIVE. — Robert Ellrodt, *L'inspiration personnelle et l'esprit du temps chez les poètes métaphysiques anglais*, 2 tomes, Paris, 1960, rééd. 1973 (t. 2).

The Garden (1684)[1]

How vainly men themselves amaze
To win the Palm, the Oke, or Bayes;[2]
And their uncessant Labours see

1. Le jardin satisfait les sens mais invite aussi à la contemplation. Il ne contient pas de figure féminine et il illustre une exégèse de la Bible selon laquelle Adam était plus heureux au début sans Eve. La couleur verte est ici définie comme éminemment bonne et, après un intervalle néo-platonicien, où l'âme contemple la source des délices purs, le poète revient à son hédonisme végétal.

2. *Palm... Oke (oak)... Bayes :* honneurs respectivement décernés pour récompenser la valeur guerrière, le mérite politique et le talent en poésie.

Crown'd from some single Herb or Tree,
Whose short and narrow verged Shade
Does prudently their Toyles upbraid;
While all Flow'rs and all Trees do close[1]
To weave the Garlands of repose.

Fair quiet, have I found thee here,
And Innocence thy Sister dear!
Mistaken long, I sought you then
In busie Companies of Men.
Your sacred Plants, if here below,
Only among the Plants will grow
Society is all but rude,
To this delicious Solitude.

No white nor red[2] was ever seen
So am'rous as this lovely green.[3]
Fond Lovers, cruel as their Flame,
Cut in these Trees their Mistress name.
Little, Alas, they know, or heed,
How far these Beauties Hers exceed!
Fair Trees! wheresoe'er your barkes I wound,
No name shall but your own be found.

When we have run our Passions heat,[4]
Love hither makes his best retreat.[5]
The *Gods*, that mortal Beauty chase,
Still in a Tree did end their race.
Apollo hunted *Daphne* so,
Only that She might Laurel grow.
And *Pan* did after *Syrinx* speed,
Not as a Nymph, but for a Reed.[6]

1. *Close : unite.*
2. *White... red :* couleurs emblématiques de la beauté du corps féminin.
3. *Green :* le vert, par contraste, désigne les plaisirs de la solitude et de la nature.
4. *Heat :* à la fois ardeur et course.
5. *Retreat :* à la fois dans le sens militaire et religieux.
6. *Apollo... Reed :* prend le mythe à rebours, où Daphné fut métamorphosée en laurier pour échapper aux ardeurs du dieu ; de même pour le mythe de Pan et de Syrinx.

What wond'rous Life is this I lead!
Ripe Apples drop about my head;
The Luscious Clusters of the Vine
Upon my Mouth do crush their Wine;
The Nectaren, and curious Peach,
Into my hands themselves do reach;
Stumbling on Melons, as I pass,
Insnar'd with Flow'rs, I fall on Grass.

Mean while the Mind, from pleasure less,[1]
Withdraws into its happiness:
The Mind, that Ocean where each kind
Does streight its own resemblance find;[2]
Yet it creates, transcending these,
Far other Worlds, and other Seas;
Annihilating all that's made
To a green Thought in a green Shade.

Here at the Fountains sliding foot,
Or at some Fruit-trees mossy root,
Casting the Bodies Vest aside,
My Soul into the boughs does glide:
There like a Bird it sits, and sings,
Then whets,[3] and combs its silver Wings;
And, till prepar'd for longer flight,
Waves in its Plumes the various Light.[4]

Such was that happy Garden-state,
While Man there walk'd without a Mate:
After a Place so pure, and sweet,
What other Help could yet be meet!
But 'twas beyond a Mortal's share
To wander solitary there:

1. *From... less :* ressentant moins de plaisir dans la nature que dans les sens, l'esprit se tourne vers l'intérieur de soi.

2. *The Mind...find :* ces vers s'appuient sur l'opinion, alors commune, selon laquelle toutes les espèces terrestres avaient leur équivalent sous la mer.

3. *Whets :* lisse.

4. *And... Light :* image néo-platonicienne de la lumière blanche de l'éternité se réfractant en lumière colorée dès qu'elle atteint le monde temporel.

Two Paradises 'twere in one
To live in Paradise alone.

How well the skilful Gardner drew
Of flow'rs and herbes this Dial new,[1]
Where from above the milder Sun
Does through a fragrant Zodiack run;
And, as it works, th' industrious Bee
Computes its time[2] as well as we.
How could such sweet and wholsome Hours
Be reckon'd but with herbs and flow'rs!

To His Coy Mistress (1681)[3]

Had we but World enough, and Time,
This coyness Lady were no crime.
We would sit down, and think which way
To walk, and pass our long Loves Day.
Thou by the *Indian Ganges* side
Should'st Rubies find: I by the Tide
Of *Humber*[4] would complain. I would
Love you ten years before the Flood:
And you should if you please refuse
Till the Conversion of the *Jews*.[5]
My vegetable[6] Love should grow
Vaster than Empires, and more slow.
An hundred years should go to praise
Thine Eyes, and on thy Forehead Gaze.
Two hundred to adore each Breast:
But thirty thousand to the rest.

1. *Dial new :* ce jardin comporte un parterre de fleurs taillé en forme de cadran solaire. Voir au vers 70 le jeu de mots sur *time* et *thyme*.
2. *Time :* jeu de mots sur temps et thym *(thyme*, qui se prononce de la même façon que *time)*.
3. Marvell reprend ici le thème traditionnel du *carpe diem*, à travers lequel le poète invite sa maîtresse à l'amour. Le catalogue des charmes de l'aimée emprunte aussi aux blasons du corps féminin, genre mis à la mode par Clément Marot et les poètes de la Pléiade.
4. *Humber :* rivière le long de laquelle est bâtie Hull, la ville de Marvell.
5. *The Conversion of the Jews :* la conversion des juifs était censée se produire à la fin des temps.
6. *Vegetable love :* l'âme végétale n'avait, selon Aristote, que deux pouvoirs : ceux de pousser et de se reproduire.

An Age at least to every part,
And the last Age should show your Heart.
For Lady you deserve this State;[1]
Nor would I love at lower rate.
 But at my back I alwaies hear
Times winged Charriot hurrying near:
And yonder all before us lye
Desarts of vast Eternity.
Thy Beauty shall no more be found;
Nor, in thy marble Vault, shall sound
My ecchoing Song: then Worms shall try
That long preserv'd Virginity:
And your quaint[2] Honour turn to dust;
And into ashes all my Lust.
The Grave's a fine and private place,
But none I think do there embrace.
 Now therefore, while the youthful hew
Sits on thy skin like morning dew,
And while thy willing Soul transpires
At every pore with instant Fires,[3]
Now let us sport us while we may;
And now, like am'rous birds of prey,
Rather at once our Time devour,
Than languish in his slow-chapt[4] pow'r.
Let us roll all our Strength, and all
Our sweetness, up into one Ball:
And tear our Pleasures with rough strife,
Thorough[5] the Iron gates of Life.
Thus, though we cannot make our Sun
Stand still,[6] yet we will make him run.[7]

1. *State :* traitement cérémonieux.
2. *Quaint :* difficile, délicat, avec vraisemblablement aussi un jeu de mots obscène (sur *cunt*).
3. *Willing Soul... Fires :* le désir transparaît dans le feu des joues.
4. *Slow-chapt power :* pris dans l'étau de ses lentes mâchoires.
5. *Thorough : through.*
6. *We cannot... still :* arrêter le soleil comme Josué.
7. *Yet... run :* il faut le faire courir comme David.

JOHN MILTON (1608-1674)

Milton est né à Londres dans le quartier de Cheapside, dans une famille aisée, pieuse et cultivée. Son père, homme d'affaires épris de musique, fera tout pour assurer à un fils si brillant la meilleure éducation possible. Elève de l'école St Paul, où il apprend le latin et le grec avant de se mettre à l'hébreu ainsi qu'à plusieurs langues européennes, Milton entre ensuite à Christ College à Cambridge où il devient bachelier ès arts en 1629 puis maître ès arts en 1632. C'est l'année où, après des poèmes latins, il écrit *L'Allegro* et *Il Penseroso*, diptyque constitué d'un hymne à la joie et d'un hymne à la mélancolie, avant de rédiger l'ode inspirée de Spenser et intitulée « On the Morning of Christ's Nativity ». Après avoir renoncé à une carrière ecclésiastique, Milton se retire dans la propriété paternelle, à Horton, village situé près de Windsor, pour s'adonner à plein temps pendant quelque six années à sa passion de la lecture ainsi qu'à l'étude des mathématiques et de la musique. Il prend tout de même le loisir d'écrire, mais pour répondre en fait à des commandes. Ainsi compose-t-il *Comus* en 1634, sur la demande de la famille du comte de Bridgewater pour célébrer l'installation de ce dernier au château de Ludlow à l'occasion de sa nomination en tant que « Lord President » du Pays de Galles. Ce « Masque »* emprunte les figures de la pastorale et les ressources du merveilleux, et mêle la mythologie antique aux légendes galloises pour mettre en scène le conflit entre la chasteté, défendue par la jeune Alice Egerton, la fille du comte âgée alors de quinze ans, et l'intempérance, incarnée par l'enchanteur Comus qui s'efforce de la séduire. De même, en 1637, la noyade accidentelle d'Edward King, un de ses condisciples de Cambridge, est à l'origine de *Lycidas*, élégie pastorale qui sera jointe au recueil dédié à la mémoire du jeune poète disparu. De 1638 à juillet 1639, Milton voyage sur le continent, en Italie essentiellement, où il a l'occasion d'admirer les bibliothèques, les tableaux, la sculpture et les belles demeures du pays, mais où il rencontre aussi les grands esprits de son temps.

Au cours de la deuxième partie de son existence, marquée par l'action et l'engagement aux côtés de la révolution cromwellienne, il va mettre sa fougue et sa plume au service de ses idées et se faire une réputation de dangereux extrémiste. En 1644, il écrit un essai sur l'éducation et un autre en faveur de la défense de la liberté de la presse, *Areopagitica*. Ayant épousé en 1642 une jeune fille de dix-sept ans, Mary Powell, fille d'un gentilhomme royaliste, celle-ci le quitte au bout de quelques semaines et c'est alors, en 1643-1645, une série de pamphlets en faveur du divorce pour incompatibilité d'humeur. De cette expérience traumatisante pour lui vient sans doute sa méfiance à l'égard des femmes, qu'il présente dans la suite de son œuvre comme des créatures charmantes et capricieuses, des filles d'Eve ou de Dalila, par nature inférieures à l'homme. Milton eut néanmoins trois filles de sa première femme, qui avait regagné le domicile conjugal en 1645 et, après la mort de celle-ci, il se remariera deux fois : en 1656, tout d'abord, avec Katherine Woodcock qui meurt en couches deux ans plus tard et ensuite avec Elizabeth Minshull en 1663. A la suite de l'exécution de Charles Ier, en 1649, Milton écrit des pamphlets en latin pour justifier le régicide *(Eikonoclastes)* et tenter de contrer la propagande des pays d'Europe continentale hostiles au régime de Cromwell. Il est ensuite nommé aux Affaires étrangères du Commonwealth, poste qu'il occupera jusqu'à la Restauration en dépit de sa cécité survenue en 1652.

Lorsque le mouvement politique auquel il avait consacré toute son énergie pendant vingt ans s'essouffle brutalement après la mort de Cromwell, il ne réussit pas à empêcher le retour de Charles II en 1660. Milton se cache pendant quelque temps avant d'être arrêté et jeté en prison. S'il réussit à échapper à l'exécution grâce à l'intervention de ses amis (Marvell et Davenant), ses biens sont confisqués et il doit payer une forte amende qui le prive d'une grande partie de sa fortune. C'est donc un homme pauvre, aveugle et isolé qui entreprend la tâche véritablement héroïque qu'est la composition de l'œuvre qui va devenir le monument de la poésie anglaise du XVIIe siècle, *Paradise Lost*, qui paraît en 1667. Dans cette vaste fresque biblique relatant le drame du péché originel et de la chute, Milton ne se propose en effet rien moins que « [...] assert eternal providence, / And justify the ways of God to men ». Ecrit en *blank verse**, type de versification jusqu'alors réservée à la poésie dramatique, ce poème en douze livres vibre d'un souffle puissant et frappe par son imagination grandiose et sa gravité solennelle. Le choix des mots à racine non saxonne, les méandres de longues comparaisons balancées ainsi qu'une syntaxe délibérément latine donnent au vers miltonien une ampleur et une complexité caractéristiques.

Milton s'affirme ici comme le continuateur de la Renaissance, grâce à son recours à l'ornement, à la rhétorique et à l'abondance des références mythologiques. Il se pose également en homme de la Réforme par son christianisme sévère et individualisé. Cette épopée religieuse et visionnaire, où le mouvement procède par de constants va-et-vient entre le futur et le passé, la connaissance préalable de la chute servant à intensifier la nostalgie rétrospective de l'innocence, est une œuvre à la fois classique et baroque. Enfin, le personnage assez fascinant de Satan, dans lequel des romantiques comme Byron verront une glorification de la révolte, permettra aussi à l'œuvre de Milton d'exercer une forte influence sur le romantisme anglais et français. Quant à ses dernières œuvres, plus austères, elles se composent de *Paradise Regained*, paru en 1671, qui décrit en quatre livres la tentation du Christ au désert, et d'un poème dramatique en cinq actes, *Samson Agonistes*, qu'il publie au soir de sa vie, en 1674, et qui s'achève sur un chant du chœur à la gloire de Dieu.

BIBLIOGRAPHIE SÉLECTIVE. — C. S. Lewis, *A Preface to Paradise Lost*, Oxford, 1942, rééd. 1960 ; Helen Gardner, *A Reading of Paradise Lost*, Oxford, 1965 ; Jean-François Camé, *Les structures fondamentales de l'univers miltonien*, Paris, 1986 ; Armand Himy ed., *Comus or A Maske at Ludlow Castle* (actes d'un colloque sur *Comus*), Paris, 1990 ; A. Geffroy, *Etudes sur les pamphlets politiques et religieux de Milton*, Paris, 1848.

Comus (1637)

[COMUS *enters with a charming-rod in one hand,*[1] *his glass in the other; with him a rout of monsters headed like sundry sorts of wild beasts, but otherwise like men and women, their apparel glistering. They come in making a riotous and unruly noise, with torches in their hands.*]

COMUS The star[2] that bids the shepherd fold[3]
Now the top of heaven doth hold,
And the gilded car[4] of day
His glowing axle doth allay
In the steep Atlantic stream,
And the slope sun his upward beam
Shoots against the dusky pole,
Pacing toward the other goal
Of his chamber in the east.
Meanwhile welcome joy and feast,
Midnight shout and revelry,
Tipsy dance and jollity.
Braid your locks with rosy twine
Dropping odours, dropping wine.
Rigour now is gone to bed,
And Advice with scrupulous head,
Strict Age, and sour Severity,
With their grave saws[5] in slumber lie.
We that are of purer fire

1. *Comus* est le titre donné à l'œuvre que Milton a intitulée de façon très générale « A Masque Presented at Ludlow Castle, 1634 ». Il s'agit d'un divertissement mythologico-pastoral, dont le langage poétique rappelle assez directement le Shakespeare de *A Midsummer Night's Dream* ou de *The Tempest*, et qui illustre le triomphe de la chasteté sur l'enchanteur Comus, fils de Circé et de Bacchus. Avec un discours resté suave et empreint de séduction rhétorique et savante (il reprend le thème du *carpe diem* que l'on retrouve si souvent dans la poésie caroléenne), Comus se distingue du personnage ventru du même nom qui incarne le plaisir dans le masque de Ben Jonson intitulé *Pleasure Reconciled to Virtue* (1618) tout autant que du charmant jeune débauché de la mythologie. Comme le montrent les indications scéniques, ce texte a été conçu pour être joué et il continue d'ailleurs d'être régulièrement présenté à Ludlow Castle, où il fut créé pour l'intronisation du comte de Bridgewater en tant que Lord President du Pays de Galles. L'irruption de Comus et de son cortège de monstres constitue une forme d'antimasque, qui introduit mouvement et surprise et dessine un contraste marqué par rapport au discours de l'Esprit Tutélaire *(Attendant Spirit)* qui sert d'ouverture au « Masque »*.

2. *Star :* Hesperos, le génie de l'étoile du soir.

3. *Fold :* fermer l'enclos des moutons.

4. *Car : chariot.*

5. *Saws : maximes.*

Imitate the starry quire,
Who in their nightly watchful spheres
Lead in swift round the months and years.[1]
The sounds and seas with all their finny drove
Now to the moon in wavering morris[2] move,
And on the tawny sands and shelves
Trip the pert fairies and the dapper elves;
By dimpled brook and fountain brim
The wood-nymphs, decked with daisies trim,
Their merry wakes[3] and pastimes keep:
What hath night to do with sleep?
Night hath better sweets to prove,
Venus now wakes, and wakens Love.
Come, let us our rites begin;
'Tis only daylight that makes sin,
Which these dun shades will ne'er report.
Hail, goddess of nocturnal sport,
Dark-veiled Cotytto,[4] to whom the secret flame
Of midnight torches burns; mysterious dame,
That ne'er art called but when the dragon womb
Of Stygian darkness spits her thickest gloom,
And makes one blot of all the air,
Stay thy cloudy ebon chair
Wherein thou rid'st with Hecat',[5] and befriend
Us thy vowed priests, till utmost end
Of all thy dues be done, and none left out
Ere the blabbing eastern scout,
The nice Morn[6] on the Indian steep,[7]
From her cabined loop-hole peep,

1. *Starry quire... years* : les mouvements des corps célestes qui étaient censés produire la musique des sphères évoquaient aussi, pour les penseurs de l'Antiquité et les poètes de la Renaissance, l'idée d'une danse cosmique.

2. *Morris* : la *morris dance*, vigoureuse danse rustique qui animait les villages de l'Angleterre à partir du 1er mai.

3. *Wakes* : à la fois fêtes paroissiales (kermesses) et veillées joyeuses. Ces fêtes étaient connues pour leurs libations et leurs excès. Voir plus bas la reprise du terme par paronomase dans le vers « Venus now wakes, and wakens love ».

4. *Cotytto* : déesse de Thrace, dont les rites nocturnes étaient particulièrement licencieux.

5. *Hecat'* : Hécate, l'un des autres noms de Diane, déesse de la magie et des rites de sorcellerie.

6. *The nice Morn* : la délicate déesse Aurore.

7. *The Indian steep* : l'Himalaya.

And to the tell-tale Sun descry[1]
Our concealed solemnity.
Come, knit hands, and beat the ground,
In a light fantastic round.
[*The Measure*[2]]
Break off, break off, I feel the different pace
Of some chaste footing near about this ground.
Run to your shrouds[3] within these brakes and trees;
Our number may affright: some virgin sure
(For so I can distinguish by mine art)
Benighted in these woods. Now to my charms
And to my wily trains;[4] I shall ere long
Be well stocked with as fair a herd as grazed
About my mother Circe. Thus I hurl
My dazzling spells into the spongy air,
Of power to cheat the eye with blear[5] illusion,
And give it false presentments, lest the place
And my quaint habits[6] breed astonishment,
And put the damsel to suspicious flight,
Which must not be, for that's against my course;
I, under fair pretence of friendly ends,
And well-placed words of glozing[7] courtesy
Baited with reasons not unplausible,
Wind me into the easy-hearted man,
And hug him into snares.

(ll. 93-164)

Paradise Lost (1667)

Beneath him with new wonder now he views[8]
To all delight of human sense exposed

1. *Descry : reveal.*
2. *The Measure :* danse qui correspond à l'antimasque dont les pas singeaient ou parodiaient les figures élevées et nobles du « Masque »* proprement dit.
3. *Shrouds :* cachettes.
4. *Trains :* allurements.
5. *Blear :* fausse, trompeuse.
6. *Quaint habits : strange costume.*
7. *Glozing :* flatteuse.
8. Les deux premiers livres sont consacrés aux démons, à l'enfer et au palais de Satan, le Pandemonium. Après cette vision du chaos et d'un monde en révolte contre la loi divine, Milton décrit Dieu et ses anges dans un monde où la lumière advient (« Hail, holy Light, offspring of heaven first-born »). Au livre IV, il décrit le jardin d'Eden, où Adam et Eve vivent en toute innocence, mais à travers le regard envieux de Satan qui le contemple pour trouver le moyen de le détruire.

In narrow room Nature's whole wealth, yea more,
A heaven on earth, for blissful Paradise
Of God the garden was, by him in the east
Of Eden planted; Eden stretched her line
From Auran[1] eastward to the royal towers
Of great Seleucia,[2] built by Grecian kings,
Or where the sons of Eden long before
Dwelt, in Telassar.[3] In this pleasant soil
His far more pleasant garden God ordained;
Out of the fertile ground he caused to grow
All trees of noblest kind for sight, smell, taste;
And all amid them stood the Tree of Life,
High eminent, blooming ambrosial fruit
Of vegetable gold, and next to life
Our death, the Tree of Knowledge, grew fast by,
Knowledge of good bought dear by knowing ill.
Southward through Eden went a river large,[4]
Nor changed his course, but through the shaggy hill
Passed underneath engulfed, for God had thrown
That mountain as his garden mould, high raised
Upon the rapid current, which through veins
Of porous earth with kindly[5] thirst up drawn,
Rose a fresh fountain, and with many a rill
Watered the garden; thence united fell
Down the steep glade, and met the nether flood,
Which from his darksome passage now appears,
And now divided into four main streams
Runs diverse, wandering many a famous realm
And country whereof here needs no account;
But rather to tell how, if art could tell,
How from that sapphire fount the crispèd[6] brooks,
Rolling on orient pearl and sands of gold,
With mazy error[7] under pendant shades

1. *Auran :* région de Syrie, située au nord de Damas.
2. *Seleucia :* Séleucie, ville située près de Bagdad et fondée par l'un des généraux d'Alexandre.
3. *Telassar :* autre royaume du Moyen-Orient, probablement situé à l'est de l'Euphrate.
4. *A river large :* le Tigre, qui coule sous la montagne du Paradis.
5. *Kindly : natural.*
6. *Crispèd : wavy, curled.*
7. *Error :* sens étymologique, ici, du latin *errare*, errer.

Ran nectar, visiting each plant, and fed
Flowers worthy of Paradise, which not nice art
In beds and curious knots,[1] but Nature boon[2]
Poured forth profuse on hill and dale and plain,
Both where the morning sun first warmly smote
The open field, and where the unpierced shade
Embrowned[3] the noontide bowers. Thus was this place,
A happy rural seat of various view;
Groves whose rich trees wept odorous gums and balm,
Others whose fruit burnished with golden rind
Hung amiable, Hesperian fables true,[4]
If true, here only, and of delicious taste.
Betwixt them lawns, or level downs, and flocks
Grazing the tender herb, were interposed,
Or palmy hillock, or the flowery lap
Of some irriguous[5] valley spread her store,
Flowers of all hue, and without thorn the rose.[6]
Another side, umbrageous grots and caves
Of cool recess, o'er which the mantling vine
Lays forth her purple grape, and gently creeps
Luxuriant; meanwhile murmuring waters fall
Down the slope hills, dispersed, or in a lake,
That to the fringèd bank with myrtle[7] crowned
Her crystal mirror holds, unite their streams.
The birds their quire apply;[8] airs, vernal airs,
Breathing the smell of field and grove, attune
The trembling leaves, while universal Pan,[9]
Knit with the Graces and the Hours in dance,
Led on the eternal spring. Not that fair field

1. *Curious knots :* expression technique désignant les motifs en labyrinthe des parterres de fleurs dans les parcs des demeures de l'époque.

2. *Boon : bountiful.*

3. *Embrowned : darkened.*

4. *Hesperian fables true :* les pommes d'or des Hespérides qui montrent que le Paradis est le seul lieu où la fiction de la mythologie païenne peut devenir véridique.

5. *Irriguous :* bien irriguée.

6. *Without thorn the rose :* c'est la rose sans épines d'avant la chute.

7. *Myrtle :* le myrte, arbre consacré à Vénus. Dans l'image qui suit, le miroir est aussi l'emblème de la déesse, mais il n'y a ici aucune trace de volupté ou de plaisir impur.

8. *Apply :* pratiquent leur chant.

9. *Pan :* en grec le mot signifie « tout » et c'est aussi le nom du dieu fourchu de la nature.

Of Enna, where Prosérpine[1] gathering flowers,
Herself a fairer flower by gloomy Dis
Was gathered, which cost Ceres all that pain
To seek her through the world; not that sweet grove
Of Daphne[2] by Orontes, and the inspired
Castalian spring, might with this Paradise
Of Eden strive; nor that Nyseian isle[3]
Girt with the river Triton, where old Cham,
Whom Gentiles Ammon call and Libyan Jove,
Hid Amalthea and her florid son
Young Bacchus from his stepdame Rhea's eye;
Nor where Abassin kings their issue guard,
Mount Amara,[4] though this by some supposed
True Paradise, under the Ethiop line
By Nilus' head, enclosed with shining rock,
A whole day's journey high, but wide remote
From this Assyrian garden, where the fiend
Saw undelighted all delight, all kind
Of living creatures new to sight and strange.
Two of far nobler shape erect and tall,
God-like erect, with native honour[5] clad
In naked majesty seemed lords of all,
And worthy seemed, for in their looks divine
The image of their glorious maker shone,
Truth, wisdom, sanctitude severe and pure,
Severe but in true filial freedom[6] placed;
Whence true authority in men; though both
Not equal, as their sex not equal seemed;

1. *Proserpine :* Perséphone, fille de Cérès, déesse de l'agriculture et de l'abondance, enlevée aux enfers par Hadès, ou Dis, alors qu'elle ramassait des fleurs dans une prairie de Sicile. Pour les mythographes de la Renaissance, cette légende constituait un parallèle avec l'histoire d'Eve, séduite par Satan alors qu'elle cueillait des fleurs.

2. *Daphne :* Milton compare le Paradis avec les merveilles de l'Antiquité classique. Le bosquet de Daphné, près d'Antioche et du fleuve Orontes, avait une source nommée Castalie en souvenir de la fontaine des Muses aux alentours de Delphes.

3. *Nyseian isle :* l'île de Nysa, en Tunisie. L'identification du dieu égyptien Ammon avec Jupiter puis avec Cham ou Ham, le fils de Noé, donne une idée du syncrétisme mythologique de Milton.

4. *Amara :* le mont Amara où les princes d'Abyssinie avaient un palais splendide.

5. *Native honour :* la nudité originelle, forme de dignité naturelle qui s'oppose à ce que Milton appelle plus bas *honour dishonourable* (vers 110), l'honneur d'après la chute qui n'est que masque et hypocrisie.

6. *Filial freedom :* pour Milton, la vraie liberté implique le respect de l'autorité et de la hiérarchie.

For contemplation he and valour formed,
For softness she and sweet attractive grace;
He for God only, she for God in him.
His fair large front and eye sublime[1] declared
Absolute rule; and hyacinthine locks[2]
Round from his parted forelock manly hung
Clustering, but not beneath his shoulders broad:
She as a veil down to the slender waist
Her unadornèd golden tresses wore
Dishevelled, but in wanton[3] ringlets waved
As the vine curls her tendrils, which implied
Subjection, but required with gentle sway,[4]
And by her yielded, by him best received,
Yielded with coy submission, modest pride,
And sweet reluctant amorous delay.
Nor those mysterious parts were then concealed;
Then was not guilty shame; dishonest shame
Of Nature's works, honour dishonourable,[5]
Sin-bred, how have ye troubled all mankind
With shows instead, mere shows of seeming pure,
And banished from man's life his happiest life,
Simplicity and spotless innocence!
So passed they naked on, nor shunned the sight
Of God or angel, for they thought no ill;
So hand in hand they passed, the loveliest pair
That ever since in love's embraces met,
Adam the goodliest man of men since born
His sons, the fairest of her daughters Eve.
Under a tuft of shade that on a green
Stood whispering soft, by a fresh fountain side
They sat them down; and after no more toil
Of their sweet gardening labour than sufficed

1. *Sublime :* tourné vers le haut.
2. *Hyacinthine locks :* les boucles de Hyacinte, le jeune homme aimé d'Apollon.
3. *Wanton : unrestrained.*
4. *Sway : influence.*
5. *Honour dishonourable :* Milton s'emporte ici contre ce qui est devenu le contraire du « native honour » (vers 85 ci-dessus) du jardin d'Eden, à savoir la pudeur, née du péché originel, et qui pousse à cacher les parties du corps désormais désignées comme honteuses.

To recommend cool Zephyr, and made ease
More easy,[1] wholesome thirst and appetite
More grateful, to their supper fruits they fell,
Nectarine fruits which the compliant boughs
Yielded them, sidelong as they sat recline
On the soft downy bank damasked[2] with flowers.
The savoury pulp they chew, and in the rind
Still as they thirsted scoop the brimming stream;
Nor gentle purpose,[3] nor endearing smiles
Wanted,[4] nor youthful dalliance, as beseems
Fair couple linked in happy nuptial league,
Alone as they. About them frisking played
All beasts of the earth, since wild, and of all chase[5]
In wood or wilderness, forest or den;
Sporting the lion ramped, and in his paw
Dandled the kid; bears, tigers, ounces, pards,[6]
Gambolled before them; the unwieldy elephant
To make them mirth used all his might, and wreathed
His lithe proboscis; close[7] the serpent sly
Insinuating,[8] wove with Gordian twine
His braided train,[9] and of his fatal guile
Gave proof unheeded; others on the grass
Couched, and now filled with pasture gazing sat,
Or bedward ruminating;[10] for the sun
Declined was hasting now with prone career
To the ocean isles,[11] and in the ascending scale[12]
Of heaven the stars that usher evening rose:
When Satan still in gaze, as first he stood,
Scarce thus at length failed speech recovered sad:
"O hell! what do mine eyes with grief behold!

1. *Easy :* confortable.
2. *Damasked : patterned.*
3. *Gentle purpose :* aimable conversation.
4. *Wanted : lacked.*
5. *Of all chase :* de tout habitat.
6. *Ounces, pards :* lynx, léopards.
7. *Close : close by.*
8. *Insinuating :* dans un mouvement d'ondulation.
9. *Braided train :* son corps tacheté.
10. *Ruminating :* dans le monde d'avant la chute même les fauves sont herbivores...
11. *Ocean isles :* les Açores.
12. *Ascending scale :* à la fois le signe de la Balance, qui est à présent en ascendant, et l'équilibre entre la nuit et le jour qui correspond aux équinoxes.

Into our room of bliss thus high advanced
Creatures of other mould, earth-born perhaps,
Not spirits, yet to heavenly spirits bright
Little inferior; whom my thoughts pursue
With wonder, and could love, so lively shines
In them divine resemblance, and such grace
The hand that formed them on their shape hath poured.
Ah gentle pair, ye little think how nigh
Your change approaches, when all these delights
Will vanish and deliver ye to woe,
More woe, the more your taste is now of joy;
Happy, but for so happy ill secured
Long to continue, and this high seat your heaven
Ill fenced, for heaven, to keep out such a foe
As now is entered; yet no purposed foe
To you whom I could pity thus forlorn,
Though I unpitied. League with you I seek,
And mutual amity so strait,[1] so close,
That I with you must dwell, or you with me
Henceforth, my dwelling haply may not please,
Like this fair Paradise, your sense, yet such
Accept your maker's work; he gave it me,
Which I as freely give; hell shall unfold,
To entertain you two, her widest gates,
And send forth all her kings; there will be room,
Not like these narrow limits, to receive
Your numerous offspring; if no better place,
Thank him who puts me loth to this revenge
On you who wrong me not, for him who wronged."[2]

(Book IV, ll. 205-387)

1. *Strait : intimate.*
2. *Him who wronged :* Satan fait porter à Dieu la responsabilité de la chute.

Areopagitica[1] (1644)

After which time the Popes of Rome, engrossing what they pleased of political rule into their own hands, extended their dominion over men's eyes, as they had before over their judgments, burning and prohibiting to be read what they fancied not; yet sparing in their censures, and the books not many which they so dealt with [. . .] Nor did they stay in matters heretical, but any subject that was not to their palate, they either condemned in a Prohibition, or had it straight into the new Purgatory of an Index.

To fill up the measure of encroachment, their last invention was to ordain that no book, pamphlet, or paper should be printed (as if St Peter had bequeathed them the keys of the press also out of Paradise) unless it were approved and licensed under the hands of two or three glutton friars. [. . .]

Sure they have a conceit,[2] if he of the bottomless pit[3] had not long since broke prison, that this quadruple exorcism would bar him down. I fear their next design will be to get into their custody the licensing of that which they say Claudius intended, but went not through with. [. . .]

Sometimes five Imprimaturs are seen together dialogue-wise in the piazza[4] of one title-page, complimenting and ducking each to other with their shaven reverences, whether the author, who stands by in perplexity at the foot of his epistle, shall to the press or to the sponge. These are the pretty responsories, these are the dear antiphonies,[5] that so bewitched of late our Prelates and their chaplains with the goodly echo they made; and besotted us to the gay imitation of a lordly Imprimatur, one from Lambeth House, another from the west end of Pauls; so apishly romanizing,[6] that the word of command still was set down in Latin; as if the learned

1. Pour Milton, ce pamphlet visait à défendre les libertés privées contre l'ordonnance émise en 1643 par le Parlement et visant à restreindre la liberté de la presse. Le titre provient de la comparaison que Milton établit entre le Parlement anglais et l'aréopage démocratique de l'Athènes antique. Le sous-titre est, quant à lui, sans ambiguïté et s'intitule *A Speech of the Liberty of Unlicensed Printing, to the Parliament of England*. Cet extrait se situe dans la première partie du pamphlet, où Milton fait l'historique de la censure et de la liberté de la presse.

2. *Conceit : idea.*

3. *He of the bottomless pit :* Satan

4. *Piazza : open space.*

5. *Responsories... antiphonies :* métaphores musicales. Il s'agit des répons ou antiennes.

6. *Romanizing :* donnant un caractère romain (au sens de l'Eglise romaine).

grammatical pen that wrote it would cast no ink without Latin; or perhaps, as they thought, because no vulgar tongue was worthy to express the pure conceit of an Imprimatur; but rather, as I hope, for that our English, the language of men, ever famous and foremost in the achievements of liberty, will not easily find servile letters enow to spell such a dictatory presumption English.

And thus ye have the inventors and the original of book-licensing ripped up and drawn as lineally as any pedigree. We have it not, that can be heard of, from any ancient state, or polity or church; nor by any statute left us by our ancestors elder or later; nor from the modern custom of any reformed city or church abroad; but from the most antichristian council and the most tyrannous inquisition that ever inquired. Till then books were ever as freely admitted into the world as any other birth; the issue of the brain was no more stifled than the issue of the womb: no envious Juno sat cross-legged over the nativity of any man's intellectual offspring; but if it proved a monster, who denies, but that it was justly burnt, or sunk into the sea? But that a book, in worse condition than a peccant soul, should be to stand before a jury ere it be born to the world, and undergo yet in darkness the judgment of Radamanth[1] and his colleagues, ere it can pass the ferry backward into light, was never heard before, till that mysterious iniquity, provoked and troubled at the first entrance of Reformation, sought out new limbos and new hells wherein they might include our books also within the number of their damned.

*LA BIBLE, Version autorisée par le roi Jacques Ier* (1611)

La deuxième moitié du XVIe siècle avait été une période marquée par des traductions souvent remarquables d'auteurs classiques et modernes qui contribuèrent à rendre accessibles en langue anglaise un certain nombre de grands textes, comme la traduction des *Tragédies* de Sénèque par Studley, des *Vies* de Plutarque par Thomas

1. *Radamanth :* Rhadamante. Héros crétois renommé pour sa sagesse et sa justice.

North, des *Métamorphoses* d'Ovide par Arthur Golding, des *Essais* de Montaigne par John Florio, etc. Ces traductions eurent un grand retentissement sur la littérature et les écrivains de l'époque élisabéthaine, sur Shakespeare en particulier, qui y aura fréquemment recours.

Il existait trois versions de la *Bible* en anglais, celle de Tyndale et de Coverdale (1537), celle de Genève (1560) et celle dite des Evêques (1568). A la conférence épiscopale de Hampton Court, en 1604, le roi accepte la suggestion faite par les puritains de lancer le projet d'une nouvelle traduction de la *Bible*. Celle-ci fut confiée à une cinquantaine de traducteurs répartis en six groupes de travail, deux à Westminster, deux à Oxford et deux à Cambridge. Il y eut ensuite de nombreuses navettes entre les groupes pour permettre d'harmoniser les diverses traductions.

Le résultat fut un texte à la fois plus précis et plus beau que les précédents. Telle quelle, cette *Version autorisée* de 1611 constitue l'un des grands textes de la langue anglaise de cette époque, et qui devait devenir un véritable réservoir d'expressions et d'images pour des écrivains comme Sir Thomas Browne, Milton, Bunyan, Blake et bien d'autres.

BIBLIOGRAPHIE SÉLECTIVE. — E. E. Willoughby, *The Making of the King James Bible*, Los Angeles, 1956 ; Jacques Blondel, *Bible et littérature anglaise*, Montpellier, 1990.

The Bible. King Jame's Authorized Version (1611)

CHAPTER 3

Now the serpent was more subtil than any beast of the field which the LORD God had made. And he said unto the woman, Yea, hath God said, Ye[1] shall not eat of every tree of the garden?

2 And the woman said unto the serpent, We may eat of the fruit of the trees of the garden:

1. *Ye : you.*

3 But of the fruit of the tree which *is* in the midst of the garden, God hath said, Ye shall not eat of it, neither shall ye touch it, lest ye die.

4 And the serpent said unto the woman, Ye shall not surely die:

5 For God doth know that in the day ye eat thereof, then your eyes shall be opened, and ye shall be as gods, knowing good and evil.

6 And when the woman saw that the tree *was* good for food, and that it *was* pleasant to the eyes, and a tree to be desired to make *one* wise, she took of the fruit thereof, and did eat, and gave also unto her husband with her; and he did eat.

7 And the eyes of them both were opened, and they knew that they *were* naked; and they sewed fig leaves together, and made themselves aprons.

8 And they heard the voice of the Lord God walking in the garden in the cool of the day: and Adam and his wife hid themselves from the presence of the Lord God amongst the trees of the garden.

9 And the Lord God called unto Adam, and said unto him, Where *art* thou?

10 And he said, I heard thy voice in the garden, and I was afraid, because I *was* naked; and I hid myself.

11 And he said, Who told thee that thou *wast* naked? Hast thou eaten of the tree, whereof I commanded thee that thou shouldest not eat?

12 And the man said, The woman whom thou gavest *to be* with me, she gave me of the tree, and I did eat.

13 And the Lord God said unto the woman, What *is* this *that* thou hast done? And the woman said, The serpent beguiled me, and I did eat.

14 And the Lord God said unto the serpent, Because thou hast done this, thou *art* cursed above all cattle, and above every beast of the field; upon thy belly shalt thou go,[1] and dust shalt thou eat all the days of thy life:

15 And I will put enmity between thee and the woman, and between thy seed and her seed; it shall bruise thy head, and thou shalt bruise his heel.

1. *Upon... go :* le serpent d'avant la chute était de couleur émaillée et avançait dressé sur lui-même.

16 Unto the woman he said, I will greatly multiply thy
sorrow and thy conception; in sorrow thou shalt bring forth
children; and thy desire *shall be* to thy husband, and he shall
rule over thee.
17 And unto Adam he said, Because thou hast hearkened unto
the voice of thy wife, and hast eaten of the tree, of which I
commanded thee, saying, Thou shalt not eat of it: cursed *is* the
ground for thy sake; in sorrow shalt thou eat *of* it all the days of thy
life;
18 Thorns also and thistles shall it bring forth to thee; and thou
shalt eat the herb of the field;
19 In the sweat of thy face shalt thou eat bread, till thou return
unto the ground; for out of it wast thou taken: for dust thou *art*,
and unto dust shalt thou return.
20 And Adam called his wife's name Eve; because she was the
mother of all living.
21 Unto Adam also and to his wife did the LORD God make
coats of skins, and clothed them.
22 And the LORD God said, Behold, the man is become as one of
us, to know good and evil: and now, lest he put forth his hand, and
take also of the tree of life, and eat, and live for ever:
23 Therefore the LORD God sent him forth from the garden of
Eden, to till the ground from whence he was taken.
24 So he drove out the man; and he placed at the east of the
garden of Eden Chĕr-ū-bĭms, and a flaming sword which turned
every way, to keep the way of the tree of life.

(Book of Genesis : 3)

SIR FRANCIS BACON (1561-1626)

Né dans une famille aisée, il fit ses études à Cambridge, à Trinity College (1573), puis à l'école de droit de Gray's Inn à Londres. Favori d'Essex, il le reniera au moment de sa disgrâce en 1601, allant jusqu'à instruire son procès pour haute trahison. Entré au Parlement dès 1584 il accumulera les honneurs sous Jacques Ier, depuis son anoblissement en 1603 jusqu'à sa nomination en tant que Chancelier de l'Echiquier en 1618.

Mais l'année où sa carrière politique atteint son sommet sera aussi, par une ironie du sort, celle qui marqua sa chute, du moins en tant qu'homme public, car cette retraite forcée des affaires devait s'avérer très bénéfique pour l'écrivain et le savant qu'il était aussi. Accusé de corruption par le Parlement, il plaide coupable tout en défendant la légalité de toutes ses décisions de justice. Puis, après une courte peine de prison, il se retire dans son domaine de Gorhambury pour se consacrer à son œuvre scientifique et philosophique qui reste, de par son importance, l'une des toutes premières de son siècle : il publie deux éditions de *The Advancement of Learning* en 1605 et en 1625, le *Novum Organum* en 1620, ainsi qu'un livre d'histoire naturelle *Sylva Sylvarum* et une utopie, *The New Atlantis*, en 1626-1627. Comme la plupart des savants de son temps, Bacon écrivit ses textes en latin et ils ne furent traduits en anglais que par la suite.

C'est donc en fait surtout par ses *Essays*, publiés avec des additions successives entre 1597 et 1625, que Francis Bacon atteignit la notoriété en tant que prosateur. Influencés par Montaigne, quoique beaucoup plus brefs, ils traitent à la fois des problèmes de la vie publique (la religion, la grandeur des Etats, les empires, la négociation), et de ceux de la vie privée (le mariage et le célibat, parents et enfants). Mais ils comprennent aussi des méditations plus générales sur la vérité, la superstition, l'étude ou encore sur ces formes de munificence royale qu'étaient à l'époque les jardins, les châteaux ou les fêtes. Prenant à rebours les développements et la rhétorique de Cicéron, ce sont pour l'essentiel des aphorismes développés qui frappent par leur densité, leur sens de la formule et leur esprit. On y retrouve, dans le domaine de la prose, la vaste curiosité, les qualités de concision et le brillant d'un John Donne.

BIBLIOGRAPHIE SÉLECTIVE. — Brian Vickers, *Bacon and Renaissance Prose*, Cambridge, 1968.

Essays (1625)

OF MASQUES AND TRIUMPHS

These things are but toys, to come amongst such serious observations. But yet, since princes will have such things, it is better they should be graced with elegancy, than daubed[1] with cost. Dancing to song is a thing of great state and pleasure. I understand it, that the song be in quire,[2] placed aloft, and accompanied with some broken music; and the ditty fitted to the device.[3] Acting in song, especially in dialogues, hath an extreme good grace: I say acting, not dancing (for that is a mean and vulgar thing); and the voices of the dialogue would be strong and manly (a bass and a tenor, no treble); and the ditty high and tragical, not nice or dainty. Several quires, placed one over against another, and taking the voice by catches, anthem-wise,[4] give great pleasure. Turning dances into figure is a childish curiosity.[5] And generally, let it be noted, that those things which I here set down are such as do naturally take the sense, and not respect petty wonderments. It is true, the alterations of scenes, so it be quietly and without noise, are things of great beauty and pleasure; for they feed and relieve the eye, before it be full of the same object. Let the scenes abound with light, specially coloured and varied; and let the masquers, or any other, that are to come down from the scene, have some motions upon the scene itself before their coming down; for it draws the eye strangely, and makes it with great pleasure to desire to see that[6] it cannot perfectly discern. Let the songs be loud and cheerful, and not chirpings or pulings.[7] Let the music likewise be sharp and loud and well placed. The colours that shew best by candle-light are white, carnation, and a kind of sea-water-green; and oes, or spangs,[8] as they are of no great cost, so they are of most glory. As

1. *Daubed with : falsely covered with.*
2. *Quire : choir.* Bacon veut dire que les chanteurs doivent être regroupés sous forme d'un chœur placé dans une tribune et être accompagnés par une musique intermittente *(broken music)*.
3. *Ditty... device :* le chant doit correspondre à l'action représentée.
4. *Anthem-wise :* en antienne, c'est-à-dire sous une forme où les voix se répondent.
5. *Turning... curiosity :* faire des pas des danseurs des emblèmes ou des hiéroglyphes, comme c'est le cas de Jonson dans certains de ses « Masques »*, est pour Bacon une bizarrerie inutile.
6. *That : what.*
7. *Chirpings or pulings :* ni grinçants ni plaintifs.
8. *Oes, or spangs :* les paillettes.

for rich embroidery, it is lost and not discerned. Let the suits of the masquers be graceful, and such as become the person when the vizars[1] are off: not after examples of known attires; Turks, soldiers, mariners, and the like. Let antimasques[2] not be long; they have been commonly of fools, satyrs, baboons, wild-men, antics, beasts, sprites, witches, Ethiopes, pigmies, turquets,[3] nymphs, rustics, Cupids, statuas moving, and the like. As for angels, it is not comical enough to put them in antimasques; and any thing that is hideous, as devils, giants, is on the other side as unfit. But chiefly, let the music of them be recreative, and with some strange changes. Some sweet odours, suddenly coming forth, without any drops falling, are, in such a company as there is steam and heat, things of great pleasure and refreshment. Double masques, one of men, another of ladies, addeth state and variety. But all is nothing, except the room be kept clear and neat.

For justs,[4] and tourneys, and barriers,[5] the glories of them are chiefly in the chariots, wherein the challengers make their entry; especially if they be drawn with strange beasts, as lions, bears, camels, and the like; or in the devices of their entrance; or in the bravery of their liveries;[6] or in the goodly furniture of their horses and armour. But enough of these toys.

(Essay 37)

ROBERT BURTON (1577-1640)

Venu faire ses études à Oxford en 1593, où il fréquente le collège de Brasenose puis celui de Christ Church, il y passera le reste de son existence en tant que vicaire de l'église Saint-Thomas. La vie de Robert Burton, consacrée presque entièrement à la lecture et à la

1. *Vizars : vizards*, masques.
2. *Antimasques :* danses ou intermèdes à caractère grotesque ou bizarre qui apportaient un élément de contraste ou de repoussoir par rapport à la beauté et à la noblesse du Masque proprement dit.
3. *Turquets :* acteurs déguisés en Turcs.
4. *Justs : jousts.*
5. *Barriers :* tournois à la barrière.
6. *Liveries :* costumes.

rédaction de son œuvre, est celle d'un homme d'un seul livre, *The Anatomy of Melancholy*, ouvrage constamment révisé et augmenté au cours de ses cinq éditions successives, publiées à partir de 1621, la dernière paraissant après sa mort.

Cette œuvre se veut une encyclopédie médicale et morale, constituée à partir des matériaux relatifs à cette maladie du siècle qu'était alors la mélancolie et dont Burton recense toutes les formes et tous les précédents possibles. Comme Montaigne, Burton constitue ses réflexions autour d'une mosaïque de citations latines, ce qui l'entraîne à discourir dans une langue riche, à la fois proverbiale et pittoresque, des domaines les plus divers de l'activité humaine, non sans observer les folies de l'homme avec un détachement ironique ou des pointes satiriques, car il ne fait pas de doute, à ses yeux, que le monde entier est en proie à ce fléau.

BIBLIOGRAPHIE SÉLECTIVE. — J.-R. Simon, *Burton et l'Anatomie de la mélancolie*, Paris, 1964.

The Anatomy of Melancholy (1621)

CURE OF MELANCHOLY

SECT. III. MEMB. I.

SUBSECT. I.—*A Consolatory Digression, containing the Remedies of all Manner of Discontents*

Discontents and grievances are either general or particular; general are wars, plagues, dearths, famine, fires, inundations, unseasonable weather, epidemical diseases which afflict whole kingdoms, territories, cities: or peculiar to private men, as cares, crosses, losses, death of friends, poverty, want, sickness, orbities,[1] injuries, abuses, etc., generally all discontent, *homines quatimur fortunæ salo* [we mortals are tossed on the tide of fortune]. No condition free, *quisque suos patimur*

1. *Orbities :* de *orbity*, le deuil qui suit la perte d'un enfant.

manes [each of us suffers his own fate]. Even in the midst of our mirth and jollity, there is some grudging, some complaint; as he saith, our whole life is a *glucupicron*, a bitter-sweet passion, honey and gall mixed together, we are all miserable and discontent, who can deny it? If all, and that it be a common calamity, an inevitable necessity, all distressed, then, as Cardan[1] infers, "who art thou that hopest to go free? Why dost thou not grieve thou art a mortal man, and not governor of the world?" *Ferre quam sortem patiuntur omnes, Nemo recuset.* "If it be common to all, why should one man be more disquieted than another?" If thou alone wert distressed, it were indeed more irksome,[2] and less to be endured; but when the calamity is common, comfort thyself with this, thou hast more fellows, *Solamen miseris socios habuisse doloris*; 'tis not thy sole case, and why shouldst thou be so impatient? "Ay, but, alas! we are more miserable than others; what shall we do? Besides private miseries, we live in perpetual fear and danger of common enemies: we have Bellona's whips,[3] and pitiful outcries, for[4] epithalamiums; for pleasant music, that fearful noise of ordnance,[5] drums, and warlike trumpets still sounding in our ears; instead of nuptial torches, we have firing of towns and cities; for triumphs, lamentations; for joy, tears. So it is, and so it was, and so it ever will be. He that refuseth to see and hear, to suffer this, is not fit to live in this world, and knows not the common condition of all men, to whom so long as they live, with a reciprocal course, joys and sorrows are annexed, and succeed one another." It is inevitable, it may not be avoided, and why then shouldst thou be so much troubled? *Grave nihil est homini quod fert necessitas*, as Tully[6] deems out of an old poet, that which is necessary cannot be grievous. If it be so, then comfort thyself in this, "that, whether thou wilt or no, it must be endured": make a virtue of necessity, and conform thyself to undergo it.

1. *Cardan :* Jérôme Cardan (1501-1576), médecin et mathématicien italien, partisan d'un panthéisme sans immortalité de l'âme.
2. *Irksome : tiresome.*
3. *Bellona's whips :* Bellone, déesse de la guerre, représentée armée de fouets.
4. *For : instead of.*
5. *Ordnance :* canons, artillerie.
6. *Tully :* Cicéron, de son vrai nom Marcus Tullius.

Si longa est, levis est; si gravis est, brevis est: if it be long, 'tis light; if grievous, it cannot last. It will away, *dies dolorem minuit,* and if naught else, time will wear it out; custom will ease it; oblivion is a common medicine for all losses, injuries, griefs, and detriments whatsoever, "and when they are once past, this commodity comes of infelicity, it makes the rest of our life sweeter unto us": *atque hæc olim meminisse juvabit* [some day we shall take pleasure in these memories]; "the privation and want of a thing many times makes it more pleasant and delightsome than before it was." We must not think the happiest of us all to escape here without some misfortunes:

Usque adeo nulla est sincera voluptas,
Sollicitumque aliquid lætis intervenit.
[Of a truth no pleasure is unmixed; in all joy there lurks some sorrow.]

Heaven and earth are much unlike; "Those heavenly bodies indeed are freely carried in their orbs without any impediment or interruption, to continue their course for innumerable ages, and make their conversions: but men are urged with many difficulties, and have divers hindrances, oppositions, still crossing, interrupting their endeavours and desires, and no mortal man is free from this law of nature." We must not therefore hope to have all things answer our own expectation, to have a continuance of good success and fortunes [. . .]

Whatsoever is under the moon is subject to corruption, alteration; and so long as thou livest upon earth look not for other.

(Second Part)

SIR THOMAS BROWNE (1605-1682)

Né à Londres, il fait ses études à Winchester et à Oxford, avant d'entreprendre des études de médecine à Montpellier, Padoue et Leyde. A partir de 1637, il s'installe à Norwich où il passera toute la deuxième partie de son existence. Anglican et monarchiste dans une ville de l'East Anglia très marquée par l'influence puritaine, il jouit cependant d'une grande considération auprès de ses concitoyens. Lors d'une visite à Norwich en 1671, le roi anoblira celui qui était devenu le citoyen le plus éminent de la ville.

Médecin et naturaliste de formation, c'est aussi un adepte de Bacon. En 1644, il publie *Religio Medici*, ouvrage dans lequel il s'efforce de défendre l'orthodoxie anglicane contre les attaques des puritains et où il analyse, dans un style très imagé et concret, les merveilles de la nature et du cosmos dont il conserve l'ancienne vision hiérarchisée (celle du système de Ptolémée), qu'il explique en fonction de l'œuvre de la Providence.

En 1646 paraît *Pseudodoxia Epidemica or Vulgar Errors*, qui connaîtra six éditions successives jusqu'en 1672. C'est une véritable encyclopédie des superstitions où Browne s'efforce de faire le tri entre l'invraisemblable, le merveilleux et le probable, mais où il révèle constamment sa propre fascination pour les mystères et les énigmes du monde.

En 1658 paraissent deux courts traités curieusement intitulés *Hydriotaphia, Urn Burial* et *The Garden of Cyrus* (Browne frappe par son goût prononcé pour les titres énigmatiques ou ésotériques), qui sont une méditation de l'auteur sur la vie et la mort traduisant une vision mélancolique et teintée de quiétisme, dans un style à la fois érudit et poétique. Sans qu'on puisse véritablement lui refuser l'étiquette de penseur, il reste que ce remarquable et fascinant prosateur est plus proche de ceux que les Anglais nomment *antiquarians*, c'est-à-dire des collectionneurs d'anecdotes, de croyances ou de folklore, que de philosophes comme Hobbes ou Descartes, dont il est loin de pratiquer le doute méthodique.

BIBLIOGRAPHIE SÉLECTIVE. — Albert Favre, *L'expression chez Sir Thomas Browne*, Paris, 1979.

Pseudodoxia Epidemica, or Vulgar Errors (1646)

Of the Hieroglyphicall Pictures of the Ægyptians

Certainly of all men that suffered from the confusion of Babel, the Ægyptians found the best evasion; for, though words were confounded, they invented a language of things, and spake[1] unto each other by common notions in Nature. Whereby they discoursed in silence; and were intuitively understood from the theory of their Expresses. For they assumed the shapes of animals common unto all eies;[2] and by their conjunctions and compositions were able to communicate their conceptions, unto any that coapprehended the Syntaxis[3] of their natures. This many conceive to have been the primitive way of writing, and of greater antiquity then letters; and this indeed might Adam well have spoken, who understanding the nature of things, had the advantage of naturall expressions; which the Ægyptians but taking upon trust, upon their own or common opinion; from conceded mistakes they authentically promoted errors; describing in their Hieroglyphicks creatures of their own invention; or from known and conceded animals; erecting significations not inferrible[4] from their natures.

And first, Although there were more things in Nature then words which did expresse them; yet even in these mute and silent discourses, to expresse complexed significations, they took a liberty to compound and piece together creatures of allowable formes into mixtures inexistent. Thus began the descriptions of Griphins, Basilisks, Phenix,[5] and many more; which Emblematists and Heralds have entertained with significations answering their institutions;[6] Hieroglyphically

1. *Spake : spoke.*
2. *Eies : eyes.*
3. *Syntaxis : order of construction* (système).
4. *Inferrible :* qu'on pouvait inférer ou déduire.
5. *Griphins, Basilisks, Phenix :* créatures fantastiques. Le griffon était une créature dont les pattes, les épaules et la tête étaient celles d'un aigle, le reste du corps étant celui du lion ; le basilic, ou roi des serpents, pouvait tuer d'un seul regard ; quant au phénix, cet oiseau unique venu d'Egypte pouvait renaître de ses cendres après qu'il s'était consumé sur un nid d'aromates. Browne décrit en détail ces êtres chimériques au livre III (chap. 7, 11 et 12).
6. *Emblematists... institutions :* Browne fait allusion à la vogue des livres d'emblèmes aux XVIe et XVIIe siècles, nés d'un premier ouvrage sur Horus Apollon et inspiré des hiéroglyphes égyptiens. Quant à l'héraldique, ou science des armes et blasons, on sait la place qu'elle accorde à ces animaux fantastiques.

adding Martegres,[1] Wivernes,[2] Lion-fishes,[3] with divers others. Pieces of good and allowable invention unto the prudent Spectator, but are lookt on by vulgar eyes as literall truths, or absurd impossibilities; whereas, indeed they are commendable inventions, and of laudable significations.

(Chap. XX)

THOMAS HOBBES (1588-1679)

Né à Malmsbury, ce disciple de Francis Bacon sera lui-même plus tard le maître de John Locke et fait à lui seul la transition de la Renaissance à la Restauration. Il passa la plus grande partie de sa longue vie au service de la famille Cavendish dans le superbe domaine de Chatsworth. En 1641, il prend parti pour les royalistes et, comme William Davenant, il s'exile à Paris où il devient en 1647 le précepteur du prince de Galles (le futur Charles II) et où il rencontre le mathématicien Mersenne et les philosophes Gassendi et Descartes. De retour en Angleterre en 1651, il fait la paix avec le régime de Cromwell et publie le *Leviathan*, son traité du souverain et son ouvrage le plus célèbre. A la Restauration, il reçoit une pension de son ancien élève, le roi Charles II, avec qui il était resté en excellents termes, au grand scandale de certains qui ne lui pardonnaient pas sa réputation de matérialiste tandis que d'autres, des roués et des sceptiques (les hobbistes), rechercheront ostensiblement sa compagnie parce qu'ils voient dans ses idées une justification de leur vie licencieuse.

Sur le plan philosophique, Hobbes reprend la conception empirique du savoir développée par Bacon. Pour lui, toute connaissance est fondée sur la perception tandis que le mouvement de la matière est l'origine de toute sensation. Le « Léviathan » est le titre sous lequel il

1. *Martegres :* combinaison d'une marte, ou martre, et d'une grue ?
2. *Wivernes : wyvern,* dragon ailé doté de deux pattes d'aigle et d'une queue de serpent, souvent représenté sur les blasons.
3. *Lion-fish :* poisson-lion, bête à la fois hybride et amphibie.

désigne le pouvoir souverain (il peut s'agir aussi bien d'un homme que d'une assemblée), au profit duquel les individus doivent, par contrat entre eux, abdiquer une partie de leur liberté afin de se prémunir contre la situation insupportable de l'état de nature où, selon, lui, toute vie humaine est « solitary, brutish, nasty and short ».

BIBLIOGRAPHIE SÉLECTIVE. — Michel Malherbe, *Thomas Hobbes, ou l'œuvre de la raison*, 1984 ; Y. C. Zarka, *La décision métaphysique de Hobbes, les conditions de la politique*, Paris, 1987 ; Frank Lessay, *Souveraineté et légitimité chez Hobbes*, Paris, 1988.

Leviathan (1651)

Againe, men have no pleasure, (but on the contrary a great deale of griefe) in keeping company, where there is no power able to over-awe them all.[1] For every man looketh that his companion should value him, at the same rate he sets upon himselfe: And upon all signes of contempt, or undervaluing, naturally endeavours, as far as he dares (which amongst them that have no common power, to keep them in quiet, is far enough to make them destroy each other), to extort a greater value from his contemners, by dommage;[2] and from others, by the example.

So that in the nature of man, we find three principall causes of quarrell. First, Competition; Secondly, Diffidence; Thirdly, Glory.

[62] The first, maketh men invade for Gain; the second, for Safety; and the third, for Reputation. The first use Violence, to make themselves Masters of other mens persons, wives, children, and cattell;[3] the second, to defend them; the third, for trifles, as a word, a smile, a different opinion, and any other signe of undervalue,

1. *To over-awe them all :* pour expliquer les raisons pour lesquelles les hommes ne peuvent vivre sans une organisation politique connue qui les gouverne, Hobbes tente d'imaginer la condition de l'homme à l'état de nature, sans la moindre organisation sociale.

2. *Dommage : damage.*

3. *Cattell : cattle.*

either direct in their Persons, or by reflexion in their Kindred, their Friends, their Nation, their Profession, or their Name.

Ouf of Civil States, there is alwayes Warre *of every one against every one*

Hereby it is manifest, that during the time men live without a common Power to keep them all in awe, they are in that condition which is called Warre; and such a warre, as is of every man, against every man. For WARRE, consisteth not in Battel onely, or the act of fighting; but in a tract of time, wherein the Will to contend by Battell is sufficiently known: and therefore the notion of *Time*, is to be considered in the nature of Warre; as it is in the nature of Weather. For as the nature of Foule weather, lyeth not in a showre or two of rain; but in an inclination thereto of many dayes together: So the nature of War, consisteth not in actual fighting; but in the known disposition thereto, during all the time there is no assurance to the contrary. All other time is PEACE.

(Chap. XIII)

JOHN AUBREY (1627-1697)

Natif du comté du Wiltshire, il fait ses études à Trinity College à Oxford et, peu soucieux de se lancer dans une carrière après avoir bénéficié de l'héritage paternel qu'il dilapide d'ailleurs en partie, il commence, à partir de 1654, à s'intéresser aux sciences de la nature et à l'histoire régionale. Il est recruté par Anthony à Wood qui lui propose de l'aider à la compilation de ses biographies *(Atheniae Oxoniensis)* et Aubrey commence à recueillir à cette occasion les éléments qui composeront ses *Brief Lives*. Il s'agit de carnets de notes riches en couleurs, chargés d'anecdotes, où l'information est plus souvent recueillie par ouï-dire que vérifiée auprès de sources écrites. Aubrey, ami intime de Hobbes et de Christopher Wren, est un bavard incorrigible mais aussi un esprit curieux doublé d'un collectionneur minutieux, qui nous a laissé une mine de renseignements sur ses contemporains ainsi que sur les croyances et les coutumes de son époque.

BIBLIOGRAPHIE SÉLECTIVE. — Anthony Powell, *John Aubrey and His Friends*, Londres, 1948, rééd. 1963.

Brief Lives (1813)

WILLIAM SHAKESPEARE

Born 1564. Actor, poet, theatre manager, and playwright. Died 1616.

Mr WILLIAM SHAKESPEARE was borne at Stratford upon Avon in the County of Warwick. His father was a Butcher, and I have been told heretofore by some of the neighbours, that when he was a boy he exercised his father's Trade, but when he kill'd a Calfe he would doe it in a high style, and make a Speech. There was at this time another Butcher's son in this Towne that was held not at all inferior to him for a naturall witt,[1] his acquaintance and coetanean,[2] byt dyed young.

This William, being inclined naturally to Poetry and acting, came to London, I guesse about 18: and was an Actor at one of the Play-houses, and did acte exceedingly well: now B. Johnson[3] was never a good Actor, but an excellent Instructor.

He began early to make essayes at Dramatique Poetry, which at that time was very lowe; and his Playes tooke well.

He was a handsome, well-shap't man: very good company, and of a very readie and pleasant smoothe Witt.

The Humour of the Constable in Midsomernight's Dreame,[4] he happened to take at Grendon, in Bucks (I thinke it was Midsomer night that he happened to lye there) which is the roade from London to Stratford, and there was living that Constable about 1642, when I first came to Oxon.[5] Ben Johnson and he did gather Humours of men dayly where ever they came. One time as

1. *Witt : wit.*
2. *Coetanean : coetaneous, of the same age.*
3. *B. Johnson :* il s'agit, bien entendu, de Ben Jonson.
4. *The Humour... Dream :* ici Aubrey confond Bottom (qui est artisan et non un sergent de ville) avec Dogberry dans *Much Ado About Nothing*.
5. *Oxon : Oxford.*

he was at the Tavern at Stratford super Avon, one Combes, an old rich Usurer, was to be buryed. He makes there this extemporary Epitaph:

Ten in the Hundred the Devill allowes,
But Combes will have twelve he sweares and vowes:
If anyone askes who lies in this Tombe,
Hoh! quoth the Devill, 'Tis my John o' Combe.

He was wont to goe to his native Countrey once a yeare. I thinke I have been told that he left 2 or 300 pounds per annum there and thereabout to a sister.

I have heard Sir William Davenant and Mr Thomas Shadwell (who is counted the best Comoedian we have now) say that he had a most prodigious Witt, and did admire his naturall parts beyond all other Dramaticall writers.

His Comoedies will remaine witt as long as the English tongue is understood, for that he handles *mores hominum* [the ways of mankind]. Now our present writers reflect so much on particular persons and coxcombeities[1] that twenty yeares hence they will not be understood.

Though, as Ben Johnson sayes of him, that he had little Latine and lesse Greek,[2] he understood Latine pretty well: for he had been in his younger yeares a schoolmaster in the countrey.

He was wont to say that he never blotted out a line in his life. Sayd Ben Johnson, I wish he had blotted-out a thousand.[3]

1. *Coxcombeities : coxcombalities, things coxcombical.* Erudition prétentieuse, allusions pédantes.

2. Dans l'épitaphe en vers qu'il écrivit pour l'in-folio de 1623, « To the Memory of my Beloved Mr William Shakespeare ».

3. Dans ses *Conversations with William Drummond.*

La Restauration et les débuts du XVIIIe siècle

En 1660, la fin du régime du Commonwealth, qui n'a pas réussi à survivre à Cromwell, et le retour des Stuarts, en la personne de Charles II, ne représentent pas seulement une mutation politique d'importance. C'est aussi le point de départ d'une nouvelle ère culturelle. Les effets de la Restauration — période de détente, voire de relâchement — ne sont nulle part aussi sensibles que dans le domaine du théâtre, qui avait gravement souffert de l'hostilité déclarée du régime puritain. Avec leur légèreté, leur hédonisme, et même, dans certains cas, leur immoralisme, les grands noms de la comédie de la Restauration — Congreve, Wycherley, Vanbrugh, Farquahr, Etherege — témoignent d'un intérêt nouveau pour les mœurs, et notamment pour la sexualité. Au-delà du tableau moral, il s'agit cependant de codifier aussi bien l'écriture que les comportements. Figure littéraire la plus étincelante de sa génération, Dryden ne se prive pas de débattre explicitement dans ses œuvres des enjeux politiques ou spirituels de l'époque. La clarté d'un discours classique qui s'élabore avec Dryden pour triompher plus tard chez Pope ne saurait toutefois occulter les tensions d'une séquence historique passablement tourmentée. Témoin la Glorieuse Révolution, qui interrompt l'épisode absolutiste du règne de Jacques II par une nouvelle fracture institutionnelle, ou les soubresauts jacobites*, que ne parvient pas à amortir, à bien loin près, l'Acte d'Union de 1707 entre l'Angleterre et l'Ecosse.

Le détachement ironique de Pope, la colère maîtrisée de Swift, la passion civilisatrice de Sir Richard Steele et de Joseph Addison expriment, chacun à sa manière, un intense besoin d'équilibre, et le souci de mettre l'organisation sociale en conformité avec les valeurs morales. On a souvent comparé la fin du XVIIe et le début du XVIIIe siècle au règne d'Auguste. L'expression d'*Augustan Age* — dont le champ d'application chronologique est au reste extensible, puisque certains lui font couvrir presque tout le XVIIIe siècle, et dont la pertinence idéologique demeure à certains égards problématique — ne doit pas donner une vision trop univoque d'une période où la violence (verbale, mais aussi physique, morale, politique et institutionnelle) affleure à la moindre stimulation.

BIBLIOGRAPHIE SÉLECTIVE. — Michèle S. Plaisant, *La sensibilité dans la poésie anglaise au début du XVIIIe siècle : évolution et transformations*, Lille, ANRT/Paris, H. Champion, 1974 ; Jean Dulck, Jean Hamard, Anne-Marie Imbert, *Le théâtre anglais de 1660 à 1800*, Paris, PUF, 1979 ; Howard Erskine-Hill, *The Augustan Idea in English Literature*, London, Edward Arnold, 1983.

JOHN BUNYAN (1628-1688)

Tandis que le régime né de la Restauration de 1660 s'assortit d'une vigoureuse réaction antipuritaine, une œuvre comme celle de Bunyan témoigne de la diversité de la pensée et de l'art anglais, en même temps qu'elle atteste la permanence d'un protestantisme non conformiste* hérité de l'ère cromwellienne. D'origine modeste, fils d'artisan, John Bunyan sert dans l'armée parlementaire au moment de la première Révolution. Marqué par le calvinisme, désespérant de son salut, il traverse une crise spirituelle dont il rend compte dans son autobiographie, *Grace Abounding to the Chief of Sinners* (1666). Prédicateur baptiste, il passe de longues années en prison sous la Restauration.

Fruit d'un art tout entier au service d'une conviction inquiète et généreuse, l'allégorie est le mode d'écriture qui sied le mieux à Bunyan, comme en témoignent *The Life and Death of Mr Badman* (1680), ou *The Holy War* (1682). Mais c'est dans *The Pilgrim's Progress* (1678-1684), devenu l'archétype du conte allégorique, qu'il donne toute sa mesure. Le récit du voyage qui conduit « Christian » de la Cité de la Destruction à la Cité Céleste, au terme d'un parcours semé d'embûches et de tentations, ressortit à la fois à la parabole et à l'archéologie du roman. Christiana, sa femme, accomplit un trajet semblable dans la Deuxième Partie. Nourrie de culture biblique, la force de ce conte réside dans la simplicité fulgurante d'une langue dont la puissance s'enrichit de la charge suggestive de l'onomastique et de la toponymie (« Slough of Despond », « Vanity Fair », « River of Death »). Bunyan n'a pas son pareil pour dramatiser la théologie. Ainsi la conversation du héros avec « Faithful » et « Talkative » lui permet-elle de conférer une saveur puissante et concrète au débat — potentiellement aride — sur la dialectique de la foi et des œuvres. Il y montre que l'une ne va pas sans les autres et que, s'il est vrai que les œuvres seules ne suffisent pas à trouver grâce aux yeux de Dieu — « [nothing] can be accepted that is not of faith » — la foi, en revanche, lorsqu'elle ne s'appuie sur aucune pratique, n'est que *flatus vocis*.

BIBLIOGRAPHIE SÉLECTIVE. — Henri A. Talon, *John Bunyan : l'homme et l'œuvre,* Paris, « Je sers », 1948 ; Christopher Hill, *A Turbulent, Seditious, and Factious People : John Bunyan and his Church,* Oxford, Clarendon Press, 1988.

The Pilgrim's Progress (1678-1684)

Faithful. Well, I see that saying and doing are two things, and hereafter I shall better observe this distinction.

Christian. They are two things indeed, and are as diverse as are the soul and the body: for as the body without the soul is but a dead carcass; so, saying, if it be alone, is but a dead carcass also. The soul of religion is the practic part: *pure religion and undefiled, before God and*

The carcass of religion

the Father, is this, to visit the fatherless and widows in their affliction, and to keep himself unspotted from the world.[1] This Talkative is not aware of, he thinks that hearing and saying will make a good Christian and thus he deceiveth his own soul. Hearing is but as the sowing of the seed; talking is not sufficient to prove that fruit is indeed in the heart and life; and let us assure ourselves, that at the day of doom, men shall be judged according to their fruits. It will not be said then, "Did you believe?" but, "Were you *doers*, or *talkers* only?" and accordingly shall they be judged. The end of the world is compared to our harvest, and you know men at harvest regard nothing but fruit. Not that anything can be accepted that is not of faith: but I speak this to show you how insignificant the profession of Talkative will be at that day.

Faithful. This brings to my mind that of Moses, by which he describeth the beast that is clean. He is such an one that parteth the hoof,[2] and cheweth the cud;[3] not that parteth the hoof only, or that cheweth the cud only. The hare cheweth the cud, but yet is unclean, because he parteth not the hoof. And this truly resembleth Talkative; he cheweth the cud, he seeketh knowledge, he cheweth upon the Word, but he divideth not the hoof, he parteth not with the way of sinners; but as the hare he retaineth the foot of a dog, or bear, and therefore he is unclean.

Faithful convinced of the badness of Talkative

Christian. You have spoken, for aught I know, the true Gospel sense of those texts; and I will add another thing. Paul calleth some men, yea, and those great talkers too, *sounding brass, and tinkling cymbals*;[4] that is, as he expounds them in another place, *Things without life, giving sound.*[5] Things without life, that is, without the true faith and grace of the Gospel; and consequently,

Talkative, like to things that sound without life

1. Citation biblique (Epître de saint Jacques 1 . 27).
2. *Parteth the hoof :* a le sabot fendu.
3. *Cheweth the cud :* rumine. Sur la distinction entre animaux purs et impurs, voir Lévitique 11 . 3-7.
4. Voir 1 Corinthiens 13 . 1.
5. Voir 1 Corinthiens 14 . 7.

things that shall never be placed in the Kingdom of Heaven among those that are the children of life, though their sound by their talk, be as if it were the tongue, or voice of an angel.

Faithful. Well, I was not so fond of his company at first, but I am as sick of it now. What shall we do to be rid of him?

Christian. Take my advice, and do as I bid you, and you shall find that he will soon be sick of your company too, except God shall touch his heart and turn it.

Faithful. What would you have me to do?

Christian. Why, go to him, and enter into some serious discourse about the power of religion; and ask him plainly (when he has approved of it, for that he will) whether this thing be set up in his heart, house, or conversation.

Faithful. Then Faithful stepped forward again and said to Talkative, Come, what cheer? how is it now?

Talkative. Thank you, well. I thought we should have had a great deal of talk by this time.

Faithful. Well, if you will, we will fall to it now; and since you left it with me to state the question, let it be this: how doth the saving grace[1] of God discover itself, when it is in the heart of man?

Talkative's false discovery of a work of grace

Talkative. I perceive then that our talk must be about the power of things; well, 'tis a very good question, and I shall be willing to answer you. And take my answer in brief thus: first, where the grace of God is in the heart, it causeth there a great outcry against sin. Secondly—

Faithful. Nay, hold, let us consider of one at once: I think you should rather say, it shows itself by inclining the soul to abhor its sin.

Talkative. Why, what difference is there between crying out against and abhorring of sin?

1. *Saving grace :* grâce salvatrice.

Faithful. Oh! a great deal; a man may cry out against sin, of policy; but he cannot abhor it but by virtue of a godly antipathy against it. I have heard many cry out against sin in the pulpit, who yet can abide it well enough in the heart, and house, and conversation. Joseph's mistress[1] cried out with a loud voice, as if she had been very holy; but she would willingly, notwithstanding that, have committed uncleanness with him. Some cry out against sin even as the mother cries out against her child in her lap, when she calleth it slut and naughty girl, and then falls to hugging and kissing it.

To cry out against sin, no sign of Grace

(First Part)

SIR GEORGE ETHEREGE (1636 ?-1692)

D'origine bourgeoise, protégé par l'aristocratie, devenu courtisan, George Etherege témoigne une loyauté sans faille à la dynastie Stuart restaurée. Aussi Charles II le fait-il chevalier, et on lui confie diverses missions diplomatiques. Du cercle étincelant, cultivé et souvent dissolu qui gravite autour du monarque (Etherege est très proche de Sir Charles Sedley, de Rochester, de Dryden et du duc de Buckingham), il a toutes les élégances — et peut-être tous les défauts. « I must confess I am a fop* in my heart », avoue-t-il. Amateur doué, Etherege le dramaturge sait ménager ses forces, et sa production se limite à trois pièces : *The Comical Revenge ; or Love in a Tub* (1664), *She Wou'd if She Cou'd* (1668), et son chef-d'œuvre, *The Man of Mode, or, Sir Fopling Flutter* (1676), qui est assurément l'un des spécimens les plus représentatifs de la comédie de la Restauration. A travers le personnage du héros Dorimant ou de l'excentrique Sir Fopling Flutter, à travers les intrigues amoureuses aux multiples facettes et les séductions pétillantes d'un esprit souvent teinté de cynisme, on perçoit l'osmose quasi parfaite qui unit

1. *Joseph's mistress :* allusion à la femme de Putiphar, maître de Joseph, qui tenta en vain de séduire ce dernier. Voir Genèse 39 . 8-20.

l'écriture dramatique d'Etherege à l'atmosphère d'une époque assoiffée d'élégance, de fantaisie, de plaisir, et tout entière régie par la mode, le code et le désir de paraître.

BIBLIOGRAPHIE SÉLECTIVE. — Nadia J. Rigaud, *George Etherege, dramaturge de la Restauration anglaise*, Lille, ANRT/Paris, H. Champion, 1980.

The Man of Mode (1676)

[MRS LOVEIT'*s*]

Enter MRS LOVEIT *and* PERT. MRS LOVEIT *putting up*[1] *a letter, then pulling out her pocket-glass and looking in it*

MRS LOVEIT Pert.

PERT Madam?

MRS LOVEIT I hate myself, I look so ill today.

PERT Hate the wicked cause on't,[2] that base man, Mr Dorimant,[3] who makes you torment and vex yourself continually.

MRS LOVEIT He is to blame, indeed.

PERT To blame to be two days without sending, writing, or coming near you, contrary to his oath and covenant! 'Twas to much purpose to make him swear! I'll lay my life there's not an article but he has broken—talked to the vizards[4] i' the pit, waited upon the ladies from the boxes to their coaches, gone behind the scenes and fawned upon those little insignificant creatures, the players. 'Tis impossible for a man of his inconstant temper to forbear, I'm sure.

MRS LOVEIT I know he is a devil, but he has something of the angel yet undefaced in him, which makes him so charming and agreeable that I must love him, be he never so wicked.

PERT I little thought, madam, to see your spirit tamed to this degree, who banished poor Mr Lackwit but for taking up another lady's fan in your presence.

1. *Putting up :* au sens de *putting away*.
2. *On't : of it*.
3. *Mr Dorimant :* Dorimant, héros et roué, tente de se débarrasser de sa maîtresse, Mrs Loveit, dont l'affection lui pèse. Pert est la femme de chambre de Mrs Loveit.
4. *Vizards :* jeunes femmes masquées.

MRS LOVEIT My knowing of such odious fools contributes to the making of me love Dorimant the better.

PERT Your knowing of Mr Dorimant, in my mind, should rather make you hate all mankind.

MRS LOVEIT So it does, besides himself.

PERT Pray, what excuse does he make in his letter?

MRS LOVEIT He has had business.

PERT Business in general terms would not have been a current excuse for another. A modish man is always very busy when he is in pursuit of a new mistress.

MRS LOVEIT Some fop has bribed you to rail at him. He had business; I will believe it, and will forgive him.

PERT You may forgive him anything, but I shall never forgive him his turning me into ridicule, as I hear he does.

MRS LOVEIT I perceive you are of the number of those fools his wit has made his enemies.

PERT I am of the number of those he's pleased to rally, madam; and if we may believe Mr Wagfan and Mr Caperwell, he sometimes makes merry with yourself, too, among his laughing companions.

MRS LOVEIT Blockheads are as malicious to witty men as ugly women are to the handsome; 'tis their interest, and they make it their business to defame 'em.

PERT I wish Mr Dorimant would not make it his business to defame you.

MRS LOVEIT Should he, I had rather be made infamous by him than owe my reputation to the dull discretion of those fops you talk of.

Enter BELLINDA[1]

Bellinda! *Running to her*

BELLINDA My dear!

MRS LOVEIT You have been unkind of late.

BELLINDA Do not say unkind, say unhappy.

MRS LOVEIT I could chide you. Where have you been these two days?

BELLINDA Pity me rather, my dear, where I have been so tired with two or three country gentlewomen, whose

1. *Bellinda :* jeune femme que Dorimant a entrepris de séduire, et qui accepte, par son indiscrétion calculée, d'envenimer les relations de Mrs Loveit avec Dorimant et de faciliter leur rupture.

conversation has been more insufferable than a country fiddle.

MRS LOVEIT Are they relations?

BELLINDA No, Welsh acquaintance I made when I was last year at St Winifred's. They have asked me a thousand questions of the modes and intrigues of the town, and I have told 'em almost as many things for news that hardly were so when their gowns were in fashion.

MRS LOVEIT Provoking creatures, how could you endure 'em?

BELLINDA *(aside)* Now to carry on my plot; nothing but love could make me capable of so much falsehood. 'Tis time to begin, lest Dorimant should come before her jealousy has stung her. *(Laughs, and then speaks on)* I was yesterday at a play with 'em, where I was fain to[1] show 'em the living, as the man at Westminster[2] does the dead. That is Mrs Such-a-one, admired for her beauty; this is Mr Such-a-one, cried up for a wit; that is sparkish Mr Such-a-one, who keeps reverend Mrs Such-a-one; and there sits fine Mrs Such-a-one, who was lately cast off by my Lord Such-a-one.

MRS LOVEIT Did you see Dorimant there?

BELLINDA I did, and imagine you were there with him and have no mind to own it.

MRS LOVEIT What should make you think so?

BELLINDA A lady masked, in a pretty dishabille, whom Dorimant entertained with more respect than the gallants do a common vizard.

MRS LOVEIT *(aside)* Dorimant at the play entertaining a mask! Oh, heavens!

BELLINDA *(aside)* Good!

MRS LOVEIT Did he stay all the while?

BELLINDA Till the play was done, and then led her out, which confirms me it was you.

MRS LOVEIT Traitor!

PERT Now you may believe he had business, and you may forgive him too.

MRS LOVEIT Ungrateful, perjured man!

1. *I was fain to :* je fus dans l'obligation de.
2. *The man at Westminster :* guide de l'abbaye de Westminster.

BELLINDA You seem so much concerned, my dear, I fear I have told you unawares what I had better have concealed for your quiet.

(Act II, scene ii)

SAMUEL PEPYS (1633-1703)

Grand commis de l'Etat, travailleur infatigable, Pepys devient l'un des principaux responsables de l'administration de la Marine royale sous le régime de la Restauration. Doué d'une grande curiosité intellectuelle, il devient membre de la *Royal Society*, prestigieuse société savante qu'il préside de 1684 à 1686. Avec son ami John Evelyn (1620-1706), Samuel Pepys est l'un des grands diaristes de la littérature anglaise. Son *Diary*, journal intime tenu de 1660 à 1669, rend compte, entre autres, de ces deux événements tragiques que furent l'épidémie de peste (1665-1666) et le grand incendie de Londres (1666). Document exceptionnel, il abonde en renseignements passionnants sur la vie politique et culturelle de l'époque et sur ses acteurs, mais aussi sur le métier de Pepys, sur ses relations, et sur les menus aspects — même les plus physiques — de son existence quotidienne. Ecrit en une sorte de sténographie codée, le *Diary* ne fut déchiffré qu'en 1825.

BIBLIOGRAPHIE SÉLECTIVE. — Richard Ollard, *Pepys : A Biography*, 1974 ; Oxford University Press, 1984.

The Diary of Samuel Pepys

Lords day. And being dressed in my velvet coat and plain Cravatt, took a hackney-coach provided ready for me by 8 a-clock; and so to my Lord Brouncker[1] with all my papers. And there took his coach with four horses and away

1. *Lord Brouncker :* « Commissioner of the Navy », c'est un des hauts responsables de la Marine, comme le sont, à des titres divers, Sir Thomas Harvey, Sir John Mennes, Sir William Batten, Sir William Coventry ou Sir George Carteret.

towards Hampton Court,[1] having a great deal of good discourse with him—perticularly about his coming to lie at the office; which I went further in inviting him to then[2] I intended, having not yet well considered whether it will be convenient for me or no to have him here so near us. And then of getting Mr. Eveling[3] or Sir Robt. Murry into the Navy in the room[4] of Sir Tho. Harvy. At Branford[5] I light, having need to shit; and went into an Inne doore that stood open, found the house of office,[6] and used it, but saw no people: only after I was in the house, heard a great dog bark and so was afeared how I should get safe back again, and therefore drew my sword and scabbard out of my belt to have ready in my hand—but did not need to use it, but got safe into the coach again. But lost my belt by that shift, not missing it till I came to Hampton Court. At the Wicke[7] found Sir J. Mennes and Sir W. Batten at a lodging provided for us by our Messenger, and there a good dinner ready. After dinner took coach, and to Court, where we find the King and Duke[8] and Lords all in council; so we walked up and down—there being none of the ladies come, and so much the more business I hope will be done. The Council being up, out comes the King, and I kissed his hand and he grasped me very kindly by the hand. The Duke also, I kissed his; and he mighty kind, and Sir W. Coventry. I found my Lord Sandwich[9] there, poor man, I saw, with a melancholy face and suffers his beard to grow on his upper lip more then usual. I took him a little aside, to know when I should wait on him, and where; he told me, and that it would be best to meet at his lodgings, without being seen to walk together—which I liked very well; and Lord, to see in what difficulty I stand, that

1. *Hampton Court :* à l'époque résidence royale, proche de Londres.
2. *Then : than.*
3. *Mr. Eveling :* John Evelyn ; ce célèbre diariste avait la charge des marins malades ou blessés au combat.
4. *In the room of :* à la place de.
5. *Branford :* Brentford.
6. *House of office :* latrines.
7. *The Wicke :* sans doute Hampton Wick, à un mile environ du palais de Hampton Court.
8. *Duke :* il s'agit du duc d'York, frère de Charles II et futur roi d'Angleterre sous le nom de Jacques II (1685-1688).
9. *Lord Sandwich :* Edward Mountagu, comte de Sandwich ; amiral, homme politique et diplomate, protecteur de Pepys dont il est le cousin.

I dare not walk with Sir W. Coventry for fear my Lord[1] or Sir G. Carteret should see me; nor with any of them, for fear Sir W. Coventry should. After changing a few words with Sir W. Coventry, who assures me of his respect and love to me and his concernment for my health in all this sickness[2]—I went down into one of the Courts and there met the King and Duke; and the Duke called me to him—and the King came to me of himself and told me: "Mr. Pepys," says he, "I do give you thanks for your good service all this year, and I assure you I am very sensible of it."

(28 January, 1666)

JOHN DRYDEN (1631-1700)

S'il compose des *Heroic Stanzas* (1659) pour célébrer la mémoire de Cromwell, Dryden accueille sans déplaisir la Restauration, et met dès lors sa plume au service des Stuarts. Poète lauréat et Historiographe royal, il se convertit au catholicisme lorsque Jacques II, lui-même catholique, succède à son frère Charles II. Mais il serait injuste de l'accuser d'opportunisme. Au reste Dryden refuse de se rallier au régime issu de la Glorieuse Révolution, et perd en conséquence ses fonctions officielles.

Esprit précis, styliste élégant et économe, Dryden est l'inspirateur du classicisme anglais. C'est sans exagération que T. S. Eliot déclare : « Dryden found the English speechless, and he gave them speech. » Père de la critique en Angleterre, il écrit notamment *An Essay on Dramatic Poesy* (1668), qui traite des unités chères aux Français, loue Shakespeare, et traite du rôle de la rime au théâtre. Sa production poétique est abondante et variée : elle va des pièces de circonstance au commentaire didactique, comme *Religio Laici* (1682), qui s'efforce de définir un juste milieu en matière de religion, ou *The Hind*

1. *My Lord :* Sandwich.
2. *This sickness :* allusion à l'épidémie de peste.

and the Panther (1687), qui sanctionne sa conversion au catholicisme. Mais c'est surtout dans la satire que le vers de Dryden donne le meilleur de lui-même. Dans *Mac Flecknoe* (1682), il daube cruellement le dramaturge Thomas Shadwell. Sous couleur d'allégorie biblique, *Absalom and Achitophel* (1681) dénonce les menées du comte de Shaftesbury (Achitophel), qui tente d'exclure le duc d'York, futur Charles II, de la succession au trône, et de faire du duc de Monmouth (Absalom), fils naturel de Charles II (David), l'héritier de ce dernier. Soutenu par l'ossature du distique héroïque*, le poème de Dryden ne contribue pas peu à fortifier la résistance des partisans de la cour.

Dramaturge, Dryden écrit des comédies, comme *Marriage à la Mode* (1673). Mais il excelle dans la tragédie héroïque, comme en témoigne son chef-d'œuvre en ce domaine, *All for Love : or, The World Well Lost* (1677), pièce composée en *blank verse**. Loin d'être une simple version affadie de l'*Antony and Cleopatra* de Shakespeare, cette pièce frappe par la concision subtile de sa diction comme de sa structure. Le dilemme d'Antoine, déchiré entre Rome et l'Orient, entre le devoir d'Etat et les droits de la passion, n'est pas sans rappeler le théâtre de Corneille.

BIBLIOGRAPHIE SÉLECTIVE. — Jean H. Hagstrum, *The Sister Arts : The Tradition of Literary Pictorialism and English Poetry from Dryden to Gray*, University of Chicago Press, 1958 ; Bernard N. Schilling, *Dryden : A Collection of Critical Essays*, Englewood Cliffs, NJ, Prentice-Hall, Inc., 1963.

All for Love (1677)

VENTIDIUS You may kill me;
You have done more already: called me traitor.[1]
ANTONY
Art thou not one?
VENTIDIUS For showing you yourself,

1. *Called me traitor :* une scène violente vient d'opposer Antoine au général romain Ventidius, son adjoint, qui veut le détacher de Cléopâtre et le ramener sur le chemin du devoir.

Which none else durst have done. But had I been
That name, which I disdain to speak again,
I needed not have sought your abject fortunes,
Come to partake your fate, to die with you:
What hindered me t'have led my conquering eagles
To fill Octavius'[1] bands? I could have been
A traitor then, a glorious, happy traitor,
And not have been so called.

ANTONY
Forgive me, soldier:
I've been too passionate.

VENTIDIUS
You thought me false,
Thought my old age betrayed you: kill me, Sir,
Pray, kill me; yet you need not; your unkindness
Has left your sword no work.

ANTONY
I did not think so;
I said it in my rage; prithee forgive me.
Why didst thou tempt my anger by discovery
Of what I would not hear?

VENTIDIUS
No prince but you
Could merit that sincerity I used,
Nor durst another man have ventured it:
But you, ere[2] love misled your wandering eyes,
Were sure the chief and best of human race,
Framed in the very pride and boast of Nature,
So perfect that the gods who formed you wondered
At their own skill, and cried, "A lucky hit
Has mended our design". Their envy hindered,
Else you had been immortal, and a pattern,
When Heaven would work for ostentation sake,
To copy out again.

ANTONY
But Cleopatra—
Go on, for I can bear it now.

VENTIDIUS
No more.

ANTONY
Thou dar'st not trust my passion, but thou mayst:
Thou only lov'st, the rest have flattered me.

1. *Octavius :* Octave, futur empereur Auguste.
2. *Ere :* avant que.

VENTIDIUS
Heaven's blessing on your heart for that kind word.
May I believe you love me? Speak again.

ANTONY
Indeed I do. Speak this, and this, and this. *(Hugging him)*
Thy praises were unjust, but I'll deserve 'em,
And yet mend all. Do with me what thou wilt;
Lead me to victory: thou know'st the way.

VENTIDIUS
And will you leave this—

ANTONY
Prithee, do not curse her,
And I will leave her; though, Heaven knows, I love
Beyond life, conquest, empire, all but honour;
But I will leave her.

VENTIDIUS
That's my royal master.
And shall we fight?

ANTONY
I warrant thee, old soldier,
Thou shalt behold me once again in iron,
And at the head of our old troops that beat
The Parthians cry aloud, "Come, follow me".

VENTIDIUS
Oh, now I hear my Emperor! In that word
Octavius fell. Gods, let me see that day,
And if I have ten years behind, take all;
I'll thank you for th'exchange.

ANTONY
Oh Cleopatra!

VENTIDIUS
Again?

ANTONY
I've done. In that last sigh she went.
Caesar[1] shall know what 'tis to force a lover
From all he holds most dear.

VENTIDIUS
Methinks you breathe
Another soul: your looks are more divine;
You speak a hero, and you move a god.

ANTONY
Oh, thou hast fired me; my soul's up in arms,
And mans each part about me: once again
That noble eagerness of fight has seized me,

1. *Caesar :* désigne ici Octave.

That eagerness with which I darted upward
To Cassius' camp; in vain the steepy hill
Opposed my way, in vain a war of spears
Sung round my head, and planted all my shield:
I won the trenches while my foremost men
Lagged on the plain below.[1]

VENTIDIUS Ye gods, ye gods,
For such another hour.

ANTONY Come on, my soldier!
Our hearts and arms are still the same: I long
Once more to meet our foes, that thou and I,
Like Time and Death, marching before our troops,
May taste fate to 'em; mow 'em out a passage,
And entering where the foremost squadrons yield,
Begin the noble harvest of the field. *(Exeunt)*

(Act I)

Absalom and Achitophel (1681)

Some,[2] by their Monarch's fatal mercy grown
From pardoned rebels kinsmen to the throne,
Were raised in power and public office high:
Strong bands, if bands ungrateful men could tie.
Of these the false Achitophel[3] was first;
A name to all succeeding ages curst:
For close designs and crooked counsels fit,
Sagacious, bold, and turbulent of wit,
Restless, unfixed in principles and place,
In power unpleased, impatient of disgrace:
A fiery soul, which, working out its way,
Fretted the pigmy body to decay,
And o'er-informed[4] the tenement of clay.
A daring pilot in extremity;

1. *That eagerness... below :* allusion à la bataille de Philippes, en 42 av. J.-C., qui se traduit par la victoire d'Antoine et d'Octave sur Cassius et Brutus.

2. *Some :* l'auteur décrit les différentes factions qui menacent le pouvoir de David.

3. *Achitophel :* Anthony Ashley Cooper (1621-1683), premier comte de Shaftesbury. D'abord ministre, puis lord chancelier, il prend la tête de l'opposition et prend une part active au mouvement visant à exclure le duc d'York de la succession au trône. Arrêté pour trahison en 1681, il bénéficie d'une relaxe.

4. *O'er-informed :* animait à l'excès.

Pleased with the danger, when the waves went high
He sought the storms; but, for a calm unfit,
Would steer too nigh the sands, to boast his wit.
Great wits are sure to madness near allied,
And thin partitions do their bounds divide:
Else, why should he, with wealth and honour blest,
Refuse his age the needful hours of rest?
Punish a body which he could not please;
Bankrupt of life, yet prodigal of ease?
And all to leave what with his toil he won
To that unfeathered two-legged thing, a son;[1]
Got,[2] while his soul did huddled notions try;
And born a shapeless lump, like anarchy,
In friendship false, implacable in hate,
Resolved to ruin or to rule the state.
To compass this the triple bond[3] he broke,
The pillars of the public safety shook,
And fitted Israel[4] for a foreign yoke:[5]
Then, seized with fear, yet still affecting[6] fame,
Usurped a patriot's all-atoning name.
So easy still it proves in factious times
With public zeal to cancel private crimes.
How safe is treason, and how sacred ill,
Where none can sin against the people's will:
Where crowds can wink, and no offence be known,
Since in another's guilt they find their own.

JOHN LOCKE (1632-1704)

Personnellement engagé dans les grands débats qui agitent la seconde moitié du XVIIe siècle, le philosophe John Locke est aussi l'une des figures tutélaires du siècle

1. *A son :* le fils de Shaftesbury est loin d'avoir les dons de son père.
2. *Got :* pour *begotten*.
3. *The triple bond :* triple alliance entre l'Angleterre, la Suède et la Hollande en 1668.
4. *Israel :* l'Angleterre.
5. *A foreign yoke :* allusion au traité de Douvres conclu avec la France en 1670.
6. *Affecting :* recherchant.

suivant. Si l'on excepte la littérature au sens étroit du terme, il n'est guère de domaine de pensée où son activité ne s'exerce. Avocat de la Glorieuse Révolution de 1688, théoricien du contrat social et partisan d'un Etat moderne, libéral et individualiste, pionnier de la tolérance religieuse, il élabore une théorie de la connaissance dont l'influence sera considérable jusque dans le système éducatif et dans l'écriture littéraire. Ses principales œuvres, *Epistola de Tolerantia* (1689), *An Essay concerning Human Understanding* (1690), *Two Treatises of Government* (1690), *Some Thoughts concerning Education* (1693), *The Reasonableness of Christianity* (1695), sont autant de textes fondateurs de l'Angleterre moderne. Cette diversité impressionnante s'accompagne, au reste, d'une cohérence conceptuelle fondamentale.

C'est par référence aux orientations épistémologiques de Locke qu'il convient de comprendre sa mise en cause de la rhétorique, dont on trouvera le texte ci-après. Mais cette célèbre analyse s'inscrit aussi dans une tradition vivace de méfiance vis-à-vis de tout détournement du langage à des fins captieuses.

BIBLIOGRAPHIE SÉLECTIVE. — John W. Yolton, *Locke : An Introduction*, Oxford, Basil Blackwell, 1985.

An Essay concerning Human Understanding (1690)

Since Wit and Fancy finds easier entertainment in the World, than dry Truth and real Knowledge, *figurative Speeches*, and allusion in Language, will hardly be admitted, as *an* imperfection or *abuse* of it. I confess, in Discourses, where we seek rather Pleasure and Delight, than Information and Improvement, such Ornaments as are borrowed from them, can scarce pass for Faults. But yet, if we would speak of Things as they are, we must allow, that all the Art of Rhetorick, besides Order and Clearness, all the artificial and figurative application of Words Eloquence hath invented, are for nothing else but to insinuate wrong *Ideas*, move the Passions, and thereby mislead the Judgment; and so indeed are perfect cheat: And therefore however laudable or allowable[1]

1. *Allowable :* acceptable.

Oratory may render them in Harangues and popular Addresses, they are certainly, in all Discourses that pretend to inform or instruct, wholly to be avoided; and where Truth and Knowledge are concerned, cannot but be thought a great fault, either of the Language or Person that makes use of them. What, and how various they are, will be superfluous here to take notice; the Books of Rhetorick which abound in the world, will instruct those, who want to be informed: Only I cannot but observe, how little the preservation and improvement of Truth and Knowledge, is the Care and Concern of Mankind; since the Arts of Fallacy are endow'd[1] and preferred. 'Tis evident how much Men love to deceive, and be deceived, since Rhetorick, that powerful instrument of Error and Deceit, has its established Professors, is publickly taught, and has always been had in great Reputation: And, I doubt not, but it will be thought great boldness, if not brutality in me, to have said thus much against it. *Eloquence*, like the fair Sex, has too prevailing Beauties in it, to suffer it self ever to be spoken against. And 'tis in vain to find fault with those Arts of Deceiving, wherein Men find pleasure to be Deceived.

(Book III, chap. X, "Of the Abuse of Words")

ALEXANDER POPE (1688-1744)

Catholique, donc minoritaire en son pays, épris d'ordre et d'équilibre mais perméable à l'influence du déisme*, Pope est peut-être le plus pur représentant du classicisme anglais. Il songe davantage à commenter les mœurs qu'à bouleverser les hiérarchies existantes. Son distique célèbre :

For forms of government let fools contest:
Whate'er is best administered is best

est à la fois porteur de tolérance et de conservatisme.

Lié avec Addison, puis membre du Scriblerus Club*, Pope a une conscience aiguë de la dignité du travail

1. *Endow'd* : richements dotés.

littéraire et de ses contraintes. Ses traductions d'Homère lui confèrent notoriété, aisance financière, sens de l'effort et de la technicité. Poème didactique qui doit beaucoup au philosophe et homme d'Etat Bolingbroke, l'*Essay on Man* (1733-1734) exprime la vision optimiste d'un monde rationalisé et structuré selon des schémas quasi newtoniens. Esprit acéré mais nullement misanthrope, Pope est un maître de la satire : *The Dunciad* (1728-1743) soumet rimailleurs et écrivassiers à la solennité moqueuse du mode héroï-comique*. Ses *Imitations of Horace* (1733-1738) sont elles aussi d'admirables satires.

Les œuvres de jeunesse de Pope ne sont pas les moins estimables. Poème fondé sur un incident mineur de la vie mondaine de l'époque, *The Rape of the Lock* (1712-1714) mêle habilement la peinture de mœurs, l'allusion littéraire et la stratégie héroï-comique. Eglogue dans la tradition virgilienne, *Windsor Forest* (1713) comporte un hommage appuyé au souverain régnant. La nature y est décrite en termes ordonnés et intellectualisés qui ramènent l'individuel à des lois générales. Le même souci d'équilibre et de mesure prévaut dans l'*Essay on Criticism* (1711), véritable art poétique à la Boileau, et définition lumineuse de l'esprit classique en littérature. L'*Essay* permet de plus à Pope de mettre en pratique ses propres principes. L'élégance concise d'un langage qui fuit l'exubérance et les audaces malséantes y est superbement servie par le distique héroïque*, dont la forme contraignante mais non stérilisante convient fort bien à l'esprit épigrammatique de Pope, à son sens de la rigueur et de la précision. Cet amoureux de la forme n'est pas un pédant : il a la passion de communiquer.

BIBLIOGRAPHIE SÉLECTIVE. — Maynard Mack, *Alexander Pope : A Life*, New Haven and London, Yale University Press, 1985.

An Essay on Criticism (1711)

Some to Conceit* alone their taste confine,
And glittering thoughts struck out at every line;
Pleased with a work where nothing's just or fit;
One glaring chaos and wild heap of wit.

Poets, like painters, thus, unskill'd to trace
The naked Nature and the living grace,
With gold and jewels cover every part,
And hide with ornaments their want of art.
True wit is Nature to advantage dress'd;
What oft was thought, but ne'er so well express'd;
Something, whose truth convinced at sight we find,
That gives us back the image of our mind.
As shades more sweetly recommend the light,
So modest plainness sets off sprightly wit.
For works may have more wit than does 'em good,
As bodies perish through excess of blood.
  Others for Language all their care express,
And value books, as women men, for dress:
Their praise is still,—The style is excellent;
The sense, they humbly take upon content.
Words are like leaves; and where they most abound,
Much fruit of sense beneath is rarely found.
False eloquence, like the prismatic glass,
Its gaudy colours spreads on every place;
The face of Nature we no more survey,
All glares alike, without distinction gay:
But true expression, like th' unchanging sun,
Clears and improves whate'er it shines upon,
It gilds all objects, but it alters none.
Expression is the dress of thought, and still
Appears more decent, as more suitable;
A vile conceit in pompous words express'd
Is like a clown[1] in regal purple dress'd:
For different styles with different subjects sort,[2]
As several garbs, with country, town, and court.
Some by old words to fame have made pretence,
Ancients in phrase, mere moderns in their sense;
Such labour'd nothings, in so strange a style,
Amaze the unlearn'd, and make the learned smile.
Unlucky as Fungoso[3] in the play,

1. *Clown :* paysan, rustaud.
2. *Sort :* s'accordent.
3. *Fungoso :* personnage d'*Every Man in his Humour*, de Ben Jonson.

These sparks[1] with awkward vanity display
What the fine gentleman wore yesterday;
And but so mimic ancient wits at best,
As apes our grandsires, in their doublets dress'd.
In words, as fashions, the same rule will hold;
Alike fantastic, if too new, or old:
Be not the first by whom the new are tried,
Nor yet the last to lay the old aside.

Windsor Forest (1713)

THY forest, Windsor! and thy green retreats,
At once the Monarch's and the Muse's seats,
Invite my lays.[2] Be present, sylvan maids!
Unlock your springs, and open all your shades.
GRANVILLE[3] commands; your aid, O Muses, bring!
What Muse for GRANVILLE can refuse to sing?
  The groves of Eden, vanish'd now so long,
Live in description, and look green in song:
These, were my breast inspired with equal flame,
Like them in beauty, should be like in fame.
Here hills and vales, the woodland and the plain,
Here earth and water seem to strive again;
Not chaos-like together crush'd and bruised,
But, as the world harmoniously confused:
Where order in variety we see,
And where, though all things differ, all agree.
Here waving groves a chequer'd scene display,
And part admit, and part exclude the day;
As some coy nymph her lover's warm address
Not quite indulges, nor can quite repress.
There, interspersed in lawns and opening glades,
Thin trees arise that shun each other's shades.
Here in full light the russet plains extend:

1. *Sparks :* élégants, petits-maîtres.
2. *Lays :* chants.
3. *Granville :* George Granville, baron Lansdowne (1667-1735), poète et homme d'Etat, à qui le poème est dédié.

There, wrapt in clouds the bluish hills ascend.
Even the wild heath displays her purple dyes,
And 'midst the desert, fruitful fields arise,
That crown'd with tufted trees and springing corn,
Like verdant isles the sable[1] waste adorn.
Let India boast her plants, nor envy we
The weeping amber, or the balmy tree,
While by our oaks the precious loads are borne,
And realms commanded which those trees adorn.
Not proud Olympus yields a nobler sight,
Though gods assembled grace his towering height,
Than what more humble mountains offer here,
Where, in their blessings, all those gods appear.
See Pan with flocks, with fruits Pomona[2] crown'd,
Here blushing Flora paints th' enamell'd ground,
Here Ceres'[3] gifts in waving prospect stand,
And nodding tempt the joyful reaper's hand;
Rich Industry sits smiling on the plains,
And peace and plenty tell, a STUART[4] reigns.

JONATHAN SWIFT (1667-1745)

Swift écrivit un jour à Pope : « I hate and detest that animal called man, although I heartily love John, Peter, Thomas, and so forth. » Ce paradoxe illustre à merveille les tensions et les ambiguïtés qui fécondent l'œuvre de cet Anglais né en Irlande, et qui voit le jour alors que son père est déjà mort. Après des études à Trinity College, Dublin, Swift gagne l'Angleterre et devient en 1689 secrétaire de Sir William Temple, diplomate et homme de lettres dont la résidence de Moor Park est alors l'un des hauts lieux de la culture anglaise. Swift doit beaucoup à l'influence de

1. *Sable :* noirs.
2. *Pomona :* Pomone, déesse romaine des fruits.
3. *Ceres :* Cérès, déesse romaine de l'agriculture.
4. *Stuart :* allusion à la reine Anne (1665-1714), qui règne de 1702 à 1714 ; elle est la fille de Jacques II.

cet homme. Publiciste d'abord au service des whigs*, Swift se rallie aux tories* en faveur desquels il publie *The Conduct of the Allies* (1711). En 1713, il participe à la fondation du Scriblerus Club*. Les deux femmes qui comptent le plus dans sa vie sont Esther Johnson, *alias* Stella, destinataire du *Journal to Stella* (1710-1713) et Esther Vanhomrigh, qu'il appelle Vanessa. Prêtre de l'Eglise d'Irlande, il ne sera jamais évêque — en raison de l'animosité de la reine Anne — et il doit se contenter du décanat de Saint-Patrick à Dublin. Cet homme actif et charitable perd une grande partie de ses facultés en 1742.

Poète prolixe, Swift est surtout un prosateur de génie et un immense satiriste. Mais il est satiriste parce que moraliste — et sa vision morale est celle d'un chrétien. C'est là une donnée fondamentale. *A Tale of a Tub* (1704) est un conte allégorique où, à travers l'histoire de trois frères, Swift fait l'apologie de l'anglicanisme (Martin) face au catholicisme (Peter) et au calvinisme (Jack) ; c'est aussi une satire subtile, aux jeux d'écriture étincelants. Mi-roman, mi-satire, *Gulliver's Travels* (1726) entraîne le lecteur chez les homoncules de Lilliput, les géants de Brobdingnag, sur l'île volante de Laputa, puis au pays des Houyhnhnms, où d'inquiétants chevaux hyperrationnels ont réduit en esclavage les très humains — et très bestiaux — Yahoos. L'humanité ne sort pas grandie des pérégrinations de Gulliver, mais la satire de Swift épargne néanmoins quelques grandes figures qui sont autant de raisons d'espérer : le roi de Brobdingnag, ou le capitaine portugais qui recueille à son bord un Gulliver poussant la misanthropie jusqu'à l'absurde. La défense de son Irlande natale contre l'exploitation ou l'indifférence anglaises inspire à Swift quelques chefs-d'œuvre : les *Drapier's Letters* (1724), et surtout *A Modest Proposal* (1729), où il prône une solution anthropophagique et finale pour résoudre le problème de la surpopulation et du paupérisme en Irlande, et qui est peut-être ce que la littérature satirique a produit de plus achevé et de plus noir.

BIBLIOGRAPHIE SÉLECTIVE. — Clive T. Probyn ed., *The Art of Jonathan Swift*, London, Vision Press, 1978 ; Clive T. Probyn, *Jonathan Swift : The Contemporary Background*, Manchester University Press, 1978 ; Nigel Wood, *Swift*, Brighton, Harvester Press, 1986.

Gulliver's Travels (1726)

My gentleness and good behaviour[1] had gained so far on the Emperor and his Court, and indeed upon the army and people in general, that I began to conceive hopes of getting my liberty in a short time. I took all possible methods to cultivate this favourable disposition. The natives came by degrees to be less apprehensive of any danger from me. I would sometimes lie down, and let five or six of them dance on my hand. And at last the boys and girls would venture to come and play at hide and seek in my hair. I had now made a good progress in understanding and speaking their language. The Emperor had a mind one day to entertain me with several of the country shows, wherein they exceed all nations I have known, both for dexterity and magnificence. I was diverted with none so much as that of the rope-dancers, performed upon a slender white thread, extended about two foot, and twelve inches from the ground. Upon which I shall desire liberty, with the reader's patience, to enlarge a little.

This diversion is only practised by those persons who are candidates for great employments, and high favour, at Court. They are trained in this art from their youth, and are not always of noble birth, or liberal education. When a great office is vacant either by death or disgrace (which often happens) five or six of those candidates petition the Emperor to entertain his Majesty and the court with a dance on the rope, and whoever jumps the highest without falling, succeeds in the office. Very often the chief Ministers themselves are commanded to show their skill, and to convince the Emperor that they have not lost their faculty. Flimnap,[2] the Treasurer, is allowed to cut a caper on the strait rope, at least an inch higher than any other lord in the whole Empire. I have seen him do the summerset[3] several times together upon a trencher fixed on the rope, which is no thicker than a common pack-thread in England. My friend Reldresal,[4] Principal Secretary for Private Affairs, is, in

1. *Good behaviour :* il faut se souvenir que les Lilliputiens, auxquels Gulliver se soumet ainsi, ne mesurent pas tout à fait six pouces de haut, c'est-à-dire une quinzaine de centimètres.

2. *Flimnap :* selon toute vraisemblance, le Premier ministre Sir Robert Walpole, au pouvoir jusqu'en 1742.

3. *Summerset : somersault.*

4. *Reldresal :* selon les commentateurs, il peut s'agir des hommes d'Etat Stanhope, Carteret ou Townshend.

my opinion, if I am not partial, the second after the Treasurer; the rest of the great officers are much upon a par.

These diversions are often attended with fatal accidents, whereof great numbers are on record. I myself have seen two or three candidates break a limb. But the danger is much greater when the Ministers themselves are commanded to show their dexterity; for by contending to excel themselves and their fellows, they strain so far, that there is hardly one of them who hath not received a fall, and some of them two or three. I was assured that a year or two before my arrival, Flimnap would have infallibly broke his neck, if one of the *King's cushions*,[1] that accidentally lay on the ground, had not weakened the force of his fall.

There is likewise another diversion, which is only shown before the Emperor and Empress, and first Minister, upon particular occasions. The Emperor lays on a table three fine silken threads[2] of six inches long. One is blue, the other red, and the third green. These threads are proposed as prizes for those persons whom the Emperor hath a mind to distinguish by a peculiar mark of his favour. The ceremony is performed in his Majesty's great chamber of state, where the candidates are to undergo a trial of dexterity very different from the former, and such as I have not observed the least resemblance of in any other country of the old or the new world. The Emperor holds a stick in his hands, both ends parallel to the horizon, while the candidates, advancing one by one, sometimes leap over the stick, sometimes creep under it backwards and forwards several times, acording as the stick is advanced or depressed. Sometimes the Emperor holds one end of the stick, and his first Minister the other; sometimes the Minister has it entirely to himself. Whoever performs his part with most agility, and holds out the longest in *leaping* and *creeping*, is rewarded with the blue-coloured silk; the red is given to the next, and the green to the third, which they all wear girt twice round about the middle; and you see few great persons about this Court who are not adorned with one of these girdles.

("A Voyage to Lilliput", chap. 3)

1. *One of the* King's cushions : allusion à la duchesse de Kendal, maîtresse du roi George Ier, et qui, après la démission forcée de Walpole en 1717, aide celui-ci à revenir au pouvoir en 1721.

2. *Three fine silken threads :* allusion à trois hautes décorations — l'ordre de la Jarretière (en bleu), l'ordre du Bain (en rouge), l'ordre du Chardon (en vert).

This Academy[1] is not an entire single building, but a continuation of several houses on both sides of a street, which growing waste was purchased and applied to that use.

I was received very kindly by the Warden, and went for many days to the Academy. Every room hath in it one or more projectors,[2] and I believe I could not be in fewer than five hundred rooms.

The first man I saw was of a meagre aspect, with sooty hands and face, his hair and beard long, ragged and singed in several places. His clothes, shirt, and skin were all of the same colour. He had been eight years upon a project for extracting sunbeams out of cucumbers, which were to be put into vials hermetically sealed, and let out to warm the air in raw inclement summers. He told me, he did not doubt in eight years more, that he should be able to supply the Governor's gardens with sunshine at a reasonable rate; but he complained that his stock was low, and entreated me to give him something as an encouragement to ingenuity, especially since this had been a very dear season for cucumbers. I made him a small present, for my Lord[3] had furnished me with money on purpose, because he knew their practice of begging from all who go to see them.

I went into another chamber, but was ready to hasten back, being almost overcome with a horrible stink. My conductor pressed me forward, conjuring me in a whisper to give no offence, which would be highly resented, and therefore I durst not so much as stop my nose. The projector of this cell was the most ancient student[4] of the Academy. His face and beard were of a pale yellow; his hands and clothes daubed over with filth. When I was presented to him, he gave me a very close embrace (a compliment I could well have excused). His employment from his first coming into the Academy was an operation to reduce human excrement to its original food, by separating the several parts, removing the tincture which it receives from the gall, making the odour exhale, and scumming off the saliva. He had a weekly

1. L'Académie de Lagado que Gulliver découvre lors de son troisième voyage, est une distorsion satirique de la *Royal Society* de Londres, société savante fondée en 1662. Ses savants font également penser aux « abstracteurs de la Quinte Essence » évoqués par Rabelais dans son *Cinquième Livre*.

2. *Projectors :* inventeurs.

3. *My Lord :* il s'agit de Munodi, hôte de Gulliver.

4. *Student :* savant, chercheur.

allowance from the Society of a vessel filled with human ordure, about the bigness of a Bristol barrel.

I saw another at work to calcine ice into gunpowder, who likewise showed me a treatise he had written concerning the malleability of fire, which he intended to publish.

There was a most ingenious architect who had contrived a new method for building houses, by beginning at the roof and working downwards to the foundation, which he justified to me by the like practice of those two prudent insects, the bee and the spider.

There was a man born blind, who had several apprentices in his own condition: their employment was to mix colours for painters, which their master taught them to distinguish by feeling and smelling. It was indeed my misfortune to find them at that time not very perfect in their lessons, and the professor himself happened to be generally mistaken: this artist is much encouraged and esteemed by the whole fraternity.

In another apartment I was highly pleased with a projector, who had found a device of ploughing the ground with hogs, to save the charges of ploughs, cattle, and labour. The method is this; in an acre of ground you bury, at six inches distance, and eight deep, a quantity of acorns, dates, chestnuts, and other mast[1] or vegetables whereof these animals are fondest: then you drive six hundred or more of them into the field, where in a few days they will root up the whole ground in search of their food, and make it fit for sowing, at the same time manuring it with their dung; it is true upon experiment they found the charge and trouble very great, and they had little or no crop. However, it is not doubted that this invention may be capable of great improvement.

("A Voyage to Laputa", chap. 5)

In ten days Don Pedro,[2] to whom I had given some account of my domestic affairs, put it upon me[3] as a point of honour and conscience, that I ought to return to my native country, and live

1. *Mast :* faînes (fruit du hêtre) et châtaignes dont on nourrit les porcs.
2. *Don Pedro :* capitaine du navire portugais qui a recueilli Gulliver à son retour du pays des Houyhnhnms.
3. *Put it upon me :* me fit valoir avec insistance.

at home with my wife and children. He told me, there was an English ship in the port just ready to sail, and he would furnish me with all things necessary. It would be tedious to repeat his arguments, and my contradictions. He said, it was altogether impossible to find such a solitary island as I had desired to live in; but I might command in my own house, and pass my time in a manner as recluse as I pleased.

I complied at last, finding I could not do better. I left Lisbon the 24th day of November, in an English merchantman, but who was the master I never inquired. Don Pedro accompanied me to the ship, and lent me twenty pounds. He took kind leave of me, and embraced me at parting, which I bore as well as I could. During this last voyage I had no commerce with the master or any of his men, but pretending I was sick kept close in my cabin. On the fifth of December, 1715, we cast anchor in the Downs[1] about nine in the morning, and at three in the afternoon I got safe to my house at Redriff.[2]

My wife and family received me with great surprise and joy, because they concluded me certainly dead; but I must freely confess the sight of them filled me only with hatred, disgust and contempt, and the more by reflecting on the near alliance I had to them. For, although since my unfortunate exile from the Houyhnhnm[3] country, I had compelled myself to tolerate the sight of Yahoos,[4] and to converse with Don Pedro de Mendez, yet my memory and imaginations were perpetually filled with the virtues and ideas of those exalted Houyhnhnms. And when I began to consider, that by copulating with one of the Yahoo species, I had become a parent of more, it struck me with the utmost shame, confusion and horror.

As soon as I entered the house, my wife took me in her arms, and kissed me, at which, having not been used to the touch of that odious animal for so many years, I fell in a swoon for almost an hour. At the time I am writing it is five years since my last return to England: during the first year I could not endure my wife or

1. *The Downs :* les « Dunes » ; zone maritime qui longe la côte est du Kent.

2. *Redriff :* Rotherhithe, au bord de la Tamise, à l'est de Londres.

3. *Houyhnhnm :* prononcer *whinnim* — allusion probable au hennissement de ces chevaux (trop) parfaits, qui ont tourné la tête à Gulliver.

4. *Yahoos :* autre terme inventé par Swift ; ces sous-hommes représentent entre autres l'humanité corrompue par le péché originel.

children in my presence, the very smell of them was intolerable, much less could I suffer them to eat in the same room. To this hour they dare not presume to touch my bread, or drink out of the same cup, neither was I ever able to let one of them take me by the hand. The first money I laid out was to buy two young stone-horses,[1] which I keep in a good stable, and next to them the groom is my greatest favourite; for I feel my spirits revived by the smell he contracts in the stable. My horses understand me tolerably well; I converse with them at least four hours every day. They are strangers to bridle or saddle, they live in great amity with me, and friendship to each other.

("A Voyage to the Houyhnhnms", chapter 11)

A Modest Proposal
for Preventing the Children of Poor People in Ireland,
from Being a Burden to their Parents or Country;
and for Making them Beneficial to the Publick (1729)

It is a melancholy object to those who walk through this great town,[2] or travel in the country, when they see the *streets*, the *roads*, and *cabin-doors* crowded with *beggars* of the female sex, followed by three, four, or six children, *all in rags*, and importuning every passenger for an alms. These *mothers* instead of being able to work for their honest livelihood, are forced to employ all their time in strolling[3] to beg sustenance for their *helpless infants* who, as they grow up, either turn *thieves* for want of work, or leave their *dear Native Country to fight for the Pretender* in Spain,[4] or sell themselves to the Barbadoes.

I think it is agreed by all parties that this prodigious number of children, in the arms, or on the backs, or at the *heels* of their *mothers*, and frequently of their fathers, is *in the present deplorable state of the kingdom*, a very great additional grievance; and therefore whoever could find out a fair, cheap and easy method of making

1. *Stone-horses :* étalons.
2. *This great town :* Dublin.
3. *Strolling :* vagabonder en mendiant.
4. Allusion au prince James Francis Edward (1688-1766), fils de Jacques II, et prétendant au trône après la mort de son père en exil, en 1701.

these children sound useful members of the commonwealth would deserve so well of the public, as to have his statue set up for a preserver of the nation.

But my intention is very far from being confined to provide only for the children of *professed beggars*, it is of a much greater extent, and shall take in the whole number of infants at a certain age, who are born of parents in effect as little able to support them as those who demand our charity in the streets.

As to my own part, having turned my thoughts for many years upon this important subject, and maturely weighed the several *schemes of other projectors*, I have always found them grossly mistaken in their computation. It is true a child *just dropped from its dam* may be supported by her milk for a solar year with little other nourishment, at most not above the value of two shillings, which the mother may certainly get, or the value in *scraps*, by her lawful occupation of *begging*. And it is exactly at one year old that I propose to provide for them in such a manner as, instead of being a charge upon their *parents*, or the *parish*, or *wanting food and raiment* for the rest of their lives, they shall, on the contrary, contribute to the feeding and partly to the clothing of many thousands.

There is likewise another great advantage in my scheme, that it will prevent those *voluntary abortions*, and that horrid practice of *women murdering their bastard children*, alas! too frequent among us, sacrificing the *poor innocent babes*, I doubt, more to avoid the expense than the shame, which would move tears and pity in the most savage and inhuman breast.

The number of souls in this kingdom being usually reckoned one million and a half, of these I calculate there may be about two hundred thousand couple whose wives are breeders, from which number I subtract thirty thousand couples who are able to maintain their own children, although I apprehend there cannot be so many under *the present distresses of the kingdom*, but this being granted, there will remain an hundred and seventy thousand breeders. I again subtract fifty thousand for those women who miscarry, or whose children die by accident, or disease within the year. There only remain an hundred and twenty thousand children of poor parents annually born. The question therefore is, how this number shall be reared and provided for, which, as I have already said, under the present situation of affairs is utterly impossible by all the methods hitherto proposed, for we can *neither employ them in handicraft*, or *agriculture*; we neither build houses (I mean in the country) nor cultivate land: they can very seldom pick up a livelihood *by stealing* till they arrive at six years old, except where they are of towardly parts,[1] although I confess they learn the rudiments much earlier, during which time they can however be properly looked upon only as *probationers*, as I have been informed by a principal gentleman in the County of Cavan, who protested to me that he never knew above one or two instances under the age of six, even in a part of the kingdom *so renowned for the quickest proficiency in that art*.

I am assured by our merchants that a boy or a girl, before twelve years old, is no saleable commodity, and even when they come to this age, they will not yield above three pounds, or three pounds and half-a-crown at most on the Exchange, which cannot turn to account either to the parents or the kingdom, the charge of nutriment and rags having been at least four times that value.

I shall now therefore humbly propose my own thoughts, which I hope will not be liable to the least objection.

I have been assured by a very knowing American of my acquaintance in London, that a young healthy child, well nursed, is at a year old a most delicious, nourishing, and wholesome food, whether *stewed, roasted, baked*, or *boiled*, and I make no doubt that it will equally serve in a *fricassee*, or a *ragout*.

I do therefore humbly offer it to *public consideration*, that of the hundred and twenty thousand children, already computed, twenty thousand may be reserved for breed, whereof only one fourth part to be males, which is more than we allow to *sheep, black-cattle*, or *swine*; and my reason is that these children are seldom the fruits of marriage, *a circumstance not much regarded by our savages*; therefore *one male* will be sufficient to serve *four females*. That the remaining hundred thousand may at a year old be offered in sale to the *persons of quality* and *fortune*, through the kingdom, always advising the mother to let them suck plentifully of the last month, so as to render them plump and fat for a good table. A child will make two dishes at an entertainment for friends, and when the family dines alone the fore or hind quarter will make a reasonable dish, and seasoned with a little pepper or salt will be very good boiled on the fourth day, especially in *winter*.

1. *Of towardly parts* : pleins de promesses.

I have reckoned upon a medium,[1] that a child just born will weigh 12 pounds, and in a solar year if tolerably nursed increaseth to 28 pounds.

I grant this food will be somewhat dear, and therefore very *proper for landlords*, who, as they have already devoured most of the parents, seem to have the best title to the children.

Infants' flesh will be in season throughout the year, but more plentiful in *March*, and a little before and after, for we are told by a grave author,[2] an eminent French physician, that *fish being a prolific diet*, there are more children born in *Roman Catholic countries* about nine months after *Lent*, than at any other season; therefore reckoning a year after *Lent*, the markets will be more glutted than usual, because the number of *Popish infants* is at least three to one in this kingdom, and therefore it will have one other collateral advantage by lessening the number of *Papists* among us.

I have already computed the charge of nursing a beggar's child (in which list I reckon all *cottagers*, *labourers*, and four fifths of the *farmers*) to be about two shillings *per annum*, rags included, and I believe no gentleman would repine to give ten shillings for the *carcass of a good fat child*, which, as I have said, will make four dishes of excellent nutritive meat, when he hath only some particular friend, or his own family to dine with him. Thus the Squire will learn to be a good landlord, and grow popular among his tenants, the mother will have eight shillings net profit, and be fit for work till she produces another child.

Those who are more thrifty *(as I must confess the times require)* may flay the carcass; the skin of which, artificially dressed, will make admirable *gloves for ladies*, and *summer boots for fine gentlemen*.

As to our City of Dublin, shambles may be appointed for this purpose in the most convenient parts of it, and butchers we may be assured will not be wanting, although I rather recommend buying the children alive, and dressing them hot from the knife, as we do *roasting pigs*.

A very worthy person, *a true lover of his country*, and whose virtues I highly esteem, was lately pleased in discoursing on this matter, to offer a refinement upon my scheme. He said that many gentlemen of this kingdom, having of late destroyed their deer, he

1. *Upon a medium :* en moyenne.
2. *A grave author :* Rabelais.

conceived that the want of venison might be well supplied by the bodies of young lads and maidens not exceeding fourteen years of age, nor under twelve, so great a number of both sexes in every country being now ready to starve for want of work and service: and these to be disposed of by their parents if alive, or otherwise by their nearest relations. But with due deference to so excellent a friend and so deserving a patriot, I cannot be altogether in his sentiments; for as to the males, my American acquaintance assured me from frequent experience that their flesh was generally tough and lean, like that of our schoolboys, by continual exercise, and their taste disagreeable, and to fatten them would not answer the charge. Then as to the females, it would I think with humble submission, *be a loss to the public*, because they soon would become breeders themselves. And besides, it is not improbable that some scrupulous people might be apt to censure such a practice (although indeed very unjustly) as a little bordering upon cruelty, which, I confess, hath always been with me the strongest objection against any project, however so well intended.

But in order to justify my friend, he confessed that this expedient was put into his head by the famous *Psalmanazar*,[1] a native of the island Formosa, who came from thence to London above twenty years ago, and in conversation told my friend that in his country when any young person happened to be put to death, the executioner sold the carcass to *persons of quality*, as a prime dainty, and that in his time, the body of a plump girl of fifteen, who was crucified for an attempt to poison the emperor, was sold to his Imperial *Majesty's Prime Minister of State*, and other great *Mandarins* of the Court, *in joints from the gibbet*, at four hundred crowns. Neither indeed can I deny, that if the same use were made of several plump young girls in this town, who, without one single groat to their fortunes, cannot stir abroad without a chair, and appear at the *playhouse* and *assemblies* in foreign fineries which they never will pay for, the kingdom would not be the worse.

Some persons of a desponding spirit are in great concern about that vast number of poor people who are aged, diseased, or maimed, and I have been desired to employ my thoughts what

1. *The famous* Psalmanazar : George Psalmanazar, imposteur prétendument né à Formose, auteur d'une histoire de cette île.

course may be taken to ease the nation of so grievous an encumbrance. But I am not in the least pain upon that matter, because it is very well known that they are every day *dying*, and *rotting*, by *cold* and *famine*, and *filth*, and *vermin*, as fast as can be reasonably expected. And as to the younger labourers they are now in almost as hopeful a condition. They cannot get work, and consequently pine away for want of nourishment, to a degree that if at any time they are accidentally hired to common labour, they have not strength to perform it; and thus the country and themselves are happily delivered from the evils to come.

I have too long digressed, and therefore shall return to my subject. I think the advantages by the proposal which I have made are obvious and many, as well as of the highest importance.

For *first*, as I have already observed, it would greatly lessen the *number of Papists*, with whom we are yearly over-run, being the principal breeders of the nation as well as our most dangerous enemies, and who stay at home on purpose with a design to *deliver the kingdom to the Pretender*; hoping to take their advantage by the absence of *so many good Protestants*, who have chosen rather to leave their country than stay at home and pay tithes against their conscience to an *Episcopal curate*.

Secondly, the poorer tenants will have something valuable of their own, which by law may be made liable to distress, and help to pay their landlord's rent, their corn and cattle being already seized, and *money a thing unknown*.

Thirdly, whereas the maintenance of an hundred thousand children, from two years old and upwards, cannot be computed at less than ten shillings a piece *per annum*, the nation's stock will be thereby increased fifty thousand pounds *per annum*, besides the profit of a new dish introduced to the tables of all *gentlemen of fortune* in the kingdom who have any refinement in taste; and the money will circulate among ourselves, the goods being entirely of our own growth and manufacture.

Fourthly, the constant breeders, besides the gain of eight shillings *sterling per annum* by the sale of their children, will be rid of the charge of maintaining them after the first year.

Fifthly, this food would likewise bring great *custom to taverns*, where the vintners will certainly be so prudent as to procure the best receipts for dressing it to perfection, and consequently have their houses frequented by all the *fine gentlemen*, who justly value themselves upon their knowledge in good eating; and a skilful cook, who understands how to oblige his guests, will contrive to make it as expensive as they please.

Sixthly, this would be a great inducement to marriage, which all wise nations have either encouraged by rewards, or enforced by laws and penalties. It would increase the care and tenderness of mothers toward their children, when they were sure of a settlement for life to the poor babes, provided in some sort by the public to their annual profit instead of expense. We should see an honest emulation among the married women, *which of them could bring the fattest child to the market*. Men would become as *fond* of their wives, during the time of their pregnancy, as they are now of their *mares* in foal, their *cows* in calf, or *sows* when they are ready to farrow; nor offer to beat or kick them (as it is too *frequent* a practice) for fear of a miscarriage.

Many other advantages might be enumerated. For instance, the addition of some thousand carcasses in our exportation of barrelled beef; the propagation of *swine's flesh* and improvement in the art of making good *bacon*, so much wanted among us by the great destruction of *pigs*, too frequent at our tables, which are no way comparable in taste, or magnificence to a well-grown, fat yearling child, which roasted whole will make a considerable figure at a *Lord Mayor's feast*, or any other public entertainment. But this and many others I omit, being studious of brevity.

Supposing that one thousand families in this city, would be constant customers for infants' flesh, besides others who might have it at *merry-meetings*, particularly *weddings* and *christenings*, I compute that Dublin would take off annually about twenty thousand carcasses, and the rest of the kingdom (where probably they will be sold somewhat cheaper) the remaining eighty thousand.

I can think of no one objection that will possibly be raised against this proposal, unless it should be urged that the number of people will be thereby much lessened in the kingdom. This I freely own, and it was indeed one principal design in offering it to the world. I desire the reader will observe, that I calculate my remedy *for this one individual Kingdom of IRELAND, and for no other that ever was, is, or, I think, ever can be upon earth*. Therefore let no man talk to me of other expedients: *Of taxing our absentees at five shillings a pound: Of using neither clothes, nor household furniture, except what is of our own growth and manufacture: Of utterly rejecting the materials and instruments that promote foreign luxury: Of curing the expensiveness of pride, vanity, idleness, and gaming in our women: Of introducing a vein of parsimony, prudence and temperance: Of learning to love our Country, wherein we differ even from LAPLANDERS, and the inhabitants of TOPINAMBOO:*[1] *Of quitting our animosities and factions, nor act any longer like the Jews, who were murdering one another at the very moment their city was taken:*[2] *Of being a litle cautious not to sell our country and consciences for nothing: Of teaching landlords to have at least one degree of mercy toward their tenants. Lastly of putting a spirit of honesty, industry and skill into our shopkeepers, who, if a resolution could now be taken to buy only our native goods, would immediately unite to cheat and exact upon us in the price, the measure, and the goodness, nor could ever yet be brought to make one fair proposal of just dealing, though often and earnestly invited to it.*

Therefore I repeat, let no man talk to me of these and the like expedients, till he hath at least some glimpse of hope that there will ever be some hearty and sincere attempt to put them in practice.

But as to myself, having been wearied out for many years with offering vain, idle, visionary thoughts, and at length utterly despairing of success, I fortunately fell upon this proposal, which as it is wholly new, so it hath something solid and real, of no expense and little trouble, full in our own power, and whereby we can incur no danger in *disobliging England.* For this kind of commodity will not bear exportation, the flesh being of too tender a consistence to admit a long continuance in salt, *although perhaps I could name a country which would be glad to eat up our whole nation without it.*

After all, I am not so violently bent upon my own opinion as to reject any offer proposed by wise men, which shall be found equally innocent, cheap, easy and effectual. But before something of that kind shall be advanced in contradiction to my scheme, and offering a better, I desire the author, or authors, will be pleased maturely to consider two points. *First,* as things now stand, how they will be able to find food and raiment for an hundred thousand useless mouths and backs. And *secondly,* there being a round million of creatures in human figure throughout this kingdom, whose whole subsistence put into a common stock

1. Inhabitants of TOPINAMBOO : tribu d'Indiens du Brésil.
2. Allusion au siège de Jérusalem par Titus, en 70 après J.-C.

would leave them in debt two millions of pounds *sterling*; adding those who are beggars by profession, to the bulk of farmers, cottagers and labourers with their wives and children, who are beggars in effect; I desire those *politicians* who dislike my overture and may perhaps be so bold to attempt an answer, that they will first ask the parents of these mortals, whether they would not at this day think it a great happiness to have been sold for food at a year old, in the manner I prescribe; and thereby have avoided such a perpetual scene of misfortunes as they have since gone through, by the *oppression of landlords*, the impossibility of paying rent without money or trade, the want of common sustenance, with neither house nor clothes to cover them from the inclemencies of the weather, and the most inevitable prospect of entailing the like, or greater miseries upon their breed for ever.

I profess in the sincerity of my heart that I have not the least personal interest in endeavouring to promote this necessary work, having no other motive than the *public good of my country, by advancing our trade, providing for infants, relieving the poor, and giving some pleasure to the rich.* I have no children, by which I can propose to get a single penny; the youngest being nine years old, and my wife past child-bearing.

JOSEPH ADDISON (1672-1719)

Né la même année que son ami et condisciple Sir Richard Steele (1672-1729), Addison est à la fois un homme public et un admirable érudit. Membre du Parlement, ami des whigs*, un temps ministre, il est aussi poète et dramaturge reconnu. Sa tragédie d'inspiration très classique, *Cato* (1713), remporte un énorme succès. Mais c'est surtout le maître de l'essai que la postérité voit en lui. Addison collabore au périodique de Steele, *The Tatler*, qui paraît trois fois par semaine de 1709 à 1711. Puis, avec Steele toujours, il fonde en 1711 une nouvelle publication, *The Spectator*, qui paraît selon un rythme quotidien de mars 1711 à décembre 1712, et ressuscite pour quelques mois en 1714. Bénéficiant d'une diffusion fort large pour l'époque, *The Spectator* contribue pour une large part à l'éducation du public anglais ainsi qu'à l'unification du goût. Porteurs d'urbanité et de tolérance, réfractaires à l'invective qu'affectionnent les grands satiristes, les essais du *Spectator* tiennent sur les phénomènes culturels et sur les questions de société un discours qui, pour être dénué de dogmatisme, n'en demeure pas moins subtilement moralisateur, et animé à l'occasion d'une discrète subjectivité. Addison apporte au *Spectator* l'élégance concise d'un style clair, équilibré, mais qui sait aussi accueillir une familiarité de bon ton. Avec les personnages fictifs du « Spectator Club » — Sir Roger de Coverley, archétype attachant du *squire* campagnard, Sir Andrew Freeport, en qui s'incarne la nouvelle classe marchande, Will Honeycomb, ou « Mr Spectator » lui-même, à qui est dévolu l'usage de la première personne —, ces petites vignettes finement ciselées pourraient servir à illustrer l'adage de Pope, « The proper study of mankind is man ».

BIBLIOGRAPHIE SÉLECTIVE. — Alexandre Maurocordato, *La critique classique en Angleterre de la Restauration à la mort de Joseph Addison*, Paris, Didier, 1963.

The Spectator

Upon my going into the church,[1] I entertained myself with the digging of a grave; and saw in every shovelful of it that was thrown up, the fragment of a bone or skull intermixed with a kind of fresh mouldering earth that some time or other had a place in the composition of a human body. Upon this I began to consider with myself what innumerable multitudes of people lay confused together under that pavement of that ancient cathedral; how men and women, friends and enemies, priests and soldiers, monks and prebendaries, were crumbled amongst one another, and blended together in the same common mass; how beauty, strength, and youth, with old age, weakness, and deformity, lay undistinguished in the same promiscuous heap of matter.

1. *The church :* l'abbaye de Westminster.

After having thus surveyed this great magazine of mortality, as it were in the lump, I examined it more particularly by the accounts which I found on several of the monuments which are raised in every quarter of that ancient fabric. Some of them were covered with such extravagant epitaphs that, if it were possible for the dead person to be acquainted with them, he would blush at the praises which his friends have bestowed upon him. There are others so excessively modest that they deliver the character of the person departed in Greek or Hebrew, and by that means are not understood once in a twelve-month. In the poetical quarter, I found there were poets who had no monuments, and monuments which had no poets. I observed indeed that the present war[1] had filled the church with many of these uninhabited monuments, which had been erected to the memory of persons whose bodies were perhaps buried in the plains of Blenheim,[2] or in the bosom of the ocean.

I could not but be very much delighted with several modern epitaphs, which are written with great elegance of expression and justness of thought, and therefore do honour to the living as well as to the dead. As a foreigner is very apt to conceive an idea of the ignorance or politeness of a nation from the turn of their public monuments and inscriptions, they should be submitted to the perusal of men of learning and genius before they are put in execution. Sir Cloudesley Shovel's[3] monument has very often given me great offence. Instead of the brave, rough English admiral, which was the distinguishing character of that plain, gallant man, he is represented on his tomb by the figure of a beau, dressed in a long periwig, and reposing himself upon velvet cushions under a canopy of state. The inscription is answerable to the monument, for instead of celebrating the many remarkable actions he had performed in the service of his country, it acquaints us only with the manner of his death, in which it was impossible for him to reap any honour. The Dutch, whom we are apt to despise for want of genius, show an infinitely greater taste of antiquity and politeness in their buildings and works of this nature, than what we meet with in those of our own country. The

1. *The present war :* guerre de la Succession d'Espagne (1701-1714).
2. *Blenheim :* victoire remportée le 13 août 1704 par le duc de Marlborough et le prince Eugène de Savoie sur une armée franco-bavaroise.
3. *Sir Cloudesley Shovel :* amiral anglais (1650-1707).

monuments of their admirals, which have been erected at the public expense, represent them like themselves, and are adorned with rostral crowns and naval ornaments, with beautiful festoons of seaweed, shells, and coral.

But to return to our subject. I have left the repository of our English kings for the contemplation of another day, when I shall find my mind disposed for so serious an amusement. I know that entertainments of this nature are apt to raise dark and dismal thoughts in timorous minds and gloomy imaginations; but for my own part, though I am always serious, I do not know what it is to be melancholy, and can therefore take a view of nature in her deep and solemn scenes, with the same pleasure as in her most gay and delightful ones. By this means, I can improve myself with those objects which others consider with terror. When I look upon the tombs of the great, every emotion of envy dies in me; when I read the epitaphs of the beautiful, every inordinate desire goes out; when I meet with the grief of parents upon a tombstone, my heart melts with compassion; when I see the tomb of the parents themselves, I consider the vanity of grieving for those whom we must quickly follow; when I see kings lying by those who deposed them, when I consider rival wits placed side by side, or the holy men that divided the world with their contests and disputes, I reflect with sorrow and astonishment on the little competitions, factions, and debates of mankind. When I read the several dates of the tombs—of some that died yesterday, and some six hundred years ago—I consider that great day when we shall all of us be contemporaries, and make our appearance together.

(N° 26, Friday, March 30, 1711)

JOHN GAY (1685-1732)

Poète de talent, Gay offre, avec *The Shepherd's Week* (1714), une plaisante subversion du genre pastoral, et ses *Fables* sont rééditées tout au long du XVIIIe siècle. Mais c'est au théâtre qu'il donne toute sa mesure. Il compose diverses pièces, dont *Three Hours After Marriage* (1717), comédie écrite en collaboration avec Pope et Arbuthnot, ses amis du Scriblerus Club*. Son opéra-ballade de 1728, *The Beggar's Opera*, est son œuvre majeure et son plus grand succès. Par allusion à John Rich, qui fit représenter la pièce dans son théâtre de Lincoln's Field Inns, on a dit plaisamment que cette sorte de comédie musicale avant la lettre « had made Rich gay and Gay rich ». Union heureuse de la musique et du texte, riposte parodique à l'opéra italien, *The Beggar's Opera* permet à Gay — proche des tories* — de dénoncer à demi-mot la corruption du système mis en place par le Premier Ministre Walpole. Mais il faut y voir aussi une satire plus générale et plus complexe, dont la richesse ironique provient de la mise en œuvre dévastatrice d'une inversion systématique des valeurs et des signes. Le cynisme allègre que professent les personnages témoigne de la vacuité éthique d'une société humaine où l'intérêt a force de loi.

BIBLIOGRAPHIE SÉLECTIVE. — William Empson, *Some Versions of Pastoral*, London, Chatto & Windus, 1935 ; David Nokes, *Raillery and Rage : A Study of Eighteenth Century Satire*, Brighton, Harvester, 1987.

The Beggar's Opera (1728)

PEACHUM, LOCKIT *with an account-book*[1]

LOCKIT In this last affair, Brother Peachum, we are agreed. You have consented to go halves in Macheath.[2]

PEACHUM We shall never fall out about an execution. But as to that article, pray how stands our last year's account?

LOCKIT If you will run your eye over it, you'll find 'tis fair and clearly stated.

PEACHUM This long arrear of the Government[3] is very hard

1. Peachum, chef de bande et receleur, grassement payé par le gouvernement lorsqu'il fait condamner ses complices, fait ses comptes avec son compère Lockit, geôlier de la prison de Newgate, censé représenter la loi. Les spectateurs de l'époque ont vu dans cette scène une parodie des relations entre le Premier Ministre Walpole et son beau-frère Lord Townshend.

2. *Macheath :* chef d'une bande rivale, séduisant, cynique mais généreux, il a épousé secrètement Polly, fille de Peachum ; ce dernier veut le faire pendre et faire goûter à sa fille « the comfortable estate of widowhood ».

3. *Arrear of the Government :* retard mis par les pouvoirs publics à verser les primes dues aux informateurs.

upon us! Can it be expected that we should hang our acquaintance for nothing, when our betters will hardly save theirs without being paid for it. Unless the people in employment pay better, I promise them for the future, I shall let other rogues live besides their own.

LOCKIT Perhaps, brother, they are afraid these matters may be carried too far. We are treated too by them with contempt, as if our profession were not reputable.

PEACHUM In one respect indeed, our employment may be reckoned dishonest, because, like great statesmen, we encourage those who betray their friends.

LOCKIT Such language, brother, anywhere else, might turn to your prejudice. Learn to be more guarded, I beg you.

AIR XXX How happy are we

When you censure the age,
Be cautious and sage,
Lest the courtiers offended should be:
If you mention vice or bribe,
'Tis so pat to all the tribe;
Each cries—That was levelled at me.

PEACHUM Here's poor Ned Clincher's name, I see. Sure, brother Lockit, there was a little unfair proceeding in Ned's case: for he told me in the condemned hold,[1] that for value received, you had promised him a Session or two longer without molestation.

LOCKIT Mr Peachum—this is the first time my honour was ever called in question.

PEACHUM Business is at an end—if once we act dishonourably.

LOCKIT Who accuses me?

PEACHUM You are warm, brother.

LOCKIT He that attacks my honour, attacks my livelihood. And this usage—sir—is not to be born.

PEACHUM Since you provoke me to speak—I must tell you too, that Mrs Coaxer charges you with defrauding her of

1. *Hold :* cellule.

her information-money, for the apprehending of curl-pated Hugh. Indeed, indeed, brother, we must punctually pay our spies, or we shall have no information.

LOCKIT Is this language to me, sirrah—who have saved you from the gallows, sirrah[1] [*Collaring each other.*]

PEACHUM If I am hanged, it shall be for ridding the world of an arrant rascal.

LOCKIT This hand shall do the office of the halter you deserve, and throttle you—you dog!

PEACHUM Brother, brother—we are both in the wrong—we shall be both losers in the dispute—for you know we have it in our power to hang each other. You should not be so passionate.

LOCKIT Nor you so provoking.

PEACHUM 'Tis our mutual interest; 'tis for the interest of the world we should agree. If I said anything, brother, to the prejudice of your character, I ask pardon.

LOCKIT Brother Peachum—I can forgive as well as resent. Give me your hand. Suspicion does not become a friend.

PEACHUM I only meant to give you occasion to justify yourself. But I must now step home, for I expect the gentleman about this snuff-box, that Filch nimmed[2] two nights ago in the park. I appointed him at this hour.

(Act II, scene x)

1. *Sirrah :* drôle, coquin.
2. *Nimmed :* a volé.

Les grands romanciers du XVIIIe siècle

Si la publication de *Robinson Crusoe* en 1719 peut être considérée comme l'acte de naissance du roman anglais moderne — naissance précédée, et depuis longtemps, par toute une floraison de récits en prose —, l'impulsion décisive se produit deux décennies plus tard. La période qui va de la publication de la première partie de *Pamela* en 1740 à celle de *Humphry Clinker* en 1771 représente l'âge d'or du roman du XVIIIe siècle. L'éclosion de ce genre littéraire, qui peut s'expliquer, entre autres, par les mutations sociologiques que connaît l'Angleterre et, notamment, par le développement des classes moyennes, l'essor de la lecture, la création d'une véritable industrie du livre, et par l'importance croissante des femmes dans le paysage culturel, se traduit par une prolifération de romans, de valeur nécessairement fort inégale, et dont émergent cinq grands noms : Defoe, Richardson, Fielding, Smollett et Sterne sont à coup sûr les romanciers majeurs du siècle.

Sans doute n'existe-t-il pas de genre plus délicat à définir que le roman. Cette irréductibilité à toute codification est, au demeurant, l'une des caractéristiques de ce genre. Certes, il existe, au XVIIIe siècle, une diction romanesque convenue faite de véritables recettes — et qu'exploitent à satiété les romanciers mineurs. Mais le paradoxe veut qu'à peine établi, le roman sécrète — avec Sterne — sa propre parodie et sa propre subversion.

Le déclin relatif de la forme — et peut-être de l'esprit — de la satire à partir du milieu du XVIIIe siècle, l'affinement du sens de la nuance et de la complexité psychologique expliquent qu'humour et comédie tendent à contrebalancer les formes d'écriture les plus corrosives. Le roman facilite cette évolution et il s'en nourrit, de même qu'il offre un idiome particulièrement approprié à la réflexion morale, qui est l'une des préoccupations majeures de ce siècle.

BIBLIOGRAPHIE SÉLECTIVE. — Jean Ducrocq, Suzy Halimi, Maurice Lévy, *Roman et société en Angleterre au XVIIIe siècle,* Paris, PUF, 1978 ; Alain Morvan, *La tolérance dans le roman anglais de 1726 à 1771,* Paris, Didier-Erudition, 1984 ; Clive T. Probyn, *English Fiction of the Eighteenth Century 1700-1789,* London, Longman, 1987.

DANIEL DEFOE (1660-1731)

Fils d'un boutiquier non conformiste*, Daniel Defoe renonce à se faire pasteur, et s'essaie sans succès au négoce. Partisan de Monmouth lors de la rébellion de 1685, il soutient Guillaume d'Orange et la Glorieuse Révolution ; dans son poème satirique, *The True-Born Englishman* (1701), il prend la défense du roi, auquel ses adversaires reprochent ses origines hollandaises. Dans un pamphlet de 1702, *The Shortest Way with the Dissenters,* il dénonce l'intolérance de l'Eglise établie et propose ironiquement l'élimination physique des non-conformistes. Cette incartade lui vaut le pilori et la prison. « That fellow who was pilloried », comme l'appelle Swift, qui feint d'oublier son nom, incarne la montée en puissance de la bourgeoisie marchande.

Tour à tour homme de l'ombre, agent secret et publiciste stipendié, Defoe compose une œuvre littéraire d'une prodigieuse abondance. Qualifié de journaliste de génie, aussi à l'aise dans l'évocation historique — avec *A Journal of the Plague Year* (1722) — que dans le reportage ou dans la prospective, il est surtout le promoteur du roman moderne, avec *Robinson Crusoe* (1719), *Captain*

Singleton (1720), *Moll Flanders* (1722), *Colonel Jacque* (1722) et *Roxana* (1724). La souplesse structurelle, la simplicité du style, le sens du détail factuel et souvent chiffré permettent à ces récits de donner l'illusion de l'authenticité. Si Robinson, qui immortalise le personnage du naufragé plein d'ardeur et de ressource, et en qui s'incarnent individualisme et esprit d'entreprise, a acquis la dimension d'un véritable mythe, il faut observer que les héroïnes de Defoe, avec leur ingéniosité qui confine à l'immoralisme, et leur faculté de rebondissement, répondent aux mêmes visées allégoriques. Ainsi, le personnage de Moll Flanders, tout en permettant à Defoe d'évoquer en termes très libres la condition des femmes et notamment leur sexualité, montre comment une marginale — prostituée et voleuse — peut triompher d'un environnement hostile à force de ténacité, d'énergie vitale et de cynisme, et termine sa vie dans un repentir ambigu et une vraie respectabilité.

BIBLIOGRAPHIE SÉLECTIVE. — Maximillian E. Novak, *Economics and the Fiction of Daniel Defoe,* Berkeley, University of California Press, 1962 ; John J. Richetti, *Defoe's Narratives : Situations and Structures,* Oxford, Clarendon Press, 1975.

Robinson Crusoe (1719)

I soon found the place I was in[1] was not for my settlement, particularly because it was upon a low moorish ground near the sea, and I believed would not be wholsome, and more particularly because there was no fresh water near it, so I resolved to find a more healthy and more convenient spot of ground.

I consulted several things in my situation which I found would be proper for me: 1st. health and fresh water I just now mentioned; 2dly. shelter from the heat of the sun; 3dly. security from ravenous creatures, whether men or beasts; 4thly. a view to the sea, that if God sent any ship in sight, I might not lose any

1. Unique rescapé d'un naufrage, Robinson a échoué sur une île déserte ; il lui faut envisager la perspective d'une installation définitive.

advantage for my deliverance, of which I was not willing to banish all my expectation yet.

In search of a place proper for this, I found a little plain on the side of a rising hill, whose front towards this little plain was steep as a house-side, so that nothing could come down upon me from the top; on the side of this rock there was a hollow place worn a little way in like the entrance or door of a cave, but there was not really any cave or way into the rock at all.

On the flat of the green, just before this hollow place, I resolved to pitch my tent. This plain was not above an hundred yards broad, and about twice as long, and lay like a green before my door, and at the end of it descended irregularly every way down into the low-grounds by the sea side. It was on the N.N.W. side of the hill, so that I was sheltered from the heat every day, till it came to a W. and by S. sun, or thereabouts, which in those countries is near the setting.

Before I set up my tent, I drew a half circle before the hollow place which took in about ten yards in its semi-diameter from the rock, and twenty yards in its diameter, from its beginning and ending.

In this half circle I pitched two rows of strong stakes, driving them into the ground till they stood very firm like piles,[1] the biggest end being out of the ground about five foot and a half, and sharpened on the top. The two rows did not stand above six inches from one another.

Then I took the pieces of cable which I had cut in the ship,[2] and I laid them in rows one upon another, within the circle, between these two rows of stakes, up to the top, placing other stakes in the in-side, leaning against them, about two foot and a half high, like a spurr[3] to a post, and this fence was so strong that neither man or beast could get into it or over it. This cost me a great deal of time and labour, especially to cut the piles in the woods, bring them to the place, and drive them into the earth.

The entrance into this place I made to be not by a door, but by a short ladder to go over the top, which ladder, when I

1. *Piles :* pilotis.

2. *In the ship :* à l'aide d'un radeau de fortune, Robinson a récupéré tout ce qui pouvait l'être à bord du bâtiment naufragé, avant la dislocation de ce dernier.

3. *Spurr : spur ;* contrefort.

was in, I lifted over after me, and so I was compleatly fenced in, and fortify'd, as I thought, from all the world and consequently slept secure in the night, which otherwise I could not have done, tho', as it appeared afterward, there was no need of all this caution from the enemies that I apprehended danger from.

Into this fence or fortress, with infinite labour, I carry'd all my riches, all my provisions, ammunition, and stores, of which you have the account above; and I made me a large tent, which, to preserve me from the rains that in one part of the year are very violent there, I made double, viz. one smaller tent within, and one larger tent above it, and covered the uppermost with a large tarpaulin which I had saved among the sails.

And now I lay no more for a while in the bed which I had brought on shore, but in a hammock, which was indeed a very good one, and belonged to the mate of the ship.

Into this tent I brought all my provisions, and every thing that would spoil by the wet, and having thus enclosed all my goods, I made up the entrance, which till now I had left open, and so passed and re-passed, as I said, by a short ladder.

When I had done this, I began to work my way into the rock, and bringing all the earth and stones that I dug down out thro' my tent, I laid 'em up within my fence in the nature of a terras, that so[1] it raised the ground within about a foot and a half; and thus I made me a cave just behind my tent, which served me like a cellar to my house.

Moll Flanders (1722)

As my governess[2] had disguised me like a man, so she joined me with a man, a young fellow that was nimble enough at his business, and for about three weeks we did very well together. Our principal trade was watching shopkeeper's counters, and slipping off any kinds of goods we could see carelessly laid anywhere, and we made several good bargains, as we called them, at this work. And as we kept always together, so we grew very intimate, yet he

1. *That so : so that.*
2. *My governess :* personne qui supervise la carrière de voleuse de Moll.

never knew that I was not a man, nay, though I several times went home with him to his lodgings, according as our business directed, and four or five times lay with him all night. But our design lay another way, and it was absolutely necessary to me to conceal my sex from him, as appeared afterwards.[1] The circumstances of our living, coming in late, and having such business to do as required that nobody should be trusted with coming into our lodgings, were such as made it impossible to me to refuse lying with him, unless I would have owned my sex; and as it was, I effectually concealed myself.

But his ill, and my good, fortune soon put an end to this life, which I must own I was sick of too. We had made several prizes in this new way of business, but the last would have been extraordinary. There was a shop in a certain street which had a warehouse behind it that looked into another street, the house making the corner.

Through the window of the warehouse we saw lying on the counter or showboard, which was just before it, five pieces of silks, besides other stuffs, and though it was almost dark, yet the people, being busy in the fore-shop, had not had time to shut up those windows, or else had forgot it.

This the young fellow was so overjoyed with, that he could not restrain himself. It lay within his reach, he said, and he swore violently to me that he would have it, if he broke down the house for it. I dissuaded him a little, but saw there was no remedy; so he ran rashly upon it, slipped out a square out of the sash window dexterously enough, and got four pieces of the silks, and came with them towards me, but was immediately pursued with a terrible clutter and noise. We were standing together indeed, but I had not taken any of the goods out of his hand, when I said to him hastily, "You are undone!" He ran like lightning, and I too, but the pursuit was hotter after him, because he had the goods. He dropped two of the pieces, which stopped them a little, but the crowd increased, and pursued us both. They took him soon after with the other two pieces, and then the rest followed me. I ran for it and got into my governess's house, whither some quick-eyed people followed me so warmly as to fix me there. They did not

1. Après son arrestation, le complice de Moll tente en vain, pour sauver sa tête, de faire capturer celle-ci. Il sera finalement pendu, au grand soulagement de Moll.

immediately knock at the door, by which I got time to throw off my disguise and dress me in my own clothes; besides, when they came there, my governess, who had her tale ready, kept her door shut, and called out to them and told them there was no man come in there. The people affirmed there did a man come in there, and swore they would break open the door.

My governess, not at all surprised, spoke calmly to them, told them they should very freely come and search her house, if they would bring a constable, and let in none but such as the constable would admit, for it was unreasonable to let in a whole crowd. This they could not refuse, though they were a crowd. So a constable was fetched immediately, and she very freely opened the door; the constable kept the door, and the men he appointed searched the house, my governess going with them from room to room. When she came to my room she called to me, and said aloud, "Cousin, pray open the door; here's some gentlemen that must come and look into your room."

I had a little girl with me, which was my governess's grandchild, as she called her; and I bade her open the door, and there sat I at work with a great litter of things about me, as if I had been at work all day, being undressed, with only night-clothes on my head, and a loose morning-gown about me. My governess made a kind of excuse for their disturbing me, telling partly the occasion of it, and that she had no remedy but to open the doors to them, and let them satisfy themselves, for all she could say would not satisfy them. I sat still, and bid them search if they pleased, for if there was anybody in the house, I was sure they were not in my room; and for the rest of the house, I had nothing to say to that, I did not understand what they looked for.

Everything looked so innocent and so honest about me, that they treated me civiller than I expected; but it was not till they had searched the room to a nicety, even under the bed, and in the bed, and everywhere else, where it was possible anything could be hid. When they had done, and could find nothing, they asked my pardon and went down.

HENRY FIELDING (1707-1754)

Issu d'une grande famille, Fielding poursuit une double carrière d'écrivain et d'homme de loi. Dramaturge, il est aussi publiciste et pamphlétaire — il alimenta ainsi la propagande antijacobite* avec *The True Patriot* (1745-1746) et *The Jacobite's Journal* (1747-1748). Comme satiriste, il sait être féroce. *Shamela* (1741) est une parodie talentueuse, mais injuste, de la *Pamela* de Richardson. Biographie romancée d'un criminel authentique, *Jonathan Wild* (1743) célèbre en termes ironiques la « grandeur » du bandit, derrière laquelle se dessine, en filigrane, celle de l'homme d'Etat en général et du Premier Ministre Walpole en particulier. Avec *Joseph Andrews* (1742), Fielding songe encore à Richardson, puisque le héros Joseph est censé être le frère de Pamela, et qu'il fait montre d'un non moindre attachement à la chasteté. Ce récit d'aventures d'une singulière cocasserie propose une analyse souvent subtile des cheminements de la passion — témoin l'épisode où l'arrogante Lady Booby et son inculte suivante Slipslop, toutes deux éprises de Joseph, font assaut de jalousie sexuelle et de sournoise cruauté. Cette « épopée comique en prose », selon l'expression de Fielding, a immortalisé la figure d'Abraham Adams, pasteur dont la générosité donquichottesque n'a d'égale que la rectitude impécunieuse.

Chef-d'œuvre de Fielding, *Tom Jones* (1749) permet au romancier de présenter, au-delà des aventures du héros, faux enfant trouvé qui finit par épouser l'aimable Sophia Western, une coupe transversale de l'Angleterre du XVIIIe siècle. La truculence s'y assortit d'une exceptionnelle justesse de trait, et l'étude de mœurs n'exclut en rien celle de l'intériorité.

Comme en témoigne son dernier roman, *Amelia* (1751), Fielding est très soucieux des problèmes sociaux. Homme généreux et tolérant, c'est avant tout un moraliste, dont la vision doit beaucoup au latitudinarisme* qui imprègne la pensée religieuse de son époque. Nommé juge de paix en 1748, il contribue avec son demi-frère Sir John Fielding à endiguer la délinquance à Londres. Ses ouvrages sur la société — *An Enquiry into the Causes of the Late Increase of Robbers* (1751) et *A Proposal for Making an Effectual Provision for the Poor* (1753), notamment — illustrent son sens de la charité active, et sa sollicitude non dénuée de rigueur.

BIBLIOGRAPHIE SÉLECTIVE. — Martin C. Battestin, *The Moral Basis of Fielding's Art : A Study of* Joseph Andrews, Middleton, Conn., Wesleyan University Press, 1959 ; J. Paul Hunter, *Occasional Form : Henry Fielding and the Chains of Circumstances*, Baltimore and London, The Johns Hopkins University Press, 1975.

Joseph Andrews (1742)

"Slipslop," said the lady,[1] "I find too much reason to believe all thou hast told me of this wicked Joseph; I have determined to part with him instantly; so go you to the steward, and bid him pay his wages." Slipslop, who had preserved hitherto a distance to her lady—rather out of necessity than inclination—and who thought the knowledge of this secret had thrown down all distinction between them, answered her mistress very pertly—"She wished she knew her own mind; and that she was certain she would call her back again before she was got half-way downstairs." The lady replied, she had taken a resolution and was resolved to keep it. "I am sorry for it," cries Slipslop, "and, if I had known you would have punished the poor lad so severely, you should never have heard a particle of the matter. Here's a fuss indeed about nothing!" "Nothing!" returned my lady; "do you think I will countenance lewdness[2] in my house?" "If you will turn away every footman," said Slipslop, "that is a lover of the sport, you must soon open the coach door yourself, or get a set of mophrodites[3] to wait upon you; and I am sure I hated the sight of them even singing in an opera." "Do as I bid you," says my lady, "and don't shock my ears with your beastly language."

1. *The lady :* Lady Booby, amoureuse de son valet.
2. Slipslop a, par dépit, accusé Joseph d'avoir débauché une femme de chambre.
3. *Mophrodites :* déformation de *hermaphrodites*.

"Marry-come-up,"[1] cries Slipslop, "people's ears are sometimes the nicest[2] part about them."

The lady, who began to admire[3] the new style in which her waiting-gentlewoman delivered herself, and by the conclusion of her speech suspected somewhat of the truth, called her back, and desired to know what she meant by the extraordinary degree of freedom in which she thought proper to indulge her tongue. "Freedom!" says Slipslop; "I dont't know what you call freedom, madam; servants have tongues as well as their mistresses." "Yes, and saucy ones too," answered the lady; "but I assure you I shall bear no such impertinence." "Impertinence! I don't know that I am impertinent," says Slipslop. "Yes, indeed you are," cries my lady, "and unless you mend your manners, this house is no place for you." "Manners!" cries Slipslop; "I never was thought to want manners nor modesty neither; and for places, there are more places than one; and I know what I know." "What do you know, mistress?" answered the lady. "I am not obliged to tell that to everybody," says Slipslop, "any more than I am obliged to keep it a secret." "I desire you would provide yourself," answered the lady. "With all my heart," replied the waiting-gentlewoman; and so departed in a passion, and slapped the door after her.

The lady too plainly perceived that her waiting-gentlewoman knew more than she would willingly have had her acquainted with; and this she imputed to Joseph's having discovered to her what passed at the first interview. This, therefore, blew up her rage against him, and confirmed her in a resolution of parting with him.

But the dismissing Mrs. Slipslop was a point not so easily to be resolved upon. She had the utmost tenderness for her reputation, as she knew on that depended many of the most valuable blessings of life; particularly cards, making curtsies in public places, and, above all, the pleasure of demolishing the reputations of others, in which innocent amusement she had an extraordinary delight. She therefore determined to submit to any insult from a servant, rather than run a risque of losing the title to so many great privileges.

1. *Marry-come-up :* taratata!
2. *Nicest :* la plus délicate.
3. *To admire :* s'étonner de.

She therefore sent for her steward, Mr. Peter Pounce, and ordered him to pay Joseph his wages, to strip off his livery, and to turn him out of the house that evening.

She then called Slipslop up, and, after refreshing her spirits with a small cordial, which she kept in her closet, she began in the following manner:

"Slipslop, why will you, who know my passionate temper, attempt to provoke me by your answers? I am convinced you are an honest servant, and should be very unwilling to part with you. I believe, likewise, you have found me an indulgent mistress on many occasions, and have as little reason on your side to desire a change. I can't help being surprised, therefore, that you will take the surest method to offend me—I mean, repeating my words, which you know I have always detested."

The prudent waiting-gentlewoman had duly weighed the whole matter, and found, on mature deliberation, that a good place in possession was better than one in expectation. As she found her mistress, therefore, inclined to relent, she thought proper also to put on some small condescension, which was as readily accepted; and so the affair was reconciled, all offences forgiven, and a present of a gown and petticoat made her, as an instance of her lady's future favour.

She offered once or twice to speak in favour of Joseph; but found her lady's heart so obdurate, that she prudently dropt all such efforts. She considered there were more footmen in the house, and some as stout fellows, though not quite so handsome, as Joseph; besides, the reader hath already seen her tender advances had not met with the encouragement she might have reasonably expected. She thought she had thrown away a great deal of sack and sweetmeats on an ungrateful rascal; and, being a little inclined to the opinion of that female sect, who hold one lusty young fellow to be nearly as good as another lusty young fellow, she at last gave up Joseph and his cause, and, with a triumph over her passion highly commendable, walked off with her present, and with great tranquillity paid a visit to a stone-bottle, which is of sovereign use to a philosophical temper.

(Book I, chap. IX)

Tom Jones (1749)

Mr Western grew every day fonder and fonder of Sophia, insomuch that his beloved dogs themselves almost gave place to her in his affections; but as he could not prevail on himself to abandon these, he contrived very cunningly to enjoy their company, together with that of his daughter, by insisting on her riding a hunting with him.

Sophia, to whom her father's word was a law, readily complied with his desires, though she had not the least delight in a sport, which was of too rough and masculine a nature to suit with her disposition. She had, however, another motive, beside her obedience, to accompany the old gentleman in the chase; for by her presence she hoped in some measure to restrain his impetuosity, and to prevent him from so frequently exposing his neck to the utmost hazard.

The strongest objection was that which would have formerly been an inducement to her, namely, the frequent meeting with young Jones, whom she had determined to avoid; but as the end of the hunting season now approached, she hoped, by a short absence with her aunt, to reason herself entirely out of her unfortunate passion; and had not any doubt of being able to meet him in the field the subsequent season without the least danger.

On the second day of her hunting, as she was returning from the chase, and was arrived within a little distance from Mr Western's house, her horse, whose mettlesome spirit required a better rider, fell suddenly to prancing and capering in such a manner that she was in the most imminent peril of falling. Tom Jones, who was at a little distance behind, saw this, and immediately galloped up to her assistance. As soon as he came up, he leapt from his own horse, and caught hold of hers by the bridle. The unruly beast presently reared himself on end on his hind legs, and threw his lovely burthen from his back, and Jones caught her in his arms.

She was so affected with the fright, that she was not immediately able to satisfy Jones, who was very sollicitous to know whether she had received any hurt. She soon after, however, recovered her spirits, assured him she was safe, and thanked him for the care he had taken of her. Jones answered, "If I have preserved you, madam, I am sufficiently repaid; for I promise you, I would have secured you from the least harm at the expense of a much greater misfortune to myself than I have suffered on this occasion."

"What misfortune?" replied Sophia eagerly. "I hope you have come to no mischief?"

"Be not concerned, madam," answered Jones. "Heaven be praised you have escaped so well, considering the danger you was in. If I have broke my arm, I consider it as a trifle, in comparison of what I feared upon your account."

Sophia then screamed out, "Broke your arm! Heaven forbid."

"I am afraid I have, madam," says Jones, "but I beg you will suffer me first to take care of you. I have a right hand yet at your service, to help you into the next field, whence we have but a very little walk to your father's house."

Sophia seeing his left arm dangling by his side, while he was using the other to lead her, no longer doubted of the truth. She now grew much paler than her fears for herself had made her before. All her limbs were seized with a trembling, insomuch that Jones could scarce support her; and as her thoughts were in no less agitation, she could not refrain from giving Jones a look so full of tenderness, that it almost argued a stronger sensation in her mind, than even gratitude and pity united can raise in the gentlest female bosom, without the assistance of a third more powerful passion.

(Book IV, chap. XIII)

TOBIAS SMOLLETT (1721-1771)

Né en Ecosse, Smollett étudie la médecine, et il participe comme aide-chirurgien de marine à l'expédition meurtrière de Carthagène — expérience traumatisante qui n'est pas étrangère à certains aspects crûment réalistes de son œuvre. De retour en Angleterre, il se consacre bientôt à la littérature. Auteur engagé s'il en fut — il connaît la prison pour avoir violemment attaqué l'amiral Knowles —, Smollett est tour à tour traducteur, dramaturge, journaliste, satiriste, historien. En 1766, il publie ses *Travels through France and Italy* : Smollett, que sa santé défaillante a conduit sur le Continent, y donne de l'étranger une vision singulièrement moins attrayante que Sterne. Même si son art n'a pas toujours été reconnu à sa juste mesure, *Roderick Random* (1748), *Peregrine Pickle* (1751), *Ferdinand Count Fathom* (1753), *Sir Launcelot Greaves* (1760-1761) et *Humphry Clinker* (1771) font de lui l'un des grands romanciers du siècle. Plus subtil et mieux structuré qu'on ne l'a dit, *Roderick Random* lui permet de jeter un regard coléreux et impatient sur le monde et sur ses contemporains. Mais l'indignation n'exclut pas la maîtrise de soi — témoin l'épisode de la rencontre avec le capucin Balthazar, où les préventions antipapistes et francophobes sont quelque peu tempérées par une certaine jubilation devant l'élan vital de ce très curieux ecclésiastique. Dans *Peregrine Pickle,* il met en scène un héros-satiriste aussi coléreux qu'inventif et turbulent, et lui-même fort enclin au péché d'orgueil. Au fil de son œuvre, l'irritation de Smollett s'atténue sensiblement, en même temps qu'évolue l'écriture. Dans son dernier roman, *Humphry Clinker,* on le voit ainsi s'essayer, non sans succès, à la polyphonie du roman épistolaire. Avec sa *vis comica* parfois rugueuse mais fondamentalement lucide, Smollett excelle à suggérer dans son œuvre la profusion anarchique de la civilisation du XVIIIe siècle britannique.

BIBLIOGRAPHIE SÉLECTIVE. — Paul-Gabriel Boucé, *Les Romans de Smollett : étude critique,* Paris, Didier, 1971 ; Damian Grant, *Tobias Smollett : A Study in Style,* Manchester University Press, 1977.

Roderick Random (1748)

It was not long before I discovered my fellow-traveller[1] to be a merry facetious fellow, who, notwithstanding his profession and appearance of mortification, loved good eating and drinking better than his rosary, and paid more adoration to a pretty girl than to the Virgin Mary, or St. Genevive.—He was a thick brawny young man, with red eye-brows, a hook nose, a face covered with freckles; and his name was Frere Balthazar. His order did not permit him to wear linnen, so that having little

1. *My fellow-traveller :* Roderick fait route de Boulogne à Paris en compagnie d'un moine français, le frère Balthazar.

occasion to undress himself, he was none of the cleanliest animals in the world; and his constitution was naturally so strong scented, that I always thought it convenient to keep to the windward of him in our march.—As he was perfectly well known on the road, we fared sumptuously without any cost, and the fatigue of our journey was much alleviated by the good humour of my companion, who sung an infinite number of catches on the subjects of love and wine.—We took up our lodging the first night at a peasant's house, not far from Abbe Ville where we were entertained with an excellent ragout, cooked by our landlord's daughters, one of whom was very handsome: After having eat heartily, and drank a sufficient quantity of *vin du Pais,* we were conducted to a barn, where we found a couple of carpets spread upon clean straw for our reception.—We had not lain in this situation above half an hour, when we heard somebody knock softly at the door, upon which Balthazar got up, and let in our host's two daughters, who wanted to have some private conversation with him in the dark; when they had whispered together some time, the capuchin came to me, and asked if I was insensible to love, or so hard-hearted as to refuse a share of my bed to a pretty maid, who had a *tendresse* for me.—I must own, to my shame, that I suffered myself to be overcome by my passion, and with great eagerness seized the occasion, when I understood that the amiable Nanette was to be my bedfellow.—In vain did my reason suggest the respect I owed to my dear mistress Narcissa;[1] the idea of that lovely charmer, rather increased than allayed the ferment of my spirits; and the young Paisanne had no reason to complain of my remembrance.—Early in the morning, the kind creatures left us to our repose, which lasted till eight o'clock, when we got up, and were treated at breakfast with chocolate and *l'eau de vie,* by our paramours, of whom we took a tender leave, after my companion had confessed and given them absolution.—While we proceeded on our journey, the conversation turned upon the night's adventure, being introduced by the capuchin, who asked me how I liked my lodging: I declared my satisfaction, and talked in raptures of the agreeable Nanette; at which he shook his head, and smiling said, she was a *morceau pour la bonne bouche.* "I never valued myself (continued he) upon any thing so much as the

1. *Narcissa :* jeune fille aimée de Roderick ; le terme *mistress* n'a pas ici de dimension charnelle.

conquest of Nanette; and, vanity apart, I have been pretty fortunate in my amours."—This information shocked me not a little, as I was well convinced of his intimacy with her sister; and though I did not care to tax him with downright incest, I professed my astonishment at his last night's choice, when, I supposed, the other was at his devotion.—To this he answered, that besides his natural complaisance to the sex, he had another reason to distribute his favours equally between them; namely, to preserve peace in the family, which could not otherwise be maintained;—that moreover Nanette had conceived an affection for me, and he loved her too well to baulk her inclination; more especially, when he had an opportunity of obliging his friend at the same time.—I thanked him for this instance of his friendship, though I was extremely disgusted at his want of delicacy, and cursed the occasion that threw me in his way.—Libertine as I was, I could not bear to see a man behave so wide of the character he assumed: I looked upon him as a person of very little worth or honesty, and should have even kept a wary eye upon my pocket, if I had thought he could have any temptation to steal.—But I could not conceive the use of money to a capuchin, who is obliged, by the rules of his order, to appear like a beggar, and enjoys all other necessaries of life *gratis*; besides, my fellow-traveller seemed to be of a complexion too careless and sanguine, to give me any apprehension on that score; so that I proceeded with great confidence,[1] in expectation of being soon at my journey's end.

(Chap. XLII)

Peregrine Pickle (1751)

They were no sooner settled in these lodgings,[2] than our hero wrote to his uncle an account of their safe arrival, and sent another letter to his friend Gauntlet, with a very tender billet inclosed for his dear Emilia,[3] to whom he repeated all his former vows of constancy and love.

1. Le chapitre suivant montre à quel point la confiance de Roderick est infondée.

2. Jeune homme entier et turbulent, Peregrine Pickle a entrepris un voyage sur le Continent. Il vient d'arriver à Paris.

3. *Emilia* : sœur de son ami Gauntlet.

The next care that ingrossed[1] him was that of bespeaking several suits of cloaths suitable to the French mode, and in the mean time he never appeared abroad, except in the English coffee-house, where he soon became acquainted with some of his own country-men, who were at Paris on the same footing with himself. The third evening after his journey, he was engaged in a party of those young sparks,[2] at the house of a noted Traiteur, whose wife was remarkably handsome, and otherwise extremely well qualified for alluring customers to her house. To this lady our young gentleman was introduced as a stranger fresh from England; and he was charmed with her personal accomplishments, as well as with the freedom and gaiety of her conversation: having sat with them about an hour, she got up in order to retire, but being earnestly intreated to favour them with her company at supper, she promised to gratify their desire, and told them, without any ceremony or circumlocution, that she would only step into the next room to make water,[3] and return in an instant. This frank declaration sounded so oddly in the ears of Peregrine, that he concluded he might, without offence, take any sort of liberty with a woman who could thus behave so wide of decency and decorum; and on this supposition, he followed her cavalierly to her closet, where he addressed her in such palpable terms, as he thought her character intitled him to use. She was surprised at his confidence, which she began to rally as a specimen of English plain dealing, while she very deliberately executed in his presence the intent of her withdrawing; and he still more encouraged by this deportment, urged his suit with such impetuosity, that the fair Burgeoise was compelled to cry aloud in defence of her own virtue. Her husband ran immediately to her assistance, and finding her in a very alarming situation, flew upon her ravisher with such fury, that he was fain to quit his prey, and turn against the exasperated Traiteur, whom he punished without mercy for his impudent intrusion. The lady seeing her yoke-fellow treated with so little respect, espoused his cause, and fixing her nails in his antagonist's face, scarified all one side of his nose. The noise of this encounter brought all the servants of the house to the rescue of their master,

1. *Ingrossed : engrossed.*
2. *Sparks :* jeunes élégants.
3. *Make water :* uriner.

and Peregrine's company arriving at the same time, a general battle ensued, in which the French were totally routed, the wife being insulted, and the husband kicked down stairs.

The publican enraged at the indignity which had been offered to him and his family, went out into the street, and implored the protection of the guet or city-guard, which having heard his complaint, fixed their bayonets and surrounded the door, to the number of twelve or fourteen. The young gentlemen flushed with their success, and considering the soldiers as so many London watchmen, whom they had often put to flight, drew their swords, and sallied out, with Peregrine at their head. Whether the guard respected them as foreigners, or inexperienced youths intoxicated with liquor, they opened to right and left, and gave them room to pass, without opposition. This complaisance, which was the effect of compassion, being misinterpreted by the English leader, he out of meer wantonness attempted to trip up the heels of the soldier that stood next him, but failed in the execution, and received a blow on his breast with the butt end of a fusil, that made him stagger several paces backward. Incensed at this audacious application, the whole company charged the detachment sword in hand, and after an obstinate engagement, in which divers wounds were given and received, every soul of them was taken, and conveyed to the main-guard, where the commanding officer being made acquainted with the circumstances of the quarrel, in consideration of their youth and national ferocity, for which the French make large allowances, set them all at liberty, after having gently rebuked them for the irregularity and insolence of their conduct: so that all our hero acquired by his gallantry and courage, was a number of scandalous marks upon his visage, that confined him a whole week to his chamber. It was impossible to conceal this disaster from Mr. Jolter,[1] who having got intelligence of the particulars, did not fail to remonstrate against the rashness of the adventure, which, he observed, must have been fatal to them, had their enemies been other than Frenchmen, who of all nations under the sun, most rigorously observe the laws of hospitality.

(Chap. XLIII)

1. *Mr. Jolter :* pasteur de l'Eglise d'Angleterre et précepteur de Peregrine. Smollett ne se prive pas de railler au passage sa francophilie systématique.

SAMUEL RICHARDSON (1689-1761)

Imprimeur de son métier, Richardson appartient aux classes moyennes. Mais il serait fallacieux de limiter son œuvre romanesque à la mise en fiction d'un code ou d'une idéologie. Son premier roman, *Pamela, or Virtue Rewarded* (1740-1741), va bien au-delà de ce que peut suggérer un titre réducteur. Loin d'être cette fine mouche habile à tirer profit de ses charmes que trop de lecteurs cyniques ont cru voir en elle, l'héroïne — qui résiste victorieusement aux avances de son maître, Mr B., si bien que ce dernier, sensible à la noblesse des idéaux qu'elle incarne, finit par épouser sa servante — y apparaît comme une belle âme, aussi attentive à lire en elle-même que soucieuse du salut d'autrui. Mais *Pamela* n'est pas seulement un hymne à la vertu et — trait éminemment moderne — à la dignité de la femme. C'est un roman dont l'écriture subtile tire profit de la technique épistolaire — qu'il s'agisse de lettres proprement dites ou, ce qui revient au même, du journal que Pamela tient à l'intention de ses parents. L'action est ainsi réfractée au travers du prisme d'une subjectivité qui aiguise l'analyse psychologique et se prête admirablement à l'expression de la conscience de soi. Déjà utilisée dans la deuxième moitié de *Pamela* — beaucoup moins insipide qu'on ne le dit d'ordinaire —, l'écriture épistolaire de type polyphonique, avec confrontation des points de vue de la narration, est systématisée dans *Clarissa* (1747-1748). Ce récit, qui retrace la glorieuse tragédie de l'héroïne, souillée malgré elle par le jouisseur Lovelace, mais dont les épreuves et la mort font une véritable sainte, est sans doute le plus long roman de langue anglaise. Avec le héros de son dernier roman, *Sir Charles Grandison* (1753-1754), Richardson met en scène la vivante antithèse de Lovelace.

BIBLIOGRAPHIE SÉLECTIVE. — Christian Pons, *Richardson et la littérature bourgeoise en Angleterre,* Publications de la Faculté des Lettres d'Aix-en-Provence, 1968 ; Margaret Ann Doody, *A*

Natural Passion : A Study of the Novels of Samuel Richardson, Oxford, Clarendon Press, 1974 ; voir aussi Laurent Versini, *Le Roman épistolaire,* Paris, PUF, 1979.

Pamela (1740-1741)

HALF AN HOUR PAST EIGHT O'CLOCK

My good dear master, my kind friend, my generous benefactor, my worthy protector, and oh! all the good words in one, my affectionate husband, that is soon to be, (be curbed in, my proud heart, know thyself, and be conscious of thy unworthiness!) has just left me, with the kindest, tenderest expressions, and gentlest behaviour that ever blest a happy maiden. He approached me with a sort of reined-in rapture. "My Pamela," said he, "may I just ask after your employment?—Don't let me chide my dear girl this day, however. The two parsons will be here to breakfast with us at nine; and yet you are not a bit dressed! Why this absence of mind, and sweet irresolution?"

"Sir," said I, "I will set about a reformation this instant." He saw the Common Prayer-Book lying in the window. "I hope," said he, "my lovely maiden has been conning the lesson she is by-and-by to repeat. Have you not, Pamela?" and kissed me. "Indeed, Sir," said I, "I have been reading over the solemn service."—"And what thinks my fairest (for so he called me) of it?"—"Oh, Sir, 'tis very awful, and makes one shudder, to reflect upon it."—"No wonder," said he, "it should affect my sweet Pamela: I have been looking into it this morning, and I can't say but I think it a solemn, but very suitable service. This I tell my dear love," continued he, and again clasped me to him, "there is not a tittle in it I cannot joyfully subscribe to: and *that,* my dear Pamela, should make you easy, and join cheerfully in it with me." I kissed his dear hand; "O my generous, kind protector," said I, "how gracious is it to confirm thus the doubting mind of your poor servant, which apprehends nothing so much as her own unworthiness of the honour and blessing that await her!"—He was pleased to say, "I know well, my dearest creature, that, according to the liberties we people of fortune generally give ourselves, I have promised a great deal, when I say so. But I would not have said it, if deliberately I could not with all my heart. So banish from your mind all doubt and uneasiness; let a generous confidence in me take place; and let me *see* it does, by your cheerfulness in this day's solemn business; and then I will love you for ever."

"May God Almighty, Sir," said I, "reward all your goodness to me! Oh, how kind it is in you, to supply the want of the presence and comfortings of a dear mother, of a living sister, or of the kind companions of my own sex, which most maidens have, to soothe their anxieties on the near approach of so awful a solemnity!—You, Sir, are all these tender relations in one to me! Your kindness shall, if possible, embolden me to look up to you without that sweet terror that must confound poor bashful maidens on such an occasion, when surrendered up to a more doubtful happiness, and to half-strange men, whose good faith and good usage of them, must be less experienced, and is all involved in the dark bosom of futurity, and only to be proved by the trial."

"This, my dear Pamela," said he, "is very kindly said! It shews that you enter gratefully into my intention. For I would, by my conduct, supply all these dear relations to you; and I voluntarily promise from my heart, to you, what I think I could not with such assured resolutions of performance to the highest-born lady in the kingdom; for, let me tell my sweet girl, that, after having been long tossed by the boisterous winds of a more culpable passion, I have now conquered it, and am not so much the victim of your beauty, all charming as you are, as of your virtue: and therefore may more boldly promise for myself, having so stable a foundation for my affection, which, should this outward beauty fail, will increase with your virtue, and shine forth the brighter, as that is more illustriously displayed by the augmented opportunities your future condition will afford you."—O the dear charming man, how nobly, how encouragingly kind was all this!

I could not suitably express myself, and he said, "I see my girl is at a loss for words! I doubt not your good acceptance of my declarations. And when I have acted too much the part of a libertine formerly, for you to look back without some anxiety, I ought not, being now happily convicted, to say less. But why loses my girl her time? I will now only add, that I hope for many happy years, to make good, by my conduct, what so willingly flows from my lips."

He kissed me again, and said, "But whatever you do, Pamela, be cheerful; for else, may-be, of the small company we shall have, some one, not knowing how to account for your too nice[1] modesty, will think there is *some other* person in the world, whose addresses would be still *more* agreeable to you."

This he said with an air of sweetness and pleasantry; but it alarmed me exceedingly, and made me resolve to appear as calm and as cheerful as possible; for this was, indeed, a most affecting expression, and enough to make me, if any thing can, behave as I ought, and to force my idle fears to give way to hopes so much better grounded. I began almost, on this occasion, to wish Mr. Williams[2] were not to marry me, lest I should behave like a fool, and so be liable to an imputation I should be most unworthy to deserve.

I set about dressing instantly, and he sent Mrs. Jewkes to assist me. But I am never long dressing; and my master has now given me a hint, that will, for half an hour more, at least, keep my spirits brisk. Yet it concerns me a little, lest he should have any the least shadow of a doubt, that I am not, mind and person, entirely his.

Being now ready, and not called to breakfast, I sat down and writ thus far.

I dressed myself in a rich white satin night-gown that was my good lady's, and my best head-clothes, &c. I have got such a knack of writing, that when by myself, I cannot sit without a pen in my hand.—But I am now called to breakfast, I suppose the gentlemen are come!—Now courage, Pamela: remember thou art upon thy good behaviour.—Fie upon it! my heart begins to flutter again! "Foolish heart! lie still!" Never, surely, was any maiden's perverse heart under so little command as mine!—It gave itself away, at first, without my leave; it has been, for weeks, pressing me with its wishes; yet now, when it should be happy itself, and make me so, it is throb, throb, throb, like a little fool; and filling me with such unseasonable misgivings, as abate the rising comforts of all my better prospects.

(Volume I)

1. *Nice :* délicate.

2. *Mr. Williams :* pasteur qui va célébrer le mariage de Pamela et de Mr. B. Ce dernier a naguère injustement vu un rival en Williams, d'où la gêne présente de Pamela.

LAURENCE STERNE (1713-1768)

Pasteur de l'Eglise d'Angleterre, Sterne est l'auteur de fort beaux sermons. Pourtant, il n'est rien de moins ecclésiastique, du moins en apparence, que son œuvre majeure, *The Life and Opinions of Tristram Shandy, Gentleman* (1759-1767), qu'anime une verve fantaisiste, ambiguë, voire rabelaisienne et graveleuse. Ce roman est aussi un anti-roman : Sterne n'y suit les règles du genre que pour les mieux subvertir. Loin de conter, comme le suggère le titre, l'histoire d'une vie, il désarçonne sans relâche le lecteur par une suite de digressions et d'interruptions. Ainsi faut-il attendre des dizaines de chapitres avant que n'intervienne la naissance du « héros », sans cesse retardée par des développements adventices qui cassent — volontairement — la linéarité du récit, et répondent à une logique tout aussi excentrique que celle des personnages sympathiques et truculents qui occupent la scène, qu'ils agrémentent de leurs marottes, ou *hobby-horses*. Si ce livre paraît étonnamment moderne, c'est que la fantaisie de la narration, qui transparaît jusque dans l'inventivité joueuse de la typographie et de la ponctuation, suggère les méandres de la conscience aux prises avec la diversité chaotique du réel. D'où les fréquents rapprochements entre *Tristram Shandy* et Joyce, ou Proust.

Quelques semaines avant de mourir, Sterne publie *A Sentimental Journey through France and Italy* (1768). Ce récit quasi autobiographique qui narre les pérégrinations du pasteur Yorick, déjà présent dans *Tristram Shandy*, est tout à la fois un art — peu conformiste — de voyager, un hommage très personnel à la vogue du sentimentalisme, et une admirable leçon de tolérance et d'altruisme.

BIBLIOGRAPHIE SÉLECTIVE. — Henri Fluchère, *Laurence Sterne de l'homme à l'œuvre : biographie critique et essai d'interprétation de Tristram Shandy*, Paris, Gallimard, 1961.

Tristram Shandy (1759-1767)

— —What can they be doing, brother? said my father.—I think, replied my uncle *Toby*,—taking, as I told you, his pipe from his mouth, and striking the ashes out of it as he began his sentence; - - - - I think, replied he,—it would not be amiss, brother, if we rung the bell.

Pray, what's all that racket over our heads, *Obadiah?*[1]—quoth my father;—my brother and I can scarce hear ourselves speak.

Sir, answer'd *Obadiah,* making a bow towards his left shoulder,—my Mistress is taken very badly;—and where's *Susannah* running down the garden there, as if they were going to ravish her.— —Sir, she is running the shortest cut into the town, replied *Obadiah,* to fetch the old midwife.— —Then saddle a horse, quoth my father, and do you go directly for Dr. *Slop,* the man-midwife, with all our services,—and let him know your Mistress is fallen into labour,—and that I desire he will return with you with all speed.

It is very strange, says my father, addressing himself to my uncle *Toby,* as *Obadiah* shut the door,—as there is so expert an operator as Dr. *Slop* so near - - - that my wife should persist to the very last in this obstinate humour of hers, in trusting the life of my child, who has had one misfortune already,[2] to the ignorance of an old woman;— —and not only the life of my child, brother,—but her own life, and with it the lives of all the children I might, peradventure, have begot out of her hereafter.

Mayhap,[3] brother, replied my uncle *Toby,* my sister does it to save the expence:—A pudding's end,—replied my father,—the Doctor must be paid the same for inaction as action,—if not better,—to keep him in temper.

—Then it can be out of nothing in the whole world, quoth my uncle *Toby,* in the simplicity of his heart,—but MODESTY:—My sister, I dare say, added he, does not care to let a man come so near her****. I will not say whether my uncle *Toby* had compleated

1. Obadiah : domestique de Walter Shandy, père du héros Tristram.

2. *Who has had one misfortune already :* allusion à un incident s'étant produit lors de la conception de Tristram (« *have you not forgot to wind up the clock?* » avait demandé Mrs. Shandy à son mari au moment crucial). Walter Shandy craignait que cet incident n'eût de très graves conséquences psychologiques pour l'enfant à naître.

3. *Mayhap :* peut-être.

the sentence or not;[1]—'tis for his advantage to suppose he had,—as, I think, he could have added no One Word which would have improved it.

If, on the contrary, my uncle *Toby* had not fully arrived at his period's end,—then the world stands indebted to the sudden snapping of my father's tobacco-pipe, for one of the neatest examples of that ornamental figure in oratory, which Rhetoricians stile the *Aposiopesis*.[2]—Just heaven! how does the *Poco piu* and the *Poco meno*[3] of the *Italian* artists;—the insensible, more or less, determine the precise line of beauty in the sentence, as well as in the statue! How do the slight touches of the chisel, the pencil, the pen, the fiddle-stick, *et cætera*,—give the true swell, which gives the true pleasure!—O my countrymen!—be nice;[4]—be cautious of your language;— —and never, O! never let it be forgotten upon what small particles your eloquence and your fame depend.

— —"My sister, mayhap, quoth my uncle *Toby*, does not choose to let a man come so near her****" Make this dash,[5]— —'tis an Aposiopesis.—Take the dash away, and write Backside,—'tis Bawdy.—Scratch Backside out, and put *Cover'd-way*[6] in,—'tis a Metaphor;—and, I dare say, as fortification[7] ran so much in my uncle *Toby*'s head, that if he had been left to have added one word to the sentence,—that word was it.

But whether that was the case or not the case;—or whether the snapping of my father's tobacco-pipe so critically, happened thro' accident or anger,—will be seen in due time.

(Volume II, chap. VI)

1. *Had compleated the sentence or not :* avait ou non arrêté là sa phrase (auquel cas *her* serait pronom personnel).
2. *Aposiopesis :* aposiopèse — c'est-à-dire réticence, ou interruption (terme de rhétorique).
3. *The* Poco piu *and the* Poco meno : le « un petit peu plus » et le « un petit peu moins ».
4. *Nice :* précis.
5. *Make this dash :* faites de cela un tiret.
6. Cover'd-way : chemin couvert (terme militaire).
7. *Fortification :* ancien officier, Toby Shandy a gardé la passion (obsessionnelle) de la poliorcétique, qui est devenue son *hobby-horse*.

Autour de Samuel Johnson

Qualifié par Smollett de « Great Cham (c'est-à-dire « Khan ») of literature », Samuel Johnson est, avec Swift et Pope, l'une des figures majeures du XVIIIe siècle anglais. A partir du milieu du siècle, c'est la quasi-totalité du paysage littéraire qui s'organise autour de lui et en fonction de lui. Son influence est immense, à deux titres. D'abord, dernier grand représentant de l'esthétique classique, il incarne les valeurs d'une tradition littéraire que son esprit généreux mais normatif excelle à codifier. Son prestige personnel fait en outre de lui le centre d'une véritable galaxie littéraire. Fondé en 1764, le « Club », qui s'appellera ensuite « Literary Club », rassemble auprès de Johnson tout ce que la vie intellectuelle de l'époque comporte d'esprits brillants — du peintre Reynolds à l'acteur Garrick en passant par l'historien Gibbon, l'économiste Adam Smith, Goldsmith, Sheridan, Boswell ou Burke. Ainsi se trouve comme institutionnalisé le magistère littéraire et moral de ce géant sur une époque et une civilisation que l'on désigne souvent comme l'Angleterre de Johnson.

BIBLIOGRAPHIE SÉLECTIVE. — A. S. Turberville ed., *Johnson's England : An Account of the Life and Manners of his Age*, 2 vol., Oxford, Clarendon Press, 1933 ; Pat Rogers ed., *The Eighteenth Century*, London, Methuen, 1977 ; James Sambrook, *The Eighteenth Century : The Intellectual and Cultural Context of English Literature, 1700-1789*, London and New York, Longman, 1986.

SAMUEL JOHNSON (1709-1784)

Fils d'un modeste libraire de province, affligé d'un physique disgracieux et d'une santé précaire, Johnson connaît une laborieuse ascension sociale. Lorsque vient enfin la consécration, il garde la tête froide et le sens de ses propres valeurs — opiniâtreté, lucidité, sincérité et fierté.

Personnage d'un rayonnement exceptionnel, Johnson exerce une influence charismatique qui s'explique non seulement par son œuvre, mais par l'épaisseur de sa personnalité, sa généreuse excentricité, et son génie de la conversation. Affirmant sans relâche le primat du spirituel, cet écrivain est, au premier chef, un moraliste. Témoin son poème didactique, *The Vanity of Human Wishes* (1749), ou *Rasselas* (1759), mi-roman, mi-conte oriental, dont le héros, au terme d'un long périple, prend conscience de la vacuité de sa quête du bonheur, et s'approche ainsi de la vraie sagesse. Essayiste et animateur de publications périodiques (*The Rambler*, *The Idler*), Johnson donne ses lettres de noblesse à la lexicographie avec son monumental *Dictionary of the English Language* (1755). Son œuvre maîtresse est peut-être son panorama biographique et critique de la poésie anglaise, *The Lives of the English Poets* (1779-1781). Avec d'inévitables faiblesses ou lacunes, et quel que soit le jugement que l'on porte sur ce style riche en mots polysyllabiques d'origine latine — ou *johnsonese* —, cet ensemble, où s'expriment, à côté de jugements à l'emporte-pièce, sûreté critique et sens de la mesure, est l'un des textes les plus représentatifs de l'esthétique classique.

BIBLIOGRAPHIE SÉLECTIVE. — Carey McIntosh, *The Choice of Life : Samuel Johnson and the World of Fiction*, New Haven and London, Yale University Press, 1973 ; Walter Jackson Bate, *Samuel Johnson*, London, Chatto & Windus, 1978.

The History of Rasselas, Prince of Abissinia (1759)

THE PRINCE FINDS A WISE AND HAPPY MAN

As he was one day walking in the street, he saw a spacious building which all were, by the open doors, invited to enter: he followed the stream of people, and found it a hall or school of declamation, in which professors read lectures to their auditory. He fixed his eye upon a sage raised above the rest, who discoursed with great energy on the government of the passions. His look was venerable, his action graceful, his pronunciation clear, and his diction elegant. He shewed, with great strength of sentiment, and variety of illustration, that human nature is degraded and debased, when the lower faculties predominate over the higher; that when fancy, the parent of passion, usurps the domination of the mind, nothing ensues but the natural effect of unlawful government, perturbation and confusion; that she betrays the fortresses of the intellect to rebels, and excites her children to sedition against reason their lawful sovereign. He compared reason to the sun, of which the light is constant, uniform, and lasting; and fancy to a meteor, of bright but transitory lustre, irregular in its motion, and delusive in its direction.

He then communicated the various precepts given from time to time for the conquest of passion, and displayed the happiness of those who had obtained the important victory, after which man is no longer the slave of fear, nor the fool of hope; is no more emaciated by envy, inflamed by anger, emasculated by tenderness, or depressed by grief; but walks on calmly through the tumults or the privacies of life, as the sun persues alike his course through the calm or the stormy sky.

He enumerated many examples of heroes immovable by pain or pleasure, who looked with indifference on those modes or accidents to which the vulgar give the names of good and evil. He exhorted his hearers to lay aside their prejudices, and arm themselves against the shafts of malice or misfortune, by invulnerable patience; concluding, that this state only was happiness, and that this happiness was in every one's power.

Rasselas listened to him with the veneration due to the instructions of a superiour being, and, waiting for him at the door, humbly implored the liberty of visiting so great a master of true wisdom. The lecturer hesitated a moment, when Rasselas put a purse of gold into his hand, which he received with a mixture of joy and wonder.

"I have found, said the prince, at his return to Imlac,[1] a man who can teach all that is necessary to be known, who, from the unshaken throne of rational fortitude, looks down on the scenes of life changing beneath him. He speaks, and attention watches his lips. He reasons, and conviction closes his periods. This man shall be my future guide: I will learn his doctrines, and imitate his life."

"Be not too hasty, said Imlac, to trust, or to admire, the teachers of morality: they discourse like angels, but they live like men."

Rasselas, who could not conceive how any man could reason so forcibly without feeling the cogency of his own arguments, paid his visit in a few days, and was denied admission. He had now learned the power of money, and made his way by a piece of gold to the inner apartment, where he found the philosopher in a room half darkened, with his eyes misty, and his face pale. "Sir, said he, you are come at a time when all human friendship is useless; what I suffer cannot be remedied, what I have lost cannot be supplied. My daughter, my only daughter, from whose tenderness I expected all the comforts of my age, died last night of a fever. My views, my purposes, my hopes are at an end: I am now a lonely being disunited from society."

"Sir, said the prince, mortality is an event by which a wise man can never be surprised: we know that death is always near, and it should therefore always be expected." "Young man, answered the philosopher, you speak like one that has never felt the pangs of separation." "Have you then forgot the precepts, said Rasselas, which you so powerfully enforced? Has wisdom no strength to arm the heart against calamity? Consider, that external things are naturally variable, but truth and reason are always the same." "What comfort, said the mourner, can truth and reason afford me? of what effect are they now, but to tell me, that my daughter will not be restored?"

The prince, whose humanity would not suffer him to insult

1. *Imlac :* mentor de Rasselas.

misery with reproof, went away convinced of the emptiness of rhetorical sound, and the inefficacy of polished periods and studied sentences.

(Chap. XVIII)

Lives of the English Poets (1779-1781)

Of his intellectual character, the constituent and fundamental principle was good sense, a prompt and intuitive perception of consonance and propriety. He saw immediately, of his own conceptions, what was to be chosen, and what to be rejected; and, in the works of others, what was to be shunned, and what was to be copied.

But good sense alone is a sedate and quiescent quality, which manages its possessions well, but does not increase them; it collects few materials for its own operations, and preserves safety, but never gains supremacy. Pope had likewise genius; a mind active, ambitious, and adventurous, always investigating, always aspiring; in its widest searches still longing to go forward, in its highest flights still wishing to be higher; always imagining something greater than it knows, always endeavouring more than it can do.

To assist these powers, he is said to have had great strength and exactness of memory. That which he had heard or read was not easily lost; and he had before him not only what his own meditations suggested, but what he had found in other writers, that might be accommodated to his present purpose.

These benefits of nature he improved by incessant and unwearied diligence; he had recourse to every source of intelligence, and lost no opportunity of information; he consulted the living as well as the dead; he read his compositions to his friends, and was never content with mediocrity when excellence could be attained. He considered poetry as the business of his life; and, however he might seem to lament his occupation, he followed it with constancy; to make verses was his first labour, and to mend them was his last.

From his attention to poetry he was never diverted. If conversation offered anything that could be improved, he committed it to paper; if a thought, or perhaps an expression more happy than was common, rose to his mind, he was careful to write it; an independent distich was preserved for an opportunity of insertion; and some little fragments have been found containing lines, or parts of lines, to be wrought upon at some other time.

He was one of those few whose labour is their pleasure: he was never elevated to negligence, nor wearied to impatience; he never passed a fault unamended by indifference, nor quitted it by despair. He laboured his works first to gain reputation and afterwards to keep it.

Of composition there are different methods. Some employ at once memory and invention, and, with little intermediate use of the pen, form and polish large masses by continued meditation, and write their productions only when, in their own opinion, they have completed them. It is related of Virgil, that his custom was to pour out a great number of verses in the morning, and pass the day in retrenching exuberances and correcting inaccuracies. The method of Pope, as may be collected from his translation,[1] was to write his first thoughts in his first words, and gradually to amplify, decorate, rectify, and refine them.

With such faculties, and such dispositions, he excelled every other writer in poetical prudence; he wrote in such a manner as might expose him to few hazards. He used almost always the same fabric of verse;[2] and, indeed, by those few essays which he made of any other, he did not enlarge his reputation. Of this uniformity the certain consequence was readiness and dexterity. By perpetual practice, language had, in his mind, a systematical arrangement; having always the same use for words, he had words so selected and combined as to be ready at his call. This increase of facility he confessed himself to have perceived in the progress of his translation.

But what was yet of more importance, his effusions were always voluntary, and his subjects chosen by himself. His independence[3] secured him from drudging at a task, and labouring upon a barren topic: he never exchanged praise for money, nor opened a shop of condolence or congratulation. His poems, therefore, were scarce ever temporary. He suffered

1. *His translation :* allusion à la traduction d'Homère par Pope.
2. Allusion au distique héroïque*.
3. *Independence :* terme employé dans son sens financier.

coronations and royal marriages to pass without a song, and derived no opportunities from recent events, nor any popularity from the accidental disposition of his readers. He was never reduced to the necessity of soliciting the sun to shine upon a birthday, of calling the Graces and Virtues to a wedding, or of saying what multitudes have said before him. When he could produce nothing new, he was at liberty to be silent.

(Alexander Pope)

OLIVER GOLDSMITH (1730 ?-1774)

Né en Irlande, Goldsmith connaît un début de carrière difficile et, à sa façon, il reste toute sa vie un marginal. Mais l'amitié de Johnson consacre sa position dans le monde littéraire. Ecrivain aussi divers que fécond, il est tour à tour, avec un égal bonheur, publiciste, poète, dramaturge, historien ou romancier. Parmi ses œuvres les plus notables il faut citer *The Citizen of the World* (1762), qui fait penser aux *Lettres persanes* de Montesquieu, le poème didactique *The Traveller* (1764), *The Deserted Village* (1770), rédigé en distiques héroïques*. D'une drôlerie irrésistible avec ses savoureux quiproquos, *She Stoops to Conquer* (1773) est l'un des grands succès du théâtre anglais du XVIIIe siècle. Mais le chef-d'œuvre de Goldsmith est probablement *The Vicar of Wakefield* (1766), roman et conte moral où humour et sentiment s'équilibrent en une délicieuse synthèse. Souvent comique sans jamais être ridicule, le héros Primrose est une admirable figure de pasteur et de père de famille; en dépit de ses excentricités et de ses défaillances, il incarne les valeurs morales et idéologiques d'une Angleterre rurale et patriarcale menacée par le monde moderne.

BIBLIOGRAPHIE SÉLECTIVE. — Andrew Swarbrick ed., *The Art of Oliver Goldsmith*, London, Vision, 1984.

The Vicar of Wakefield (1766)

The temporal concerns of our family were chiefly committed to my wife's management, as to the spiritual I took them entirely under my own direction. The profits of my living, which amounted to but thirty-five pounds a year, I made over to the orphans and widows of the clergy of our diocese; for having a sufficient fortune of my own, I was careless of temporalities,[1] and felt a secret pleasure in doing my duty without reward. I also set a resolution of keeping no curate, and of being acquainted with every man in the parish, exhorting the married men to temperance and the bachelors to matrimony; so that in a few years it was a common saying, that there were three strange wants at Wakefield, a parson wanting pride, young men wanting wives, and ale-houses wanting customers.

Matrimony was always one of my favourite topics, and I wrote several sermons to prove its happiness: but there was a peculiar tenet which I made a point of supporting; for I maintained with Whiston,[2] that it was unlawful for a priest of the church of England, after the death of his first wife, to take a second, or to express it in one word, I valued myself upon being a strict monogamist.

I was early innitiated into this important dispute, on which so many laborious volumes have been written. I published some tracts upon the subject myself, which, as they never sold, I have the consolation of thinking are read only by the happy *Few*. Some of my friends called this my weak side; but alas! they had not like me made it the subject of long contemplation. The more I reflected upon it, the more important it appeared. I even went a step beyond Whiston in displaying my principles : as he had engraven upon his wife's tomb that she was the *only* wife of William Whiston; so I wrote a similar epitaph for my wife, though still living, in which I extolled her prudence, œconomy, and obedience till death; and having got it copied fair, with an elegant frame, it was placed over the chimney-piece, where it answered

1. *Temporalities :* les biens de ce monde.
2. *Whiston :* William Whiston (1667-1752), théologien et mathématicien, admirateur du christianisme primitif.

several very useful purposes. It admonished my wife of her duty to me, and my fidelity to her; it inspired her with a passion for fame, and constantly put her in mind of her end.

(Chap. II)

She Stoops to Conquer (1773)

Enter MARLOW.

MARLOW What a bawling in every part of the house! I have scarce a moment's repose. If I go to the best room, there I find my host[1] and his story; if I fly to the gallery, there we have my hostess with her curtsey down to the ground. I have at last got a moment to myself, and now for recollection. [*Walks and muses.*

MISS HARDCASTLE Did you call, Sir? Did your honour call?

MARLOW *(Musing.)* As for Miss Hardcastle, she's too grave and sentimental for me.

MISS HARDCASTLE Did your honour call?

[*She still places herself before him, he turning away.*

MARLOW No, child. *(Musing.)* Besides, from the glimpse[2] I had of her, I think she squints.

MISS HARDCASTLE I'm sure, Sir, I heard the bell ring.

MARLOW No, no. *(Musing.)* I have pleased my father, however, by coming down, and I'll to-morrow please myself by returning. *(Taking out his tablets and perusing.)*

MISS HARDCASTLE Perhaps the other gentleman called, Sir?

MARLOW I tell you, no.

MISS HARDCASTLE I should be glad to know, Sir: we have such a parcel of servants.

MARLOW No, no, I tell you. *(Looks full in her face.)* Yes, child, I think I did call. I wanted—I wanted—I vow, child, you are vastly handsome.

MISS HARDCASTLE O la, Sir, you'll make one ashamed.

MARLOW Never saw a more sprightly malicious eye. Yes, yes,

1. Un farceur a fait croire au jeune Marlow que la maison de son futur beau-père était une auberge. Dans cette scène, Miss Hardcastle, qu'il doit épouser, paraît devant lui en tenue de servante.

2. *The glimpse :* effroyablement timide devant les jeunes filles de bonne famille, Marlow n'a pas osé regarder Miss Hardcastle — alors vêtue normalement — lors de leur première rencontre. Il ne la reconnaît donc pas.

my dear, I did call. Have you got any of your—a—what d'ye call it, in the house?

MISS HARDCASTLE No, Sir, we have been out of that these ten days.

MARLOW One may call in this house, I find, to very little purpose. Suppose I should call for a taste, just by way of trial, of the nectar of your lips, perhaps I might be disappointed in that too.

MISS HARDCASTLE Nectar! nectar! That's liquor there's no call for in these parts. French, I suppose. We keep no French wines here, Sir.

MARLOW Of true English growth, I assure you.

MISS HARDCASTLE Then it's odd I should not know it. We brew all sorts of wines in this house, and I have lived here these eighteen years.

MARLOW Eighteen years! Why, one would think, child, you kept the bar before you were born. How old are you?

MISS HARDCASTLE Oh, Sir, I must not tell my age. They say women and music should never be dated.

MARLOW To guess at this distance, you can't be much above forty. *(Approaching.)* Yet nearer, I don't think so much. *(Approaching.)* By coming close to some women, they look younger still; but when we come very close indeed—*(Attempting to kiss her.)*

MISS HARDCASTLE Pray, Sir, keep your distance. One would think you wanted to know one's age as they do horses, by mark of mouth.

MARLOW I protest, child, you use me extremely ill. If you keep me at this distance, how is it possible you and I can ever be acquainted?

MISS HARDCASTLE And who wants to be acquainted with you? I want no such acquaintance, not I. I'm sure you did not treat Miss Hardcastle, that was here a while ago, in this obstropalous[1] manner. I'll warrant me, before her you looked dashed, and kept bowing to the ground, and talked, for all the world, as if you were before a justice of peace.

(Act III)

1. *Obstropalous :* barbarisme volontaire pour *obstreperous* ; Miss Hardcastle tente d'accréditer son rôle de servante.

JAMES BOSWELL (1740-1795)

Fils d'un haut magistrat écossais, Boswell — que l'on peut à bon droit considérer comme le plus grand biographe de langue anglaise — est de trente et un ans le cadet de celui auquel il consacre son œuvre maîtresse. En 1763, Boswell fait la connaissance de Samuel Johnson ; et la relation entre les deux hommes, exemplaire du commerce social et de l'urbanité du XVIIIe siècle, permet à Boswell d'accumuler une masse prodigieuse de matériau qui donne à sa *Life of Johnson* (1791) une saveur irremplaçable. Témoignage de première main sur Johnson, dont elle permet d'apprécier les talents de causeur et la richesse humaine, témoignage sur les membres de son cercle, cette biographie révèle aussi la féconde personnalité de l'auteur, qui sait préserver un heureux équilibre entre admiration et distance critique.

Auteur d'un *Journal of a Tour to the Hebrides* (1785) — qui relate un voyage entrepris en 1773 en compagnie de Johnson, Boswell a laissé une masse considérable d'écrits personnels (journaux intimes et lettres) qui permettent de saisir la complexité de ce personnage à la fois ambitieux et cyclothymique, bon chrétien et fornicateur invétéré, dépendant par surcroît de l'alcool, son seul refuge contre la dépression. L'habileté de ses récits prouve que la réussite de sa biographie de Johnson n'est pas seulement due à l'exceptionnelle nature de son sujet.

BIBLIOGRAPHIE SÉLECTIVE. — William C. Dowling, *The Boswellian Hero,* Athens, Ga., The University of Georgia Press, 1979.

Life of Johnson (1791)

Johnson used to say that he made it a constant rule to talk as well as he could both as to sentiment and expression, by which means, what had been originally effort became familiar and easy.

The consequence of this, Sir Joshua[1] observed, was, that his common conversation in all companies was such as to secure him universal attention, as something above the usual colloquial style was expected.

Yet, though Johnson had this habit in company, when another mode was necessary, in order to investigate truth, he could descend to a language intelligible to the meanest capacity. An instance of this was witnessed by Sir Joshua Reynolds, when they were present at an examination of a little blackguard boy, by Mr. Saunders Welch, the late Westminster Justice. Welch, who imagined that he was exalting himself in Dr. Johnson's eyes by using big words, spoke in a manner that was utterly unintelligible to the boy; Dr. Johnson perceiving it, addressed himself to the boy, and changed the pompous phraseology into colloquial language. Sir Joshua Reynolds, who was much amused by this procedure, which seemed a kind of reversing of what might have been expected from the two men, took notice of it to Dr. Johnson, as they walked away by themselves. Johnson said, that it was continually the case; and that he was always obliged to *translate* the Justice's swelling diction, (smiling,) so as that his meaning might be understood by the vulgar, from whom information was to be obtained.

Sir Joshua once observed to him, that he had talked above the capacity of some people with whom they had been in company together. "No matter, Sir, (said Johnson;) they consider it as a compliment to be talked to, as if they were wiser than they are. So true is this, Sir, that Baxter[2] made it a rule in every sermon that he preached, to say something that was above the capacity of his audience."

Johnson's dexterity in retort, when he seemed to be driven to an extremity by his adversary, was very remarkable. Of his power in this respect, our common friend, Mr. Windham, of Norfolk, has been pleased to furnish me with an eminent instance. However unfavourable to Scotland, he uniformly gave liberal praise to George Buchanan,[3] as a writer. In a conversation concerning the literary merits of the two

1. *Sir Joshua :* il s'agit du grand peintre Reynolds (1723-1792).
2. *Baxter :* Richard Baxter (1615-1691), théologien et homme d'Eglise.
3. *George Buchanan :* humaniste et homme de lettres, auteur de poèmes composés en latin (1506-1582).

countries, in which Buchanan was introduced, a Scotchman, imagining that on this ground he should have an undoubted triumph over him, exclaimed, "Ah, Dr. Johnson, what would you have said of Buchanan, had he been an Englishman?" "Why, Sir, (said Johnson, after a little pause,) I should *not* have said of Buchanan, had he been an *Englishman,* what I will now say of him as a *Scotchman,*—that he was the only man of genius his country ever produced."

RICHARD BRINSLEY SHERIDAN (1751-1816)

Fils d'une romancière et d'un professeur de diction, membre du Parlement, orateur admiré, détenteur de plusieurs postes ministériels, Sheridan est avant tout homme de théâtre. Située dans l'élégante ville d'eaux de Bath, l'action de *The Rivals* (1775) est celle d'une comédie étincelante aux multiples quiproquos. Sheridan y met en scène l'inoubliable Mrs Malaprop, dont la prétention langagière n'a d'égale que sa capacité à commettre d'étourdissants pataquès, ou *malapropisms.* Sa pièce la plus citée, *The School for Scandal* (1777), épingle avec une férocité allègre les méfaits de la médisance. Une autre comédie, *The Critic* (1779), se gausse du petit monde littéraire et du théâtre sentimental. Sheridan devient membre du « Literary Club » à la demande de Johnson lui-même qui, faisant référence à *The Rivals* et à *The School for Scandal,* déclare : « He who has written the two best comedies of his age, is surely a considerable man. »

BIBLIOGRAPHIE SÉLECTIVE. — Jean Dulck, *Les Comédies de R. B. Sheridan : étude littéraire,* Paris, Didier, 1962.

The Rivals (1775)

[*Scene,*] MRS MALAPROP'*s lodgings*
MRS MALAPROP, *and* CAPTAIN ABSOLUTE

MRS MALAPROP Your being Sir Anthony's son,[1] Captain, would itself be a sufficient accommodation; but from the ingenuity[2] of your appearance, I am convinced you deserve the character here given of you.

ABSOLUTE Permit me to say, Madam, that as I never yet have had the pleasure of seeing Miss Languish, my principal inducement in this affair at present, is the honour of being allied to Mrs Malaprop; of whose intellectual accomplishments, elegant manners, and unaffected learning, no tongue is silent.

MRS MALAPROP Sir, you do me infinite honour! I beg, Captain, you'll be seated. ([*They*] *sit)* Ah! few gentlemen, nowadays, know how to value the ineffectual[3] qualities in a woman! Few think how a little knowledge becomes a gentlewoman! Men have no sense now but for the worthless flower of beauty!

ABSOLUTE It is but too true indeed, Ma'am—yet I fear our ladies should share the blame—they think our admiration of beauty so great, that knowledge in them would be superfluous. Thus, like garden-trees, they seldom show fruit, till time has robbed them of the more specious blossom. Few, like Mrs Malaprop and the orange-tree, are rich in both at once!

MRS MALAPROP Sir—you overpower me with good-breeding. He is the very pineapple[4] of politeness! You are not ignorant, Captain, that this giddy girl has somehow contrived to fix her affections on a beggarly, strolling, eavesdropping Ensign, whom none of us have seen, and nobody knows anything of.

1. Sir Anthony Absolute et Mrs Malaprop, tante de Lydia Languish, ont décidé de forcer celle-ci à épouser le capitaine Absolute, fils de Sir Anthony — sans savoir que ce dernier fait déjà la cour à la jeune fille sous le pseudonyme d'enseigne Beverly. Lydia, sentimentale et dévoreuse de romans, préfère en effet se croire aimée d'un jeune homme pauvre.

2. *Ingenuity :* pour *ingenuousness.*

3. *Ineffectual :* pour *intellectual.*

4. *Pineapple :* pour *pinnacle.* La suite du texte offre d'autres exemples de *malapropisms,* dont *hydrostatics* pour *hysterics.*

ABSOLUTE Oh, I have heard the silly affair before. I'm not at all prejudiced against her on that account.
MRS MALAPROP You are very good, and very considerate, Captain. I am sure I have done everything in my power since I exploded the affair! Long ago I laid my positive conjunctions on her never to think on the fellow again—I have since laid Sir Anthony's preposition before her—but I'm sorry to say she seems resolved to decline every particle that I enjoin her.
ABSOLUTE It must be very distressing indeed, Ma'am.
MRS MALAPROP Oh! it gives me the hydrostatics to such a degree!

(Act III, scene iii)

EDMUND BURKE (1729-1797)

Auteur de *A Philosophical Enquiry into the Origin of our Ideas of the Sublime and Beautiful* (1757), traité d'esthétique appelé à contribuer à l'avènement du romantisme et de la sensibilité gothique, Burke, à la fois homme de lettres et homme d'Etat, est aussi un orateur de premier ordre. Pionnier du conservatisme moderne, envisageant les sociétés humaines comme des organismes vivants et non comme des constructions intellectuelles, Burke est avant tout, avec ses *Reflections on the Revolution in France* (1790), l'organisateur de la résistance à l'idéologie « radicale ». Cet ouvrage prédit les excès sanglants de la Révolution, et son épilogue dictatorial. Texte politique majeur par la cohérence et par l'intensité de sa vision, les *Reflections,* par la force de conviction et d'émotion qui s'en dégage, ainsi que par le sens de la narrativité, sont aussi un chef-d'œuvre littéraire de plein droit.

BIBLIOGRAPHIE SÉLECTIVE. — C. B. Macpherson, *Burke,* Oxford University Press, 1980 ; Marilyn Butler ed., *Burke, Paine, Godwin, and the Revolution Controversy,* Cambridge University Press, 1984.

Reflections on the Revolution in France (1790)

Yielding to reasons, at least as forcible as those which were so delicately urged in the compliment on the new year,[1] the king of France will probably endeavour to forget these events, and that compliment. But history, who keeps a durable record of all our acts, and exercises her awful censure over the proceedings of all sorts of sovereigns, will not forget, either those events, or the aera of this liberal refinement in the intercourse of mankind. History will record, that on the morning of the 6th of October 1789,[2] the king and queen of France, after a day of confusion, alarm, dismay, and slaughter, lay down, under the pledged security of public faith, to indulge nature[3] in a few hours of respite, and troubled melancholy repose. From this sleep the queen was first startled by the voice of the centinel at her door, who cried out to her, to save herself by flight—that this was the last proof of fidelity he could give—that they were upon him, and he was dead. Instantly he was cut down. A band of cruel ruffians and assassins, reeking with his blood, rushed into the chamber of the queen, and pierced with an hundred strokes of bayonets and poniards the bed, from whence this persecuted woman had but just time to fly almost naked, and through ways unknown to the murderers had escaped to seek refuge at the feet of a king and husband, not secure of his own life for a moment.

This king, to say no more of him, and this queen, and their infant children (who once would have been the pride and hope of a great and generous people) were then forced to abandon the sanctuary of the most splendid palace in the world, which they left swimming in blood, polluted by massacre, and strewed with scattered limbs and mutilated carcases. Thence they were conducted into the capital of their kingdom. Two had been selected from the unprovoked, unresisted, promiscuous slaughter, which was made of the gentlemen of birth and family who composed the king's body guard. These two gentlemen, with all

1. *On the new year :* au début de l'année nouvelle (1790), on demande à Louis XVI d'oublier, au dire de Burke, « the stormy period of the last, on account of the great good which *he* was likely to produce to his people ».

2. *6th of October 1789 :* date clef de l'histoire de la Révolution. Les 5 et 6 octobre, des émeutiers obligent le roi à quitter Versailles pour s'installer à Paris.

3. *To indulge nature :* réparer leurs forces.

the parade of an execution of justice, were cruelly and publickly dragged to the block, and beheaded in the great court of the palace. Their heads were stuck upon spears, and led the procession; whilst the royal captives who followed in the train were slowly moved along, amidst the horrid yells, and shrilling screams, and frantic dances, and infamous contumelies, and all the unutterable abominations of the furies of hell, in the abused[1] shape of the vilest of women. After they had been made to taste, drop by drop, more than the bitterness of death, in the slow torture of a journey of twelve miles, protracted to six hours, they were, under a guard, composed of those very soldiers who had thus conducted them through this famous triumph, lodged in one of the old palaces of Paris, now converted into a Bastile for kings.

1. *Abused :* défraîchies.

Préromantisme et romantisme

Même si l'on a longtemps vu dans la publication, en 1798, des *Lyrical Ballads* de Wordsworth et de Coleridge la première manifestation du romantisme anglais, l'émergence de celui-ci ne saurait être identifiée à un changement brutal. Ni école ni même mouvement, le romantisme a été préparé par une mutation graduelle des mentalités. Longtemps tenues en suspicion, l'imagination, la sensibilité et la passion acquièrent progressivement leurs lettres de noblesse au fil du XVIIIe siècle. L'attrait du sublime l'emporte désormais sur le sens de l'harmonie. La littérature gothique consacre le rôle de la terreur comme ressort de l'émotion esthétique. Les valeurs de l'époque classique paraissent à certains inadéquates, voire desséchantes. Là où l'on privilégiait la sociabilité s'affirme l'individualisme, voire une solitude revendiquée comme marque d'exception. Plutôt que de porter sur la nature un regard intellectualisé et de la déchiffrer comme une gigantesque mécanique, on s'attache à forger avec elle une communion personnelle et à y découvrir une valeur symbolique, spirituelle — voire mystique. A cela s'ajoute un esprit de contestation né de l'impact de la Révolution française, et qui va dans certains cas jusqu'à la transgression — qu'elle soit formelle, idéologique ou morale. Cette composante libertaire joue un grand rôle non seulement chez les poètes de la « première génération » romantique (Wordsworth, Coleridge, Southey), ou chez ceux de la deuxième (Byron, Shelley, Keats) — en particulier les deux premiers d'entre eux mais aussi chez nombre de prosateurs, comme Godwin. Dans le même temps, en réaction au monde moderne et à la révolution industrielle, qui se met en place dès la fin du XVIIIe siècle, s'exprime chez beaucoup de romantiques un attachement nostalgique à un passé volontiers idéalisé.

BIBLIOGRAPHIE SÉLECTIVE. — Pierre Arnaud et Jean Raimond, *Le préromantisme anglais*, Paris, PUF, 1977 ; Jean Raimond, *Visages du romantisme anglais*, Paris, Bordas, 1977.

JAMES THOMSON (1700-1748)

Né en Ecosse, Thomson publie en 1726 un poème en *blank verse**, *Winter*, premier élément de *The Seasons* (1726-1730), œuvre en quatre parties où se fait sentir à la fois l'influence de Milton et du Virgile des *Géorgiques*. Tributaire, et parfois esclave, d'une « diction poétique » aux tournures convenues et aux périphrases contraignantes, l'auteur des *Seasons* n'en excelle pas moins dans la description précise, personnelle, volontiers sentimentale, d'une nature envisagée dans sa dimension dynamique. On l'a souvent tenu pour précurseur de Wordsworth. Très attaché à l'idée mythifiée de liberté, Thomson est l'auteur de *Liberty* (1735-1736), poème que l'on a pu décrire comme une « épopée laïque ». Il compose, entre autres, plusieurs tragédies, l'ode célèbre « Rule Britannia », et *The Castle of Indolence*, long poème narratif en strophes spensériennes*.

BIBLIOGRAPHIE SÉLECTIVE. — Ralph Cohen, *The Unfolding of The Seasons*, London, Routledge & Kegan Paul, 1970.

The Seasons (1726-1730)

Oft when, returning with her loaded bill,
The astonished mother finds a vacant nest,
By the hard hand of unrelenting clowns
Robbed, to the ground the vain provision falls;

Her pinions[1] ruffle, and, low-drooping, scarce
Can bear the mourner to the poplar shade;
Where, all abandoned to despair, she sings
Her sorrows through the night, and, on the bough
Sole-sitting, still at every dying fall
Takes up again her lamentable strain
Of winding[2] woe, till wide around the woods
Sigh to her song and with her wail resound.
 But now the feathered youth their former bounds,
Ardent, disdain; and, weighing oft their wings,
Demand the free possession of the sky.
This one glad office more, and then dissolves
Parental love at once, now needless grown:
Unlavish Wisdom never works in vain.
'Tis on some evening, sunny, grateful, mild,
When nought but balm is breathing through the woods
With yellow lustre bright, that the new tribes
Visit the spacious heavens, and look abroad
On Nature's common, far as they can see
Or wing,[3] their range and pasture. O'er the boughs
Dancing about, still at the giddy verge
Their resolution fails; their pinions still,
In loose libration[4] stretched, to trust the void
Trembling refuse—till down before them fly
The parent-guides, and chide, exhort, command,
Or push them off. The surging air receives
The plumy burden; and their self-taught wings
Winnow the waving element. On ground
Alighted, bolder up again they lead,
Farther and farther on, the lengthening flight;
Till, vanished every fear, and every power
Roused into life and action, light in air
The acquitted[5] parents see their soaring race,
And, once rejoicing, never know them more.

(Spring)

1. *Pinions :* ailes.
2. *Winding :* qui retentit.
3. *Wing :* voler.
4. *Libration :* équilibre.
5. *Acquitted :* libérés de leurs responsabilités.

THOMAS GRAY (1716-1771)

Nourri de culture classique, mais aussi celtisant et connaisseur des littératures scandinaves, auteur de fort belles odes en même temps qu'épistolier raffiné, Gray est avant tout, pour la postérité, l'auteur de l'*Elegy Written in a Country Churchyard* (1751). Cette élégie, qui se rattache à la mode contemporaine des *graveyard poets*, est sans doute l'un des poèmes les plus célèbres jamais écrits en anglais. Dans cette méditation à la fois mélancolique et sereine sur l'humble destinée de villageois obscurs et, plus généralement, sur l'inévitabilité de la mort, l'émotion est comme tenue en bride par un discours d'une grande perfection classique. Si les lieux communs y abondent, ils sont d'une élévation admirable. Cette mélancolie qui n'est jamais morbide annonce la sensibilité romantique, même s'il lui manque le souffle lyrique de cette dernière.

BIBLIOGRAPHIE SÉLECTIVE. — A. L. Lytton Sells, *Thomas Gray : His Life and Works*, London, Allen & Unwin, 1980.

Elegy

WRITTEN IN A COUNTRY CHURCHYARD (1751)

The curfew tolls the knell of parting day,
The lowing herd wind slowly o'er the lea,
The ploughman homeward plods his weary way,
And leaves the world to darkness and to me.

Now fades the glimmering landscape on the sight,
And all the air a solemn stillness holds,
Save where the beetle wheels his droning flight,
And drowsy tinklings lull the distant folds;

Save that from yonder ivy-mantled tower
The moping owl does to the moon complain
Of such, as wandering near her secret bower,
Molest her ancient solitary reign.

Beneath those rugged elms, that yew-tree's shade,
   Where heaves the turf in many a mouldering heap,
Each in his narrow cell for ever laid,
   The rude forefathers of the hamlet sleep.

The breezy call of incense-breathing Morn,
   The swallow twittering from the straw-built shed,
The cock's shrill clarion, or the echoing horn,
   No more shall rouse them from their lowly bed.

For them no more the blazing hearth shall burn,
   Or busy housewife ply her evening care:
No children run to lisp their sire's return,
   Or climb his knees the envied kiss to share.

Oft did the harvest to their sickle yield,
   Their furrow oft the stubborn glebe has broke;
How jocund did they drive their team afield!
   How bowed the woods beneath their sturdy stroke!

Let not Ambition mock their useful toil,
   Their homely joys, and destiny obscure;
Nor Grandeur hear with a disdainful smile
   The short and simple annals of the poor.

The boast of heraldry, the pomp of power,
   And all that beauty, all that wealth e'er gave,
Awaits alike the inevitable hour.
   The paths of glory lead but to the grave.

Nor you, ye proud, impute to these the fault,
   If Memory o'er their tomb no trophies raise,
Where through the long-drawn aisle and fretted vault
   The pealing anthem swells the note of praise.

Can storied urn or animated bust
   Back to its mansion call the fleeting breath?
Can honour's voice provoke the silent dust,
   Or flattery soothe the dull cold ear of death?

Perhaps in this neglected spot is laid
  Some heart once pregnant with celestial fire;
Hands, that the rod of empire might have swayed,
  Or waked to ecstasy the living lyre.

But Knowledge to their eyes her ample page
  Rich with the spoils of time did ne'er unroll;
Chill Penury repressed their noble rage,
  And froze the genial current of the soul.

Full many a gem of purest ray serene,
  The dark unfathomed caves of ocean bear:
Full many a flower is born to blush unseen,
  And waste its sweetness on the desert air.

Some village Hampden,[1] that with dauntless breast
  The little Tyrant of his fields withstood;
Some mute inglorious Milton here may rest,
  Some Cromwell guiltless of his country's blood.

The applause of listening senates to command,
  The threats of pain and ruin to despise,
To scatter plenty o'er a smiling land,
  And read their history in a nation's eyes,

Their lot forbade: nor circumscribed alone
  Their growing virtues, but their crimes confined;
Forbade to wade through slaughter to a throne,
  And shut the gates of mercy on mankind,

The struggling pangs of conscious truth to hide,
  To quench the blushes of ingenuous shame,
Or heap the shrine of Luxury and Pride
  With incense kindled at the Muse's flame.

Far from the madding[2] crowd's ignoble strife,
  Their sober wishes never learned to stray;
Along the cool sequestered vale of life
  They kept the noiseless tenor of their way.

1. John Hampden s'était signalé par son opposition au *ship-money*, impôt exceptionnel auquel Charles Ier avait eu recours dans des conditions jugées illégales.

2. *Madding :* délirante, en folie.

Yet even these bones from insult to protect,
  Some frail memorial still erected nigh,
With uncouth rhymes and shapeless sculpture decked,
  Implores the passing tribute of a sigh.

Their name, their years, spelt by the unlettered muse,
  The place of fame and elegy supply:
And many a holy text around she strews,
  That teach the rustic moralist to die.

For who to dumb Forgetfulness a prey,
  This pleasing anxious being e'er resigned,
Left the warm precincts of the cheerful day,
  Nor cast one longing lingering look behind?

On some fond breast the parting soul relies,
  Some pious drops the closing eye requires;
Ev'n from the tomb the voice of Nature cries,
  Ev'n in our ashes live their wonted fires.

For thee, who mindful of the unhonoured dead
  Dost in these lines their artless tale relate,
If chance,[1] by lonely contemplation led,
  Some kindred spirit shall inquire thy fate,

Haply[2] some hoary-headed swain may say,
  "Oft have we seen him at the peep of dawn
Brushing with hasty steps the dews away
  To meet the sun upon the upland lawn.

"There at the foot of yonder nodding beech
  That wreathes its old fantastic roots so high,
His listless length at noontide would he stretch,
  And pore upon the brook that babbles by.

"Hard by yon wood, now smiling as in scorn,
  Muttering his wayward fancies he would rove,
Now drooping, woeful wan, like one forlorn,
  Or crazed with care, or crossed in hopeless love.

1. *Chance : by chance.*
2. *Haply :* peut-être.

"One morn I missed him on the customed[1] hill,
Along the heath and near his favourite tree;
Another[2] came; nor yet beside the rill,
Nor up the lawn, nor at the wood was he;

"The next with dirges due in sad array
Slow through the church-way path we saw him borne.
Approach and read (for thou can'st read) the lay,
Graved on the stone beneath yon agéd thorn."

THE EPITAPH

Here rests his head upon the lap of earth
A youth to fortune and to fame unknown.
Fair Science frowned not on his humble birth,
And Melancholy marked him for her own.

Large was his bounty, and his soul sincere,
Heaven did a recompense as largely send:
He gave to Misery all he had, a tear,
He gained from Heaven ('twas all he wished) a friend.

No farther seek his merits to disclose,
Or draw his frailties from their dread abode,
(There they alike in trembling hope repose)
The bosom of his Father and his God.

WILLIAM BLAKE (1757-1827)

Poète, mais aussi peintre et graveur inspiré, Blake rejette les canons de l'esthétique classique. Avec une écriture de type symboliste, privilégiant une imagination qu'il juge d'essence divine, Blake assigne à la poésie une véritable mission d'exploration métaphysique et religieuse,

1. *Customed :* accoutumé.
2. *Another :* comprendre *another morn*.

puisqu'elle le projette, à la faveur d'intuitions fulgurantes, au cœur même des mystères de la création.

Blake, qui croit à la présence conjointe du Bien et du Mal, proclame dans son œuvre cette dualité fondamentale, comme en témoigne le titre de ses deux recueils les plus connus, *Songs of Innocence* (1789), où il exalte la pureté de l'enfance, et *Songs of Experience* (1794) — où le célèbre « Tyger » affronte avec une acuité toute physique et visuelle le problème de l'existence du mal. La vision blakienne est sous-tendue par la conscience des contradictions — contradictions qu'il faut tenter de résoudre, mais qui sont nécessaires, car « Without Contraries is no progression ».

Ses idées avancées le poussent à prendre parti pour les révolutions américaine et française, en lesquelles il se plaît à distinguer une victoire des forces de l'esprit. Mais sa fougue contestataire s'en prend aussi à la morale répressive, qu'il veut renverser au profit d'une sexualité libérée, placée sous le signe de l'énergie et de l'instinct.

Sous le titre de « Proverbs of Hell », soixante-dix aphorismes insérés dans *The Marriage of Heaven and Hell* définissent l'éthique paradoxale de Blake. Terme générique qui inclut notamment *America* (1793), *The Book of Urizen* (1794), *Jerusalem* (1804-1820), ses *prophetic books* peuvent déconcerter par leur éloquence volontiers hermétique et par leur exubérance visionnaire. Ils permettent néanmoins à Blake, sinon de conceptualiser, du moins de suggérer une pensée dont la richesse mystique et libertaire s'apparente étroitement à l'esprit du romantisme.

BIBLIOGRAPHIE SÉLECTIVE. — Francis Léaud, *William Blake*, Paris, Armand Colin, 1968.

The Chimney Sweeper

A little black thing among the snow,
Crying "'weep! 'weep!" in notes of woe!
"Where are thy father & mother? say?"
"They are both gone up to the church to pray.

"Because I was happy upon the heath,
"And smil'd among the winter's snow,
"They cloth'd me in the clothes of death,
"And taught me to sing the notes of woe.

"And because I am happy & dance & sing,
"They think they have done me no injury,
"And are gone to praise God & his Priest & King,
"Who make up a heaven of our misery."

(*Songs of Experience*, 1794)

The Tyger

Tyger! Tyger! burning bright
In the forests of the night,
What immortal hand or eye
Could frame thy fearful symmetry?

In what distant deeps or skies
Burnt the fire of thine eyes?
On what wings dare he aspire?
What the hand dare sieze the fire?

And what shoulder, & what art,
Could twist the sinews of thy heart?
And when thy heart began to beat,
What dread hand? & what dread feet?

What the hammer? what the chain?
In what furnace was thy brain?
What the anvil? what dread grasp
Dare its deadly terrors clasp?

When the stars threw down their spears,
And water'd heaven with their tears,
Did he smile his work to see?
Did he who made the Lamb make thee?

Tyger! Tyger! burning bright
In the forests of the night,
What immortal hand or eye
Dare frame thy fearful symmetry?

(*Songs of Experience*, 1794)

WILLIAM WORDSWORTH (1756-1836)

De tous les grands romantiques anglais, Wordsworth est celui dont la vie fut la plus longue et la plus calme. Son admiration juvénile pour la Révolution française ne résiste pas à l'épreuve des faits. Il glisse vers un conservatisme paisible, préférant aux élans des idéologies l'intensité d'une expérience poétique qui trouve son milieu idéal dans la majesté placide et sauvage de la région des Lacs. Rejetant les usages de la *poetic diction*, il définit, dans la préface à l'édition de 1800 des *Lyrical Ballads*, la source de l'acte poétique comme « emotion recollected in tranquillity ». Avec un lyrisme simple qui n'exclut pas la grandeur, Wordsworth décrit dans ses vers une solitude qui est rarement à charge, ainsi que la communion mystique entre l'âme du poète et une Nature où la divinité est omniprésente. Ses longues œuvres, comme « Tintern Abbey » ou « Intimations of Immortality », sont une réflexion sur la sensibilité poétique et sur la mémoire. Ses courts poèmes, comme les célèbres « Daffodils », sont parfois d'inoubliables chefs-d'œuvre. Publié après sa mort, en 1850, *The Prelude* — qui, avec *The Excursion* (1814), devait faire partie de « The Recluse », monumental poème qui ne vit jamais le jour — est un long et impressionnant compte rendu de son cheminement poétique.

BIBLIOGRAPHIE SÉLECTIVE. — F. W. Bateson, *Wordsworth : A Re-interpretation*, London, Longmans, 1956 ; Carl R. Woodring, *Wordsworth*, Boston, Houghton Mifflin, 1965.

"*She Dwelt Among the Untrodden Ways*"

[Composed 1799.—Published 1800.]

She dwelt among the untrodden ways
Beside the springs of Dove,
A Maid whom there were none to praise
And very few to love:

A violet by a mossy stone
Half hidden from the eye!
—Fair as a star, when only one
Is shining in the sky.

She lived unknown, and few could know
When Lucy ceased to be;
But she is in her grave, and, oh,
The difference to me!

The Daffodils

[Composed 1804.—Published 1807.]

I wandered lonely as a cloud
That floats on high o'er vales and hills,
When all at once I saw a crowd,
A host, of golden daffodils;
Beside the lake, beneath the trees,
Fluttering and dancing in the breeze.

Continuous as the stars that shine
And twinkle on the milky way,
They stretched in never-ending line
Along the margin of a bay:
Ten thousand saw I at a glance,
Tossing their heads in sprightly dance.

The waves beside them danced; but they
Out-did the sparkling waves in glee:
A poet could not but be gay,

In such a jocund company:
I gazed—and gazed—but little thought
What wealth the show to me had brought:

For oft, when on my couch I lie
In vacant or in pensive mood,
They flash upon that inward eye
Which is the bliss of solitude;
And then my heart with pleasure fills,
And dances with the daffodils.

The Prelude (1850)

Downwards[1] we hurried fast,
And, with the half-shaped road which we had missed,
Entered a narrow chasm. The brook and road
Were fellow-travellers in this gloomy strait,
And with them did we journey several hours
At a slow pace. The immeasurable height
Of woods decaying, never to be decayed,
The stationary blasts of waterfalls,
And in the narrow rent at every turn
Winds thwarting winds, bewildered and forlorn,
The torrents shooting from the clear blue sky,
The rocks that muttered close upon our ears,
Black drizzling crags that spake by the way-side
As if a voice were in them, the sick sight
And giddy prospect of the raving stream,
The unfettered clouds and region of the Heavens,
Tumult and peace, the darkness and the light—
Were all like workings of one mind, the features
Of the same face, blossoms upon one tree;
Characters of the great Apocalypse,
The types and symbols of Eternity,
Of first, and last, and midst, and without end.

(Book VI, ll. 619-640)

1. Il s'agit de la traversée des Alpes par Wordsworth et son ami Robert James en 1790.

SAMUEL TAYLOR COLERIDGE (1772-1834)

Sans doute plus porté à la spéculation que les autres romantiques, Coleridge se passionne pour les idées révolutionnaires, mais il évolue ensuite vers un médiévisme conservateur que sous-tend l'intuition de l'unité profonde de la société. Prosateur, il livre avec *Biographia Literaria* (1817) un ouvrage pionnier en matière de critique littéraire ; dans ce livre très marqué par l'influence de la philosophie allemande, il commente sans excès de complaisance l'œuvre de son ami Wordsworth et s'interroge notamment sur la nature de l'imagination. Son poème le plus connu, *The Rime of the Ancient Mariner* (1798), est l'histoire d'une expiation — le Vieux Marin a commis une transgression majeure en tuant un albatros salvateur, pour le plus grand malheur de l'équipage et du coupable. Coleridge y utilise avec bonheur le genre de la ballade, et il l'enrichit d'effets d'horreur quasi gothiques que l'on retrouve dans « Christabel ». « Dejection : An Ode » (1802) décrit le tête-à-tête du poète et de sa propre puissance créatrice. Nature fiévreuse et tourmentée, Coleridge a goûté aux séductions délétères de la toxicomanie — ce qui explique peut-être un certain goût pour les effets hallucinogènes dans telle ou telle partie de son œuvre poétique. Mais cela ne l'empêche pas d'être parfaitement maître de son art ni de construire avec minutie un symbolisme puissant et cohérent. Son poème « Kubla Khan » témoigne de l'adresse avec laquelle il transforme ce qui semble n'être au départ qu'un élan visionnaire en un discours élaboré sur l'acte poétique.

BIBLIOGRAPHIE SÉLECTIVE. — George Watson, *Coleridge the Poet*, London, Routledge and Kegan Paul, 1966.

The Rime of the Ancient Mariner (1798, revised 1817)

The Sun now rose upon the right:
Out of the sea came he,
Still hid in mist, and on the left
Went down into the sea.

And the good south wind still blew behind,
But no sweet bird did follow,
Nor any day for food or play
Came to the mariners' hollo![1]

And I had done a hellish thing,
And it would work 'em woe:
For all averred, I had killed the bird
That made the breeze to blow.
Ah wretch! said they, the bird to slay,
That made the breeze to blow!

His shipmates cry out against the ancient Mariner, for killing the bird of good luck.

Nor dim nor red, like God's own head,
The glorious Sun uprist:[2]
Then all averred, I had killed the bird
That brought the fog and mist.
'Twas right, said they, such birds to slay,
That bring the fog and mist.

But when the fog cleared off, they justify the same, and thus make themselves accomplices in the crime.

The fair breeze blew, the white foam flew,
The furrow followed free;
We were the first that ever burst
Into that silent sea.

The fair breeze continues; the ship enters the Pacific Ocean, and sails northward, even till it reaches the Line.

Down dropped the breeze,
the sails dropped down,
'Twas sad as sad could be;
And we did speak only to break
The silence of the sea!

The ship hath been suddenly becalmed.

1. *Hollo :* holà !
2. *Uprist : uprose.*

All in a hot and copper sky,
The bloody Sun, at noon,
Right up above the mast did stand,
No bigger than the Moon.

Day after day, day after day,
We stuck, nor breath nor motion;
As idle as a painted ship
Upon a painted ocean.

Water, water, every where
And all the boards did shrink;
Water, water, every where,
Nor any drop to drink.

And the Albatross begins to be avenged.

The very deep did rot: O Christ!
That ever this should be!
Yea, slimy things did crawl with legs
Upon the slimy sea.

About, about, in reel and rout
The death-fires[1] danced at night;
The water, like a witch's oils,
Burned green, and blue and white.

And some in dreams assuréd were
Of the Spirit that plagued us so;
Nine fathom deep he had followed us
From the land of mist and snow.

A Spirit had followed them; one of the invisible inhabitants of this planet, neither departed souls nor angels; concerning whom the learned Jew, Josephus, and the Platonic Constantinopolitan, Michael Psellus, may be consulted. They are very numerous, and there is no climate or element without one or more.

And every tongue, through utter drought,
Was withered at the root;
We could not speak, no more than if
We had been choked with soot.

Ah! well a-day! what evil looks
Had I from old and young!
Instead of the cross, the Albatross
About my neck was hung.

The shipmates, in their sore distress, would fain throw the whole guilt on the ancient Mariner: in sign whereof they hang the dead sea-bird round his neck.

(Part II)

1. *Death-fires* : feux follets.

LORD BYRON (1788-1824)

Privilégié en même temps que rebelle, Byron promène sa séduction ténébreuse et son pied bot au travers d'une courte vie marquée par un orgueilleux mépris des contraintes et par un anticonformisme moral poussé jusqu'à l'inceste. Trouvant l'Angleterre étouffante, il va chercher sur le Continent un remède à son mal de vivre. Sa mort à Missolonghi, où il était allé lutter pour l'indépendance grecque, est à l'unisson d'une existence fiévreuse et romantique.

L'œuvre de Byron est plus ambiguë que sa vie. Si les deux premiers chants de *Childe Harold's Pilgrimage* (1812) permettent au poète d'asseoir le mythe du héros byronien, si, par exemple, *The Giaour* (1813), *The Bride of Abydos* (1813), ou *The Corsair* (1814) associent passion, lyrisme et exotisme, les chants III et IV de *Childe Harold* témoignent en revanche d'un certain retrait par rapport au romantisme. La dette de Byron vis-à-vis du XVIIIe siècle et de l'esprit de la satire apparaît très clairement dans *The Vision of Judgment* (1822), charge féroce contre le poète Southey, et surtout dans *Don Juan* (1819-1824), anti-épopée bâtie sur le modèle de l'*ottava rima**, où les pérégrinations du héros servent de support à un discours à la fois digressif et cyniquement mordant.

BIBLIOGRAPHIE SÉLECTIVE. — Robert Escarpit, *Lord Byron : un tempérament littéraire*, Paris, Le Cercle du Livre, 1957.

Don Juan (1819-1824)

Alfonso[1] closed his speech and begged her pardon,
Which Julia half withheld and then half granted
And laid conditions, he thought, very hard on,
Denying several little things he wanted.

1. *Alfonso :* mari de Julia, maîtresse du jeune Don Juan. Julia vient de persuader son mari qu'elle était vertueuse.

He stood like Adam lingering near his garden,
With useless penitence perplexed and haunted,
Beseeching she no further would refuse,
When lo! he stumbled o'er a pair of shoes.

A pair of shoes. What then? Not much, if they
Are such as fit with ladies' feet, but these
(No one can tell how much I grieve to say)
Were masculine. To see them and to seize
Was but a moment's act. Ah, well-a-day,
My teeth begin to chatter, my veins freeze.
Alfonso first examined well their fashion
And then flew out into another passion.

He left the room for his relinquished sword,
And Julia instant to the closet flew.
"Fly, Juan, fly! For heaven's sake, not a word!
The door is open. You may yet slip through
The passage you so often have explored.
Here is the garden key. Fly—fly—adieu!
Haste—haste! I hear Alfonso's hurrying feet.
Day has not broke, there's no one in the street."

None can say that this was not good advice;
The only mischief was it came too late.
Of all experience 'tis the usual price,
A sort of income tax laid on by fate.
Juan had reached the room door in a trice
And might have done so by the garden gate,
But met Alfonso in his dressing gown,
Who threatened death—so Juan knocked him down.

Dire was the scuffle and out went the light.
Antonia cried out "Rape!" and Julia "Fire!"
But not a servant stirred to aid the fight.
Alfonso, pommelled to his heart's desire,
Swore lustily he'd be revenged this night;
And Juan too blasphemed an octave higher.
His blood was up; though young, he was a Tartar
And not at all disposed to prove a martyr.

Alfonso's sword had dropped ere he could draw it,
And they continued battling hand to hand,
For Juan very luckily ne'er saw it.
His temper not being under great command,
If at that moment he had chanced to claw it,
Alfonso's days had not been in the land
Much longer. Think of husbands', lovers' lives,
And how ye may be doubly widows—wives!

Alfonso grappled to detain the foe,
And Juan throttled him to get away,
And blood ('twas from the nose) began to flow.
At last as they more faintly wrestling lay,
Juan contrived to give an awkward blow,
And then his only garment quite gave way.
He fled, like Joseph, leaving it,[1] but there
I doubt, all likeness ends between the pair.

Lights came at length, and men and maids, who found
An awkward spectacle their eyes before.
Antonia[2] in hysterics, Julia swooned,
Alfonso leaning breathless by the door,
Some half-torn drapery scattered on the ground,
Some blood and several footsteps, but no more.
Juan the gate gained, turned the key about,
And liking not the inside, locked the out.

Here ends this canto. Need I sing or say
How Juan naked, favoured by the night,
Who favours what she should not, found his way
And reached his home in an unseemly plight?
The pleasant scandal which arose next day,
The nine days' wonder which was brought to light,
And how Alfonso sued for a divorce
Were in the English newspapers, of course.

(Canto I, stanzas 180-188)

1. *Like Joseph, leaving it :* v. Genèse 39 . 12.
2. *Antonia :* bonne de Julia.

PERCY BYSSHE SHELLEY (1792-1822)

Privilégié de naissance, fils de baronet, Shelley est un être généreux et exalté, mû par l'instinct de révolte. Expulsé d'Oxford pour la publication d'un pamphlet, *The Necessity of Atheism* (1811), il mène la vie d'un anticonformiste que son dédain des conventions condamne à l'exil, et il finit par épouser la fille de Godwin, consacrant ainsi sa dette intellectuelle vis-à-vis du père. Il meurt lors du naufrage de l'*Ariel* dans le golfe de La Spezia. Parmi une œuvre très abondante, il faut citer *Alastor* (1816), où s'affirme l'orgueil de la solitude, *The Revolt of Islam* (1818), sa tragédie *The Cenci* (1819), histoire d'inceste et de vengeance, *Adonais* (1821), élégie sur la mort de Keats — et surtout *Prometheus Unbound* (1820), long poème dramatique, qui exprime sa vision toute volontariste d'une humanité triomphant de la répression et s'accomplissant dans l'amour et la liberté. Versificateur de talent, Shelley est aussi l'auteur de pièces plus courtes, comme la célèbre « Ode to the West Wind », où le vent, essence même de la nature et manifestation de l'Esprit, incarne la vision panthéiste du poète dans sa déroutante immatérialité.

BIBLIOGRAPHIE SÉLECTIVE. — Jean Perrin, *Les Structures de l'imaginaire shelleyen*, Presses de l'Université de Grenoble, 1973 ; Michael O'Neill, *Percy Bysshe Shelley : A Literary Life*, London, Macmillan, 1989.

Ode to the West Wind (1819, published 1820)

1

O wild West Wind, thou breath of Autumn's being,
Thou, from whose unseen presence the leaves dead
Are driven, like ghosts from an enchanter fleeing,

Yellow, and black, and pale, and hectic red,
Pestilence-stricken multitudes: O thou,
Who chariotest to their dark wintry bed

The wingéd seeds, where they lie cold and low,
Each like a corpse within its grave, until
Thine azure sister of the Spring shall blow

Her clarion o'er the dreaming earth, and fill
(Driving sweet buds like flocks to feed in air)
With living hues and odours plain and hill:

Wild Spirit, which art moving everywhere;
Destroyer and preserver; hear, oh, hear!

2

Thou on whose stream, mid the steep sky's commotion,
Loose clouds like earth's decaying leaves are shed,
Shook from the tangled boughs of Heaven and Ocean,

Angels of rain and lightning: there are spread
On the blue surface of thine aery surge,
Like the bright hair uplifted from the head

Of some fierce Maenad,[1] even from the dim verge
Of the horizon to the zenith's height,
The locks of the approaching storm. Thou dirge

Of the dying year, to which this closing night
Will be the dome of a vast sepulchre,
Vaulted with all thy congregated might

Of vapours, from whose solid atmosphere
Black rain, and fire, and hail will burst: oh, hear!

3

Thou who didst waken from his summer dreams
The blue Mediterranean, where he lay,
Lulled by the coil of his crystálline streams,

Beside a pumice isle in Baiae's bay,[2]
And saw in sleep old palaces and towers
Quivering within the wave's intenser day,

1. *Maenad :* bacchante.
2. *Baiae :* Baïes ou Baja, ville d'Italie, près de Naples.

All overgrown with azure moss and flowers
So sweet, the sense faints picturing them! Thou
For whose path the Atlantic's level powers

Cleave themselves into chasms, while far below
The sea-blooms and the oozy woods which wear
The sapless foliage of the ocean, know

Thy voice, and suddenly grow gray with fear,
And tremble and despoil themselves: oh, hear!

4

If I were a dead leaf thou mightest bear;
If I were a swift cloud to fly with thee;
A wave to pant beneath thy power, and share

The impulse of thy strength, only less free
Than thou, O uncontrollable! If even
I were as in my boyhood, and could be

The comrade of thy wanderings over Heaven
As then, when to outstrip thy skiey speed
Scarce seemed a vision; I would ne'er have striven

As thus with thee in prayer in my sore need.
Oh, lift me as a wave, a leaf, a cloud!
I fall upon the thorns of life! I bleed!

A heavy weight of hours has chained and bowed
One too like thee: tameless, and swift, and proud.

5

Make me thy lyre, even as the forest is:
What if my leaves are falling like its own!
The tumult of thy mighty harmonies

Will take from both a deep, autumnal tone,
Sweet though in sadness. Be thou, Spirit fierce,
My spirit! Be thou me, impetuous one!

Drive my dead thoughts over the universe
Like withered leaves to quicken a new birth!
And, by the incantation of this verse,

Scatter, as from an unextinguished hearth
Ashes and sparks, my words among mankind!
Be through my lips to unawakened earth

The trumpet of a prophecy! O, Wind,
If Winter comes, can Spring be far behind?

JOHN KEATS (1795-1821)

D'origine modeste, Keats renonce au métier de chirurgien par amour de la poésie. La tuberculose vient mettre un terme prématuré à une existence prometteuse. Passionné de mythologie antique (comme l'attestent *Endymion*, *Lamia* ou *Hyperion*) et de littérature médiévale (avec *The Eve of St Agnes* et *La Belle Dame sans Merci*), il s'essaie à des œuvres de longue haleine, mais c'est dans les poèmes courts — le sonnet et, au premier chef, l'ode — qu'il atteint le sommet de son art. Ses grandes odes — « Ode on Melancholy », « Ode to a Nightingale », « Ode on a Grecian Urn », « To Autumn » — sont toutes composées en 1819, année pour lui à la fois amère et féconde. Réflexion sur le temps et sur la mort, elles expriment les grands thèmes du romantisme keatsien, et sont baignées de ce pessimisme quasi morbide auquel seul l'art — gage de permanence — peut servir d'antidote. Doué d'un sens aigu de la beauté formelle, Keats offre à son lecteur la richesse suggestive d'une langue à la suavité musicale et sensuelle, que W. B. Yeats a admirablement définie comme son « Luxuriant song ».

BIBLIOGRAPHIE SÉLECTIVE. — Walter Jackson Bate, *John Keats*, Cambridge, Mass., Harvard University Press, 1963.

Ode on a Grecian Urn

Thou still unravish'd bride of quietness,
Thou foster-child of Silence and slow Time,
Sylvan historian, who canst thus express
A flowery tale more sweetly than our rhyme:
What leaf-fring'd legend haunts about thy shape
Of deities or mortals,[1] or of both,
In Tempe,[2] or the dales of Arcady?
What men or gods are these? What maidens loth?
What mad pursuit? What struggle to escape?
What pipes and timbrels? What wild ecstasy?

Heard melodies are sweet, but those unheard
Are sweeter; therefore, ye soft pipes, play on;
Not to the sensual ear, but, more endear'd,
Pipe to the spirit ditties of no tone:
Fair youth, beneath the trees, thou canst not leave
Thy song, nor ever can those trees be bare;
Bold Lover, never, never canst thou kiss,
Though winning near the goal—yet, do not grieve;
She cannot fade, though thou hast not thy bliss,
For ever wilt thou love, and she be fair!

Ah, happy, happy boughs! that cannot shed
Your leaves, nor ever bid the Spring adieu;
And, happy melodist, unwearied,
For ever piping songs for ever new;
More happy love! more happy, happy love!
For ever warm and still to be enjoy'd,
For ever panting, and for ever young;
All breathing human passion far above,
That leaves a heart high-sorrowful and cloy'd,
A burning forehead, and a parching[3] tongue.

Who are these coming to the sacrifice?
To what green altar, O mysterious priest,
Lead'st thou that heifer lowing at the skies,
And all her silken flanks with garlands drest?

1. *Of deities or mortals :* à rapporter à *legend.*
2. *Tempe :* Tempé, vallée de Thessalie, en Grèce.
3. *Parching : parched.*

What little town by river or sea shore,
Or mountain-built with peaceful citadel,
Is emptied of this folk, this pious morn?
And, little town, thy streets for evermore
Will silent be; and not a soul to tell
Why thou art desolate, can e'er return.

O Attic shape! Fair attitude! with brede[1]
Of marble men and maidens overwrought,
With forest branches and the trodden weed;
Thou, silent form, dost tease us out of thought[2]
As doth eternity: Cold Pastoral!
When old age shall this generation waste,
Thou shalt remain, in midst of other woe
Than ours, a friend to man, to whom thou say'st,
Beauty is truth, truth beauty,—that is all
Ye know on earth, and all ye need to know.

(May, 1819)

To Autumn

Season of mists and mellow fruitfulness,
Close bosom-friend of the maturing sun;
Conspiring with him how to load and bless
With fruit the vines that round the thatch-eves[3] run;
To bend with apples to moss'd cottage-trees,
And fill all fruit with ripeness to the core;
To swell the gourd, and plump the hazel shells
With a sweet kernel; to set budding more,
And still more, later flowers for the bees,
Until they think warm days will never cease,
For Summer has o'er-brimm'd their clammy cells.

Who hath not seen thee oft amid thy store?
Sometimes whoever seeks abroad may find
Thee sitting careless on a granary floor,
Thy hair soft-lifted by the winnowing wind;

1. *Brede :* entrelacs.
2. *Dost tease us out of thought :* tes mystères sont un défi à la pensée.
3. *Eves : eaves.*

Or on a half-reap'd furrow sound asleep,
Drows'd with the fume of poppies, while thy hook
Spares the next swath and all its twinèd flowers:
And sometimes like a gleaner thou dost keep
Steady thy laden head across a brook;
Or by a cyder-press, with patient look,
Thou watchest the last oozings hours by hours.

Where are the songs of Spring? Ay, where are they?
Think not of them, thou hast thy music too,—
While barrèd clouds bloom the soft-dying day,
And touch the stubble-plains with rosy hue;
Then in a wailful choir the small gnats mourn
Among the river sallows, borne aloft
Or sinking as the light wind lives or dies;
And full-grown lambs loud bleat from hilly bourn;[1]
Hedge-crickets sing; and now with treble soft
The red-breast whistles from a garden-croft;[2]
And gathering swallows twitter in the skies.

(September 19, 1819)

WILLIAM GODWIN (1756-1836)

Ancien pasteur non-conformiste* ayant perdu la foi, polygraphe talentueux, Godwin (qui épousera Mary Wollstonecraft, pionnière du féminisme, et aura pour gendre le poète Shelley) devient le principal porte-parole des « radicaux » anglais au moment de la Révolution française. Son *Enquiry Concerning Political Justice* (1793) est à la fois une réponse aux attaques de Burke contre le nouveau régime français et un ouvrage de portée beaucoup plus générale, qui dénonce toutes les formes de répression et définit une philosophie anarchiste à la fois cohérente et non dénuée de naïvetés utopistes. Godwin

1. *Bourn :* limite.
2. *Croft :* enclos.

écrit de nombreux romans, dont le plus célèbre est *Things as They Are; or, The Adventures of Caleb Williams* (1794). Les influences gothique et romantique y sont très sensibles ; mais ce récit d'un affrontement, qui dégénère en persécution, entre le héros Caleb et son maître Falkland, dramatise habilement les concepts clefs de l'idéologie godwinienne.

BIBLIOGRAPHIE SÉLECTIVE. — Jean de Palacio, *William Godwin et son monde intérieur*, Presses Universitaires de Lille, 1980 ; Peter H. Marshall, *William Godwin*, New Haven and London, Yale University Press, 1984.

Caleb Williams (1794)

I had now reached the border of the heath and entered upon what is usually termed the forest. Strange as it may seem, it is nevertheless true, that, in this conjecture, exhausted with hunger, destitute of all provision for the future, and surrounded with the most alarming dangers, my mind suddenly became glowing, animated and chearful. I thought that by this time the most formidable difficulties of my undertaking[1] were surmounted; and I could not believe that, after having effected so much, I should find any thing invincible in what remained to be done. I recollected the confinement I had undergone and the fate that had impended over me with horror. Never did man feel more vividly than I felt at that moment the sweets of liberty. Never did man more strenuously prefer poverty with independence to the artificial allurements of a life of slavery. I stretched forth my arms with rapture, I clapped my hands one upon the other, and exclaimed, Ah, this is indeed to be a man! These wrists were lately galled with fetters; all my motions, whether I rose up or sat down, were echoed to with the clanking of chains; I was tied down like a wild beast, and could not move but in a circle of a few feet in circumference. Now I can run, fleet as a greyhound; and leap like a young roe upon the mountains. Oh, God! (if God there be, that condescends to record the lonely beatings of an anxious heart)

1. *My undertaking :* Caleb vient de s'échapper de la prison où la vengeance de Falkland l'avait fait incarcérer.

thou only canst tell with what delight a prisoner, just broke forth from his dungeon, hugs the blessings of new found liberty! Sacred and indescribable moment, when man regains his rights! But lately I held my life in jeopardy, because one man was unprincipled enough to assert what he knew to be false;[1] I was destined to suffer an early and inexorable death from the hands of others, because none of them had penetration enough to distinguish from falshood what I uttered with the entire conviction of a full fraught heart! Strange, that men from age to age should consent to hold their lives at the breath of another, merely that each in his turn may have a power of acting the tyrant according to law! Oh, God! give me poverty! shower upon me all the imaginary hardships of human life! I will receive them all with thankfulness. Turn me a prey to the wild beasts of the desert, so I be never again the victim of man dressed in the gore-dripping robes of authority! Suffer me at least to call life and the pursuits of life my own! Let me hold it at the mercy of elements, of the hunger of beasts or the revenge of barbarians, but not of the cold blooded prudence of monopolists and kings!—How enviable was the enthusiasm which could thus furnish me with energy, in the midst of hunger, poverty and universal desertion!

(Volume III, Chap. I)

MARY SHELLEY (1797-1851)

Fille de William Godwin et de Mary Wollstonecraft, qui meurt après lui avoir donné le jour, amie de Byron, maîtresse puis épouse de Shelley, Mary Shelley n'aurait pu appartenir à un milieu plus propice à la création littéraire. Voyageuse éclairée, diariste de talent, épistolière, romancière, elle est, avant tout, avec *Frankenstein Or The Modern Prometheus* (1818), l'auteur d'un de ces récits que leur puissance allégorique fait accéder au statut de mythe. Avec Victor Frankenstein, savant solitaire acharné à découvrir le secret de la vie, et

1. *What he knew to be false :* Caleb a été injustement accusé de vol par Falkland.

qui crée à partir de morceaux de cadavres un être vivant mais monstrueux, puis exterminateur, Mary Shelley brosse le tableau inoubliable d'une monomanie prométhéenne et aliénante qui — au-delà des lectures idéologiques divergentes auxquelles se prête son livre — inscrit le héros dans la tradition du savant fou, et souligne l'existence d'un lien intrinsèque entre une certaine volonté de savoir, la transgression et la violence.

BIBLIOGRAPHIE SÉLECTIVE. — Jean-Jacques Lecercle, *Frankenstein : mythe et philosophie,* Paris, PUF, 1988 ; Anne K. Mellor, *Mary Shelley : Her Life, her Fiction, her Monsters*, New York and London, Routledge, 1989.

Frankenstein (1818)

It was on a dreary night of November, that I beheld the accomplishment of my toils. With an anxiety that almost amounted to agony, I collected the instruments of life around me, that I might infuse a spark of being into the lifeless thing that lay at my feet. It was already one in the morning; the rain pattered dismally against the panes, and my candle was nearly burnt out, when, by the glimmer of the half-extinguished light, I saw the dull yellow eye of the creature open; it breathed hard, and a convulsive motion agitated its limbs.

How can I describe my emotions at this catastrophe, or how delineate the wretch whom with such infinite pains and care I had endeavoured to form? His limbs were in proportion, and I had selected his features as beautiful. Beautiful!—Great God! His yellow skin scarcely covered the work of muscles and arteries beneath; his hair was of a lustrous black, and flowing; his teeth of a pearly whiteness; but these luxuriances only formed a more horrid contrast with his watery eyes, that seemed almost of the same colour as the dun white sockets in which they were set, his shrivelled complexion and straight black lips.

The different accidents of life are not so changeable as the feelings of human nature. I had worked hard for nearly two years, for the sole purpose of infusing life into an inanimate body. For this I had deprived myself of rest and health. I had desired it with an ardour that far exceeded moderation; but now that I had finished, the beauty of the dream vanished, and breathless horror and disgust filled my heart. Unable to endure the aspect of the being I had created, I rushed out of the room, and continued a long time traversing my bedchamber, unable to compose my mind to sleep. At length lassitude succeeded to the tumult I had before endured; and I threw myself on the bed in my clothes, endeavouring to seek a few moments of forgetfulness. But it was in vain: I slept, indeed, but I was disturbed by the wildest dreams. I thought I saw Elizabeth,[1] in the bloom of health, walking in the streets of Ingolstadt. Delighted and surprised, I embraced her; but as I imprinted the first kiss on her lips, they became livid with the hue of death; her features appeared to change, and I thought that I held the corpse of my dead mother in my arms; a shroud enveloped her form, and I saw the grave-worms crawling in the folds of the flannel. I started from my sleep with horror; a cold dew covered my forehead, my teeth chattered, and every limb became convulsed: when, by the dim and yellow light of the moon, as it, forced its way through the window shutters, I beheld the wretch—the miserable monster whom I had created. He held up the curtain of the bed; and his eyes, if eyes they may be called, were fixed on me. His jaws opened, and he muttered some inarticulate sounds, while a grin wrinkled his cheeks. He might have spoken, but I did not hear; one hand was stretched out, seemingly to detain me, but I escaped, and rushed down stairs. I took refuge in the courtyard belonging to the house which I inhabited; where I remained during the rest of the night, walking up and down in the greatest agitation, listening attentively, catching and fearing each sound as if it were to announce the approach of the demoniacal corpse to which I had so miserably given life.

Oh! no mortal could support the horror of that countenance. A mummy again endued with animation could not be so hideous as that wretch. I had gazed on him while unfinished; he was ugly then; but when those muscles and joints were rendered capable of motion, it became a thing such as even Dante could not have conceived.

(Chap. V)

1. *Elizabeth :* jeune fille élevée par les parents de Victor Frankenstein, et promise à celui-ci.

JANE AUSTEN (1775-1817)

Fille de pasteur, appartenant à un milieu aisé (deux de ses frères seront amiraux), Jane Austen consacre ses romans à la peinture de la *gentry* et des classes moyennes. Cet espace social restreint fournit le décor d'une subtile comédie, où la nature humaine se voit étudiée sans dogmatisme ni solennité, mais avec une pénétration spirituelle qui n'exclut pas la bienveillance. Aussi ses principales œuvres — *Sense and Sensibility* (1811), *Pride and Prejudice* (1813), *Mansfield Park* (1814), *Emma* (1815), *Northanger Abbey* et *Persuasion* (1818) — vont-elles au-delà du simple roman domestique pour atteindre une dimension plus universelle. S'il est vrai que Jane Austen reste relativement en marge du mouvement romantique, elle ne s'emploie pas moins, tout au long de son œuvre, à décrire la passion — une passion dont elle ne méconnaît en rien la puissance. Mais elle croit aux vertus de l'équilibre et de la lucidité en une époque troublée par la Révolution et par la guerre. Comme l'a dit Virginia Woolf, « Never did any novelist make more use of an impeccable sense of human values ».

BIBLIOGRAPHIE SÉLECTIVE. — Pierre Goubert, *Jane Austen : étude psychologique de la romancière*, Paris, PUF, 1975 ; Marilyn Butler, *Jane Austen and the War of Ideas*, Oxford, Clarendon Press, 1975 ; 1987.

Emma (1815)

Emma Woodhouse, handsome, clever, and rich, with a comfortable home and happy disposition, seemed to unite some of the best blessings of existence; and had lived nearly twenty-one years in the world with very little to distress or vex her.

She was the youngest of the two daughters of a most affectionate, indulgent father, and had, in consequence of her sister's marriage, been mistress of his house from a very early period. Her mother had died too long ago for her to have more than an indistinct remembrance of her caresses, and her place had been supplied by an excellent woman as governess, who had fallen little short of a mother in affection.

Sixteen years had Miss Taylor been in Mr. Woodhouse's family, less as a governess than a friend, very fond of both daughters, but particularly of Emma. Between *them* it was more the intimacy of sisters. Even before Miss Taylor had ceased to hold the nominal office of governess, the mildness of her temper had hardly allowed her to impose any restraint; and the shadow of authority being now long passed away, they had been living together as friend and friend very mutually attached, and Emma doing just what she liked; highly esteeming Miss Taylor's judgment, but directed chiefly by her own.

The real evils indeed of Emma's situation were the power of having rather too much her own way, and a disposition to think a little too well of herself; these were the disadvantages which threatened alloy to her many enjoyments. The danger, however, was at present so unperceived, that they did not by any means rank as misfortunes with her.

Sorrow came—a gentle sorrow—but not at all in the shape of any disagreeable consciousness.—Miss Taylor married. It was Miss Taylor's loss which first brought grief. It was on the wedding-day of this beloved friend that Emma first sat in mournful thought of any continuance. The wedding over and the bride-people gone, her father and herself were left to dine together, with no prospect of a third to cheer a long evening. Her father composed himself to sleep after dinner, as usual, and she had then only to sit and think of what she had lost.

The event had every promise of happiness for her friend. Mr. Weston was a man of unexceptionable character, easy fortune, suitable age and pleasant manners; and there was some satisfaction in considering with what self-denying, generous friendship she had always wished and promoted the match; but it was a black morning's work for her. The want of Miss Taylor would be felt every hour of every day. She recalled her past kindness—the kindness, the affection of sixteen years—how she had taught and how she had played with her from five years old—how she had devoted all her powers to attach and amuse her in health—and how nursed her through the various illnesses of childhood. A large debt of gratitude was owing here; but the intercourse of the last seven years, the equal footing and perfect unreserve which had soon followed Isabella's marriage on their being left to each other, was yet a dearer, tenderer recollection. It had been a friend and companion such as few possessed: intelligent, well-informed, useful, gentle, knowing all the ways of the family, interested in all its concerns, and peculiarly interested in herself, in every pleasure, every scheme of her's;—one to whom she could speak every thought as it arose, and who had such an affection for her as could never find fault.

How was she to bear the change?—It was true that her friend was going only half a mile from them; but Emma was aware that great must be the difference between a Mrs. Weston only half a mile from them, and a Miss Taylor in the house; and with all her advantages, natural and domestic, she was now in great danger of suffering from intellectual solitude. She dearly loved her father, but he was no companion for her. He could not meet her in conversation, rational or playful.

The evil of the actual disparity in their ages (and Mr. Woodhouse had not married early) was much increased by his constitution and habits; for having been a valetudinarian all his life, without activity of mind or body, he was a much older man in ways than in years; and though everywhere beloved for the friendliness of his heart and his amiable temper, his talents could not have recommended him at any time.

Her sister, though comparatively but little removed by matrimony, being settled in London, only sixteen miles off, was much beyond her daily reach; and many a long October and November evening must be struggled through at Hartfield, before Christmas brought the next visit from Isabella and her husband and their little children to fill the house and give her pleasant society again.

Highbury, the large and populous village almost amounting to a town, to which Hartfield, in spite of its separate lawn and shrubberies and name, did really belong, afforded her no equals. The Woodhouses were first in consequence there. All looked up to them. She had many acquaintance in the place, for her father was universally civil, but not one among them who could be accepted in lieu of Miss Taylor for even half a day. It was a melancholy change; and Emma could not but sigh over it and wish for impossible things, till her father awoke, and made it necessary to be cheerful. His spirits required support. He was a nervous man, easily depressed; fond of every body that he was used to, and hating to part with them; hating change of every kind. Matrimony, as the origin of change, was always disagreeable; and he was by no means yet reconciled to his own daughter's marrying, nor could ever speak of her but with compassion, though it had been entirely a match of affection, when he was now obliged to part with Miss Taylor too, and from his habits of gentle selfishness, and of being never able to suppose that other people could feel differently from himself, he was very much disposed to think Miss Taylor had done as sad a thing for herself as for them, and would have been a great deal happier if she had spent all the rest of her life at Hartfield. Emma smiled and chatted as cheerfully as she could, to keep him from such thoughts; but when tea came, it was impossible for him not to say exactly as he had said at dinner,

"Poor Miss Taylor!—I wish she were here again. What a pity it is that Mr. Weston ever thought of her!"

"I cannot agree with you, papa; you know I cannot. Mr. Weston is such a good-humoured, pleasant, excellent man, that he thoroughly deserves a good wife;—and you would not have had Miss Taylor live with us for ever and bear all my odd humours, when she might have a house of her own?"

"A house of her own!—but where is the advantage of a house of her own? This is three times as large.—And you have never any odd humours, my dear."

"How often we shall be going to see them and they coming to see us!—We shall be always meeting! *We* must begin, we must go and pay our wedding-visit very soon."

"My dear, how am I to get so far? Randalls is such a distance. I could not walk half so far."

"No, papa, nobody thought of your walking. We must go in the carriage to be sure."

"The carriage! But James will not like to put the horses to for such a little way;—and where are the poor horses to be while we are paying our visit?"

(Chap. I)

SIR WALTER SCOTT (1771-1832)

Né à Edimbourg, Scott se définit au premier chef par ses racines écossaises. Passionné par les légendes et traditions de son pays natal, il se signale d'abord comme poète. Proches de l'esprit romantique, influencés par sa culture germanique, ses recueils de vers — *Minstrelsy of the Scottish Border* (1802-1803), *The Lay of the Last Minstrel* (1805), *Marmion* (1808), *The Lady of the Lake* (1810) — connaissent un succès considérable.

Mais c'est dans la prose que Scott découvre sa véritable voie. Fondateur du roman historique, il vivifie l'intrigue de ses récits par une puissance évocatrice sans pareille. Parmi ses romans les plus célèbres, *Ivanhoe* (1819), *Kenilworth* (1821), qui ont pour décor l'Angleterre des siècles passés, *Quentin Durward* (1823), dont l'action se situe dans la France de Louis XI, et, entre autres, *Waverley* (1814), *Old Mortality* (1816), *The Heart of Midlothian* (1818), *The Bride of Lammermoor* (1819) qui, tous, vibrent de tendresse pour l'histoire écossaise. Au-delà du folklore et du charme envoûtant de la reconstitution historique, c'est à une véritable quête de l'identité culturelle que se livre Scott, et à une interrogation fondamentale sur les rapports de l'homme avec son propre passé.

BIBLIOGRAPHIE SÉLECTIVE. — A. O. J. Cockshut, *The Achievement of Walter Scott*, London, Collins, 1969.

The Heart of Midlothian (1818)

To Captain John Porteous, the honour of his command and of his corps seems to have been a matter of high interest and importance. He was exceedingly incensed against Wilson[1] for the affront which he construed him to have put upon his soldiers, in the effort he made for the liberation of his companion, and expressed himself most ardently on the subject. He was no less indignant at

1. *Wilson :* contrebandier condamné à mort pour vol ; il a permis l'évasion de son complice.

the report, that there was an intention to rescue Wilson himself from the gallows, and uttered many threats and imprecations upon that subject, which were afterwards remembered to his disadvantage. In fact, if a good deal of determination and promptitude rendered Porteous, in one respect, fit to command guards designed to suppress popular commotion, he seems, on the other, to have been disqualified for a charge so delicate, by a hot and surly temper, always too ready to come to blows and violence; a character void of principle; and a disposition to regard the rabble, who seldom failed to regale him and his soldiers with some marks of their displeasure, as declared enemies, upon whom it was natural and justifiable that he should seek opportunities of vengeance. Being, however, the most active and trustworthy among the captains of the City Guard, he was the person to whom the magistrates confided the command of the soldiers appointed to keep the peace at the time of Wilson's execution. He was ordered to guard the gallows and scaffold, with about eighty men, all the disposable force that could be spared for that duty.

But the magistrates took farther precautions, which affected Porteous's pride very deeply. They requested the assistance of part of a regular infantry regiment, not to attend upon the execution, but to remain drawn up on the principal street of the city, during the time that it went forward, in order to intimidate the multitude, in case they should be disposed to be unruly, with a display of force which could not be resisted without desperation. It may sound ridiculous, in our ears, considering the fallen state of this ancient civic corps, that its officer should have felt punctiliously jealous of its honour. Yet so it was. Captain Porteous resented, as an indignity, the introducing the Welsh Fusileers within the city, and drawing them up in the street where no drums but his own were allowed to be sounded, without the special command or permission of the magistrates. As he could not show his ill-humour to his patrons the magistrates, it increased his indignation and his desire to be revenged on the unfortunate criminal Wilson, and all who favoured him. These internal emotions of jealousy and rage wrought a change on the man's mien and bearing, visible to all who saw him on the fatal morning when Wilson was appointed to suffer. Porteous's ordinary appearance was rather favourable. He was about the middle size, stout, and well made, having a military air, and yet rather a gentle and mild countenance. His complexion was brown, his face somewhat fretted with the scars of the small-pox, his eyes rather languid than keen or fierce. On the present occasion, however, it seemed to those who saw him as if he were agitated by some evil demon. His step was irregular, his voice hollow and broken, his countenance pale, his eyes staring and wild, his speech imperfect and confused, and his whole appearance so disordered, that many remarked he seemed to be *fey*, a Scottish expression, meaning the state of those who are driven on to their impending fate by the strong impulse of some irresistible necessity.

One part of his conduct was truly diabolical, if, indeed, it has not been exaggerated by the general prejudice entertained against his memory. When Wilson, the unhappy criminal, was delivered to him by the keeper of the prison,[1] in order that he might be conducted to the place of execution, Porteous, not satisfied with the usual precautions to prevent escape, ordered him to be manacled. This might be justifiable from the character and bodily strength of the malefactor, as well as from the apprehensions, so generally entertained of an expected rescue. But the handcuffs which were produced being found too small for the wrists of a man so big-boned as Wilson, Porteous proceeded with his own hands, and by great exertion of strength, to force them till they clasped together, to the exquisite torture of the unhappy criminal. Wilson remonstrated against such barbarous usage, declaring that the pain distracted his thoughts from the subjects of meditation proper to his unhappy condition.

"It signifies little," replied Captain Porteous; "your pain will be soon at an end."

"Your cruelty is great," answered the sufferer. "You know not how soon you yourself may have occasion to ask the mercy, which you are now refusing to a fellow-creature. May God forgive you!"

These words, long afterwards quoted and remembered, were all that passed between Porteous and his prisoner; but as they took air, and became known to the people, they greatly increased the popular compassion for Wilson, and excited a proportionate degree of indignation against Porteous, against whom, as strict, and even violent in the discharge of his unpopular office, the common people had some real, and many imaginary causes of complaint.

1. *The prison* : il s'agit de la prison d'Edimbourg, surnommée « Heart of Midlothian » ; le Midlothian est un comté écossais.

When the painful procession was completed, and Wilson, with the escort, had arrived at the scaffold in the Grassmarket, there appeared no signs of that attempt to rescue him which had occasioned such precautions. The multitude, in general, looked on with deeper interest than at ordinary executions; and there might be seen, on the countenances of many, a stern and indignant expression, like that with which the ancient Cameronians[1] might be supposed to witness the execution of their brethren, who glorified the Covenant[2] on the same occasion, and at the same spot. But there was no attempt at violence. Wilson himself seemed disposed to hasten over the space that divided time from eternity. The devotions proper and usual on such occasions were no sooner finished than he submitted to his fate, and the sentence of the law was fulfilled.

He had been suspended on the gibbet so long as to be totally deprived of life, when at once, as if occasioned by some newly-received impulse, there arose a tumult among the multitude. Many stones were thrown at Porteous and his guards; some mischief was done; and the mob continued to press forward with whoops, shrieks, howls, and exclamations. A young fellow, with a sailor's cap slouched over his face, sprung on the scaffold, and cut the rope by which the criminal was suspended. Others approached to carry off the body, either to secure for it a decent grave, or to try, perhaps, some means of resuscitation. Captain Porteous was wrought, by this appearance of insurrection against his authority, into a rage so headlong as made him forget, that, the sentence having been fully executed, it was his duty not to engage in hostilities with the misguided multitude, but to draw off his men as fast as possible. He sprung from the scaffold, snatched a musket from one of his soldiers, commanded the party to give fire, and, as several eye-witnesses concurred in swearing, set them the example, by discharging his piece, and shooting a man dead on the spot. Several soldiers obeyed his command or followed his example; six or seven persons were slain, and a great many were hurt and wounded.

(Chap. III)

1. *Cameronians :* protestants écossais qui refusent tout compromis entre le presbytérianisme* et le pouvoir royal après la Restauration de 1660. Du nom de leur inspirateur, Richard Cameron, tué au combat en 1680.

2. *Covenant :* texte fondamental autour duquel s'articule la résistance presbytérienne.

CHARLES LAMB (1775-1834)

Avec Leigh Hunt, William Hazlitt ou Thomas De Quincey, Charles Lamb est l'un des prosateurs les plus représentatifs de la mouvance romantique. Il est difficile d'imaginer existence plus sombre que la sienne : bureaucrate de la compagnie des Indes, il consacre sa vie à soigner sa sœur Mary qui, en 1796, a tué leur mère dans un accès de démence. Lui-même est, au demeurant, d'un équilibre psychologique plus que fragile ; aussi vit-il dans l'obsession de la folie. Ami des poètes romantiques de la première génération et très lié avec Coleridge, il ne survit que quelques mois au choc que représente pour lui la mort de ce dernier.

Critique littéraire, poète et surtout essayiste, Lamb publie notamment de célèbres *Tales from Shakespeare* (1807), écrits avec sa sœur. Publiés d'abord dans le *London Magazine*, *The Essays of Elia* (1823), suivis de *The Last Essays of Elia* (1833) valent par leur subjectivité à la fois frémissante, un peu morbide, et très étudiée. Jouant avec subtilité d'une immense culture, le style de Lamb y manie admirablement la nuance, l'archaïsme et la polysémie. Ainsi le lecteur se voit-il sans relâche harcelé par les séductions coruscantes de cet esprit hypersensible autant que paradoxal.

BIBLIOGRAPHIE SÉLECTIVE. — Edmund Blunden, *Charles Lamb and his Contemporaries*, Cambridge University Press, 1933.

The Last Essays of Elia (1833)

If there be a regal solitude, it is a sick bed. How the patient lords it there; what caprices he acts without control! how king-like he sways his pillow—tumbling, and tossing, and shifting, and lowering, and thumping, and flatting, and moulding it, to the ever varying requisitions of his throbbing temples.

He changes *sides* oftener than a politician. Now he lies full length, then half-length, obliquely, transversely, head and feet quite across the bed; and none accuses him of tergiversation. Within the four curtains he is absolute. They are his Mare Clausum.

How sickness enlarges the dimensions of a man's self to himself! he is his own exclusive object. Supreme selfishness is inculcated upon him as his only duty. 'Tis the Two Tables of the Law to him. He has nothing to think of but how to get well. What passes out of doors, or within them, so he hear not the jarring of them, affects him not.

A little while ago he was greatly concerned in the event[1] of a law-suit, which was to be the making or the marring of his dearest friend. He was to be seen trudging about upon this man's errand to fifty quarters of the town at once, jogging this witness, refreshing that solicitor. The cause was to come on yesterday. He is absolutely as indifferent to the decision, as if it were a question to be tried at Pekin. Peradventure from some whispering, going on about the house, not intended for his hearing, he picks up enough to make him understand, that things went cross-grained in the Court yesterday, and his friend is ruined. But the word "friend," and the word "ruin," disturb him no more than so much jargon. He is not to think of any thing but how to get better.

What a world of foreing cares are merged in that absorbing consideration!

He has put on his strong armour of sickness, he is wrapped in the callous hide of suffering, he keeps his sympathy, like some curious[2] vintage, under trusty lock and key, for his own use only.

He lies pitying himself, honing[3] and moaning to himself; he yearneth over himself; his bowels are even melted within him, to think what he suffers; he is not ashamed to weep over himself.

(The Convalescent)

1. *Event :* résultat.
2. *Curious :* de choix.
3. *Honing : grumbling.*

THOMAS DE QUINCEY (1785-1859)

Esprit curieux, cultivé et volontiers anticonformiste, bon connaisseur de la littérature et de la pensée allemandes, ami des poètes romantiques de la première génération, De Quincey est un critique littéraire et un essayiste subtil — auteur, entre autres, d'un très remarquable commentaire « On the Knocking at the Gate in *Macbeth* » (1823). Toxicomane et dépendant du laudanum, il décrit son état et les effets oniriques induits par la drogue dans ses *Confessions of an English Opium-Eater*, textes d'abord publiés dans le *London Magazine* en 1821, puis réunis sous forme de livre en 1822 (nouvelle édition révisée en 1856). Mais l'intérêt de cette autobiographie va bien au-delà du document clinique et même de ses relations avec la drogue. En dépit — ou à cause — de son esprit fiévreux, capricant et digressif, De Quincey est un narrateur de premier ordre, dont le récit captive non seulement par ce que ce styliste inspiré qualifie lui-même de « prose passionnée » *(impassioned prose)*, mais aussi par un sens de l'humour parfois très aigu.

BIBLIOGRAPHIE SÉLECTIVE. — Françoise Moreux, *Thomas De Quincey : la vie, l'homme, l'œuvre*, Paris, PUF, 1964.

The Confessions of an English Opium-Eater (1821 ; rev. 1856)

He[1] had composed a body of about 330 sermons, which thus, at the rate of two every Sunday, revolved through a cycle of three years; that period being modestly assumed as sufficient for insuring to their eloquencc total oblivion. Possibly to a cynic,

1. De Quincey décrit ici le Révérend Samuel Hall, un des quatre tuteurs qui lui sont assignés à la mort de son père. Ce dernier disparaît alors que le petit Thomas est âgé de six ans. Pasteur de l'Eglise d'Angleterre (il est d'abord vicaire d'une paroisse de Manchester), mais peu sensible à la ferveur spirituelle, le tuteur fait partie de ces gens qui, au dire de l'auteur, « understand by religion simply a respectable code of ethics ».

some shorter cycle might have seemed equal to that effect, since their topics rose but rarely above the level of prudential ethics; and the style, though scholarly, was not impressive. As a preacher, Mr. H. was sincere, but not earnest. He was a good and conscientious man; and he made a high valuation of the pulpit as an organ of civilisation for co-operating with books; but it was impossible for any man, starting from the low ground of themes so unimpassioned and so desultory as the benefits of industry, the danger from bad companions, the importance of setting a good example, or the value of perseverance—to pump up any persistent stream of earnestness either in himself or in his auditors. These auditors, again, were not of a class to desire much earnestness. There were no naughty people among them: most of them were rich, and came to church in carriages: and, as a natural result of their esteem for my reverend guardian, a number of them combined to build a church for him—viz., St. Peter's, at the point of confluence between Moseley Street and the newly projected Oxford Street—then existing only as a sketch in the portfolio of a surveyor. But what connected myself individually with Mr. H. was, that two or three years previously I, together with one of my brothers (five years my senior), had been placed under his care for classical instruction. This was done, I believe, in obedience to a dying injunction of my father, who had a just esteem for Mr. S. H. as an upright man, but apparently too exalted an opinion of his scholarship: for he was but an indifferent Grecian. In whatever way the appointment arose, so it was that this gentleman, previously *tutor* in the Roman sense to all of us, now became to my brother and myself tutor also in the common English sense.[1] From the age of eight, up to eleven and a-half, the character and intellectual attainments of Mr. H. were therefore influentially important to myself in the development of my powers, such as they were. Even his 330 sermons, which rolled overhead with such slender effect upon his general congregation, to me became a real instrument of improvement. One-half of these, indeed, were all that I heard; for, as my father's house (Greenhay) stood at this time in the country, Manchester not having yet overtaken it, the distance obliged us to go in a carriage, and only to the morning service; but every sermon in this morning course was propounded

1. *The common English sense :* on passe du concept juridique de « tuteur » à celui de professeur.

to me as a textual basis upon which I was to raise a mimic duplicate—sometimes a pure miniature abstract—sometimes a rhetorical expansion—but preserving as much as possible of the original language, and also (which puzzled me painfully) preserving the exact succession of the thoughts; which might be easy where they stood in some dependency upon each other, as, for instance, in the development of an argument, but in arbitrary or chance arrangements was often as trying to my powers as any feat of rope-dancing. I, therefore, amongst that whole congregation, was the one sole careworn auditor—agitated about that which, over all other heads, flowed away like water over marble slabs—viz., the somewhat torpid sermon of my somewhat torpid guardian. But this annoyance was not wholly lost: and those same $\frac{330}{2}$ sermons, which (lasting only through sixteen minutes each) were approved and forgotten by everybody else, for me became a perfect palæstra[1] of intellectual gymnastics far better suited to my childish weakness than could have been the sermons of Isaac Barrow or Jeremy Taylor.[2] In these last, the gorgeous imagery would have dazzled my feeble vision, and in both the gigantic thinking would have crushed my efforts at apprehension. I drew, in fact, the deepest benefits from this weekly exercise. Perhaps, also, in the end it ripened into a great advantage for me, though long and bitterly I complained of it, that I was not allowed to use a pencil in taking notes: all was to be charged upon the memory. But it is notorious that the memory strengthens as you lay burdens upon it, and becomes trustworthy as you trust it. So that, in my third year of practice, I found my abstracting and condensing powers sensibly enlarged. My guardian was gradually better satisfied; for unfortunately (and in the beginning it *was* unfortunate) always one witness could be summoned against me upon any impeachment of my fidelity—viz., the sermon itself; since, though lurking amongst the 330, the wretch was easily forked out. But these appeals grew fewer; and my guardian, as I have said, was continually better satisfied. Meantime, might not I be continually less satisfied with *him* and his 330 sermons? Not at

1. *Palæstra :* palestre (lieu réservé dans l'Antiquité aux exercices physiques).

2. *Isaac Barrow or Jeremy Taylor :* célèbres théologiens du XVIIe siècle, appartenant à l'Eglise d'Angleterre.

all: loving and trusting, without doubt or reserve, and with the deepest principles of veneration rooted in my nature, I never, upon meeting something more impressive than the average complexion of my guardian's discourses, for one moment thought of him as worse or feebler than others, but simply as different; and no more quarrelled with him for his characteristic languor, than with a green riband for not being blue.

L'ère victorienne

L'ère victorienne couvre le règne de la reine Victoria (1837-1901) et s'étend ainsi sur près des deux tiers du XIXᵉ siècle. C'est d'abord une période d'extraordinaire développement économique. La Grande-Bretagne devient la première puissance industrielle, commerciale et financière du monde, et sa flotte règne sur un Empire britannique qui s'étend sur toute la surface du globe. La *Great Exhibition* de Londres en 1851 est la manifestation triomphante de cette hégémonie. C'est aussi une époque de grande stabilité politique. Les luttes du *Chartist Movement* (1838-1848) pour une plus grande justice électorale aboutissent à des réformes sans bouleversement majeur et la Grande-Bretagne est la seule à échapper aux révolutions de 1848 qui secouent toute l'Europe. C'est enfin une période de bouillonnement intellectuel, philosophique, religieux, qui sera l'un des moments forts de l'histoire des idées en Angleterre. Les images de convention et d'hypocrisie qu'on associe souvent au « victorianisme » ne doivent pas faire oublier que les victoriens ont eu une remarquable capacité à s'interroger sur le sens de leurs propres valeurs et à remettre en question leur réussite matérielle. Peu de littératures ont été à ce point imprégnées par les grands débats d'idées de leur siècle, et en particulier par les questions religieuses. Le mouvement *evangelical** suscite un approfondissement de la foi et donne à la religion une dimension de responsabilité sociale et un nouvel esprit missionnaire qui seront à l'origine de la *earnestness* victorienne et marqueront profondément toute la littérature du siècle. Parallèlement, la critique des Ecritures est le point de départ de toute une interrogation sur le dogme dont on trouve l'écho aussi bien dans la poésie que dans le roman. Tout ce désarroi et ce nouvel élan se cristalliseront dans le *Oxford Movement**. Les découvertes de la science remettent en perspective les certitudes des siècles précédents et la publication en 1859 de *The Origin of Species* de Charles Darwin est le début d'une vaste controverse sur l'évolutionnisme et la place de l'homme dans la création divine. Plus généralement les victoriens ne cessèrent de s'interroger sur les notions de justice, de liberté et de progrès, remettant en question la réussite matérielle ainsi que le rôle de la bourgeoisie triomphante. En témoignent les attaques des grands prophètes comme Carlyle et Ruskin qui ne cessèrent de fustiger le pharisaïsme de leurs contemporains et de se battre pour une Angleterre plus généreuse. A mesure que le siècle avance, la littérature prend des accents pessimistes et se colore d'une sombre méditation sur la place de l'homme dans le temps et dans l'histoire. Alors même que le *Education Act* de 1870 suscite la naissance d'un vaste nouveau public accédant à la lecture et que la fin du siècle voit la Grande-Bretagne atteindre l'apogée de sa puissance économique, une anxiété grandissante se manifeste dans la littérature, le sentiment qu'une Angleterre est en train de mourir. Parallèlement, la littérature fin-de-siècle donne lieu à toute une veine décadente et hédoniste qui tranche avec le sérieux des périodes précédentes et prépare la violente réaction anti-victorienne du début du XXe siècle. Il faudra du temps pour que soit réhabilitée cette époque qui servira de repoussoir aux expérimentations modernistes, mais l'avenir devait montrer qu'elle avait été un prodigieux laboratoire de toutes les idées qui allaient hanter le XXe siècle.

BIBLIOGRAPHIE SÉLECTIVE. — David Thomson, *England in the Nineteenth Century*, Harmondsworth, Penguin, 1978 ; E. J. Hobsbawm, *Industry and Empire*, Harmondsworth, Penguin, 1969.

Boris Ford ed., *The New Pelican Guide to English Literature*, vol. 6 *(From Dickens to Hardy)*, Harmondsworth, Penguin, 1983 ; Raymond Williams, *Culture and Society (1780-1950)*, Harmondsworth, Penguin, 1961 ; Laurence Lerner ed., *The Victorians*, London, Methuen, 1978 ; Gordon S. Haight ed., *The*

Portable Victorian Reader, Harmondsworth, Penguin, 1976 ; Sylvère Monod, *Histoire de la littérature anglaise : de Victoria à Elisabeth II*, Paris, Armand Colin, 1970.

Walter Allen, *The English Novel*, Harmondsworth, Penguin, 1958 ; Robin Gilmour, *The Novel in the Victorian Age*, London, Arnold, 1986 ; George Macbeth ed., *The Penguin Book of Victorian Verse*, Harmondsworth, Penguin, 1969.

THOMAS CARLYLE (1795-1881)

Génie inclassable au tempérament de rebelle et de prophète, Thomas Carlyle passa sa vie à fustiger les défauts de la société de son temps. Son œuvre touffue, souvent contradictoire, toucha à toutes les grandes questions qui agitaient son époque et son influence fut immense. D'éducation presbytérienne, il perd la foi à vingt-trois ans et au contact des romantiques allemands élabore sa propre religion de la vie. Dans son roman autobiographique, *Sartor Resartus* (1836), il se livre à une anatomie sans complaisance de toutes les institutions humaines. Rejetant à la fois l'utilitarisme* de Bentham et le christianisme, il se forge un vitalisme mystique qui privilégie l'énergie et l'instinct. Dans *The French Revolution* (1837) il fait une interprétation passionnée de l'histoire conçue comme une vaste épopée dans laquelle l'action des grandes figures héroïques est déterminante. Pendant les crises des années 1840, il dénonce avec virulence l'irresponsabilité de la bourgeoisie dominante et la doctrine du laisser-faire (*Past and Present*, 1843). En politique il se méfie de la démocratie égalitaire et met son espoir dans des héros charismatiques, allant jusqu'à chanter les mérites de la société féodale. Cette importance accordée à l'autorité et à l'irrationnel le rapproche de D. H. Lawrence, et comme ce dernier il a parfois été accusé à tort de céder à des tentations préfascistes. Sa langue très imagée, nerveuse, parfois explosive, procède par de grandes pulsions rythmiques qui disloquent la syntaxe et rappellent la poésie prophétique de l'Ancien Testament.

BIBLIOGRAPHIE SÉLECTIVE. — A. L. Lequesne, *Carlyle*, Oxford, Oxford University Press, 1982.

Past and Present[1] (1843)

A High Class without duties to do is like a tree planted on precipices; from the roots of which all the earth has been crumbling. Nature owns no man who is not a Martyr withal. Is there a man who pretends to live luxuriously housed up; screened from all work, from want, danger, hardship, the victory over which is what we name work;—he himself to sit serene, amid down-bolsters and appliances, and have all his work and battling done by other men? And such man calls himself a *noble*-man? His fathers worked for him, he says; or successfully gambled for him: here *he* sits; professes, not in sorrow but in pride, that he and his have done no work, time out of mind. It is the law of the land, and is thought to be the law of the Universe, that he, alone of recorded men, shall have no task laid on him, except that of eating his cooked victuals, and not flinging himself out of window. Once more I will say, there was no stranger spectacle ever shown under this Sun. A veritable fact in our England of the Nineteenth Century. His victuals he does eat: but as for keeping in the inside of the window,—have not his friends, like me, enough to do? Truly, looking at his Corn-Laws,[2] Game-Laws,[3] Chandos-

1. *Past and Present* (1843) fut écrit sous l'influence de la crise économique du début des années 1840. Carlyle y donne libre cours à son indignation devant la condition des ouvriers en Angleterre et à ses craintes de troubles causés par la misère. Critiquant les illusions du progrès, il leur oppose les grandes réussites du passé et ne ménage pas ses sarcasmes contre l'irresponsabilité des classes dirigeantes anglaises.

2. *Corn-Laws :* lois protectionnistes qui imposaient des droits sur les importations de céréales et furent accusées par la *Anti-Corn League* (1839) de privilégier les propriétaires terriens.

3. *Game-Laws :* lois très répressives qui réservaient les droits de chasse aux propriétaires de terres.

Clauses,[1] Bribery-Elections[2] and much else, you do shudder over the tumbling and plunging he makes, held back by the lapels and coatskirts; only a thin fence of window-glass before him,—and in the street mere horrid iron spikes! My sick brother, as in hospital-maladies men do, thou dreamest of Paradises and Eldorados, which are far from thee. "Cannot I do what I like with my own?"[3] Gracious Heaven, my brother, this that thou seest with those sick eyes is no firm Eldorado, and Corn-Law Paradise of Donothings, but a dream of thy own fevered brain. It is a glass-window, I tell thee, so many stories from the street; where are iron spikes and the law of gravitation!

What is the meaning of nobleness, if this be "noble"? In a valiant suffering for others, not in a slothful making others suffer for us, did nobleness ever lie. The chief of men is he who stands in the van[4] of men; fronting the peril which frightens back all others; which, if it be not vanquished, will devour the others. Every noble crown is, and on Earth will for ever be, a crown of thorns. The Pagan Hercules, why was he accounted a hero? Because he had slain Nemean Lions, cleansed Augean Stables, undergone Twelve Labours only not too heavy for a god. In modern, as in ancient and all societies, the Aristocracy, they that assume the functions of an Aristocracy, doing them or not, have taken the post of honour; which is the post of difficulty, the post of danger,—of death, if the difficulty be not overcome. *Il faut payer de sa vie*. Why was our life given us, if not that we should manfully give it? Descend, O Donothing Pomp; quit thy down-cushions; expose thyself to learn what wretches feel, and how to cure it![5] The Czar of Russia became a dusty toiling shipwright; worked with his axe in the Docks of Saardam;[6] and his aim was small to thine. Descend thou: undertake this horrid "living chaos of Ignorance and Hunger"

1. *Chandos-Clauses :* clause du *Reform Bill* (1831), proposée par Lord Chandos, qui accorda la franchise électorale à certains petits propriétaires, mais empêcha le vote d'une autre proposition plus libérale.

2. *Bribery-Elections*. Toute la première moitié du XIXe siècle vit une agitation grandissante pour la réforme d'un système électoral injuste et dominé par la corruption. L'aboutissement en fut les *Reform Acts* de 1832, 1867 et 1884.

3. C'est la réponse que fit en 1829 le duc de Newcastle à ceux qui lui reprochaient d'avoir expulsé tous ceux de ses fermiers qui avaient voté contre son candidat à Newark.

4. *Van :* avant-garde.

5. *Descend (...) how to cure it!* Voir Shakespeare, *King Lear*, III, 4, v. 33-36.

6. En 1697 le tsar Pierre le Grand travailla pendant quelque temps incognito comme charpentier aux Pays-Bas dans les chantiers navals d'Amsterdam et Zaandam.

became a dusty toiling shipwright; worked with his axe in the Docks of Saardam;[1] and his aim was small to thine. Descend thou: undertake this horrid "living chaos of Ignorance and Hunger" weltering round thy feet; say, "I will heal it, or behold I will die foremost in it." Such is verily the law. Everywhere and everywhen a man has to "*pay* with his life"; to do his work, as a soldier does, at the expense of life. In no Piepowder earthly Court[2] can you sue an Aristocracy to do its work, at this moment: but in the Higher Court, which even *it* calls "Court of Honour,"[3] and which is the Court of Necessity withal, and the eternal Court of the Universe, in which all Fact comes to plead, and every Human Soul is an apparitor,[4]—the Aristocracy is answerable, and even now answering, *there*.

(III, 8)

JOHN RUSKIN (1819-1900)

John Ruskin fut à la fois le plus grand critique d'art de l'ère victorienne et un témoin passionné de la société de son temps. Des voyages sur le continent lui firent découvrir l'art et l'architecture de France et d'Italie, mais l'esthétique resta pour lui indissociable de préoccupations morales et sociales. *Modern Painters* (1834) est une défense du peintre Turner et une affirmation de la suprématie de l'imagination sur la vérité en peinture. A partir de 1851 il s'enthousiasme pour l'architecture gothique et dans *The Stones of Venice* (1851-1853) il oppose l'harmonie organique de l'artisan médiéval à la standardisation mécanique de la société industrielle. Son enthousiasme pour la pureté du gothique et ses attaques contre l'art de la Renaissance sont à l'origine du *Gothic Revival** dans l'architecture anglaise ainsi que du mouvement

1. En 1697 le tsar Pierre le Grand travailla pendant quelque temps incognito comme charpentier aux Pays-Bas dans les chantiers navals d'Amsterdam et Zaandam.

2. *Piepowder Court :* cour de justice qui se tenait dans les foires et réglait les conflits entre acheteurs et marchands (*piepowder :* marchand ambulant).

3. *Court of Honour :* tribunal qui tranchait sur les questions d'honneur à l'époque de la chevalerie.

4. *Apparitor :* huissier de justice.

conférences couvrent les champs les plus variés : voyages, peinture, histoire naturelle, écologie. Dans les pamphlets de *The Crown of Wild Olive* (1866) et *Fors Clavigera* (1871-1878) il évoque avec un talent visionnaire l'image d'une société idéale réconciliant les exigences du machinisme et les acquis du passé. Son influence fut profonde chez des écrivains aussi différents que William Morris, G. B. Shaw et D. H. Lawrence, et certaines de ses idées inspirèrent les fondateurs du parti travailliste.

BIBLIOGRAPHIE SÉLECTIVE. — John D. Rosenberg, *The Darkening Glass : A Portrait of Ruskin's Genius*, New York, Columbia University Press, 1961.

The Stones of Venice[1] (1851-1853)

And now, reader, look round this English room of yours, about which you have been proud so often, because the work of it was so good and strong, and the ornaments of it so finished. Examine again all those accurate mouldings, and perfect polishings, and unerring adjustments of the seasoned wood and tempered steel. Many a time you have exulted over them, and thought how great England was, because her slightest work was done so thoroughly. Alas! if read rightly, these perfectnesses are signs of a slavery in our England a thousand times more bitter and more degrading than that of the scourged African, or helot[2] Greek. Men may be beaten, chained, tormented, yoked like cattle, slaughtered like summer flies, and yet remain in one sense, and the best sense, free. But to smother their souls within them, to blight and hew into rotting pollards[3] the suckling branches of their human intelligence, to make the flesh and skin which, after the worm's work on it, is to see God, into leathern thongs to yoke machinery with—this is to be slave-masters indeed; and there might be more freedom in England, though her feudal lords' lightest words were worth

1. Cet extrait est tiré du fameux chapitre « The Nature of Gothic » où Ruskin oppose le travail harmonieux de l'artisan médiéval à la production de masse mécanisée du XIXe siècle.

2. *Helot :* ilote (serf dans l'ancienne Sparte).

3. *Pollards :* arbres écimés dont la ramure a été taillée en rond.

men's lives, and though the blood of the vexed husbandman[1] dropped in the furrows of her fields, than there is while the animation of her multitudes is sent like fuel to feed the factory smoke, and the strength of them is given daily to be wasted into the fineness of a web, or racked into the exactness of a line.

And, on the other hand, go forth again to gaze upon the old cathedral front, where you have smiled so often at the fantastic ignorance of the old sculptors: examine once more those ugly goblins, and formless monsters, and stern statues, anatomiless and rigid; but do not mock at them, for they are signs of the life and liberty of every workman who struck the stone; a freedom of thought, and rank in scale of being, such as no laws, no charters, no charities can secure; but which it must be the first aim of all Europe at this day to regain for her children.

Let me not be thought to speak wildly or extravagantly. It is verily this degradation of the operative[2] into a machine, which, more than any other evil of the times, is leading the mass of the nations everywhere into vain, incoherent, destructive struggling for a freedom of which they cannot explain the nature to themselves. Their universal outcry against wealth, and against nobility, is not forced from them either by the pressure of famine, or the sting of mortified pride. These do much, and have done much in all ages; but the foundations of society were never yet shaken as they are at this day. It is not that men are ill fed, but that they have no pleasure in the work by which they make their bread, and therefore look to wealth as the only means of pleasure. It is not that men are pained by the scorn of the upper classes, but they cannot endure their own; for they feel that the kind of labour to which they are condemned is verily a degrading one, and makes them less than men. Never had the upper classes so much sympathy with the lower, or charity for them, as they have at this day, and yet never were they so much hated by them: for, of old, the separation between the noble and the poor was merely a wall built by law; now it is a veritable difference in level of standing, a precipice between upper and lower grounds in the field of humanity, and there is pestilential air at the bottom of it. [. . .]

We have much studied and much perfected, of late, the great

1. *Husbandman :* cultivateur.
2. *Operative :* ouvrier.

civilized invention of the division of labour; only we give it a false name. It is not, truly speaking, the labour that is divided; but the men: Divided into mere segments of men—broken into small fragments and crumbs of life; so that all the little piece of intelligence that is left in a man is not enough to make a pin, or a nail, but exhausts itself in making the point of a pin, or the head of a nail. Now it is a good and desirable thing, truly, to make many pins in a day; but if we could only see with what crystal sand their points were polished—sand of human soul, much to be magnified before it can be discerned for what it is—we should think there might be some loss in it also. And the great cry that rises from all our manufacturing cities, louder than their furnace blast, is all in very deed for this—that we manufacture everything there except men; we blanch cotton, and strengthen steel, and refine sugar, and shape pottery; but to brighten, to strengthen, to refine, or to form a single living spirit, never enters into our estimate of advantages.

(II, 6)

JOHN STUART MILL (1806-1873)

Bien que ses préoccupations aient été davantage d'ordre philosophique, politique ou économique, John Stuart Mill est au centre de tous les grands débats qui agitèrent la littérature victorienne. Elevé dans le respect de l'utilitarisme* de Bentham, il fut amené à partir de 1826 à remettre en question cette doctrine et à reconnaître l'importance d'écrivains comme Coleridge et Carlyle, qui représentaient la tendance exactement opposée. Dans ses essais sur Bentham (1838) et Coleridge (1840) il essaie de concilier ces deux pôles de la pensée anglaise que sont romantisme et utilitarisme. Son œuvre abondante inclut un *System of Logic* (1843), des *Principles of Political Economy* (1848), un ouvrage sur Auguste Comte et le positivisme (1865) et une *Autobiography* (1873) qui retrace les crises de son évolution intellectuelle. Parti de l'utilitarisme, il aboutit à un réformisme humaniste teinté de socialisme qui voyait les dangers de la société industrielle et cherchait à les éviter par des réformes comme le vote des femmes, la représentation proportionnelle et une organisation plus juste du travail.

BIBLIOGRAPHIE SÉLECTIVE. — Alan Ryan, *John Stuart Mill*, London, 1969.

On Liberty[1] (1859)

It is so, on the Calvinistic theory. According to that, the one great offence of man is self-will. All the good of which humanity is capable is comprised in obedience. You have no choice; thus you must do, and no otherwise: "whatever is not a duty is a sin." Human nature being radically corrupt, there is no redemption for anyone until human nature is killed within him. To one holding this theory of life, crushing out any of the human faculties, capacities, and susceptibilities, is no evil: man needs no capacity, but that of surrendering himself to the will of God: and if he uses any of his faculties for any other purpose but to do that supposed will more effectually, he is better without them. This is the theory of Calvinism; and it is held, in a mitigated form, by many who do not consider themselves Calvinists; the mitigation consisting in giving a less ascetic interpretation to the alleged will of God; asserting it to be his will that mankind should gratify some of their inclinations; of course not in the manner they themselves prefer, but in the way of obedience, that is, in a way prescribed to them by authority; and, therefore, by the necessary conditions of the case, the same for all.

In some such insidious form there is at present a strong tendency to this narrow theory of life, and to the pinched[2] and hidebound type of human character which it patronizes.[3] Many persons, no doubt, sincerely think that human beings thus cramped and dwarfed, are as their Maker designed them to be; just as many have thought that trees are a much finer thing when

1. Dans *On Liberty* J. S. Mill met en question le droit de la société à interférer avec la liberté individuelle. Dans ce passage il évoque les dangers que représente pour la liberté la théorie calviniste de la prédestination.

2. *Pinched :* étroit d'esprit.

3. *Patronizes :* soutient, encourage.

clipped into pollards,[1] or cut out into figures of animals, than as nature made them. But if it be any part of religion to believe that man was made by a good Being, it is more consistent with that faith to believe that this Being gave all human faculties that they might be cultivated and unfolded, not rooted out and consumed, and that he takes delight in every nearer approach made by his creatures to the ideal conception embodied in them, every increase in any of their capabilities of comprehension, of action, or of enjoyment. There is a different type of human excellence from the Calvinistic; a conception of humanity as having its nature bestowed on it for other purposes than merely to be abnegated. "Pagan self-assertion" is one of the elements of human worth, as well as "Christian self-denial".[2] There is a Greek ideal of self-development, which the Platonic and Christian ideal of self-government blends with, but does not supersede. It may be better to be a John Knox[3] than an Alcibiades[4], but it is better to be a Pericles than either; nor would a Pericles, if we had one in these days, be without anything good which belonged to John Knox.

(III)

JOHN HENRY NEWMAN (1801-1890)

John Henry Newman fut au centre d'une des crises religieuses les plus graves de l'Eglise anglicane. Après une éducation protestante il devint *fellow* de Oriel College à Oxford, puis pasteur anglican. D'abord attiré par le libéralisme*, il se tourna ensuite de plus en plus vers la branche *High Church* de l'Eglise anglicane, qui réclamait la reconnaissance de la succession apostolique et de l'autorité sacerdotale, principes rejetés par les stricts calvinistes de la tendance *Low Church*. A partir

1. *Pollards :* voir n. 3, p. 341.
2. Ces formules sont tirées des *Essays* (1848) de John Sterling, un ami de Carlyle.
3. *John Knox :* fondateur de l'Eglise presbytérienne écossaise.
4. *Alcibiade :* général grec qui scandalisa les Athéniens par sa vie dissolue avant de triompher dans des campagnes victorieuses.

de 1832-1834, il devint l'un des inspirateurs du *Oxford Movement* qui entreprit de lutter contre le déclin de la vie religieuse en Angleterre et contre le libéralisme en théologie. En 1841 il fit scandale avec son *Tract XC* qui affirmait la compatibilité des 39 Articles de l'Eglise anglicane avec la théologie catholique. Converti au catholicisme en 1845, il fut ordonné prêtre en 1846 et fait cardinal en 1879. En 1873 parut *The Idea of a University*, recueil de conférences sur l'éducation dans lequel il affirme la primauté de la culture sur le savoir, de la formation des esprits sur l'acquisition de connaissances. Mais son œuvre maîtresse reste son autobiographie spirituelle, *Apologia pro Vita Sua* (1864), où il révèle un magnifique talent de prosateur. Cette sincérité passionnée impressionna bien des lecteurs qui étaient pourtant loin d'être acquis à sa cause et on trouve parmi ses admirateurs des écrivains aussi différents que George Eliot et James Joyce.

BIBLIOGRAPHIE SÉLECTIVE. — C. S. Dessain, *John Henry Newman*, London, Nelson, 1966 ; Brian Martin, *John Henry Newman : His Life and Work*, London, Chatto and Windus, 1982.

Apologia pro Vita Sua (1864)

Lastly, I proceeded[1] to the question of that future of the Anglican Church, which was to be a new birth of the Ancient Religion. And I did not venture to pronounce upon it. "About the future, we have no prospect before our minds whatever, good or bad. Ever since that great luminary, Augustine, proved to be the last bishop of Hippo,[2] Christians have had a lesson against attempting to foretell, *how* Providence will prosper and" [or?] "bring to an end, what it begins." Perhaps the lately-revived principles would prevail in the Anglican Church; perhaps they would be lost in "some miserable schism, or some more miserable compromise"; but there was nothing rash in venturing to predict

1. Dans ce chapitre III, Newman analyse l'évolution de ses idées religieuses entre 1839 et 1841. Il cite à plusieurs reprises des extraits d'un article qu'il avait écrit en 1839 dans *The British Critic*.
2. *Hippo :* saint Augustin fut évêque d'Hippone en Numidie de 395 à 430.

that "neither Puritanism* nor Liberalism* had any permanent in-heritance within her."

Then I went on: "As to Liberalism, we think the formularies[1] of the Church will ever, with the aid of a good Providence, keep it from making any serious inroads upon the clergy. Besides, it is too cold a principle to prevail with the multitude." But as regarded what was called Evangelical* Religion or Puritanism, there was more to cause alarm. I observed upon its organization; but on the other hand it had no intellectual basis; no internal idea, no principle of unity, no theology. "Its adherents," I said, "are already separating from each other; they will melt away like a snowdrift. It has no straight forward view on any one point, on which it professes to teach, and to hide its poverty, it has dressed itself out in a maze of words. We have no dread of it at all; we only fear what it may lead to. It does not stand on intrenched ground, or make any pretence to a position; it does but occupy the space between contending powers, Catholic Truth and Rationalism. Then indeed will be the stern encounter, when two real and living principles, simple, entire, and consistent, one in the Church, the other out of it, at length rush upon each other, contending not for names and words, or half-views, but for elementary notions and distinctive moral characters."

Whether the ideas of the coming age upon religion were true or false, at least they would be real. "In the present day," I said, "mistiness is the mother of wisdom. A man who can set down a half-a-dozen general propositions, which escape from destroying one another only by being diluted into truisms, who can hold the balance between opposites so skilfully as to do without fulcrum or beam, who never enunciates a truth without guarding himself against being supposed to exclude the contradictory,—who holds that Scripture is the only authority, yet that the Church is to be deferred to,[2] that faith only justifies, yet that it does not justify without works,[3] that grace does not depend on the sacraments, yet is not given without them,[4] that bishops are a divine ordinance,

1. *Formularies :* recueils des formules du dogme.

2. Contrairement au catholicisme, le protestantisme fait passer l'autorité de l'Ecriture avant celle de l'Eglise.

3. La question de la justification (libération du péché) par la foi seule et non par les œuvres *(works)* est un débat central au protestantisme.

4. Là encore, sur la question des sacrements, Newman adopte une attitude de conciliation entre protestantisme et catholicisme.

yet those who have them not are in the same religious condition as those who have,[1]—this is your safe man and the hope of the Church; this is what the Church is said to want, not party men, but sensible, temperate, sober, well-judging persons, to guide it through the channel of no-meaning, between the Scylla and Charybdis of Aye and No."

This state of things, however, I said, could not last, if men were to read and think. They "will not keep in that very attitude which you call sound Church-of-Englandism[2] or orthodox Protestantism. They cannot go on forever standing on one leg, or sitting without a chair, or walking with their feet tied, or like Tityrus's stags grazing in the air.[3] They will take one view or another, but it will be a consistent view. It may be Liberalism, or Erastianism,[4] or Popery,[5] or Catholicity,[6] but it will be real."

I concluded the Article by saying, that all who did not wish to be "democratic, or pantheistic,[7] or popish," must "look out for *some* Via Media[8] which will preserve us from what threatens, though it cannot restore the dead. The spirit of Luther is dead; but Hildebrand[9] and Loyola[10] are alive. Is it sensible, sober, judicious, to be so very angry with those writers of the day, who point to the fact, that our divines of the seventeenth century have occupied a ground which is the true and intelligible mean between extremes? Is it wise to quarrel with this ground, because it is not exactly what we should choose, had we the power of choice? Is it true moderation, instead of trying to fortify a middle doctrine, to fling stones at those who do? . . . Would you rather have your sons and daughters members of the Church of England or of the Church of Rome?"

(Chap. III)

1. Contrairement à l'Eglise anglicane, les stricts calvinistes rejettent la hiérarchie épiscopale.
2. *Church-of-Englandism :* l'esprit de l'Eglise anglicane.
3. Voir Virgile, *Bucoliques*, I, 59.
4. *Erastianism :* branche du protestantisme qui insiste sur la prédominance de l'Etat sur l'Eglise.
5. *Popery :* appellation péjorative du catholicisme.
6. *Catholicity :* le catholicisme pris au sens étymologique de « universalité ».
7. *Pantheistic :* le panthéisme refuse la transcendance et identifie Dieu et l'univers.
8. *Via Media :* voie moyenne. Cette recherche d'une voie moyenne entre protestantisme et catholicisme fut au centre de la démarche de Newman.
9. *Hildebrand :* devenu le pape Grégoire VII (1021-1085), Hildebrand œuvra pour une réforme de l'Eglise
10. *Loyola :* Ignace de Loyola (1491-1556), fondateur de l'ordre des Jésuites.

MATTHEW ARNOLD (1822-1888)

Fils du directeur de Rugby School, Dr Thomas Arnold, qui fut à l'origine du mouvement de réforme des *public schools* anglaises, Matthew Arnold eut pour préoccupation inlassable de réconcilier la société industrielle victorienne, qu'il jugeait matérialiste et égoïste, avec les idées de culture et d'éducation. Tout comme Carlyle et Ruskin, il s'inquiétait de voir la bourgeoisie dominante incapable d'exercer véritablement son rôle faute d'une culture intellectuelle suffisante et il ne cessa de dénoncer son puritanisme et son philistinisme. Son œuvre fort diverse va dans trois grandes directions : la poésie (essentiellement jusqu'en 1860) ; la critique littéraire (*Essays in Criticism*, 1865, 1888) ; les œuvres sur l'éducation, la religion et la société (*Culture and Anarchy*, 1869 ; *Friendship's Garland*, 1871 ; *Literature and Dogma*, 1873). Il a considérablement élargi la notion de culture en y incluant une vaste prise de conscience des œuvres littéraires, philosophiques et artistiques du passé. Témoin privilégié du malaise victorien, il voyait dans un nouvel humanisme le meilleur remède aux insuffisances d'une société malade d'être trop exclusivement orientée vers la réussite matérielle. Arnold laisse aussi une œuvre poétique qui, bien qu'un peu délaissée, est loin d'être négligeable. Elle reflète le stoïcisme tragique d'un individu isolé dans un univers incompréhensible et annonce les sombres accents de Thomas Hardy.

BIBLIOGRAPHIE SÉLECTIVE. — J. D. Jump, *Matthew Arnold*, London, Longman, 1955.

Culture and Anarchy[1] (1869)

Our familiar praise of the British Constitution under which we live, is that it is a system of checks—a system which stops and

1. *Culture and Anarchy* (1869) exprime l'inquiétude d'Arnold devant les dangers que représente la démocratisation pour le tissu social du pays. Dans ce chapitre II (« Doing As One Likes »), il dénonce l'irresponsabilité des diverses classes sociales anglaises et montre les limites de la politique de laisser-faire.

paralyses any power in interfering with the free action of individuals. To this effect Mr. Bright,[1] who loves to walk in the old ways of the Constitution, said forcibly in one of his great speeches, what many other people are every day saying less forcibly, that the central idea of English life and politics is *the assertion of personal liberty*. Evidently this is so; but evidently, also, as feudalism, which with its ideas and habits of subordination was for many centuries silently behind the British Constitution, dies out, and we are left with nothing but our system of checks, and our notion of its being the great right and happiness of an Englishman to do as far as possible what he likes, we are in danger of drifting towards anarchy. We have not the notion, so familiar on the Continent and to antiquity, of *the State*,—the nation in its collective and corporate character, entrusted with stringent powers for the general advantage, and controlling individual wills in the name of an interest wider than that of individuals. We say, what is very true, that this notion is often made instrumental to tyranny; we say that a State is in reality made up of the individuals who compose it, and that every individual is the best judge of his own interests. Our leading class is an aristocracy, and no aristocracy likes the notion of a State-authority greater than itself, with a stringent administrative machinery superseding the decorative inutilities of lord-lieutenancy, deputy-lieutenancy,[2] and the *posse comitatus*,[3] which are all in its own hands. Our middle class, the great representative of trade and Dissent,[4] with its maxims of every man for himself in business, every man for himself in religion, dreads a powerful administration which might somehow interfere with it; and besides, it has its own decorative inutilities of vestrymanship[5] and guardianship,[6] which are to this class what lord-lieutenancy and the county magistracy are to the aristocratic class, and a stringent administration might either take these functions out of its hands, or prevent its exercising them in its own comfortable, independent manner, as at present.

1. *Mr Bright :* John Bright (1811-1889), orateur renommé qui lutta pour l'abolition des *Corn Laws*.
2. Le *Lord Lieutenant* et son adjoint, le *Deputy Lieutenant*, étaient les principales autorités exécutives et judiciaires dans chaque comté.
3. *Posse comitatus* (« pouvoir du comté ») : groupe d'hommes auxquels le shérif du comté pouvait donner le pouvoir de réprimer des émeutes.
4. *Dissent :* l'ensemble des sectes qui refusent l'autorité de l'Eglise anglicane.
5. *Vestrymanship :* les pouvoirs du conseil de paroisse.
6. *Guardianship :* les pouvoirs du conseil chargé de l'assistance publique dans chaque paroisse.

Then as to our working class. This class, pressed constantly by the hard daily compulsion of material wants, is naturally the very centre and stronghold of our national idea, that it is man's ideal right and felicity to do as he likes. [. . .]

For a long time, as I have said, the strong feudal habits of subordination and deference continued to tell upon the working class. The modern spirit has now almost entirely dissolved those habits, and the anarchical tendency of our worship of freedom in and for itself, of our superstitious faith, as I say, in machinery, is becoming very manifest. More and more, because of this our blind faith in machinery, because of our want of light to enable us to look beyond machinery to the end for which machinery is valuable, this and that man, and this and that body of men, all over the country, are beginning to assert and put in practice an Englishman's right to do what he likes; his right to march where he likes, meet where he likes, enter where he likes, hoot as he likes, threaten as he likes, smash as he likes.[1] All this, I say, tends to anarchy. [. . .]

And one finds, also, that the outbreaks of rowdyism tend to become less and less of trifles, to become more frequent rather than less frequent; and that meanwhile our educated and intelligent classes remain in their majestic repose, and somehow or other, whatever happens, their overwhelming strength, like our military force in riots, never does act.

(II)

1. Allusion aux émeutes de 1866 à Londres pour la réforme électorale.

WILLIAM MAKEPEACE THACKERAY (1811-1863)

Thackeray commença sa carrière comme journaliste dans divers magazines où il exerça ses talents d'humoriste, et ses premières œuvres en portent la marque par leur tendance à la caricature et au trait féroce. On y voit s'agiter sous des apparences de respectabilité tout un monde de coquins et d'hypocrites qui cherchent à faire triompher leur intérêt par tous les moyens (*Catherine*, 1839-1840). Son premier roman important, *Vanity Fair* (1847-1848), chronique de la vie d'une aventurière sans scrupules, montre derrière le carrousel des vanités mondaines une image dévastatrice de la société victorienne. Avec *The History of Pendennis* (1848-1850), œuvre très autobiographique, la satire laisse la place au genre plus sérieux du roman d'éducation. Thackeray reprend son exploration de l'hypocrisie sociale avec *The History of Henry Esmond* (1852), roman historique situé au début du XVIIIe siècle mais où transparaît sa désillusion devant la société de son temps. *The Virginians* (1857-1859), qui est la suite de *Henry Esmond*, fait une chronique pittoresque de la vie américaine dans la seconde moitié du XVIIIe siècle. Parallèlement à son œuvre romanesque, Thackeray ne cessa jamais de publier de multiples poèmes, articles et essais (*The Book of Snobs*, 1855). Sa réputation a toujours souffert de la comparaison avec Dickens dont la vision de la société anglaise est plus critique et plus profonde. Finalement plus proche de Fielding que de Dickens par son goût pour le picaresque et la satire, il semble être davantage un homme du XVIIIe siècle qu'un victorien.

BIBLIOGRAPHIE SÉLECTIVE. — Geoffrey Tillotson, *Thackeray the Novelist*, Cambridge, Cambridge University Press, 1954 ; Robert Colby, *Thackeray's Canvass of Humanity*, Columbus, Ohio University Press, 1979.

Vanity Fair (1847-1848)

If Miss Rebecca Sharp[1] had determined in her heart upon making the conquest of this big beau, I don't think, ladies, we have any right to blame her; for though the task of husband-hunting is generally, and with becoming modesty, intrusted by young persons to their mammas, recollect that Miss Sharp had no kind parent to arrange these delicate matters for her, and that if she did not get a husband for herself, there was no one else in the wide world who would take the trouble off her hands. What causes young people to "come *out*",[2] but the noble ambition of matrimony? What sends them trooping to watering-places? What keeps them dancing till five o'clock in the morning through a whole mortal season? What causes them to labour at pianoforte sonatas, and to learn four songs from a fashionable master at a guinea a lesson, and to play the harp if they have handsome arms and neat elbows, and to wear Lincoln Green[3] toxophilite[4] hats and feathers, but that they may bring down some "desirable" young man with those killing bows and arrows of theirs? What causes respectable parents to take up their carpets, set their houses topsy-turvy, and spend a fifth of their

1. *Miss Rebecca Sharp :* à la fin de ses études dans une pension privée, la jeune orpheline Rebecca Sharp est invitée dans la famille de son amie Amelia Sedley. Elle va y rencontrer Joseph, le frère d'Amelia, personnage d'une vanité grotesque.

2. *Come out :* faire ses débuts dans le monde.

3. *Lincoln Green :* tissu vert vif fabriqué à Lincoln, porté à l'origine par les hors-la-loi de la forêt de Sherwood.

4. *Toxophilite :* adepte du tir à l'arc.

year's income in ball suppers and iced champagne? Is it sheer love of their species, and an unadulterated wish to see young people happy and dancing? Psha! they want to marry their daughters; and, as honest Mrs Sedley has, in the depths of her kind heart, already arranged a score of little schemes for the settlement of her Amelia, so also had our beloved but unprotected Rebecca determined to do her very best to secure the husband, who was even more necessary for her than for her friend. She had a vivid imagination; she had, besides, read the *Arabian Nights* and *Guthrie's Geography*;[1] and it is a fact, that while she was dressing for dinner, and after she had asked Amelia whether her brother was very rich, she had built for herself a most magnificent castle in the air, of which she was mistress, with a husband somewhere in the background (she had not seen him as yet, and his figure would not therefore be very distinct); she had arrayed herself in an infinity of shawls, turbans, and diamond necklaces, and had mounted upon an elephant to the sound of the march in "Bluebeard",[2] in order to pay a visit of ceremony to the Grand Mogul.[3] Charming Alnaschar[4] visions! it is the happy privilege of youth to construct you, and many a fanciful young creature besides Rebecca Sharp has indulged in these delightful day-dreams ere now!

(Chap. III)

CHARLES DICKENS (1812-1870)

Charles Dickens vit la période heureuse de ses premières années d'enfance prendre fin brutalement lorsqu'en 1824 son père fut emprisonné pour dettes et l'enfant envoyé travailler dans une usine. Croyant avoir été trahi par sa famille, il en garda longtemps un sentiment profond

1. *Guthrie's Geography* : la *New Geographical Historical and Commercial Grammar* (1770) de William Guthrie fut pendant un siècle un classique dans les écoles.
2. *Bluebeard* : opéra (1798) de George Colman et Michael Kelly.
3. *Grand Mogul* : souverain des dynasties qui régnèrent sur le nord de l'Inde du XVIe siècle au début du XVIIIe siècle.
4. *Alnaschar* : personnage des *Mille et Une Nuits* (« Le Cinquième Frère du Barbier ») qui se complaît tellement dans des rêves de grandeur et de prospérité qu'il finit par perdre tout ce qu'il possède. Cette histoire était devenue pour Thackeray le symbole de sa propre histoire.

d'insécurité. Il commença sa carrière comme reporter des débats au Parlement et y acquit un sens de la voix et de l'art oratoire dont il allait ensuite tirer parti dans ses romans. Après *Sketches by Boz* (1836), série de croquis pris sur le vif à partir de scènes de la vie quotidienne, son premier véritable roman fut *The Pickwick Papers* (1836-1837), suite d'aventures assez décousues qui rappelle un peu les romans picaresques du XVIIIe siècle. Dans *Oliver Twist* (1837-1838), le décor se déplace vers les bas-fonds de Londres et on sent percer pour la première fois les préoccupations sociales de Dickens, en particulier l'idée que la pauvreté engendre le crime. *Nicholas Nickleby* (1838-1839), qui dénonce les traitements infligés aux enfants dans les écoles privées, et *The Old Curiosity Shop* (1840), qui fit pleurer toute l'Angleterre avec le personnage de Little Nell, ne parviennent pas à s'élever au-delà du mélodrame. Après *Martin Chuzzlewit* (1843-1844), qui est probablement celui de ses romans où se manifestent le mieux son génie théâtral et son art de la voix, Dickens allait abandonner les intrigues un peu décousues de ses premières œuvres et chercher à organiser chacun de ses romans à partir d'une structure symbolique plus unifiée. C'est le cas avec *Dombey and Son* (1846) et surtout avec *David Copperfield* (1849-1850), roman autobiographique où la narration subjective est mise au service d'un émouvant voyage dans le temps. Dans *Bleak House* (1852-1853), qui témoigne d'une connaissance très sûre des insuffisances du système juridique anglais, il parvient à un rare équilibre entre critique sociale, mélodrame sentimental et roman policier. *Hard Times* (1854), dédié à Thomas Carlyle, est un diagnostic impitoyable des méfaits de l'industrialisation. *Little Dorrit* (1855-1856) ouvre la dernière période de Dickens, celle des romans dont la structure est la plus accomplie. *Great Expectations* (1861) explore le mystère de l'identité derrière les apparences d'un roman d'éducation et *Our Mutual Friend* (1865) fait de l'argent la source ultime de toutes les corruptions et le grand agent destructeur du tissu social. On a parfois observé que la vision du monde de Dickens est contradictoire : elle est à la fois nostalgie d'un monde du passé et foi optimiste en un progrès social. Mais ce n'est là qu'une des contradictions de son génie qui est moins celui d'un réaliste que celui d'un homme de théâtre et d'un poète.

BIBLIOGRAPHIE SÉLECTIVE. — K. J. Fielding, *Charles Dickens : A Critical Introduction*, London, Longman, 1965 ; Angus Wilson, *The World of Charles Dickens*, London, Panther, 1983.

Bleak House (1852-1853)

It must be a strange state to be like Jo![1] To shuffle through the streets, unfamiliar with the shapes and in utter darkness as to the meaning, of those mysterious symbols, so abundant over the shops, and the corner of streets, and on the doors, and in the windows! To see people read, and to see people write, and to see the postman deliver letters, and not to have the least idea of all that language—to be, to every scrap of it, stone blind and dumb! It must be very puzzling to see the good company going to the churches on Sundays, with their books in their hands and to think (for perhaps Jo *does* think, at odd times) what does it all mean, and if it means anything to anybody, how comes it that it means nothing to me? To be hustled, and jostled, and moved on; and really to feel that it would appear to be perfectly true that I have no business here, or there, or anywhere; and yet to be perplexed by the consideration that I *am* here somehow, too, and everybody overlooked me until I became the creature that I am! It must be a strange state, not merely to be told that I am scarcely human (as in the case of my offering myself for a witness), but to feel it of my own knowledge all my life! To see the horses, dogs, and cattle, go by me, and to know that in ignorance I belong to them, and not to the superior beings in my shape, whose delicacy I offend! Jo's ideas of a Criminal Trial, or a Judge, or a Bishop, or a Government, or that inestimable jewel to him (if he only knew it) the Constitution, should be strange! His whole material and immaterial life is wonderfully strange; his death, the strangest thing of all.

Jo comes out of Tom-all-Alone's,[2] meeting the tardy morning

1. *Jo :* jeune orphelin illettré, balayeur des rues à Londres, qui détient sans le savoir le secret de Lady Dedlock et la clé de tout le mystère du roman.

2. *Tom-all-Alone's :* quartier de taudis où vit Jo, près des cours de justice de Chancery.

which is always late in getting down there, and munches his dirty bit of bread as he comes along. His way lying through many streets, and the houses not yet being open, he sits down to breakfast on the door-step of the Society for the Propagation of the Gospel in Foreign Parts, and gives it a brush when he has finished, as an acknowledgment of the accommodation. He admires the size of the edifice, and wonders what it's all about. He has no idea, poor wretch, of the spiritual destitution of a coral reef in the Pacific, or what it costs to look up the precious souls among the cocoanuts and bread-fruit.[1]

He goes to his crossing, and begins to lay it out for the day. The town awakes; the great tee-totum[2] is set up for its daily spin and whirl; all that unaccountable reading and writing, which has been suspended for a few hours, recommences. Jo, and the other lower animals, get on in the unintelligible mess as they can. It is market-day. The blinded oxen, over-goaded, over-driven, never guided, run into wrong places and are beaten out; and plunge, red-eyed and foaming, at stone walls; and often sorely hurt the innocent, and often sorely hurt themselves. Very like Jo and his order; very, very like!

(Chap. 16)

Our Mutual Friend (1864-1865)

PODSNAPPERY

Mr Podsnap[3] was well to do, and stood very high in Mr Podsnap's opinion. Beginning with a good inheritance, he had married a good inheritance, and had thriven exceedingly in the Marine Insurance way, and was quite satisfied. He never could make out why everybody was not quite satisfied, and he felt conscious that he set a brilliant social example in being particularly well satisfied with most things, and, above all other things, with himself.

Thus happily acquainted with his own merit and importance,

1. *Bread-fruit :* fruit de l'artocarpe ou arbre à pain.
2. *Tee-totum :* petite toupie où étaient inscrites des lettres et avec laquelle on jouait à deviner l'avenir.
3. Dans *Our Mutual Friend* Mr Podsnap représente le prototype du bourgeois victorien triomphant, content de lui et imbu de son importance.

Mr Podsnap settled that whatever he put behind him[1] he put out of existence. There was a dignified conclusiveness—not to add a grand convenience—in this way of getting rid of disagreeables which had done much towards establishing Mr Podsnap in his lofty place in Mr Podsnap's satisfaction. "I don't want to know about it; I don't choose to discuss it; I don't admit it!" Mr Podsnap had even acquired a peculiar flourish of his right arm in often clearing the world of its most difficult problems, by sweeping them behind him (and consequently sheer away) with those words and a flushed face. For they affronted him.

Mr Podsnap's world was not a very large world, morally; no, nor even geographically: seeing that although his business was sustained upon commerce with other countries, he considered other countries, with that important reservation, a mistake, and of their manners and customs would conclusively observe, "Not English!" when, PRESTO! with a flourish of the arm, and a flush of the face, they were swept away. Elsewhere, the world got up at eight, shaved close at a quarter-past, breakfasted at nine, went to the City at ten, came home at half-past five, and dined at seven. Mr Podsnap's notions of the Arts in their integrity might have been stated thus. Literature; large print, respectfully descriptive of getting up at eight, shaving close at a quarter past, breakfasting at nine, going to the City at ten, coming home at half-past five, and dining at seven. Painting and Sculpture; models and portraits representing Professors of getting up at eight, shaving close at a quarter past, breakfasting at nine, going to the City at ten, coming home at half-past five, and dining at seven. Music; a respectable performance (without variations) on stringed and wind instruments, sedately expressive of getting up at eight, shaving close at a quarter past, breakfasting at nine, going to the City at ten, coming home at half-past five, and dining at seven. Nothing else to be permitted to those same vagrants the Arts, on pain of excommunication. Nothing else To Be—anywhere!

As a so eminently respectable man, Mr Podsnap was sensible of its being required of him to take Providence under his protection. Consequently he always knew exactly what Providence meant. Inferior and less respectable men might fall short of that mark, but Mr Podsnap was always up to it. And it

1. *To put something behind one :* refuser de penser à quelque chose.

was very remarkable (and must have been very comfortable) that what Providence meant, was invariably what Mr Podsnap meant.

These may be said to have been the articles of a faith and school which the present chapter takes the liberty of calling, after its representative man, Podsnappery. They were confined within close bounds, as Mr Podsnap's own head was confined by his shirt-collar; and they were enunciated with a sounding pomp that smacked of the creaking of Mr Podsnap's own boots.

(I, 11)

CHARLOTTE BRONTË (1816-1855)

Fille d'un pasteur du Yorkshire, Charlotte Brontë fut élevée en compagnie de ses deux sœurs, Anne et Emily, et de son frère Branwell au presbytère de Haworth. Après la mort de leur mère en 1821 les enfants furent beaucoup laissés à eux-mêmes et la proximité de la lande sauvage contribua à l'éveil de leur imagination. En 1846, Anne, Emily et Charlotte publièrent sous le titre *Poems by Currer, Ellis and Acton Bell* un recueil de vers qui obtint quelques articles élogieux. En 1847 Charlotte parvint à faire publier son roman *Jane Eyre*, qui obtint aussitôt un large succès, alors que la même année *Wuthering Heights*, de sa sœur Emily, passait presque inaperçu. Branwell mourut en septembre 1848, Emily en décembre 1848 et Anne l'année suivante. En 1849 Charlotte publia *Shirley*, un roman historique qui se déroule pendant les émeutes dans l'industrie textile du Yorkshire au début du XIXe siècle et dans lequel elle prend parti pour l'émancipation des femmes. *Villette*, œuvre beaucoup plus autobiographique, parut en 1853, et *The Professor*, son premier roman, fut publié de façon posthume en 1857. Malgré une intrigue parfois mélodramatique et un romantisme outré emprunté au roman gothique, *Jane Eyre* emporte le lecteur dans le mouvement irrésistible d'une passion. Une telle intensité dans l'affrontement entre un homme et une femme n'avait pas d'équivalent dans la littérature de l'époque. Et surtout, la passion de Jane va de pair avec une exigence d'intégrité et d'indépendance qui tranchait avec les héroïnes traditionnelles et qui pouvait apparaître au public victorien comme véritablement révolutionnaire.

BIBLIOGRAPHIE SÉLECTIVE. — R. B. Martin, *The Accents of Persuasion : Charlotte Brontë's Novels*, London, Faber, 1966 ; Arthur Pollard, *Charlotte Brontë*, London, Routledge, 1968.

Jane Eyre[1] (1847)

No sooner did I see that his attention was riveted on them, and that I might gaze without being observed, than my eyes were drawn involuntarily to his face; I could not keep their lids under control: they would rise, and the irids would fix on him. I looked, and had an acute pleasure in looking—a precious yet poignant pleasure; pure gold, with a steely point of agony: a pleasure like what the thirst-perishing man might feel who knows the well to which he has crept is poisoned, yet stoops and drinks divine draughts nevertheless.

Most true is it that "beauty is in the eye of the gazer". My master's colourless, olive face, square, massive brow, broad and jetty[2] eyebrows, deep eyes, strong features, firm, grim mouth—all energy, decision, will—were not beautiful, according to rule; but they were more than beautiful to me: they were full of an interest, an influence that quite mastered me—that took my feelings from my own power and fettered them in his. I had not intended to love him; the reader knows I had wrought hard to extirpate from my soul the germs of love there detected; and now, at the first renewed view of him, they spontaneously revived, green and strong! He made me love him without looking at me.

I compared him with his guests. What was the gallant grace of the Lynns, the languid elegance of Lord Ingram—even the military distinction of Colonel Dent, contrasted with his look of native pith and genuine power? I had no sympathy in their appearance, their expression: yet I could imagine that most

1. Après plusieurs années passées dans l'atmosphère étouffante de l'école de Lowood, Jane Eyre, orpheline pauvre, devient gouvernante à Thornfield Hall. Très vite Jane et le maître de maison, M. Rochester, ressentent une forte attirance l'un pour l'autre. Nous la voyons ici observer Rochester au milieu d'un groupe d'amis lors d'un dîner.

2. *Jetty :* noirs comme du jais.

observers would call them attractive, handsome, imposing; while they would pronounce Mr Rochester at once harsh featured and melancholy looking. I saw them smile, laugh—it was nothing; the light of the candles had as much soul in it as their smile; the tinkle of the bell as much significance as their laugh. I saw Mr Rochester smile—his stern features softened; his eye grew both brilliant and gentle, its ray both searching and sweet. He was talking, at the moment, to Louisa and Amy Eshton. I wondered to see them receive with calm that look which seemed to me so penetrating: I expected their eyes to fall, their colour to rise under it; yet I was glad when I found they were in no sense moved. "He is not to them what he is to me," I thought: "he is not of their kind. I believe he is of mine—I am sure he is—I feel akin to him—I understand the language of his countenance and movements: though rank and wealth sever us widely, I have something in my brain and heart, in my blood and nerves, that assimilates me mentally to him. Did I say, a few days since, that I had nothing to do with him but to receive my salary at his hands? Did I forbid myself to think of him in any other light than as a paymaster? Blasphemy against nature! Every good, true, vigorous feeling I have gathers impulsively round him. I know I must conceal my sentiments: I must smother hope; I must remember that he cannot care much for me. For when I say that I am of his kind, I do not mean that I have his force to influence, and his spell to attract; I mean only that I have certain tastes and feelings in common with him. I must, then, repeat continually that we are for ever sundered—and yet, while I breathe and think, I must love him."

(Chap. 17)

EMILY BRONTË (1818-1848)

Emily était l'auteur principal de la *Gondal Chronicle*, cycle de contes inventés par les enfants Brontë, et ce sont ses poèmes qui, par leur romantisme quasi mystique, sont les plus réussis du volume publié en 1846 par les trois sœurs. Son roman *Wuthering Heights* (1847) n'eut que peu de succès en comparaison de celui de sa sœur Charlotte, *Jane Eyre*, paru la même année, mais sa réputation ne cessa de grandir par la suite et la critique moderne y a vu une des œuvres clés du XIXe siècle. Les tensions y sont souvent à la limite de l'insoutenable et la passion s'y élève au-delà de la psychologie jusqu'à une dimension véritablement mythique. Cette intensité est servie par une technique de narration en abyme et une structure chronologique cyclique qui finissent par produire un effet de vertige. Le roman oscille sans cesse entre des pôles symboliques opposés (bien et mal, paradis et enfer, monde civilisé de Thrushcross Grange et monde sauvage de Wuthering Heights), mais ces polarités ne sont jamais immédiatement lisibles en allégorie. L'œuvre garde son opacité et reste une énigme, proche de nous par sa modernité mais finalement ininterprétable.

BIBLIOGRAPHIE SÉLECTIVE. — W. A. Craik, *The Brontë Novels*, London, Methuen, 1966 ; Miriam Allott ed., « *Wuthering Heights » : A Casebook*, London, Macmillan, 1970.

Wuthering Heights[1] (1847)

"Oh, you see, Nelly! he would not relent a moment to keep me out of the grave! *That* is how I'm loved! Well, never mind! That is not *my* Heathcliff. I shall love mine yet; and take him with me—he's in my soul. And," added she, musingly, "the thing that irks me most is this shattered prison, after all. I'm tired, tired of being enclosed here. I'm wearying to escape into that glorious world, and to be always there; not seeing it dimly through tears, and yearning for it through the walls of an aching heart; but really with it, and in it. Nelly, you think you are better and more fortunate than I; in full health and strength—you are sorry for me—very soon that will be altered. I shall be sorry for *you*. I shall be incomparably beyond and above you all. I *wonder* he won't be

1. Catherine Earnshaw et Heathcliff, orphelin adopté par M. Earnshaw, se sont follement aimés pendant leur enfance. Mais après la mort de M. Earnshaw, Heathcliff, maltraité et humilié par le frère de Catherine, a soudainement disparu. Il revient quelques années plus tard, alors que Catherine s'est mariée à Edgar Linton. Très vite leur amour renaît et Catherine se trouve déchirée entre les deux hommes. Nelly, servante et confidente de Catherine, est la spectatrice du drame.

near me!" She went on to herself. "I thought he wished it. Heathcliff, dear! you should not be sullen now. Do come to me, Heathcliff."

In her eagerness she rose, and supported herself on the arm of the chair. At that earnest appeal, he turned to her, looking absolutely desperate. His eyes wide, and wet, at last, flashed fiercely on her; his breast heaved convulsively. An instant they held asunder; and then how they met I hardly saw, but Catherine made a spring, and he caught her, and they were locked in an embrace from which I thought my mistress would never be released alive. In fact, to my eyes, she seemed directly insensible. He flung himself into the nearest seat, and on my approaching hurriedly to ascertain if she had fainted, he gnashed at me, and foamed like a mad dog, and gathered her to him with greedy jealousy. I did not feel as if I were in the company of a creature of my own species; it appeared that he would not understand, though I spoke to him; so, I stood off, and held my tongue, in great perplexity.

A movement of Catherine's relieved me a little presently: she put up her hand to clasp his neck, and bring her cheek to his, as he held her: while he, in return, covering her with frantic caresses, said wildly—

"You teach me now how cruel you've been—cruel and false. *Why* did you despise me? *Why* did you betray your own heart, Cathy? I have not one word of comfort—you deserve this. You have killed yourself. Yes, you may kiss me, and cry; and wring out my kisses and tears. They'll blight you—they'll damn you. You loved me—then what *right* had you to leave me? What right—answer me—for the poor fancy you felt for Linton? Because misery, and degradation, and death, and nothing that God or satan could inflict would have parted us, *you*, of your own will, did it. I have not broken your heart—*you* have broken it—and in breaking it, you have broken mine. So much the worse for me, that I am strong. Do I want to live? What kind of living will it be when you—oh, God! would *you* like to live with your soul in the grave?"

(Chap. 15)

GEORGE ELIOT (1819-1880)

George Eliot (pseudonyme de Marian Evans) passa son enfance dans une ferme du Warwickshire, région qui avait conservé le charme de l'Angleterre rurale. Très tôt influencée par le mouvement *evangelical**, elle fut amenée à partir de 1840 à s'éloigner de la foi chrétienne. Devenue directrice adjointe d'une revue intellectuelle londonienne, la *Westminster Review*, elle tomba amoureuse du critique George Lewes. Celui-ci ne pouvant divorcer, elle prit en 1854 la décision de vivre avec lui sans être mariée, tout en sachant que la bonne société victorienne en serait scandalisée, et ne le quitta plus jusqu'à sa mort en 1878. Après *Scenes of Clerical Life* (1858), scènes de la vie d'un pasteur de province où elle s'inspire de souvenirs d'enfance, son premier roman véritable fut *Adam Bede* (1859) dont le thème conventionnel, la séduction d'une jeune paysanne innocente par un châtelain dans le décor pastoral de l'Angleterre rurale, s'accompagne d'une évocation parfois très émouvante des réalités de la vie des campagnes. L'ouvrage reçut immédiatement un accueil enthousiaste du public. *The Mill on the Floss* (1860) élargit considérablement le champ en analysant les crises et les choix auxquels est confrontée la jeune Maggie dans la quête de son identité morale. Si les romans suivants ne parviennent pas à la même maîtrise, *Middlemarch* (1871-1872), véritable portrait moral de toute une société, est probablement le chef-d'œuvre du roman victorien par la profondeur de son étude de la vie provinciale anglaise et par son exploration subtile des intermittences du cœur et des complexités de la vie de couple. L'originalité essentielle de George Eliot restera d'avoir déplacé le centre de l'action vers les débats intérieurs de ses personnages, annonçant en cela Henry James et Virginia Woolf.

BIBLIOGRAPHIE SÉLECTIVE. — R. T. Jones, *George Eliot*, Cambridge, Cambridge University Press, 1970 ; John Purkis, *A Preface to George Eliot*, London, Longman, 1985.

The Mill on the Floss (1860)

Certainly the religious and moral ideas of the Dodsons and Tullivers[1] were of too specific a kind to be arrived at deductively from the statement that they were part of the Protestant population of Great Britain. Their theory of life had its core of soundness, as all theories must have on which decent and prosperous families have been reared and have flourished, but it had the very slightest tincture of theology. If in the maiden days of the Dodson sisters their Bibles opened more easily at some parts than others, it was because of dried tulip-petals, which had been distributed quite impartially, without preference for the historical, devotional, or doctrinal. Their religion was of a simple, semipagan kind, but there was no heresy in it—if heresy properly means choice—for they didn't know there was any other religion, except that of chapel-goers,[2] which appeared to run in families, like asthma. How *should* they know? The vicar of their pleasant rural parish was not a controversialist, but a good hand at whist, and one who had a joke always ready for a blooming female parishioner. The religion of the Dodsons consisted in revering whatever was customary and respectable; it was necessary to be baptized, else one could not be buried in the churchyard, and to take the sacrament before death as a security against more dimly understood perils, but it was of equal necessity to have the proper pall-bearers and well-cured hams at one's funeral and to leave an unimpeachable will. A Dodson would not be taxed with the omission of anything that was becoming or that belonged to that eternal fitness of things which was plainly indicated in the practice of the most substantial parishioners and in the family traditions—such as, obedience to parents, faithfulness to kindred, industry, rigid honesty, thrift, the thorough scouring of wooden and copper utensils, the hoarding of coins likely to disappear from the currency, the production of first-rate commodities for the market, and the general preference for whatever was home-made. The Dodsons were a very proud race, and their pride lay in the

1. Ces deux anciennes familles des Midlands incarnent les principes moraux et religieux de la bourgeoisie commerçante de province. La famille Tulliver est celle de l'héroïne du roman, Maggie.

2. *Chapel-goers :* ce sont les membres des sectes non conformistes dissidentes de l'Eglise d'Angleterre, et dont le lieu de culte est appelé *chapel* et non *church.* Ces sectes étaient très bien implantées dans la bourgeoisie commerçante.

utter frustration of all desire to tax them with a breach of traditional duty or propriety—a wholesome pride in many respects, since it identified honour with perfect integrity, thoroughness of work, and faithfulness to admitted rules. And society owes some worthy qualities in many of her members to mothers of the Dodson class, who made their butter and their fromenty[1] well and would have felt disgraced to make it otherwise. To be honest and poor was never a Dodson motto, still less to seem rich though being poor; rather, the family badge was to be honest and rich, and not only rich, but richer than was supposed. To live respected and have the proper bearers at your funeral was an achievement of the ends of existence that would be entirely nullified if, on the reading of your will, you sank in the opinion of your fellow men, either by turning out to be poorer than they expected or by leaving your money in a capricious manner without strict regard to degrees of kin. The right thing must always be done towards kindred. The right thing was to correct them severely, if they were other than a credit to the family, but still not to alienate from them the smallest rightful share in the family shoe-buckles and other property. A conspicuous quality in the Dodson character was its genuineness; its vices and virtues alike were phases of a proud, honest egoism which had a hearty dislike to whatever made against its own credit and interest, and would be frankly hard of speech to inconvenient "kin", but would never forsake or ignore them, would not let them want bread, but only require them to eat it with bitter herbs.[2]

(IV, 1)

Middlemarch (1871-1872)

However, Dorothea[3] was crying, and if she had been required to state the cause, she could only have done so in some such general words as I have already used; to have been driven to be more particular would have been like trying to give a history of the lights and shadows, for that new real future which was

1. *Fromenty : frumenty* (bouillie de froment).
2. *Eat it with bitter herbs :* Exode, 12, 8.
3. Dorothea Brooke, jeune fille d'un idéalisme ardent, a épousé Edward Casaubon, un pasteur beaucoup plus âgé qu'elle qui la fascine par ses ambitieuses recherches sur la mythologie universelle. Lors de leur lune de miel à Rome, elle se rend compte de l'égoïsme et de la stérilité de son mari et mesure le gouffre qui les sépare.

replacing the imaginary drew its material from the endless minutiae by which her view of Mr. Casaubon and her wifely relation, now that she was married to him, was gradually changing with the secret motion of a watch-hand from what it had been in her maiden dream. It was too early yet for her fully to recognize or at least admit the change, still more for her to have readjusted that devotedness which was so necessary a part of her mental life that she was almost sure sooner or later to recover it. Permanent rebellion, the disorder of a life without some loving reverent resolve, was not possible to her; but she was now in an interval when the very force of her nature heightened its confusion. In this way the early months of marriage often are times of critical tumult—whether that of a shrimp-pool or of deeper waters—which afterwards subsides into cheerful peace.

But was not Mr. Casaubon just as learned as before? Had his forms of expression changed or his sentiments become less laudable? O waywardness of womanhood! Did his chronology fail him, or his ability to state not only a theory but the names of those who held it, or his provision for giving the heads of any subject on demand? And was not Rome the place in all the world to give free play to such accomplishments? Besides, had not Dorothea's enthusiasm especially dwelt on the prospect of relieving the weight and perhaps the sadness with which great tasks lie on him who has to achieve them? And that such weight pressed on Mr. Casaubon was only plainer than before.

All of these are crushing questions; but whatever else remained the same, the light had changed, and you cannot find the pearly dawn at noonday. The fact is unalterable that a fellow-mortal with whose nature you are acquainted solely through the brief entrances and exits of a few imaginative weeks called courtship may, when seen in the continuity of married companionship, be disclosed as something better or worse than what you have preconceived, but will certainly not appear altogether the same. And it would be astonishing to find how soon the change is felt if we had no kindred changes to compare with it. To share lodgings with a brilliant dinner-companion or to see your favourite politician in the Ministry may bring about changes quite as rapid; in these cases too we begin by knowing little and believing much, and we sometimes end by inverting the quantities.

(II, 20)

SAMUEL BUTLER (1835-1902)

Samuel Butler est une des figures les plus inclassables de la fin de l'époque victorienne. Fils de pasteur, il fut dès l'enfance destiné à la fonction ecclésiastique par un père très autoritaire. Mais après des études à Cambridge il refusa de suivre la voie tracée et rompit avec tout le système de valeur qu'incarnait sa famille. C'est l'histoire de cette rébellion qu'il raconta plus tard dans son grand roman autobiographique *The Way of All Flesh* (achevé en 1885 mais publié seulement après sa mort en 1903). Son talent pour l'ironie et l'argumentation satirique apparaît dans deux récits utopiques, *Erewhon* (1872) et *Erewhon Revisited* (1901), qui, à travers l'évocation d'une société imaginaire, sont une critique du pharisaïsme victorien. Entre 1877 et 1890 il participa à la controverse sur l'évolutionnisme darwinien et écrivit plusieurs essais sur ce sujet. Son œuvre la plus durable reste *The Way of All Flesh.* Ce roman d'éducation est un véritable règlement de compte avec toutes les conventions les plus étouffantes de l'ordre victorien : tyrannie familiale, système d'éducation, prétentions sociales et missionnaires de la religion, coupure entre les classes. Par son ironie au scalpel derrière laquelle on sent frémir une amertume passionnée, l'ouvrage est à la fois un document impitoyable sur le monde victorien et un antidote salutaire contre toutes les hypocrisies.

BIBLIOGRAPHIE SÉLECTIVE. — L. E. Holt, *Samuel Butler*, New York, Twayne, 1964.

The Way of All Flesh (1903)

Ernest[1] was in despair about hitting on any good way of opening up spiritual communication with his neighbour, when it

1. Après une enfance dominée par un père tyrannique et des études stériles dans une école étouffante, Ernest Pontifex devient pasteur à Londres et cherche naïvement à évangéliser les gens du quartier pauvre où il vit.

occurred to him that he had better perhaps begin by going upstairs, and knocking very gently at Mr Holt's door. He would then resign himself to the guidance of the Holy Spirit, and act as the occasion, which, I suppose, was another name for the Holy Spirit, suggested. Triply armed with this reflection, he mounted the stairs quite jauntily, and was about to knock when he heard Holt's voice inside swearing savagely at his wife. This made him pause to think whether after all the moment was an auspicious one, and while he was thus pausing, Mr Holt, who had heard that someone was on the stairs, opened the door and put his head out. When he saw Ernest, he made an unpleasant, not to say offensive movement, which might or might not have been directed at Ernest, and looked altogether so ugly that my hero had an instantaneous and unequivocal revelation from the Holy Spirit to the effect that he should continue his journey upstairs at once, as though he had never intended arresting it at Mr Holt's room, and begin by converting Mr and Mrs Baxter, the Methodists* in the top floor front. So this was what he did.

These good people received him with open arms, and were quite ready to talk. He was beginning to convert them from Methodism* to the Church of England, when all at once he found himself embarrassed by discovering that he did not know what he was to convert them from. He knew the Church of England, or thought he did, but he knew nothing of Methodism beyond its name. When he found that, according to Mr Baxter, the Wesleyans[1] had a vigorous system of Church discipline (which worked admirably in practice) it appeared to him that John Wesley had anticipated the spiritual engine which he and Pryer were preparing, and when he left the room he was aware that he had caught more of a spiritual Tartar[2] than he had expected. But he must certainly explain to Pryer that the Wesleyans had a system of Church discipline. This was very important.

Mr Baxter advised Ernest on no account to meddle with Mr Holt, and Ernest was much relieved at the advice. If an opportunity arose of touching the man's heart, he would take it; he would pat the children on the head when he saw them on the stairs, and ingratiate himself with them as far as he dared; they

1. *Wesleyans :* John Wesley (1703-1791) fut le fondateur du mouvement méthodiste.
2. *To catch a tartar :* rencontrer quelqu'un avec qui on n'est pas de taille à lutter.

were sturdy youngsters, and Ernest was afraid even of them, for they were ready with their tongues, and knew much for their ages. Ernest felt that it would indeed be almost better for him that a millstone should be hanged about his neck, and he cast into the sea,[1] than that he should offend one of the little Holts. However, he would try not to offend them; perhaps an occasional penny or two might square[2] them. This was as much as he could do, for he saw that the attempt to be instant out of season, as well as in season, would, St Paul's injunction[3] notwithstanding, end in failure.

(Chap. 58)

1. Evangile selon saint Matthieu (18, 6).
2. *To square someone :* acheter quelqu'un.
3. « Preach the word ; be instant in season, out of season » (« Proclame la parole, insiste à temps et à contretemps ») (Deuxième Epître à Timothée 4, 2).

ALFRED, LORD TENNYSON (1809-1892)

Tennyson fut le poète le plus populaire de l'époque victorienne et jouit même d'une reconnaissance officielle à partir de 1850, date à laquelle il devint *Poet Laureate*. Fils de pasteur, il publia son premier recueil en 1830 après des études à Cambridge. Mais c'est à partir de 1833 que se constitua le style qui allait le caractériser : inspiration puisée dans les mythes antiques et les légendes médiévales, combinaison d'images richement colorées rappelant Keats et d'une cadence musicale aux remarquables qualités rythmiques, sombre mélancolie qui s'accentuera peu à peu avec les années. *The Princess* (1847), *romance* inspirée d'anciennes chroniques, est surtout célèbre pour les courts poèmes lyriques qui y sont entrelacés et qui furent souvent mis en musique. En 1833, la mort de son meilleur ami, Arthur Hallam, contribua à assombrir sa poésie et lui inspira *In Memoriam* (1850), longue méditation sur la mort. Son drame lyrique *Maud* (1855) contient certains de ses plus beaux poèmes mais fut critiqué pour son inspiration morbide. De 1833 jusqu'à la fin de sa vie, il travailla aux *Idylls of the King*, vaste cycle de poèmes embrassant toute la légende arthurienne et immense parabole sur le déclin de la civilisation moderne.

La réputation de Tennyson a souffert par la suite d'avoir été trop associée à ce que la littérature victorienne a de plus sérieux et parfois de pesant. Sa pensée n'était pas toujours à la hauteur de ses ambitieuses méditations, mais sa poésie témoigne d'une conscience tragique du passage du temps et la musique de ses vers garde une rare puissance évocative.

BIBLIOGRAPHIE SÉLECTIVE. — Christopher Ricks, *Tennyson*, London, Macmillan, 1972 ; A. D. Culler, *The Poetry of Tennyson*, New Haven, Yale University Press, 1977.

The Lotos-Eaters[1] (1833)

The Lotos blooms below the barren peak:
The Lotos blows by every winding creek:
All day the wind breathes low with mellower tone:
Thro' every hollow cave and alley lone
Round and round the spicy downs the yellow Lotos-dust is blown.
We have had enough of action, and of motion we,
Roll'd to starboard, roll'd to larboard, when the surge was seething free,
Where the wallowing monster spouted his foam-fountains in the sea.
Let us swear an oath, and keep it with an equal mind,
In the hollow Lotos-land to live and lie reclined
On the hills like gods together, careless of mankind.
For they lie beside their nectar, and the bolts[2] are hurl'd
Far below them in the valleys, and the clouds are lightly curl'd
Round their golden houses, girdled with the gleaming world:
Where they smile in secret, looking over wasted lands,
Blight and famine, plague and earthquake, roaring deeps and fiery sands,

1. Ce long poème s'inspire du Chant IX de l'*Odyssée* qui raconte le séjour d'Ulysse au pays des Lotophages. Après avoir goûté au fruit du lotus, les marins oublient leur patrie et ne veulent plus repartir, au point qu'Ulysse doit les ramener de force au bateau. Le passage choisi est la dernière partie du « Choric Song » chanté par les marins.

2. *Bolts : thunderbolts.*

Clanging fights, and flaming towns, and sinking ships, and
praying hands.
But they smile, they find a music centred in a doleful song
Steaming up, a lamentation and an ancient tale of wrong,
Like a tale of little meaning tho' the words are strong;
Chanted from an ill-used race of men that cleave the soil,
Sow the seed, and reap the harvest with enduring toil,
Storing yearly little dues[1] of wheat, and wine and oil;
Till they perish and they suffer—some, 'tis whisper'd—down
in hell
Suffer endless anguish, others in Elysian valleys[2] dwell,
Resting weary limbs at last on beds of asphodel.[3]
Surely, surely, slumber is more sweet than toil, the shore
Than labour in the deep mid-ocean, wind and wave and oar;
Oh rest ye, brother mariners, we will not wander more.

(VIII)

The Princess (1847)

TEARS, IDLE TEARS[4] (1847)

"Tears, idle tears, I know not what they mean,
Tears from the depth of some divine despair
Rise in the heart, and gather to the eyes,
In looking on the happy Autumn-fields,
And thinking of the days that are no more.

"Fresh as the first beam glittering on a sail,
That brings our friends up from the underworld,
Sad as the last which reddens over one
That sinks with all we love below the verge;
So sad, so fresh, the days that are no more.

1. *Dues :* les fruits de la terre.

2. *Elysian valleys :* séjour des bienheureux après la mort.

3. *Asphodel :* chez les Grecs les asphodèles étaient plantés sur les tombes et associés au monde des morts.

4. Ce poème est l'un des nombreux chants dont est entrecoupé le long poème narratif *The Princess* (1847). Certains (dont celui-ci) ont été mis en musique. Tennyson disait que « Tears, Idle Tears » lui avait été inspiré à Tintern Abbey, où Wordsworth composa son fameux poème, et avait sa source dans « the passion of the past ».

"Ah, sad and strange as in dark summer dawns
The earliest pipe of half-awaken'd birds
To dying ears, when unto dying eyes
The casement slowly grows a glimmering square;
So sad, so strange, the days that are no more.

"Dear as remember'd kisses after death,
And sweet as those by hopeless fancy feign'd
On lips that are for others; deep as love,
Deep as first love, and wild with all regret;
O Death in Life, the days that are no more."

Idylls of the King (1855-1885)

THE PASSING OF ARTHUR[1] (1869)

So said he, and the barge with oar and sail
Moved from the brink, like some full-breasted swan
That, fluting a wild carol ere her death,
Ruffles her pure cold plume, and takes the flood
With swarthy webs. Long stood Sir Bedivere[2]
Revolving many memories, till the hull
Look'd one black dot against the verge of dawn,
And on the mere[3] the wailing died away.

But when that moan had past for evermore,
The stillness of the dead world's winter dawn
Amazed him, and he groan'd, "The King is gone."
And therewithal came on him the weird rhyme,
"From the great deep to the great deep he goes."[4]

1. Ce poème est le dernier du cycle des *Idylls of the King* sur lesquelles Tennyson travailla de 1833 à 1885. La source première du recueil est *Le Morte D'Arthur* (1470) de Sir Thomas Malory. Tennyson trouva dans la légende arthurienne, chronique d'un combat incessant contre le chaos, une image du déclin de la société chrétienne menacée par une disparition apocalyptique et toujours en quête d'un renouveau incertain. « The Passing of Arthur » décrit les derniers instants du roi Arthur après sa bataille contre Mordred.

2. *Sir Bedivere :* il est le dernier des chevaliers de la Table Ronde à avoir survécu après la bataille contre Mordred et c'est lui qui, conformément aux ordres d'Arthur, lance l'épée Excalibur dans les eaux du lac.

3. *Mere :* lac.

4. Paroles prononcées par l'enchanteur Merlin lors de la naissance d'Arthur dans la première des *Idylls*, « The Coming of Arthur ».

Whereat he slowly turn'd and slowly clomb[1]
The last hard footstep of that iron crag;
Thence mark'd the black hull moving yet, and cried,
"He passes to be King among the dead,
And after healing of his grievous wound
He comes again; but—if he come no more—
O me, be[2] yon[3] dark Queens[4] in yon black boat,
Who shriek'd and wail'd, the three whereat we gazed
On that high day,[5] when, clothed with living light,
They stood before his throne in silence, friends
Of Arthur, who should help him at his need?"

Then from the dawn[6] it seem'd there came, but faint
As from beyond the limit of the world,
Like the last echo born of a great cry,
Sounds, as if some fair city were one voice
Around a king returning from his wars.

Thereat once more he moved about, and clomb
Ev'n to the highest he could climb, and saw,
Straining his eyes beneath an arch of hand,
Or thought he saw, the speck that bare[7] the King,
Down that long water opening on the deep
Somewhere far off, pass on and on, and go
From less to less and vanish into light.
And the new sun rose bringing the new year.

1. *Clomb : climbed.*
2. *Be : are.*
3. *Yon :* ce(s) ... là-bas.
4. *Dark Queens :* la fée Morgane, la Dame du Lac et la Dame de l'île bienheureuse d'Avalon.
5. *On that high day :* le jour de la fondation de la Table ronde, épisode raconté dans « The Coming of Arthur ».
6. *The dawn :* selon Tennyson cette aube représentait l'Orient, où sont nées toutes les grandes religions.
7. *Bare : bore.*

ROBERT BROWNING (1812-1889)

La grande nouveauté de la poésie de Browning fut d'abandonner l'expression lyrique directe pour le monologue dramatique. En faisant parler des figures réelles ou imaginaires du passé, il mêle l'analyse historique à l'exploration psychologique et développe ses propres idées tout en les mettant à distance. S'éloignant des images riches mais parfois vagues des romantiques, il redonna une nouvelle vigueur au langage poétique grâce à une métrique complexe exprimant le foisonnement d'énergie et parfois de violence de ses personnages. Son premier poème dramatique, *Paracelsus* (1835), fut favorablement accueilli, mais *Sordello* (1840) rebuta par son obscurité et nuisit à son auteur pendant plus de vingt ans. Dans ses recueils suivants, *Men and Women* (1855), puis *Dramatis Personae* (1864), il continua à s'interroger sur l'esthétique, la politique, l'art et la nature de la foi. Peu à peu sa réputation commença à grandir et *The Ring and the Book* (1868-1869), immense méditation sur la relativité de la vérité artistique à partir d'une variation de points de vue, fut un triomphe. Les défauts de la poésie de Browning sont indéniables : rimes maladroites, syntaxe désarticulée, allusions souvent obscures. Mais ces excès mêmes le rattachent à la tradition baroque et en particulier à Donne avec qui il a des affinités. Il parvient admirablement à mettre à nu les motivations inconscientes et les ambiguïtés de la voix. En cela il annonce T. S. Eliot ainsi que l'utilisation moderne du monologue intérieur.

BIBLIOGRAPHIE SÉLECTIVE. — J. M. Cohen, *Robert Browning*, London, Longmans, 1952 ; W. C. Devane, *A Browning Handbook*, New York, Appleton-Century-Crofts, 1955.

Soliloquy of the Spanish Cloister (1842)

I

Gr-r-r—there go, my heart's abhorrence!
  Water your damned flower-pots, do!
If hate killed men, Brother Lawrence,
  God's blood, would not mine kill you!
What? your myrtle-bush wants trimming?
  Oh, that rose has prior claims—
Needs its leaden vase filled brimming?
  Hell dry you up with its flames!

II

At the meal we sit together:
  Salve tibi![1] *I must hear*
Wise talk of the kind of weather,
  Sort of season, time of year:
Not a plenteous cork-crop: scarcely
  Dare we hope oak-galls,[2] *I doubt:*
What's the Latin name for "parsley"?
  What's the Greek name for Swine's Snout?

III

Whew! We'll have our platter burnished,
  Laid with care on our own shelf!
With a fire-new[3] spoon we're furnished,
  And a goblet for ourself,
Rinsed like something sacrificial
  Ere 'tis fit to touch our chaps[4]—
Marked with L. for our initial!
  (He-he! There his lily snaps!)

1. *Salve tibi! : Salut à toi* ! Les mots en italiques représentent les paroles de Frère Laurence. Tout le poème est le monologue d'un autre moine plein de haine contre ce dernier.

2. *Oak galls :* noix de galle (grosseurs sphériques sur les feuilles de chêne causées par un insecte parasite).

3. *Fire-new : brand-new.*

4. *Chaps :* mâchoires.

IV

Saint, forsooth! While brown Dolores
Squats outside the Convent bank
With Sanchicha, telling stories,
Steeping tresses in the tank,
Blue-black, lustrous, thick like horsehairs,
—Can't I see his dead eye glow,
Bright as 'twere a Barbary corsair's?
(That is, if he'd let it show!)

V

When he finishes refection,[1]
Knife and fork he never lays
Cross-wise, to my recollection,
As do I, in Jesu's praise.
I the Trinity illustrate,
Drinking watered orange-pulp—
In three sips the Arian[2] frustrate;
While he drains his at one gulp.

VI

Oh, those melons? If he's able
We're to have a feast! so nice!
One goes to the Abbot's table,
All of us get each a slice.
How go on your flowers? None double
Not one fruit-sort can you spy?
Strange!—And I, too, at such trouble,
Keep them close-nipped[3] on the sly!

1. *Refection* : repas.
2. *Arian* : adepte de l'hérésie d'Arius (280-336) qui niait la divinité du Christ et rejetait ainsi la doctrine de la Trinité.
3. *Nipped* : taillées.

VII

There's a great text in Galatians,[1]
   Once you trip on it, entails
Twenty-nine distinct damnations,
   One sure, if another fails:
If I trip him just a-dying,
   Sure of heaven as sure can be,
Spin him around and send him flying
   Off to hell, a Manichee?[2]

VIII

Or, my scrofulous French novel
   On grey paper with blunt type!
Simply glance at it, you grovel
   Hand and foot in Belial's[3] gripe:
If I double down[4] its pages
   At the woeful sixteenth print,
When he gathers his greengages,
   Ope[5] a sieve and slip it in't?

IX

Or, there's Satan!—one might venture
   Pledge one's soul to him, yet leave
Such a flaw in the indenture
   As he'd miss till, past retrieve,
Blasted lay that rose-acacia
   We're so proud of! *Hy, Zy, Hine* . . .[6]
'St, there's Vespers! *Plena gratiâ*
   Ave, Virgo![7] Gr-r-r—you swine!

1. *Galatians :* dans l'Epître aux Galates (5, 19-21) saint Paul énumère un certain nombre de péchés de la chair qui mènent à la damnation.
2. *Manichee :* adepte de l'hérésie de Mani (216-277) fondée sur un dualisme radical entre le bien et le mal.
3. *Belial :* personnification du principe du mal dans l'Ancien Testament.
4. *To double down a page :* faire une corne à une page.
5. *Ope : open.*
6. *Hy, Zy, Hine :* peut-être le début d'une mystérieuse malédiction contre Frère Laurence.
7. *Plena gratiâ / Ave, Virgo! : Je vous salue Marie, pleine de grâce. La formule exacte est : Ave, Maria, gratia plena.*

"Childe Roland to the Dark Tower Came"[1] (1855)

XXVIII

For, looking up, aware I somehow grew,
'Spite of the dusk, the plain had given place
All round to mountains—with such name to grace
Mere ugly heights and heaps now stolen in view.
How thus they had surprised me,—solve it, you!
How to get from them was no clearer case.

XXIX

Yet half I seemed to recognize some trick
Of mischief happened to me, God knows when—
In a bad dream perhaps. Here ended, then,
Progress this way. When, in the very nick
Of giving up, one time more, came a click
As when a trap shuts—you're inside the den!

XXX

Burningly it came on me all at once,
This was the place! those two hills on the right,
Crouched like two bulls locked horn in horn in fight;
While to the left, a tall scalped mountain . . . Dunce,
Dotard,[2] a-dozing at the very nonce,[3]
After a life spent training for the sight!

XXXI

What in the midst lay but the Tower itself?
The round squat turret, blind as the fool's heart,[4]
Built of brown stone, without a counterpart

1. Le titre de ce poème vient d'un passage de *King Lear* de Shakespeare, où Edgar, jouant la folie, chantonne des fragments de chansons absurdes : « *Child Rowland to the dark tower came, / His word was still: Fie, foh, and fum, / I smell the blood of a British man* » (III, 4, v. 179-181). *Child(e) :* jeune seigneur. Browning a dit de ce poème qu'il lui est venu comme dans un rêve, mais n'a jamais voulu en donner une interprétation. Tout au long des 27 premières strophes un chevalier erre à travers une succession de paysages cauchemardesques à la recherche d'une mystérieuse *Dark Tower*.

2. *Dotard :* gâteux.

3. *At the very nonce :* au moment précis.

4. « The fool hath said in his heart, There is no God » (Psaumes, 14, 1).

In the whole world. The tempest's mocking elf
Points to the shipman thus the unseen shelf
He strikes on, only when the timbers[1] start.

XXXII

Not see? because of night perhaps?—why, day
Came back again for that! before it left,
The dying sunset kindled through a cleft:
The hills, like giants at a hunting, lay,
Chin upon hand, to see the game at bay,—
"Now stab and end the creature—to the heft!"[2]

XXXIII

Not hear? when noise was everywhere! it tolled
Increasing like a bell. Names in my ears
Of all the lost adventurers my peers,—
How such a one was wrong, and such was bold,
And such was fortunate, yet each of old
Lost, lost! one moment knelled the woe of years.

XXXIV

There they stood, ranged along the hill-sides, met
To view the last of me, a living frame
For one more picture! in a sheet of flame
I saw them and I knew them all. And yet
Dauntless the slug-horn[3] to my lips I set,
And blew. "*Childe Roland to the Dark Tower came.*"

ALGERNON CHARLES SWINBURNE (1837-1909)

Après des études à Eton puis à Balliol College à Oxford, Swinburne fréquente Dante Gabriel Rossetti et le groupe des Pré-Raphaélites*, mais il se libère assez vite de leur

1. *Timbers :* la coque.
2. *To the heft :* jusqu'à la garde.
3. *Slug-horn :* cor.

influence pour élaborer son style propre. Dès son drame poétique *Atalanta in Calydon* (1865), dont les chœurs contiennent certains de ses poèmes les plus célèbres, on sent l'influence de l'Antiquité grecque qui imprégnera par la suite toute sa poésie. En 1866, avec *Poems and Ballads*, recueil d'une virtuosité métrique étourdissante, il déclenche un véritable scandale par sa sensualité morbide, son goût pour la perversion et ses obsessions sado-masochistes. Sa santé s'étant affaiblie du fait de la boisson et d'excès divers, il s'installe en 1879 à Putney chez son ami Theodore Watts-Dunton qui le prendra désormais en charge pendant tout le reste de sa vie. Il continue à écrire abondamment, mais l'inspiration des premiers volumes est tarie et il semble parfois se parodier lui-même. La réussite de Swinburne restera dans une remarquable maîtrise des cadences et sonorités qui donne à sa poésie un pouvoir de suggestion incantatoire et quasi hypnotique. La rançon de cette séduction est une tendance à l'imprécision et un manque d'originalité certain derrière des poses de révolte anticonformiste. Son influence sur les esthètes de son époque comme Walter Pater fut considérable, mais il tomba rapidement en défaveur au début du XXe siècle.

BIBLIOGRAPHIE SÉLECTIVE. — Philip Henderson, *Swinburne : The Portrait of a Poet*, London, Routledge, 1974.

The Triumph of Time[1] (1866)

I will go back to the great sweet mother,
  Mother and lover of men, the sea.
I will go down to her, I and none other,
  Close with her, kiss her and mix her with me;
Cling to her, strive with her, hold her fast;
O fair white mother, in days long past
Born without sister, born without brother,
  Set free my soul as thy soul is free.

1. L'origine de cette longue méditation élégiaque sur la souffrance est dans une déception amoureuse : la femme qu'aimait Swinburne l'avait abandonné pour un autre homme. C'est à elle que le poème est dédié.

O fair green-girdled mother of mine,
   Sea, that art clothed with the sun and the rain,
Thy sweet hard kisses are strong like wine,
   Thy large embraces are keen like pain.
Save me and hide me with all thy waves,
Find me one grave of thy thousand graves,
Those pure cold populous graves of thine,
   Wrought without hand in a world without stain.

I shall sleep, and move with the moving ships,
   Change as the winds change, veer in the tide;
My lips will feast on the foam of thy lips,
   I shall rise with thy rising, with thee subside;
Sleep, and not know if she[1] be, if she were,
Filled full with life to the eyes and hair,
As a rose is fulfilled to the roseleaf tips
   With splendid summer and perfume and pride.

This woven raiment of nights and days,
   Were it once cast off and unwound from me,
Naked and glad would I walk in thy ways,
   Alive and aware of thy ways and thee;
Clear of the whole world, hidden at home,
Clothed with green and crowned with the foam,
A pulse of the life of thy straits and bays,
   A vein in the heart of the streams of the sea.

Fair mother, fed with the lives of men,
   Thou art subtle and cruel of heart, men say.
Thou hast taken, and shalt not render again;
   Thou art full of thy dead, and cold as they.
But death is the worst that comes of thee;
Thou art fed with our dead, O mother, O sea,
But when hast thou fed on our hearts? or when,
   Having given us love, hast thou taken away?

O tender-hearted, O perfect lover,
   Thy lips are bitter, and sweet thine heart.
The hopes that hurt and the dreams that hover,
   Shall they not vanish away and apart?

1. *She :* la femme qui avait trahi le poète.

But thou, thou art sure, thou art older than earth;
Thou art strong for death and fruitful of birth;
Thy depths conceal and thy gulfs discover;
 From the first thou wert; in the end thou art.

(Stanzas 33-38)

GERARD MANLEY HOPKINS (1844-1889)

Sous l'influence de Newman et du *Oxford Movement* pendant ses études à Oxford, Hopkins se convertit au catholicisme en 1866 et entra dans la Société de Jésus en 1868. C'est pendant un séjour au pays de Galles (1874-1877), lors duquel il étudia la langue galloise, qu'il élabora sa doctrine poétique. En 1875 « The Wreck of the Deutschland » fut refusé par une revue jésuite, mais Hopkins continua à écrire tout en exerçant sa fonction de prêtre après son ordination en 1877. Il refusa cependant toujours d'être publié tant qu'il n'aurait pas l'accord de ses supérieurs ecclésiastiques. En 1884 il devint professeur de grec et de latin à University College à Dublin et écrivit alors ses *Dark Sonnets*, qui sont le reflet de son sentiment d'exil. C'est seulement en 1918, près de trente ans après sa mort, que ses poèmes furent publiés par son ami Robert Bridges. La poésie de Hopkins reflète une extrême tension entre foi religieuse et génie poétique. Elle est d'une telle intensité qu'il fut amené à forger une langue et un rythme spécifiques, faisant appel à des formules archaïques ou dialectales, utilisant abondamment les allitérations et rimes internes, faisant éclater les cadres poétiques traditionnels. Sous l'influence de la poésie celtique ancienne, il a abondamment recours au *sprung rhythm*, pulsation rythmique répétitive qui rappelle le vers allitératif médiéval. Il combine ainsi une extrême complexité dans l'exploration des rapports avec le divin et une immédiateté de détail qui annonce l'esthétique moderniste.

BIBLIOGRAPHIE SÉLECTIVE. — John Pick, *Gerard Manley Hopkins, Priest and Poet*, Oxford, Oxford University Press, 1966 ; Bernard Bergonzi, *Gerard Manley Hopkins*, London, Macmillan, 1977.

The Windhover[1] (1918)

To Christ our Lord

I caught this morning morning's minion,[2] king-
dom of daylight's dauphin, dapple-dawn-drawn Falcon, in
his riding
Of the rolling level underneath him steady[3] air, and
striding
High there, how he rung upon the rein[4] of a wimpling[5] wing
In his ecstasy! then off, off forth on swing,
As a skate's heel sweeps smooth on a bow-bend: the hurl and
gliding
Rebuffed the big wind. My heart in hiding
Stirred for a bird,—the achieve[6] of, the mastery of the thing!

Brute beauty and valour and act, oh, air, pride, plume, here
Buckle![7] AND the fire that breaks from thee[8] then, a billion
Times told lovelier, more dangerous, O my chevalier!

No wonder of it: shéer plód[9] makes plough down sillion[10]
Shine, and blue-bleak embers, ah my dear,
Fall, gall[11] themselves, and gash gold-vermilion.

1. Le *windhover* est un faucon qui est appelé ainsi parce qu'il plane dans l'air, la tête face au vent. On peut voir dans cette image une représentation symbolique de la beauté et de la grandeur du Christ.
2. *Minion :* favori, mignon.
3. *Underneath him steady :* l'ensemble fait fonction d'épithète de *air*.
4. *Rung upon the rein :* l'expression « to ring upon the rein » s'utilise en équitation pour un cheval qui tourne autour de son dresseur, attaché à une longue corde.
5. *Wimpling :* ondulant. Mais aussi *wimple* : guimpe de religieuse.
6. *Achieve : achievement.*
7. *Buckle :* ce verbe à l'impératif combine ici trois sens : s'unir, se préparer pour la bataille et s'effondrer.
8. *Thee :* forme déclinée du *thou (you)* biblique.
9. *Plod :* labeur.
10. *Sillion :* étroite bande de terre qui sépare deux sillons labourés.
11. *Gall themselves :* s'écorchent, se mettent à vif.

The Wreck of the Deutschland[1] (1918)

To the
happy memory of five Franciscan nuns
exiles by the Falck Laws
drowned between midnight and morning of
Dec. 7th, 1875

PART THE FIRST

1

Thou mastering me
God! giver of breath and bread;
World's strand, sway[2] of the sea;
Lord of living and dead;
Thou hast bound bones and veins in me, fastened me flesh,
And after it almost unmade, what with dread,
Thy doing: and dost thou touch me afresh?
Over again I feel thy finger and find thee.

2

I did say yes
O at lightning and lashed rod;[3]
Thou heardst me truer than tongue confess
Thy terror, O Christ, O God;
Thou knowest the walls, altar and hour and night:
The swoon of a heart that the sweep[4] and the hurl[5] of thee trod

1. Entre 1873 et 1875 la Prusse décida la dissolution des ordres religieux pour affaiblir l'influence de l'église catholique (d'où l'allusion aux *Falck Laws* dans l'exergue, Falk étant le ministre qui appliqua le *Kulturkampf*). Pendant l'hiver 1875 le navire *Deutschland*, arrivant d'Allemagne, fit naufrage dans l'estuaire de la Tamise et cinq religieuses allemandes qui partaient en exil moururent noyées. Hopkins fut très affecté par cette tragédie et décida d'y consacrer un poème. Cette ode de 35 strophes est une méditation sur le mystère de la souffrance humaine dont le naufrage du *Deutschland* devient le symbole. Le rythme allitératif et les irrégularités de la syntaxe donnent une urgence passionnée à la prière du poète.

2. *Sway :* maître.

3. *Rod :* verge.

4. *Sweep :* marche, avancée.

5. *Hurl :* ruée.

Hard down with a horror of height:
And the midriff astrain[1] with leaning of, laced with fire of stress.

3

The frown of his face
Before me, the hurtle of hell
Behind, where, where was a, where was a place?
I whirled out wings that spell[2]
And fled with a fling of the heart to the heart of the Host.
My heart, but you were dovewinged, I can tell,
Carrier-witted,[3] I am bold to boast,
To flash from the flame to the flame then, tower from the grace to the grace.

4

I am soft sift[4]
In an hourglass—at the wall
Fast, but mined with a motion, a drift,
And it crowds and it combs[5] to the fall;
I steady as a water in a well, to a poise, to a pane,
But roped with, always, all the way down from the tall
Fells[6] or flanks of the voel,[7] a vein
Of the gospel proffer, a pressure, a principle, Christ's gift.

1. *Astrain :* tendu.
2. *That spell : in that spell of time.*
3. *Carrier-witted :* avec l'esprit d'un pigeon voyageur.
4. *Sift :* sable qu'on passe au tamis.
5. *Combs :* déferle.
6. *Fells :* lande montagneuse.
7. *Voel* (gallois) : colline dénudée.

Le « Nonsense »

EDWARD LEAR (1812-1888)

Edward Lear, peintre et illustrateur, est surtout connu pour ses *limericks*, courts poèmes de cinq vers à la forme très stricte qu'il illustra lui-même et rendit célèbres dans ses différents recueils (*A Book of Nonsense*, 1846 ; *Nonsense Songs, Stories, Botany and Alphabets*, 1871 ; *Laughable Lyrics*, 1877). Mêlant l'absurde, le burlesque et parfois l'humour noir, le *limerick* fut pratiqué par des écrivains aussi divers que Tennyson, Swinburne, Kipling et Stevenson. Il continue d'ailleurs, sous une forme improvisée, à agrémenter les réunions de clubs, banquets et réceptions, souvent dans une veine grivoise et érotique.

BIBLIOGRAPHIE SÉLECTIVE. — Elizabeth Sewell, *The Field of Nonsense*, London, Chatto and Windus, 1952.

There was a Young Lady whose chin
Resembled the point of a pin:
  So she had it made sharp,
  And purchased a harp,
And played several tunes with her chin.

There was an Old Man who said, "Hush!
I perceive a young bird in this bush!"
When they said, "Is it small?"
He replied, "Not at all!
It is four times as big as the bush!"

There was an Old Man of Whitehaven,
Who danced a quadrille with a Raven;
But they said, "It's absurd
To encourage this bird!"
So they smashed that Old Man of Whitehaven.

There was a Young Lady of Clare,
Who was saldy pursued by a bear;
  When she found she was tired,
  She abruptly expired,
That unfortunate Lady of Clare.

LEWIS CARROLL (1832-1898)

Professeur de mathématiques à Christ Church College à Oxford, Lewis Carroll (de son vrai nom Charles Lutwidge Dodgson) fut ordonné pasteur en 1861 mais n'exerça jamais. Il publia sous son vrai nom des ouvrages d'algèbre et de logique mathématique ainsi que des recueils d'énigmes et jeux verbaux. Il fut toute sa vie attiré par le charme des petites filles et *Alice's Adventures in Wonderland* (1865) fut à l'origine écrit pour amuser Alice Liddell, fille du doyen de Christ Church. La suite des aventures d'Alice, *Through the Looking-Glass* parut en 1872 et *The Hunting of the Snark*, long poème parodique, en 1876. Les illustrations de John Tenniel sont devenues depuis indissociables du texte. L'œuvre de Carroll dérange par sa logique absurde, apparemment irréfutable, sous laquelle la cruauté affleure sans cesse. Derrière le conte pour enfants transparaît la vision très féroce d'une société victorienne triomphante dont les codes et les rites sont implacablement débusqués. Critiques et philosophes trouveront encore longtemps des énigmes à interpréter dans des jeux de langage qui par certains aspects annoncent toutes les ambiguïtés sémantiques de la littérature moderne.

BIBLIOGRAPHIE SÉLECTIVE. — Jean Gattégno, *L'univers de Lewis Carroll*, Paris, José Corti, 1990.

Through the Looking-Glass[1] (1872)

"As I was saying, that *seems* to be done right—though I haven't time to look it over thoroughly just now—and that shows that there are three hundred and sixty-four days when you might get un-birthday presents—"

"Certainly," said Alice.

"And only *one* for birthday presents, you know. There's glory for you!"

"I don't know what you mean by 'glory,' " Alice said.

Humpty Dumpty smiled contemptuously. "Of course you don't—till I tell you. I meant 'there's a nice knock-down argument[2] for you!' "

"But 'glory' doesn't mean 'a nice knock-down argument,' " Alice objected.

"When *I* use a word," Humpty Dumpty said in rather a

1. Alice est passée de l'autre côté du miroir et se retrouve confrontée à une série de personnages inquiétants dont certains semblent directement issus de *nursery ryhmes*, comme Tweedledum et Tweedledee, le Lion et la Licorne, ou ici Humpty Dumpty qui ressemble à un œuf et qui, comme dans la célèbre comptine, finira par tomber et se casser. Humpty Dumpty semble décidé à prouver à Alice que dans le monde au-delà du miroir toute sa logique habituelle se retourne contre elle. Mais derrière l'absurdité apparente le logicien Lewis Carroll soulève un grave problème de sémantique.

2. *Knock-down argument :* argument massue.

scornful tone, "it means just what I choose it to mean—neither more nor less."

"The question is," said Alice, "whether you *can* make words mean different things."

"The question is," said Humpty Dumpty, "which is to be master—that's all."

Alice was too much puzzled to say anything, so after a minute Humpty Dumpty began again. "They've a temper, some of them—particularly verbs, they're the proudest—adjectives you can do anything with, but not verbs—however, *I* can manage the whole lot! Impenetrability! That's what *I* say!"

"Would you tell me, please," said Alice, "what that means?"

"Now you talk like a reasonable child," said Humpty Dumpty, looking very much pleased. "I meant by 'impenetrability' that we've had enough of that subject, and it would be just as well if you'd mention what you mean to do next, as I suppose you don't intend to stop here all the rest of your life."

"That's a great deal to make one word mean," Alice said in a thoughtful tone.

"When I make a word do a lot of work like that," said Humpty Dumpty, "I always pay it extra."

"Oh!" said Alice. She was too much puzzled to make any other remark.

"Ah, you should see 'em come round me of a Saturday night," Humpty Dumpty went on, wagging his head gravely from side to side: "for to get their wages, you know."

(Alice didn't venture to ask what he paid them with; and so you see I can't tell *you*.)

(Chap. VI)

La fin de l'époque victorienne

THOMAS HARDY (1840-1928)

Fils d'un maître-maçon du Dorset, Thomas Hardy publia la première de ses chroniques du Wessex (Dorset), *Under the Greenwood Tree*, en 1872, alors qu'il était installé comme architecte dans ce comté où il allait passer la plus grande partie de sa vie. Il acquit la notoriété avec *Far from the Madding Crowd* (1874), roman où le drame humain se déroule sur le fond d'une nature gouvernée par le rythme des saisons. Hardy avait une conscience aiguë du déclin inéluctable de l'agriculture anglaise devant l'industrialisation et assistait le cœur serré à la disparition rapide de tout un monde rural qui avait peu changé au cours des siècles. Son roman le plus célèbre, *Tess of the D'Urbervilles* (1891), montre une jeune paysanne victime d'un code social qu'elle ne comprend pas et prise au piège d'une nature foncièrement indifférente aux tragédies humaines. *Jude the Obscure* (1896) est son œuvre la plus désespérée : le gouffre social y apparaît infranchissable et le mariage mène à la tragédie. Ce pessimisme radical indisposa les lecteurs. Déçu par la réaction du public, Hardy cessa désormais d'écrire des romans pour se consacrer à la poésie. Son inspiration est profondément pessimiste et illustre souvent avec une sombre ironie les coïncidences d'un hasard aveugle aux souffrances humaines. Son utilisation des rythmes de la ballade et sa métrique parfaitement maîtrisée donnent à sa poésie une authenticité qui touche malgré parfois des maladresses. La réputation de Hardy poète n'a cessé de grandir depuis sa mort.

BIBLIOGRAPHIE SÉLECTIVE. — Michael Millgate, *Thomas Hardy : His Career as a Novelist*, London, Bodley Head, 1971 ; Merryn Williams, *A Preface to Hardy*, London, Longman, 1976.

The Return of the Native[1] (1878)

It seemed as if the bonfire-makers were standing in some radiant upper storey of the world, detached from and independent of the dark stretches below. The heath down there was now a vast abyss, and no longer a continuation of what they stood on; for their eyes, adapted to the blaze, could see nothing of the deep beyond its influence. Occasionally, it is true, a more vigorous flare than usual from their faggots sent darting lights like aides-de-camp down the inclines to some distant bush, pool, or patch of white sand, kindling these to replies of the same colour, till all was lost in darkness again. Then the whole black phenomenon beneath represented Limbo as viewed from the brink by the sublime Florentine in his vision,[2] and the muttered articulations of the wind in the hollows were as complaints and petitions from the "souls of mighty worth"[3] suspended therein.

It was as if these men and boys had suddenly dived into past ages, and fetched therefrom an hour and deed which had before been familiar with this spot. The ashes of the original British pyre which blazed from that summit lay fresh and undisturbed in the barrow beneath their tread. The flames from funeral piles long ago kindled there had shone down upon the lowlands as these

1. La scène, située tout au début du roman, se déroule sur Egdon Heath, lande du Wessex, nom donné par Thomas Hardy à la région du sud-ouest de l'Angleterre (principalement le Dorset) où sont situés la plupart de ses romans.

2. Dans la *Divine Comédie* de Dante (« Enfer », chant IV) les Limbes sont le premier cercle de l'Enfer, séjour de ceux qui ont été vertueux, mais ont vécu avant le christianisme et ne peuvent donc pas accéder à la félicité du salut chrétien.

3. *Divine Comédie*, « Enfer », chant IV, vers 44.

were shining now. Festival fires to Thor and Woden[1] had followed on the same ground and duly had their day. Indeed, it is pretty well known that such blazes as this the heathmen were now enjoying are rather the lineal descendants from jumbled Druidical rites and Saxon ceremonies than the invention of popular feeling about Gunpowder Plot.[2]

Moreover to light a fire is the instinctive and resistant act of man when, at the winter ingress, the curfew is sounded throughout Nature. It indicates a spontaneous, Promethean rebelliousness against the fiat that this recurrent season shall bring foul times, cold darkness, misery and death. Black chaos comes, and the fettered gods of the earth say, Let there be light.

The brilliant lights and sooty shades which struggled upon the skin and clothes of the persons standing round caused their lineaments and general contours to be drawn with Dureresque[3] vigour and dash. Yet the permanent moral expression of each face it was impossible to discover, for as the nimble flames towered, nodded, and swooped through the surrounding air, the blots of shade and flakes of light upon the countenances of the group changed shape and position endlessly. All was unstable; quivering as leaves, evanescent as lightning. Shadowy eye-sockets, deep as those of a death's head, suddenly turned into pits of lustre: a lantern-jaw cavernous, then it was shining; wrinkles were emphasized to ravines, or obliterated entirely by a changed ray. Nostrils were dark wells; sinews in old necks were gilt mouldings; things with no particular polish on them were glazed; bright objects, such as the tip of a furze-hook one of the men carried, were as glass; eyeballs glowed like little lanterns. Those whom Nature had depicted as merely quaint became grotesque, the grotesque became preternatural; for all was in extremity.

(I, 3)

1. *Thor :* dieu scandinave du tonnerre. *Woden* (Odin) : père de Thor, principal dieu scandinave, divinité de la guerre. Leur culte pourrait remonter à l'époque où l'Angleterre fut envahie par des peuples germaniques et scandinaves (IIIe et IVe siècles).

2. *Gunpowder Plot.* En 1605 une conspiration catholique projeta de faire sauter le Parlement le 5 novembre. Des tonneaux de poudre furent entreposés sous la Chambre des Lords, mais les autorités furent prévenues et les conjurés furent arrêtés et exécutés. Depuis, chaque 5 novembre au soir, on célèbre cet anniversaire dans toute l'Angleterre en allumant des feux de joie et en faisant sauter des pétards. Des anthropologues, parmi lesquels Sir James Frazer, l'auteur de *The Golden Bough* (1890-1915), ont vu dans ces rites la survivance de vieux cultes païens celtiques et anglo-saxons célébrant la venue de l'hiver et la fête des morts de Hallowe'en (veille de la Toussaint).

3. *Dureresque :* à la manière du peintre et graveur allemand Albrecht Dürer (1471-1528).

ROBERT LOUIS STEVENSON (1850-1894)

Robert Louis Stevenson est une des figures les plus originales de la fin de l'époque victorienne. Elevé à Edimbourg dans une famille très presbytérienne, il se révolta rapidement contre cette atmosphère qu'il jugeait étouffante. Par réaction, sa vie fut une suite de voyages et d'errances sur plusieurs continents. En 1879 il partit pour l'Amérique où il vécut dans des conditions difficiles sur la côte californienne (*The Silverado Squatters*, 1883). Pendant un séjour en Ecosse en 1881 il écrivit *Treasure Island* (1883), avant de fuir pour le sud de la France où il composa *Kidnapped* (1886), récit d'aventures situé pendant la rébellion jacobite de 1745-1746. La même année vit la publication de *The Strange Case of Dr Jekyll and Mr Hyde*, à la fois conte fantastique et fable morale sur la dualité de l'être humain. En 1887 il repartit pour les Etats-Unis où il commença à écrire *The Master of Ballantrae* (1889), œuvre inclassable qui mêle chronique historique écossaise, tragédie familiale et roman d'aventures. Il s'installa ensuite avec sa femme dans les îles Samoa où il écrivit plusieurs essais et nouvelles ainsi qu'un roman inachevé, *Weir of Hermiston* (1896), qui aurait peut-être été son chef-d'œuvre. La réputation de Stevenson a souffert de la diversité des formes de son œuvre et de l'instabilité d'une vie mouvementée. Longtemps classé parmi les écrivains de romans d'aventures pour enfants, il a été redécouvert par la critique récente qui a vu dans sa rigueur narrative une qualité authentiquement moderne.

BIBLIOGRAPHIE SÉLECTIVE. — Edwin Eigner, *Robert Louis Stevenson and Romantic Tradition*, Princeton, Princeton University Press, 1966 ; Jean-Pierre Naugrette, *Robert Louis Stevenson : L'aventure et son double*, Paris, Presses de l'Ecole normale supérieure, 1987.

The Strange Case of Dr Jekyll and Mr Hyde[1] (1886)

I was born in the year 18—to a large fortune, endowed besides with excellent parts,[2] inclined by nature to industry, fond of the respect of the wise and good among my fellow-men, and thus, as might have been supposed, with every guarantee of an honourable and distinguished future. And indeed, the worst of my faults was a certain impatient gaiety of disposition, such as has made the happiness of many, but such as I found it hard to reconcile with my imperious desire to carry my head high, and wear a more than commonly grave countenance before the public. Hence it came about that I concealed my pleasures; and that when I reached years of reflection, and began to look round me, and take stock of my progress and position in the world, I stood already committed to a profound duplicity of life. Many a man would have even blazoned such irregularities as I was guilty of; but from the high views that I had set before me, I regarded and hid them with an almost morbid sense of shame. It was thus rather the exacting nature of my aspirations, than any particular degradation in my faults, that made me what I was, and, with even a deeper trench than in the majority of men, severed in me those provinces of good and ill which divide and compound man's dual nature. In this case, I was driven to reflect deeply and inveterately on that hard law of life which lies at the root of religion, and is one of the most plentiful springs of distress. Though so profound a double-dealer, I was in no sense a hypocrite; both sides of me were in dead earnest; I was no more myself when I laid aside restraint and plunged in shame, than when I laboured, in the eye of day,[3] at the furtherance of knowledge or the relief of sorrow and suffering. And it chanced that the direction of my scientific studies, which led wholly towards the mystic and the transcendental, reacted and shed a

1. Le docteur Jekyll a voulu séparer les deux éléments du bien et du mal, qui sont inextricablement mêlés dans tout être humain, et les fixer chacun sur un individu différent, l'un qui ne serait que bien, l'autre que mal. Il a opéré cette dissociation grâce à une drogue de sa fabrication qui le transforme, lorsqu'il l'absorbe, en un être totalement mauvais, Mr Hyde. Mais peu à peu Mr Hyde prend l'ascendant sur Jekyll et commet des meurtres horribles. La drogue est de moins en moins efficace pour faire revenir Hyde à la personnalité de Jekyll et celui-ci, ne voyant aucune issue, finit par se suicider. Ce passage, extrait du dernier chapitre, est le début de la longue lettre de confession que Jekyll a envoyée à son ami le docteur Lanyon et dans laquelle il lui raconte toute l'histoire.

2. *Parts :* facultés, talents.

3. *In the eye of day :* au grand jour.

strong light on this consciousness of the perennial war among my members. With every day, and from both sides of my intelligence, the moral and the intellectual, I thus drew steadily nearer to that truth by whose partial discovery I have been doomed to such a dreadful shipwreck: that man is not truly one, but truly two. I say two, because the state of my own knowledge does not pass beyond that point. Others will follow, others will outstrip me on the same lines; and I hazard the guess that man will be ultimately known for a mere polity of multifarious, incongruous and independent denizens. I, for my part, from the nature of my life, advanced infallibly in one direction, and in one direction only. It was on the moral side, and in my own person, that I learned to recognise the thorough and primitive duality of man; I saw that, of the two natures that contended in the field of my consciousness, even if I could rightly be said to be either, it was only because I was radically both; and from an early date, even before the course of my scientific discoveries had begun to suggest the most naked possibility of such a miracle, I had learned to dwell with pleasure, as a beloved day-dream, on the thought of the separation of these elements. If each, I told myself, could but be housed in separate identities, life would be relieved of all that was unbearable; the unjust might go his way, delivered from the aspirations and remorse of his more upright twin; and the just could walk steadfastly and securely on his upward path, doing the good things in which he found his pleasure, and no longer exposed to disgrace and penitence by the hands of this extraneous evil. It was the curse of mankind that these incongruous faggots were thus bound together—that in the agonised womb of consciousness these polar twins should be continuously struggling. How, then, were they dissociated?

RUDYARD KIPLING (1865-1936)

Rudyard Kipling naquit à Bombay et fut élevé en Angleterre dans une petite *public school* dont il décrivit plus tard la vie dans *Stalky and Co.* (1899). De 1882 à 1889 il fut journaliste en Inde et trouva là l'occasion de se former au métier d'écrivain. C'est de cette époque que datent les nouvelles *Plain Tales from the Hills* (1888), chronique romancée de la vie des soldats et fonctionnaires de l'Empire britannique. En 1892 parut le recueil de poèmes *Barrack Room Ballads* qui contient parmi ses morceaux les plus connus (« Gunga Din », « If »). La rhétorique n'en est pas absente, mais elle se nourrit des genres les plus divers comme la ballade, le music-hall ou la chanson populaire. Les années suivantes virent se succéder les œuvres les plus célèbres : *The Jungle Book* (1894) et *The Second Jungle Book* (1895), où la « Loi de la Jungle » est aussi l'éthique du serviteur de l'Empire ; *Kim* (1901) ; les contes d'animaux des *Just So Stories* (1902). En 1907 il fut le premier écrivain anglais à obtenir le prix Nobel. Mais il était en même temps de plus en plus accusé de « jingoism » (nationalisme outrancier) et après la Première Guerre mondiale il se trouva peu à peu décalé par rapport à la vie intellectuelle anglaise. Ses nouvelles devinrent de plus en plus sombres et leur symbolisme de plus en plus difficile à déchiffrer. La réputation de Kipling a souffert de la trop grande popularité de certaines de ses œuvres ainsi que d'une image « impérialiste » qui lui est trop facilement accolée. Mais la critique moderne a redécouvert dans son œuvre de la dernière période de remarquables qualités d'écriture.

BIBLIOGRAPHIE SÉLECTIVE. — Robert Escarpit, *Rudyard Kipling*, Paris, Hachette, 1955 ; J. M. S. Tompkins, *The Art of Rudyard Kipling*, London, Methuen, 1959.

Kim[1] (1901)

Kim will remember till he dies that long, lazy journey from Umballa, through Kalka and the Pinjore Gardens near by, up to

1. Le jeune orphelin Kim, fils d'un sergent irlandais, vit en vagabond à Lahore lorsqu'il rencontre un vieux lama tibétain qui est à la recherche de la rivière sacrée de Bouddha. Il décide de devenir son disciple et de l'accompagner tout au long de son périple à travers l'Inde. Quand il ne parcourt pas le pays avec le lama, Kim voyage en compagnie de Mahbub Ali, marchand de chevaux afghan qui travaille pour les services de renseignements britanniques et forme Kim au métier d'agent secret. Nous le voyons ici avec Mahbub Ali au pied de l'Himalaya.

Simla.[1] A sudden spate in the Gugger River swept down one horse (the most valuable, be sure), and nearly drowned Kim among the dancing boulders. Farther up the road the horses were stampeded by a Governement elephant, and being in high condition of grass food, it cost a day and a half to get them together again. Then they met Sikandar Khan coming down with a few unsaleable screws,[2]—remnants of his string,[3]—and Mahbub, who has more of horse-coping[4] in his little finger-nail than Sikandar Khan in all his tents, must needs buy two of the worst, and that meant eight hours' laborious diplomacy and untold tobacco. But it was all pure delight—the wandering road, climbing, dipping, and sweeping about the growing spurs; the flush of the morning laid along the distant snows; the branched cacti, tier upon tier on the stony hillsides; the voices of a thousand water-channels; the chatter of the monkeys; the solemn deodars,[5] climbing one after another with down-drooped branches; the vista of the Plains rolled out far beneath them; the incessant twanging of the tonga-horns[6] and the wild rush of the led horses[7] when a tonga swung round a curve; the halts for prayers (Mahbub was very religious in dry-washings[8] and bellowings when time did not press); the evening conferences by the halting-places, when camels and bullocks chewed solemnly together and the stolid drivers told the news of the Road[9]—all these things lifted Kim's heart to song within him.

"But, when the singing and dancing is done," said Mahbub Ali, "comes the Colonel Sahib's,[10] and that is not so sweet."

"A fair land—a most beautiful land is this of Hind—and the land of the Five Rivers is fairer than all," Kim half chanted. "Into it I will go again if Mahbub Ali or the Colonel lift hand or foot

1. *Umballa, Kalka, Simla :* villes du Panjab oriental, au nord-ouest de l'Inde. Kalka est au pied de l'Himalaya et Simla sur les premiers contreforts de la chaîne de montagnes.

2. *Screws :* rosses.

3. *His string :* son écurie.

4. *Who has more horse-coping :* qui s'y connaît mieux en chevaux.

5. *Deodars :* cèdres de l'Himalaya.

6. *Tonga :* petite voiture à deux roues tirée par un poney.

7. *Led horses :* chevaux de main.

8. *Dry-washings :* ablutions à sec. Mahbub est musulman.

9. *The Road :* le *Grand Trunk Road* qui allait de Bombay à Rawalpindi en passant par Delhi et avait émerveillé Kim dans le chapitre IV.

10. *Colonel Sahib :* le colonel Creighton, qui commande les Services secrets britanniques en Inde et veut former Kim comme agent de renseignements.

against me. Once gone, who shall find me? Look, Hajji,[1] is yonder the city of Simla? Allah, what a city!"

"My father's brother, and he was an old man when Mackerson Sahib's well was new at Peshawur,[2] could recall when there were but two houses in it."

He led the horses below the main road into the lower Simla bazar—the crowded rabbit-warren that climbs up from the valley to the Town Hall at an angle of forty-five. A man who knows his way there can defy all the police of India's summer capital, so cunningly does veranda communicate with veranda, alley-way with alley-way, and bolt-hole[3] with bolt-hole. Here live those who minister to the wants of the glad city—*jhampanis*[4] who pull the pretty ladies' rickshaws by night and gamble till the dawn; grocers, oil-sellers, curio-vendors, firewood-dealers, priests, pickpockets, and native employees of the Government. Here are discussed by courtesans the things which are supposed to be profoundest secrets of the India Council; and here gather all the sub-sub-agents of half the Native States.[5] Here, too, Mahbub Ali rented a room, much more securely locked than his bulkhead at Lahore, in the house of a Mohammedan cattle-dealer. It was a place of miracles, too, for there went in at twilight a Mohammedan horse-boy, and there came out an hour later a Eurasian lad—the Lucknow[6] girl's dye was of the best—in badly fitting shop-clothes.

(Chap. VIII)

1. *Hajji :* nom donné à quelqu'un qui a fait le pèlerinage à La Mecque.
2. *Peshawur* (Peshawar) : cette ville, maintenant au Pakistan, était à l'époque capitale de la province frontière du nord-ouest.
3. *Bolt-hole :* trou de terrier.
4. *Jhampanis :* ceux qui tirent les pousse-pousse.
5. *Native States :* les Etats indigènes de l'Inde anglaise.
6. *Lucknow :* ville de l'Uttar Pradesh.

OSCAR WILDE (1854-1900)

Né à Dublin, Oscar Wilde se fit rapidement une place de choix dans la haute société londonienne qu'il fascinait par son dandysme et son esthétisme flamboyant. Après un volume de poèmes (1881) très influencés par Keats, Swinburne et Tennyson, et des tournées triomphales à New York et Paris, il publia en 1891 *The Picture of Dorian Gray*, l'histoire d'un hédoniste qui conserve miraculeusement sa jeunesse tandis que son portrait montre peu à peu les ravages du vieillissement. Une série de brillantes comédies eurent un immense succès sur les scènes londoniennes : *Lady Windermere's Fan* (1893), *An Ideal Husband* (1895), et surtout son chef-d'œuvre, *The Importance of Being Earnest* (1895). *Salomé* (1892) fit scandale et fut interdit à la représentation à Londres mais publié avec des illustrations d'Aubrey Beardsley en 1894. Wilde était entre-temps devenu l'ami intime de Lord Alfred Douglas, fils du marquis de Queensbury. Ce dernier ayant publiquement insulté l'écrivain, un procès s'ensuivit et en 1895 Wilde fut condamné à la prison pour homosexualité, conformément à une législation qui était alors d'une extrême sévérité. Relâché en 1897, il mourut à Paris en 1900. On a vu en Wilde tantôt l'image de l'artiste suicidaire poussé vers l'autodestruction, tantôt au contraire la victime expiatoire de la société victorienne bien-pensante. La réponse est peut-être chez l'écrivain lui-même qui dit un jour à Gide qu'il avait mis son génie dans sa vie et seulement son talent dans ses œuvres.

BIBLIOGRAPHIE SÉLECTIVE. — Peter Raby, *Oscar Wilde*, Cambridge, Cambridge University Press, 1988.

The Importance of Being Earnest[1] (1895)

JACK Thank you, Lady Bracknell, I prefer standing.

LADY BRACKNELL [*pencil and note-book in hand*] I feel bound to tell you that you are not down on my list of eligible young men, although I have the same list as the dear Duchess of Bolton has. We work together, in fact. However, I am quite ready to enter your name, should your answers be what a really affectionate mother requires. Do you smoke?

JACK Well, yes, I must admit I smoke.

LADY BRACKNELL I am glad to hear it. A man should always have an occupation of some kind. There are far too many idle men in London as it is. How old are you?

JACK Twenty-nine.

LADY BRACKNELL A very good age to be married at. I have always been of opinion that a man who desires to get married should know either everything or nothing. Which do you know?

JACK [*after some hesitation*] I know nothing, Lady Bracknell.

LADY BRACKNELL I am pleased to hear it. I do not approve of anything that tampers with natural ignorance. Ignorance is like a delicate exotic fruit; touch it and the bloom is gone. The whole theory of modern education is radically unsound. Fortunately in England, at any rate, education produces no effect whatsoever. If it did, it would prove a

1. Deux jeunes gens, John Worthing (Jack) et Algernon Moncrieff (Algy) courtisent respectivement Gwendolen Fairfax (cousine d'Algy) et Cecily Cardew (pupille de Jack). Chacun des deux mène une double vie : John s'est inventé un frère débauché, Ernest, pour dissimuler ses frasques, et Algy un ami malade qui lui permet de disparaître à la campagne quand il en a envie. Après bien des quiproquos on apprendra que la gouvernante de Cecily avait égaré Jack bébé à la gare Victoria, que Jack et Algy sont frères et que le vrai nom d'Algy est Ernest. Nous voyons ici au début de la pièce Jack demander Gwendolen en mariage à sa mère, Lady Bracknell. Le titre de la pièce est un jeu de mots sur le prénom Ernest et sur *earnest* (sérieux). Or le sérieux *(earnestness)* était une des vertus cardinales des victoriens et probablement une de celles que Wilde abominait le plus.

serious danger to the upper classes, and probably lead to acts of violence in Grosvenor Square.[1] What is your income?

JACK Between seven and eight thousand a year.

LADY BRACKNELL [*makes a note in her book*] In land, or in investments?

JACK In investments, chiefly.

LADY BRACKNELL That is satisfactory. What between the duties expected of one during one's lifetime, and the duties exacted from one after one's death, land has ceased to be either a profit or a pleasure. It gives one position, and prevents one from keeping it up. That's all that can be said about land.

JACK I have a country house with some land, of course, attached to it, about fifteen hundred acres, I believe; but I don't depend on that for my real income. In fact, as far as I can make out, the poachers are the only people who make anything out of it.

LADY BRACKNELL A country house! How many bedrooms? Well, that point can be cleared up afterwards. You have a town house, I hope? A girl with a simple, unspoiled nature, like Gwendolen, could hardly be expected to reside in the country.

JACK Well, I own a house in Belgrave Square,[2] but it is let by the year to Lady Bloxham. Of course, I can get it back whenever I like, at six months' notice.

LADY BRACKNELL Lady Bloxham? I don't know her.

JACK Oh, she goes about very little. She is a lady considerably advanced in years.

LADY BRACKNELL Ah, nowadays that is no guarantee of respectability of character. What number in Belgrave Square?

JACK 149.

LADY BRACKNELL [*shaking her head*] The unfashionable side. I thought there was something. However, that could easily be altered.

JACK Do you mean the fashion, or the side?

LADY BRACKNELL [*sternly*] Both, if necessary, I presume.

(Act I)

1. *Grosvenor Square :* l'une des places les plus élégantes du quartier de Mayfair à Londres.
2. *Belgrave Square :* une autre place très élégante, et très chère, de Londres.

GEORGE BERNARD SHAW (1856-1950)

La carrière de G. B. Shaw couvre près d'un siècle et va de la fin de l'ère victorienne à l'époque moderne. Né à Dublin, il se fit d'abord connaître à Londres comme critique d'art, de musique et de théâtre à partir de 1885. Esprit brillant et anticonformiste, il devint vite célèbre par ses attaques contre le traditionalisme sclérosé du théâtre londonien ainsi que par sa défense de Wagner et Ibsen. Membre de la *Fabian Society*, groupe de socialistes libéraux, il donna plus de mille conférences publiques, demandant le vote des femmes, l'abolition de la propriété privée et une démocratisation du mode de scrutin. Il écrivit plus de cinquante pièces, parmi lesquelles *Arms and the Man* (1894), satire de la guerre, *Mrs Warren's Profession* (1898) sur l'hypocrisie victorienne en face de la prostitution, *Candida* (1900), variation sur l'éternel triangle mari-femme-amant, *Man and Superman* (1903), pièce à thèse nietzschéenne sur le thème de Don Juan, *Major Barbara* (1905), satire de la charité victorienne, *Pygmalion* (1913), brillante exploration des rapports entre les classes qui devint ensuite célèbre par l'opérette *My Fair Lady, et Saint Joan* (1923), réinterprétation ironique de l'histoire de Jeanne d'Arc à la lumière du présent. Au-delà du dialogue brillant et des tirades parfois didactiques, son théâtre explore le conflit entre la raison cynique et les illusions romantiques. Son génie comique cache une passion de réformateur et jusqu'à la fin de sa vie il mena des croisades, cherchant par le moyen du rire à déclencher une prise de conscience salutaire.

BIBLIOGRAPHIE SÉLECTIVE. — Colin Wilson, *Bernard Shaw : A Reassessment*, London, Hutchinson, 1969 ; Nicholas Grene, *Bernard Shaw : A Critical View*, London, Macmillan, 1984.

Major Barbara[1] (1905)

CUSINS Do you call poverty a crime?

UNDERSHAFT The worst of crimes. All the other crimes are virtues beside it: all the other dishonors are chivalry itself by comparison. Poverty blights whole cities; spreads horrible pestilences; strikes dead the very souls of all who come within sight, sound, or smell of it. What you call crime is nothing: a murder here and a theft there, a blow now and a curse then: what do they matter? they are only the accidents and illnesses of life: there are not fifty genuine professional criminals in London. But there are millions of poor people, abject people, dirty people, ill fed, ill clothed people. They poison us morally and physically: they kill the happiness of society: they force us to do away with our own liberties and to organize unnatural cruelties for fear they should rise against us and drag us down into their abyss. Only fools fear crime: we all fear poverty. Pah! [*turning on Barbara*] you talk of your half-saved ruffian in West Ham:[2] you accuse me of dragging his soul back to perdition. Well, bring him to me here; and I will drag his soul back again to salvation for you. Not by words and dreams; but by thirtyeight shillings a week, a sound house in a handsome street, and a permanent job. In three weeks he will have a fancy waistcoat; in three months a tall hat and a chapel sitting;[3] before the end of the year he will shake hands with a duchess at a Primrose League[4] meeting, and join the Conservative Party.

BARBARA And will he be the better for that?

UNDERSHAFT You know he will. Dont be a hypocrite, Barbara. He will be better fed, better housed, better

1. Se sentant coupable parce qu'elle est la fille d'un richissime fabricant d'armes, Barbara Undershaft travaille pour l'Armée du Salut dans les quartiers pauvres de l'East End à Londres. Tout son système de valeurs est ébranlé lorsqu'elle apprend successivement qu'un refuge pour les sans-abri a été financé par les subventions d'un lord qui a fait sa fortune dans le whisky et que son père a fait construire une cité modèle pour ses ouvriers. A la fin de la pièce elle comprendra que c'est son père qui a raison et qu'avant de sauver les âmes des hommes il faut pouvoir les nourrir. Nous voyons ici Undershaft montrer à Barbara qu'elle se complaît dans une image idéalisée de la pauvreté.

2. *West Ham :* quartier pauvre de l'East End à Londres.

3. *Sitting :* place réservée.

4. *Primrose League :* association du Parti conservateur destinée à commémorer le souvenir de Benjamin Disraeli, deux fois Premier ministre conservateur entre 1868 et 1880.

clothed, better behaved; and his children will be pounds heavier and bigger. That will be better than an American cloth mattress in a shelter, chopping firewood, eating bread and treacle, and being forced to kneel down from time to time to thank heaven for it: knee drill, I think you call it. It is cheap work converting starving men with a Bible in one hand and a slice of bread in the other. I will undertake to convert West Ham to Mahometanism on the same terms. Try your hand on my men: their souls are hungry because their bodies are full.

BARBARA And leave the east end to starve?

UNDERSHAFT [*his energetic tone dropping into one of bitter and brooding remembrance*] *I* was an east ender. I moralized and starved until one day I swore that I would be a full-fed free man at all costs; that nothing should stop me except a bullet, neither reason nor morals nor the lives of other men. I said "Thou shalt starve ere I starve"; and with that word I became free and great. I was a dangerous man until I had my will: now I am a useful, beneficent, kindly person. That is the history of most self-made millionaires, I fancy. When it is the history of every Englishman we shall have an England worth living in.

(Act III)

Le xxe siècle

Il est difficile de situer précisément la coupure entre ère victorienne et xxe siècle. Le tournant s'annonce en fait dès les années 1890, période qui est déjà ressentie comme la fin d'une époque et où s'amorce une remise en question générale de toutes les valeurs victoriennes. La guerre des Boers marque les premiers craquements de l'Empire britannique et la question irlandaise aboutira dans les années 20 à une sanglante guerre civile. La période édouardienne (1901-1910) est vécue comme une véritable libération après les contraintes du sérieux victorien. Mais c'est le traumatisme de la Première Guerre mondiale qui précipite la mutation, donnant l'impression d'un effondrement général de toute la civilisation et la culture européennes.

En littérature le grand tournant est ce qu'on a appelé la révolution moderniste. L'année 1922 voit la publication des deux œuvres clés du modernisme, *Ulysses* de Joyce et *The Waste Land* de T. S. Eliot. En poésie, tandis que le mouvement imagiste, sous l'impulsion de T. E. Hulme et Ezra Pound, réagit violemment contre les effusions vagues du post-romantisme victorien, la figure de Yeats continue à dominer toute la période, jetant un pont entre le xixe siècle et les expérimentations modernistes. Avec Conrad, Joyce, D. H. Lawrence, Virginia Woolf, le roman passe par une des périodes les plus brillantes et les plus créatives de toute son histoire.

L'évolution de la littérature de l'entre-deux-guerres reflète la montée des inquiétudes sociales et politiques. Alors que les années 20 sont marquées par l'insouciance et la fin des tabous, les années 30 sont plus « sérieuses », sous le signe de la crise économique de 1929 et de la montée des totalitarismes. La poésie (Auden, Spender, Mac Neice) s'engage davantage dans les combats politiques du siècle. Après la stérilité de l'époque victorienne, le théâtre connaît un soudain renouveau à la fois à Londres avec les brillantes comédies de G. B. Shaw et à Dublin avec Yeats et O'Casey.

L'après-guerre verra un éclatement dans de multiples directions. Les *Angry Young Men** donnent le signal de la révolte contre une société qui leur paraît par trop embourgeoisée, à la fois dans le roman (Kingsley Amis, Alan Sillitoe, John Braine, John Wain) et dans le théâtre où John Osborne, John Arden et Arnold Wesker réagissent contre le drame poétique de T. S. Eliot et Christopher Fry. Mais cette irruption violente fait peu à peu place au symbolisme plus fouillé des œuvres de William Golding, Iris Murdoch, John Fowles, Muriel Spark pour le roman, de Pinter, Bond et Stoppard pour le théâtre. En poésie le groupe du *Movement* (Donald Davie, Thom Gunn, Philip Larkin, John Wain) rejette les outrances post-romantiques d'un Dylan Thomas, préférant un ton plus retenu et une facture plus classique. Mais l'œuvre foisonnante d'un Ted Hugues fait éclater ce cadre et Seamus Heaney est en train d'atteindre la dimension universelle d'un Yeats. Le XXe siècle qui avait commencé dans les convulsions du modernisme est peut-être en train de s'acheminer vers un nouvel équilibre.

BIBLIOGRAPHIE SÉLECTIVE. — David Thomson, *England in the Twentieth Century*, Harmondsworth, Penguin, 1965 ; Boris Ford ed., *The New Pelican Guide to English Literature*, vol. 7 *(The Modern Age)* et vol. 8 *(The Present)*, Harmondsworth, Penguin, 1983 ; G. S. Fraser, *The Modern Writer and his World*, Harmondsworth, Penguin, 1964.

Bernard Bergonzi, *The Situation of the Novel*, Harmondsworth, Penguin, 1972 ; Randall Stevenson, *The British Novel Since the Thirties*, London, B. T. Batsford, 1986 ; Jean Ruer, Eliane Jacques, Bernard Jacquin, Margaret Jones-Davies et Suzanne Kim, *Le roman en Grande-Bretagne depuis 1945*, Paris, PUF, 1981 ; Edward Lucie-Smith, ed., *British Poetry Since 1945*, Harmondsworth, Penguin, 1985 ; John Russell Taylor, *Anger and After : A Guide to the New British Drama*, London, Eyre

Methuen, 1977 ; John Russell Taylor, *The Second Wave : British Drama of the Sixties,* London, Eyre Methuen, 1978 ; Richard Fallis, *The Irish Renaissance : An Introduction to Anglo-Irish Literature,* Dublin, Gill and Macmillan, 1978.

Northrop Frye, *Anatomy of Criticism,* Princeton University Press, 1957 ; Wayne C. Booth, *The Rhetoric of Fiction,* University of Chicago Press, 1961 ; René Wellek and Austin Warren, *Theory of Literature,* Harmondsworth, Penguin, 1963 ; M. H. Abrams, *A Glossary of Literary Terms,* New York, Holt, Rinehart and Winston, 1971.

Le roman : la transition

JOSEPH CONRAD (1857-1924)

A la charnière entre les victoriens et les modernistes, Joseph Conrad occupe une place à part dans la littérature anglaise. Né en Pologne, il choisit l'exil et le métier de marin. Après une période d'apprentissage littéraire nourrie par ses voyages autour du globe, il publie *The Nigger of the Narcissus* (1897). Cette fable initiatique où un équipage affronte une véritable subversion morale annonce déjà l'épreuve du capitaine Mac Whirr dans *Typhoon* (1903). Avec *Heart of Darkness* (1899) Conrad fait un retour cathartique sur un voyage au Congo et montre l'idéalisme missionnaire se brisant sur la tentation d'un primitivisme mortel. *Lord Jim* (1900), sombre parabole sur la faute originelle de l'illusion romantique, brouille la frontière entre bien et mal, solidarité et trahison. *Nostromo* (1904) est une méditation désabusée sur le gouffre qui sépare les grands idéaux politiques des soubresauts sanglants de l'histoire. Dans *The Secret Agent* (1907) la politique devient un macabre théâtre d'ombres où la violence ne débouche que sur un fait divers grotesque. *Under Western Eyes* (1911) semble évoquer Dostoïevski, mais le crime de Razumov n'aboutit qu'à un calvaire dépourvu de sens. Sa dernière œuvre importante est *Victory* (1915), constat désespéré et un peu mélodramatique de la défaite de l'idéal chevaleresque devant les ruses du mal. Tout en suscitant l'illusion romanesque par la magie de la voix, Conrad se rapproche des expérimentations modernistes par ses dislocations chronologiques et son montage de points de vue. A la fois roman d'aventure et témoignage d'une solitude existentielle, son œuvre reste inclassable.

BIBLIOGRAPHIE SÉLECTIVE. — Marvin Mudrick ed., *Conrad : A Collection of Critical Essays,* Englewood Cliffs, NJ, Prentice-Hall, 1966 ; Cedric Watts, *A Preface to Conrad,* London, Longman, 1982.

Heart of Darkness[1] (1902)

"I left in a French steamer, and she called in every blamed[2] port they have out there, for, as far as I could see, the sole purpose of landing soldiers and custom-house officers. I watched the coast. Watching a coast as it slips by the ship is like thinking about an enigma. There it is before you—smiling, frowning, inviting, grand, mean, insipid, or savage, and always mute with an air of whispering, Come and find out. This one was almost featureless, as if still in the making, with an aspect of monotonous grimness. The edge of a colossal jungle, so dark-green as to be almost black, fringed with white surf, ran straight, like a ruled line, far, far away along a blue sea whose glitter was blurred by a creeping mist. The sun was fierce, the land seemed to glisten and drip with steam. Here and there grayish-whitish specks showed up clustered inside the white surf, with a flag flying above them perhaps. Settlements some centuries old, and still no bigger than pinheads on the untouched expanse of their background. We pounded along, stopped, landed soldiers; went on, landed custom-house clerks to levy toll in what looked like a God-forsaken wilderness, with a tin shed and a flag-pole lost in it; landed more soldiers—to take care

1. Envoyé au Congo par une compagnie commerciale belge, Marlow fera un véritable voyage initiatique au cours duquel il découvrira d'abord l'horreur de la colonisation et l'irréalité de l'Afrique pour finalement pénétrer au « cœur des ténèbres » lors de sa rencontre avec Kurtz, l'idéaliste qui n'a pas résisté aux pièges de la sauvagerie et a basculé dans une folie sanglante. Conrad nous présente ici sa première vision du continent africain.

2. *Blamed : damned.*

of the custom-house clerks, presumably. Some, I heard, got drowned in the surf; but whether they did or not, nobody seemed particularly to care. They were just flung out there, and on we went. Every day the coast looked the same, as though we had not moved; but we passed various places—trading places—with names like Gran' Bassam, Little Popo; names that seemed to belong to some sordid farce acted in front of a sinister back-cloth. The idleness of a passenger, my isolation amongst all these men with whom I had no point of contact, the oily and languid sea, the uniform sombreness of the coast, seemed to keep me away from the truth of things, within the toil of a mournful and senseless delusion. The voice of the surf heard now and then was a positive pleasure, like the speech of a brother. It was something natural, that had its reason, that had a meaning. Now and then a boat from the shore gave one a momentary contact with reality. It was paddled by black fellows. You could see from afar the white of their eyeballs glistening. They shouted, sang; their bodies streamed with perspiration; they had faces like grotesque masks—these chaps; but they had bone, muscles, a wild vitality, an intense energy of movement, that was as natural and true as the surf along their coast. They wanted no excuse for being there. They were a great comfort to look at. For a time I would feel I belonged still to a world of straightforward facts; but the feeling would not last long. Something would turn up to scare it away. Once, I remember, we came upon a man-of-war anchored off the coast. There wasn't even a shed there, and she was shelling the bush. It appears the French had one of their wars going on thereabouts. Her ensign dropped limp like a rag; the muzzles of the long six-inch guns stuck out all over the low hull; the greasy, slimy swell swung her up lazily and let her down, swaying her thin masts. In the empty immensity of earth, sky, and water, there she was, incomprehensible, firing into a continent. Pop, would go one of the six-inch guns; a small flame would dart and vanish, a little white smoke would disappear, a tiny projectile would give a feeble screech—and nothing happened. Nothing could happen. There was a touch of insanity in the proceeding, a sense of lugubrious drollery in the sight; and it was not dissipated by somebody on board assuring me earnestly there was a camp of natives—he called them enemies!—hidden out of sight somewhere."

(Chap. I)

E. M. FORSTER (1879-1970)

Né dans une famille très liée au mouvement *evangelical**, Edward Morgan Forster fait ses études à King's College à Cambridge, université à laquelle il restera très attaché par la suite. Il y devient membre des *Apostles*, groupe d'intellectuels en réaction contre les conventions du victorianisme. C'est là l'origine de ce qui constituera ensuite le *Bloomsbury Group**. Son premier roman, *Where Angels Fear to Tread* (1905), montre déjà l'intrigue forsterienne typique : une crise qui met des êtres à l'épreuve et révèle leurs faiblesses. En 1907 paraît *The Longest Journey*, qui illustre le conflit entre la générosité naturelle des individus et le conformisme que leur imposent les exigences sociales. *A Room with a View* (1908) oppose le snobisme stérile des Anglais en Italie à la passion authentique d'un jeune couple séparé par les conventions et qui finit par se retrouver. *Howards End* (1910) est probablement son chef-d'œuvre et établit sa réputation de romancier. Mais il faut attendre 1924 pour voir paraître son dernier roman, *A Passage to India*, inspiré par un voyage en Inde. Forster y met en contraste la civilisation indienne, ouverte aux ambiguïtés du mystère, et le pragmatisme britannique incapable de comprendre le sacré. L'œuvre de Forster est faite de demi-teintes et la comédie y affleure sans cesse sous la tragédie. Ses romans manquent parfois d'énergie et ne parviennent pas toujours à donner vie à ses idées. Mais son grand talent, et c'est peut-être ce qu'il a de plus anglais, est d'avoir su évoquer le mystère des êtres par les entrecroisements subtils des relations entre personnes.

BIBLIOGRAPHIE SÉLECTIVE. — J. M. Beer, *The Achievement of E. M. Forster*, London, Chatto and Windus, 1963 ; Malcolm Bradbury ed., *Forster : A Collection of Critical Essays*, Englewood Cliffs, NJ, Prentice-Hall, 1966.

Howards End[1] (1910)

He swallowed some dusty crumbs of a cake. Then he went back to the sitting-room, settled himself anew, and began to read a volume of Ruskin.[2]

"Seven miles to the north of Venice—"

How perfectly the famous chapter opens! How supreme its command of admonition and of poetry! The rich man is speaking to us from his gondola.

"Seven miles to the north of Venice the banks of sand which nearer the city rise little above low-water mark attain by degrees a higher level, and knit themselves at last into fields of salt morass, raised here and there into shapeless mounds, and intercepted by narrow creeks of sea."

Leonard was trying to form his style on Ruskin : he understood him to be the greatest master of English Prose. He read forward steadily, occasionally making a few notes.

"Let us consider a little each of these characters in succession, and first (for of the shafts enough has been said already), what is very peculiar to this church—its luminousness."

Was there anything to be learnt from this fine sentence? Could he adapt it to the needs of daily life? Could he introduce it, with modifications, when he next wrote a letter to his brother, the lay reader?[3] For example—

"Let us consider a little each of these characters in succession, and first (for of the absence of ventilation enough has been said already), what is very peculiar to this flat—its obscurity."

Something told him that the modifications would not do; and that something, had he known it, was the spirit of English Prose. "My flat is dark as well as stuffy." Those were the words for him.

And the voice in the gondola rolled on, piping melodiously of Effort and Self-Sacrifice, full of high purpose, full of beauty, full

1. Le roman est centré sur trois groupes de personnages : Henry Wilcox, l'homme d'affaires fortuné et cynique qui incarne les valeurs de la bourgeoisie commerçante triomphante ; Leonard Bast, le petit employé qui sombre peu à peu dans la pauvreté ; les sœurs Schlegel qui appartiennent à la bourgeoisie cultivée et essaient de briser la barrière entre les classes en aidant les gens comme Leonard à améliorer leur statut social. Nous voyons ici Leonard Bast essayant vainement d'accéder à la culture de la classe dominante, mais se rendant compte que le fossé reste infranchissable.

2. *Ruskin :* il s'agit de *The Stones of Venice* (1851-1853), le célèbre traité de John Ruskin sur l'architecture vénitienne.

3. *Lay reader :* prédicateur laïque.

even of sympathy and the love of men, yet somehow eluding all that was actual and insistent in Leonard's life. For it was the voice of one who had never been dirty or hungry, and had not guessed successfully what dirt and hunger are.

Leonard listened to it with reverence. He felt that he was being done good to, and that if he kept on with Ruskin, and the Queen's Hall Concerts, and some pictures by Watts,[1] he would one day push his head out of the grey waters and see the universe. He believed in sudden conversion, a belief which may be right, but which is peculiarly attractive to a half-baked mind. It is the basis of much popular religion: in the domain of business it dominates the Stock Exchange, and becomes that "bit of luck" by which all successes and failures are explained. "If only I had a bit of luck, the whole thing would come straight. . . . He's got a most magnificent place down at Streatham[2] and a 20 h.-p. Fiat, but then, mind you, he's had luck. . . . I'm sorry the wife's so late, but she never has any luck over catching trains." Leonard was superior to these people; he did believe in effort and in a steady preparation for the change that he desired. But of a heritage that may expand gradually, he had no conception: he hoped to come to Culture suddenly, much as the Revivalist[3] hopes to come to Jesus. Those Miss Schlegels had come to it; they had done the trick; their hands were upon the ropes, once and for all. And meanwhile, his flat was dark, as well as stuffy.

(Chap. VI)

1. *Watts :* G. F. Watts (1817-1904), peintre anglais dont l'œuvre s'inspire du classicisme antique.
2. *Streatham :* quartier du sud de Londres.
3. *Revivalist :* personne qui retrouve la ferveur religieuse en participant à des mouvements d'évangélisation populaire, comme par exemple ceux des méthodistes.

Le roman : les expérimentateurs

D. H. LAWRENCE (1885-1930)

Les années d'enfance de David Herbert Lawrence à Eastwood, ville minière proche de Nottingham, sont d'une importance cruciale dans la genèse de son œuvre. L'enfant est en effet déchiré entre un père mineur, rude et parfois violent, et une mère plus instruite qui cherche à faire échapper ses enfants à la classe ouvrière. La région d'Eastwood mêle le vieux paysage anglais rural à l'environnement industriel et ce contraste nourrira toute son œuvre. En 1912 commence une vie errante et en 1913 paraît *Sons and Lovers* (1913), roman largement autobiographique centré sur la mort de sa mère, où apparaît le thème lawrencien d'une sexualité mutilée par les conventions morales et familiales. *The Rainbow* (1915), chronique de la vie de trois générations de la famille Brangwen dans un paysage rural régi par le cycle des activités paysannes, est interdit par la censure pour son traitement hardi de la sexualité. *Women in Love* (1920) est le sombre tableau d'un univers en proie à une désintégration apocalyptique. Inspiré par un séjour au Mexique, *The Plumed Serpent* (1926) explore le lien entre sexualité, violence et rituels archaïques. Son dernier roman, *Lady Chatterley's Lover* (1927) est un retour au paysage anglais des premiers romans et un regard nostalgique sur la vieille Angleterre en train de disparaître. Le livre est interdit pour obscénité et doit être publié aux Etats-Unis. Lawrence laisse aussi une œuvre considérable de poète et de peintre, ainsi que plusieurs recueils de nouvelles (parmi lesquelles les admirables *Three Novellas*), d'articles et d'essais. Beaucoup plus que le grand prêtre de la sexualité qu'on a voulu faire de lui par la suite, il fut un extraordinaire explorateur du mystère des êtres. Situé entre Thomas Hardy et la révolution moderniste, il trouve peut-être sa véritable filiation du côté de Carlyle et des grands prophètes victoriens.

BIBLIOGRAPHIE SÉLECTIVE. — Graham Hough, *The Dark Sun : A Study of D. H. Lawrence,* London, Duckworth, 1956 ; Mark Spilka ed., *D. H. Lawrence : A Collection of Critical Essays,* Englewood Cliffs, NJ, Prentice-Hall, 1963.

Sons and Lovers[1] (1913)

The moon was high and magnificent in the August night. Mrs Morel, seared with passion, shivered to find herself out there in a great white light, that fell cold on her, and gave a shock to her inflamed soul. She stood for a few moments helplessly staring at the glistening great rhubarb leaves near the door. Then she got the air into her breast. She walked down the garden path, trembling in every limb, while the child boiled within her.[2] For a while she could not control her consciousness; mechanically she went over the last scene, then over it again, certain phrases, certain moments coming each time like a brand red-hot down on her soul; and each time she enacted again the past hour, each time the brand came down at the same points, till the mark was burnt in, and the pain burnt out, and at last she came to herself. She must have been half an hour in this delirious condition. Then the presence of the night came again to her. She glanced round in fear. She

1. La scène se passe au début du roman, dans une cité minière près de Nottingham. La famille Morel est déchirée entre la mère qui vient d'un milieu cultivé et le père, mineur aux manières rudes et parfois violentes. Ici Walter Morel est rentré ivre et, après un violent affrontement avec sa femme, l'a poussée hors de la maison et enfermée dehors.

2. Mrs Morel attend la naissance de son fils Paul, figure autobiographique de Lawrence dans le roman.

had wandered to the side garden, where she was walking up and down the path beside the currant bushes under the long wall. The garden was a narrow strip, bounded from the road, that cut transversely between the blocks, by a thick thorn hedge.

She hurried out of the side garden to the front, where she could stand as if in an immense gulf of white light, the moon streaming high in face of her, the moonlight standing up from the hills in front, and filling the valley where the Bottoms[1] crouched, almost blindingly. There panting and half weeping in reaction from the stress, she murmured to herself over and over again : "The nuisance! the nuisance!"

She became aware of something about her. With an effort she roused herself to see what it was that penetrated her consciousness. The tall white lilies were reeling in the moonlight, and the air was charged with their perfume, as with a presence. Mrs Morel gasped slightly in fear. She touched the big, pallid flowers on their petals, then shivered. They seemed to be stretching in the moonlight. She put her hand into one white bin:[2] the gold scarcely showed on her fingers by moonlight. She bent down to look at the binfui of yellow pollen; but it only appeared dusky. Then she drank a deep draught of the scent. It almost made her dizzy.

Mrs Morel leaned on the garden gate, looking out, and she lost herself awhile. She did not know what she thought. Except for a slight feeling of sickness, and her consciousness in the child, herself melted out like scent into the shiny, pale air. After a time the child, too, melted with her in the mixing-pot of moonlight, and she rested with the hills and lilies and houses, all swum together in a kind of swoon.

(I, 1)

1. *The Bottoms :* nom de la cité minière où habite la famille Morel.
2. *Bin :* calice.

Women in Love[1] (1921)

The locomotive chuffed slowly between the banks, hidden. The mare did not like it. She began to wince away, as if hurt by the unknown noise. But Gerald pulled her back and held her head to the gate. The sharp blasts of the chuffing engine broke with more and more force on her. The repeated sharp blows of unknown, terrifying noise struck through her till she was rocking with terror. She recoiled like a spring let go. But a glistening, half-smiling look came into Gerald's face. He brought her back again, inevitably.

The noise was released, the little locomotive with her clanking steel connecting-rod emerged on the hig-road, clanking sharply. The mare rebounded like a drop of water from hot iron. Ursula and Gudrun pressed back into the hedge, in fear. But Gerald was heavy on the mare, and forced her back. It seemed as if he sank into her magnetically, and could thrust her back, against herself.

"The fool," cried Ursula, loudly. "Why doesn't he ride away till it's gone by?"

Gudrun was looking at him with black-dilated, spellbound eyes. But he sat glistening and obstinate, forcing the wheeling mare, which spun and swerved like a wind, and yet could not get out of the grasp of his will, nor escape from the mad clamour of terror that resounded through her, as the trucks thumped slowly, heavily, horrifying, one after the other, one pursuing the other, over the rails of the crossing.

The locomotive, as if wanting to see what could be done, put on the brakes, and back came the trucks rebounding on the iron buffers, striking like horrible cymbals, clashing nearer and nearer in frightful strident concussions. The mare opened her mouth and rose slowly, as if lifted up on a wind of terror. Then suddenly her fore feet struck out, as she convulsed herself utterly away from the horror. Back she went, and the two girls clung to each other, feeling she must fall backwards on top of

1. Le roman se passe à Beldover, une ville minière des Midlands. Ursula Brangwen, professeur de collège, et sa sœur Gudrun, artiste récemment revenue de Londres, sont tombées amoureuses respectivement de Rupert Birkin, inspecteur des collèges, et Gerald Crich, fils d'une grande famille de propriétaires de mines. Tout au long du roman chacun des deux couples va poursuivre une relation conflictuelle et problématique, d'abord en Angleterre, puis en Autriche. Nous voyons ici un exemple du rapport de domination qui s'instaure dès le début entre Gerald et Gudrun et aboutira à la mort tragique de Gerald en Autriche.

him. But he leaned forward, his face shining with fixed amusement, and at last he brought her down, sank her down, and was bearing her back to the mark. But as strong as the pressure of his compulsion was the repulsion of her utter terror, throwing her back away from the railway, so that she spun round and round, on two legs, as if she were in the centre of some whirlwind. It made Gudrun faint with poignant dizziness, which seemed to penetrate to her heart.

"No—! No—! Let her go! Let her go, you fool, you *fool*—!" cried Ursula at the top of her voice, completely outside herself. And Gudrun hated her bitterly for being outside herself. It was unendurable that Ursula's voice was so powerful and naked.

A sharpened look came on Gerald's face. He bit himself down on the mare like a keen edge biting home, and *forced* her round. She roared as she breathed, her nostrils were two wide, hot holes, her mouth was apart, her eyes frenzied. It was a repulsive sight. But he held on her unrelaxed, with an almost mechanical relentlessness, keen as a sword pressing in to her. Both man and horse were sweating with violence. Yet he seemed calm as a ray of cold sunshine.

(Chap. IX)

Lady Chatterley's Lover[1] (1928)

One England blots out another. The England of the Squire Winters[2] and the Wragby Halls[3] was gone, dead. The blotting out was only not yet complete.

What would come after? Connie could not imagine. She could only see the new brick streets spreading into the fields, the new erections rising at the collieries, the new girls in their silk stockings, the new collier lads lounging into the Pally[4] or the

1. Constance Chatterley est mariée à Sir Clifford, propriétaire de mines dans la région des Midlands, à moitié paralysé par une blessure de guerre. Elle tombe amoureuse du garde-chasse de son mari, Oliver Mellors, dont elle devient la maîtresse et pour qui elle quittera finalement Clifford. Connie vient ici de parcourir en voiture la région qui entoure la propriété de son mari. Elle est épouvantée par la rapidité avec laquelle le pays se transforme sous l'effet de l'industrialisation.

2. *Squire Winter :* vieux propriétaire terrien dont on a appris quelques pages auparavant qu'il était prêt à creuser des mines dans son superbe parc si cela devait lui rapporter de l'argent.

3. *Wragby Hall :* demeure de Sir Clifford.

4. *Pally :* contraction familière de « Palladium » (salle de danse).

Welfare.[1] The younger generation were utterly unconscious of the old England. There was a gap in the continuity of consciousness, almost American: but industrial really. What next?

Connie always felt there was no next. She wanted to hide her head in the sand: or, at least, in the bosom of a living man.

The world was so complicated and weird and gruesome! The common people were so many, and really so terrible. So she thought as she was going home, and saw the colliers trailing from the pits, grey-black, distorted, one shoulder higher than the other, slurring[2] their heavy ironshod boots. Underground grey faces, whites of eyes rolling, necks cringing from the pit roof, shoulders out of shape. Men! Men! Alas, in some ways patient and good men. In other ways, non-existent. Something that men *should* have was bred and killed out of them. Yet they were men. They begot children. One might bear a child to them. Terrible, terrible thought! They were good and kindly. But they were only half, only the grey half of a human being. As yet, they were "good". But even that was the goodness of their halfness. Supposing the dead in them ever rose up! But no, it was too terrible to think of. Connie was absolutely afraid of the industrial masses. They seemed so *weird* to her. A life with utterly no beauty in it, no intuition, always "in the pit".

Children from such men! Oh God, oh God!

Yet Mellors had come from such a father. Not quite. Forty years had made a difference, an appalling difference in manhood. The iron and the coal had eaten deep into the bodies and souls of the men.

Incarnate ugliness, and yet alive! What would become of them all? Perhaps with the passing of the coal they would disappear again, off the face of the earth. They had appeared out of nowhere in their thousands, when the coal had called for them. Perhaps they were only weird fauna of the coal-seams. Creatures of another reality, they were elementals,[3] serving the elements of coal, as the metal-workers were elementals, serving the element of iron. Men not men, but animas of coal and iron and clay. Fauna of the elements, carbon, iron, silicon: elementals. They had

1. *Welfare :* bureau d'aide sociale.
2. *Slurring :* traînant.
3. *Elementals :* esprits des éléments.

perhaps some of the weird, inhuman beauty of minerals, the lustre of coal, the weight and blueness and resistance of iron, the transparency of glass. Elemental creatures, weird and distorted, of the mineral world! They belonged to the coal, the iron, the clay, as fish belong to the sea and worms to dead wood. The anima of mineral disintegration!

(Chap. XI)

JAMES JOYCE (1882-1941)

Né à Dublin, James Joyce subit très tôt l'influence de l'enseignement jésuite dont la rigueur et la méthode marqueront son œuvre. Après des études à University College à Dublin, il décide de se consacrer à sa vocation d'écrivain. En 1904 il quitte définitivement l'Irlande en compagnie de Nora Barnacle qu'il épousera en 1931. De 1905 à 1915 ils vivent à Trieste où Joyce compose les nouvelles de *Dubliners* qui ne seront publiées qu'en 1914, après bien des réticences des éditeurs. Cette chronique assez sombre de la vie dublinoise laisse affleurer, derrière le détachement flaubertien de l'écriture, des réseaux symboliques très denses qui donnent à chaque nouvelle tout un soubassement intertextuel et annoncent en condensé le développement de l'œuvre joycienne future. Parallèlement, Joyce avait commencé un roman autobiographique qui devint *A Portrait of the Artist as a Young Man* (1915). Nous y voyons Stephen Dedalus passer par toute une série d'épreuves initiatiques, échappant aux pièges de la famille, de la religion catholique, du nationalisme, des femmes, pour finalement découvrir sa vocation d'artiste. Par le moyen du style indirect libre, Joyce crée un effet de distance ironique, ne s'identifiant jamais à son héros et laissant sa réussite finale fort problématique. En 1920 Joyce s'installe à Paris où il restera pratiquement jusqu'à sa mort. C'est là qu'il achève *Ulysses* (1922), où le narcissisme complaisant de Stephen Dedalus est contrebalancé par le bon sens et la sensualité de Leopold Bloom. Concentré sur une journée à Dublin, le roman s'ancre dans tout un réseau de correspondances complexes comme l'analogie avec l'*Odyssée* d'Homère, le symbolisme du corps humain ou les procédés de rhétorique. L'écriture fait abondamment usage de la parodie tout en jouant sur une ambiguïté qui brouille constamment les instances d'énonciation. En 1939 paraît l'œuvre ultime de Joyce, *Finnegans Wake*. Par des *portmanteau words** polysémiques, le texte fait entrer dans son creuset une multitude de langues et s'élève parodiquement au niveau des grandes cosmologies mythiques. Joyce transcende ainsi la modernité en incluant dans son œuvre tous les textes passés et à venir.

BIBLIOGRAPHIE SÉLECTIVE.— C. H. Peake, *James Joyce : The Citizen and the Artist,* Stanford, Stanford University Press, 1977 ; Jean-Michel Rabaté, *Portrait de l'auteur en autre lecteur,* Petit-Roeulx, Cistre, 1984.

Dubliners (1914)

AN ENCOUNTER[1]

There was nobody but ourselves in the field. When we had lain on the bank for some time without speaking I saw a man approaching from the far end of the field. I watched him lazily as I chewed one of those green stems on which girls tell fortunes.[2] He came along by the bank slowly. He walked with one hand upon his hip and in the other hand he held a stick with which he tapped the turf lightly. He was shabbily dressed in a suit of greenish-black and wore what we used to call a jerry hat[3] with a high crown. He seemed to be fairly old for his moustache was ashen-grey. When he passed at our feet he glanced up at us quickly and then continued his way. We followed him with our eyes and saw that when he had gone on for perhaps fifty paces he turned about and

1. Lors d'une promenade qui ressemble fort à un voyage initiatique, deux jeunes garçons partis en quête d'aventure et de dépaysement trouveront ce qu'ils cherchent, mais sous une forme tellement effrayante et perverse qu'ils reculeront épouvantés devant leur découverte et se réfugieront à la fin de la nouvelle dans l'univers quotidien auquel ils cherchaient à échapper. Nous voyons ici le début de leur rencontre avec un personnage qui va se révéler fort inquiétant.

2. Il y avait un jeu qui consistait à prédire l'avenir en examinant comment l'écorce de certaines herbes fibreuses se recourbe lorsqu'on la pèle.

3. *Jerry hat :* mot à mot « chapeau vase de nuit » (chapeau de feutre rond et rigide).

began to retrace his steps. He walked towards us very slowly, always tapping the ground with his stick, so slowly that I thought he was looking for something in the grass.

He stopped when he came level with us and bade us good-day. We answered him and he sat down beside us on the slope slowly and with great care. He began to talk of the weather, saying that it would be a very hot summer and adding that the seasons had changed greatly since he was a boy—a long time ago. He said that the happiest time of one's life was undoubtedly one's schoolboy days and that he would give anything to be young again. While he expressed these sentiments which bored us a little we kept silent. Then he began to talk of school and of books. He asked us whether we had read the poetry of Thomas Moore[1] or the works of Sir Walter Scott and Lord Lytton.[2] I pretended that I had read every book he mentioned so that in the end he said:

—Ah, I can see you are a bookworm like myself. Now, he added, pointing to Mahony who was regarding us with open eyes, he is different; he goes in for games.

He said he had all Sir Walter Scott's works and all Lord Lytton's works at home and never tired of reading them. Of course, he said, there were some of Lord Lytton's works which boys couldn't read. Mahony asked why couldn't boys read them—a question which agitated and pained me because I was afraid the man would think I was as stupid as Mahony. The man, however, only smiled. I saw that he had great gaps in his mouth between his yellow teeth. Then he asked us which of us had the most sweethearts. Mahony mentioned lightly that he had three totties.[3] The man asked me how many had I. I answered that I had none. He did not believe me and said he was sure I must have one. I was silent.

—Tell us, said Mahony pertly to the man, how many have you yourself?

The man smiled as before and said that when he was our age he had lots of sweethearts.

1. *Thomas Moore :* poète romantique irlandais (1779-1852) célèbre pour ses *Irish Melodies* qui furent mises en musique et sont souvent citées dans l'œuvre de Joyce.

2. *Lord Lytton :* Edward Bulwer-Lytton (1803-1873), homme politique et romancier anglais, auteur de *The Last Days of Pompeii* (1834) ainsi que de nombreux romans fantastiques et mélodrames réalistes.

3. *Tottie :* prostituée de luxe.

—Every boy, he said, has a little sweetheart.

His attitude on this point struck me as strangely liberal in a man of his age. In my heart I thought that what he said about boys and sweethearts was reasonable. But I disliked the words in his mouth and I wondered why he shivered once or twice as if he feared something or felt a sudden chill. As he proceeded I noticed that his accent was good. He began to speak to us about girls, saying what nice soft hair they had and how soft their hands were and how all girls were not so good as they seemed to be if one only knew. There was nothing he liked, he said, so much as looking at a nice young girl, at her nice white hands and her beautiful soft hair. He gave me the impression that he was repeating something which he had learnt by heart or that, magnetized by some words of his own speech, his mind was slowly circling round and round in the same orbit. At times he spoke as if he were simply alluding to some fact that everybody knew, and at times he lowered his voice and spoke mysteriously as if he were telling us something secret which he did not wish others to overhear. He repeated his phrases over and over again, varying them and surrounding them with his monotonous voice. I continued to gaze towards the foot of the slope, listening to him.

A Portrait of the Artist as a Young Man[1] (1915)

Stephen lifted his eyes in wonder and saw for a moment Father Dolan's whitegrey not young face, his baldy whitegrey head with fluff at the sides of it, the steel rims of his spectacles and his nocoloured eyes looking through the glasses. Why did he say he knew that trick?

—Lazy idle little loafer! cried the prefect of studies. Broke my glasses! An old schoolboy trick! Out with your hand this moment!

Stephen closed his eyes and held out in the air his trembling hand with the palm upwards. He felt the prefect of studies touch it

1. Le jeune Stephen Dedalus est pensionnaire au collège jésuite de Clongowes Wood. Il a cassé ses lunettes et comme il voit très mal sans elles, il a été dispensé de travailler en classe. Nous le voyons ici affronter le préfet des études, le redoutable P. Dolan, qui vient déjà de donner la férule à un autre élève et soupçonne Stephen d'avoir cassé ses lunettes exprès. Stephen triomphera finalement du P. Dolan car il aura le courage d'aller trouver le recteur de l'école et de lui faire reconnaître l'injustice dont il a été victime.

for a moment at the fingers to straighten it and then the swish of the sleeve of the soutane as the pandybat[1] was lifted to strike. A hot burning stinging tingling blow like the loud crack of a broken stick made his trembling hand crumple together like a leaf in the fire: and at the sound and the pain scalding tears were driven into his eyes. His whole body was shaking with fright, his arm was shaking and his crumpled burning livid hand shook like a loose leaf in the air. A cry sprang to his lips, a prayer to be let off. But though the tears scalded his eyes and his limbs quivered with pain and fright he held back the hot tears and the cry that scalded his throat.

—Other hand! shouted the prefect of studies.

Stephen drew back his maimed and quivering right arm and held out his left hand. The soutane sleeve swished again as the pandybat was lifted and a loud crashing sound and a fierce maddening tingling burning pain made his hand shrink together with the palms and fingers in a livid quivering mass. The scalding water burst forth from his eyes and, burning with shame and agony and fear, he drew back his shaking arm in terror and burst out into a whine of pain. His body shook with a palsy of fright and in shame and rage he felt the scalding cry come from his throat and the scalding tears falling out of his eyes and down his flaming cheeks.

—Kneel down! cried the prefect of studies.

Stephen knelt down quickly pressing his beaten hands to his sides. To think of them beaten and swollen with pain all in a moment made him feel so sorry for them as if they were not his own but someone else's that he felt sorry for. And as he knelt, calming the last sobs in his throat and feeling the burning tingling pain pressed in to his sides, he thought of the hands which he had held out in the air with the palms up and of the firm touch of the prefect of studies when he had steadied the shaking fingers and of the beaten swollen reddened mass of palm and fingers that shook helplessly in the air.

—Get at your work, all of you, cried the prefect of studies from the door. Father Dolan will be in every day to see if any boy, any lazy idle little loafer wants flogging. Every day. Every day.

The door closed behind him.

(Chap. I)

1. *Pandybat :* férule.

Ulysses (1922)

[LOTUS-EATERS[1]]

By lorries along sir John Rogerson's quay Mr Bloom walked soberly, past Windmill lane, Leask's the linseed crusher,[2] the postal telegraph office. Could have given that address too. And past the sailors' home. He turned from the morning noises of the quayside and walked through Lime street. By Brady's cottages a boy for the skins[3] lolled, his bucket of offal linked,[4] smoking a chewed fagbutt. A smaller girl with scars of eczema on her forehead eyed him, listlessly holding her battered caskhoop. Tell him if he smokes he won't grow. O let him! His life isn't such a bed of roses. Waiting outside pubs to bring da[5] home. Come home to ma, da. Slack hour: won't be many there. He crossed Townsend street, passed the frowning face of Bethel.[6] El, yes: house of: Aleph, Beth.[7] And past Nichols' the undertaker. At eleven it is. Time enough. Daresay Corny Kelleher bagged the job[8] for O'Neill's. Singing with his eyes shut. Corny. Met her once in the park. In the dark. What a lark.[9] Police tout.[10] Her name and address she then told with my tooraloom tooraloom tay.[11] O, surely he bagged it. Bury him cheap in a whatyoumaycall. With my tooraloom, tooraloom, tooraloom, tooraloom.

1. Il s'agit là du début du cinquième épisode de *Ulysses,* le second consacré à Mr Bloom, les trois premiers ayant été consacrés à Stephen Dedalus. L'épisode est souvent appelé « Lotus Eaters » car, selon l'analogie voulue par Joyce, il correspond dans l'*Odyssée* d'Homère à la visite d'Ulysse au pays des Lotophages : les marins, ayant goûté au fruit du lotus, oublient leur patrie et refusent de repartir, de sorte qu'Ulysse doit les ramener de force au bateau. Le lien avec l'*Odyssée* est que « Lotus Eaters » est sous le signe d'un abandon voluptueux à la sensualité. Mr Bloom marche dans Dublin pour aller chercher à la poste restante la réponse d'une correspondante inconnue, Martha, à qui il envoie des lettres amoureuses signées d'un faux nom. Tout son monologue intérieur est parcouru d'images évoquant la torpeur et l'apathie.
2. *Linseed crusher :* broyeur de graines de lin (pour fabriquer de l'huile de lin).
3. *Boy for the skins :* apprenti de tannerie.
4. *Linked :* porté au bras.
5. *Da : dad.*
6. *Bethel :* « maison de Dieu » en hébreu (*Beth :* maison ; *El :* Dieu). C'est le nom du lieu saint, près de Jérusalem, où était conservée l'Arche de l'Alliance (Livre des Juges, 20, 26-28). C'est ici le nom du foyer de l'Armée du Salut devant lequel passe Bloom.
7. *Aleph, Beth :* les deux premières lettres de l'alphabet hébreu. Bloom est juif.
8. *Bagged the job :* « a dégoté le boulot ». Kelleher travaille pour l'entrepreneur de pompes funèbres O'Neill.
9. Chansonnette dont la source est inconnue.
10. *Police tout :* indicateur de police.
11. Bloom fredonne le refrain dont il ignore les paroles.

In Westland row he halted before the window of the Belfast and Oriental Tea Company and read the legends of leadpapered packets: choice blend, finest quality, family tea. Rather warm. Tea. Must get some from Tom Kernan. Couldn't ask him at a funeral, though.[1] While his eyes still read blandly he took off his hat quietly inhaling his hairoil and sent his right hand with slow grace over his brow and hair. Very warm morning. Under their dropped lids his eyes found the tiny bow of the leather headband inside his high grade ha.[2] Just there. His right hand came down into the bowl of his hat. His fingers found quickly a card[3] behind the headband and transferred it to his waistcoat pocket.

So warm. His right hand once more more slowly went over his brow and hair. Then he put on his hat again, relieved: and read again: choice blend, made of the finest Ceylon brands. The far east. Lovely spot it must be: the garden of the world, big lazy leaves to float about on, cactuses, flowery meads, snaky lianas they call them. Wonder is it like that. Those Cinghalese lobbing[4] about in the sun in *dolce far niente,* not doing a hand's turn all day. Sleep six months out of twelve. Too hot to quarrel. Influence of the climate. Lethargy. Flowers of idleness.[5] The air feeds most. Azotes. Hothouse in Botanic gardens. Sensitive plants.[6] Waterlilies. Petals too tired to. Sleeping sickness in the air. Walk on roseleaves. Imagine trying to eat tripe and cowheel.[7] Where was the chap I saw in that picture somewhere? Ah yes, in the dead sea floating on his back, reading a book with a parasol open. Couldn't sink if you tried: so thick with salt. Because the weight of the water, no, the weight of the body in the water is equal to the weight of the what? Or is it the volume is equal to the weight? It's a law something like that.[8] Vance in High school cracking his fingerjoints, teaching. The college curriculum. Cracking curriculum. What is weight really when you say the weight?

1. Dans l'épisode suivant Bloom va assister à l'enterrement de son ami Paddy Dignam.
2. *Ha :* le mot *hat,* ici en partie effacé.
3. *Card :* c'est la carte portant son faux nom avec laquelle Bloom va retirer la lettre de Martha à la poste restante.
4. *Lobbing about :* traînant, se prélassant.
5. *Flowers of idleness :* peut-être une allusion au recueil de poèmes de Byron, *Hours of Idleness* (1807).
6. *Sensitive plants :* peut-être un écho du titre du poème de Shelley « The Sensitive Plant » (1820).
7. *Cowheel :* pied de bœuf en gelée.
8. Principe d'Archimède.

Thirtytwo feet per second per second. Law of falling bodies: per second per second. They all fall to the ground. The earth. It's the force of gravity of the earth is the weight.

VIRGINIA WOOLF (1882-1941)

Fille d'un éminent intellectuel victorien, Virginia Stephen fut élevée dès son enfance dans une atmosphère de culture. A la mort de son père en 1904, elle s'installa avec sa sœur et ses deux frères dans une grande maison de Bloomsbury qui allait devenir le centre du *Bloomsbury Group**. Ses premiers romans sont d'une facture encore classique, mais avec *Jacob's Room* (1922) commence à se constituer une nouvelle écriture qui brise la chronologie et cherche sous la surface du réel le miroitement de l'expérience intérieure. *Mrs Dalloway* (1925) se concentre sur une journée dans la vie de l'héroïne et parvient, par l'interaction des *streams of consciousness**, à créer un rythme qui oscille sans cesse entre une fixité inaccessible et le flux inexorable du temps. *To the Lighthouse* (1927) explore l'affrontement entre principes masculin et féminin et amplifie le symbolisme jusqu'au mythe. *The Waves* (1931) brouille les multiples voix en une espèce de chœur alterné et aboutit à une véritable conscience collective. Mais c'est peut-être dans *Between the Acts* (inachevé et publié peu après le suicide de l'écrivain en 1941) que l'expérimentation est poussée le plus loin : à travers un spectacle de village, c'est toute l'histoire de l'Angleterre qui se mêle à celle des consciences des spectateurs, télescopant ainsi passé et présent, réel et imaginaire. Avançant dans la voie tracée par les grandes romancières du XIXe siècle, Virginia Woolf a réussi à créer une écriture unique dont le grand mérite n'est peut-être pas tant d'être « féminine » que de brouiller les limites entre féminité et masculinité.

BIBLIOGRAPHIE SÉLECTIVE. — Claire Sprague ed., *Virginia Woolf : A Collection of Critical Essays,* Englewood Cliffs, NJ, Prentice-Hall, 1971 ; Avrom Fleishman, *Virginia Woolf : A Critical Reading,* Baltimore, Johns Hopkins University Press, 1975.

To the Lighthouse[1] (1927)

So with the house empty and the doors locked and the mattresses rolled round, those stray airs, advance guards of great armies, blustered in, brushed bare boards, nibbled and fanned, met nothing in bedroom or drawing-room that wholly resisted them but only hangings that flapped, wood that creaked, the bare legs of tables, saucepans and china already furred, tarnished, cracked. What people had shed and left—a pair of shoes, a shooting cap, some faded skirts and coats in wardrobes—those alone kept the human shape and in the emptiness indicated how once they were filled and animated; how once hands were busy with hooks and buttons; how once the looking-glass had held a face; had held a world hollowed out in which a figure turned, a hand flashed, the door opened, in came children rushing and tumbling; and went out again. Now, day after day, light turned, like a flower reflected in water, its clear image on the wall opposite. Only the shadows of the trees, flourishing in the wind, made obeisance[2] on the wall, and for a moment darkened the pool in which light reflected itself; or birds, flying, made a soft spot flutter slowly across the bedroom floor.

So loveliness reigned and stillness, and together made the shape of loveliness itself, a form from which life had parted, solitary like a pool at evening far distant, seen from a train window, vanishing so quickly that the pool, pale in the evening, is scarcely robbed of its solitude, though once seen. Loveliness and stillness clasped hands in the bedroom, and among the shrouded jugs and sheeted chairs even the prying of the wind, and the soft nose of the clammy sea airs, rubbing, snuffling, iterating, and reiterating their questions—"Will you fade? Will you perish?"—scarcely disturbed the peace, the indifference, the air of

1. La première partie du roman nous montre une journée de la famille Ramsay au bord de la mer en Cornouailles, en été. La mère, Mrs Ramsay, y joue un rôle central en parvenant à résoudre triomphalement, lors de son dîner, les tensions et conflits entre les divers membres de la famille. Dans la seconde section, qui se passe pendant la guerre, Mrs Ramsay est morte et la maison est abandonnée. Dans la dernière partie, grâce à l'influence invisible de Mrs Ramsay qui survit à la mort, nous voyons deux groupes de personnages parvenir à l'aboutissement de leur quête : le peintre Lily Briscoe termine son tableau, remportant ainsi une victoire sur le chaos du monde ; Mr Ramsay et ses enfants parviennent à surmonter leurs conflits et à atteindre enfin le phare. Le passage choisi ici est extrait de la seconde partie (« Time Passes »).

2. *Made obeisance :* rendaient hommage.

pure integrity, as if the question they asked scarcely needed that they should answer: we remain.

Nothing it seemed could break that image, corrupt that innocence, or disturb the swaying mantle of silence which, week after week, in the empty room, wove into itself the falling cries of birds, ships hooting, the drone and hum of the fields, a dog's bark, a man's shout, and folded them round the house in silence. Once only a board sprang on the landing; once in the middle of the night with a roar, with a rupture, as after centuries of quiescence, a rock rends itself from the mountain and hurtles crashing into the valley, one fold of the shawl loosened and swung to and fro. Then again peace descended; and the shadow wavered; light bent to its own image in adoration on the bedroom wall; when Mrs McNab, tearing the veil of silence with hands that had stood in the wash-tub, grinding it with boots that had crunched the shingle, came as directed to open all windows, and dust the bedrooms.

Le roman : la génération de l'entre-deux-guerres

EVELYN WAUGH (1903-1966)

Après avoir commenté sa carrière littéraire comme le chroniqueur caustique du Londres frivole de l'entre-deux-guerres, Evelyn Waugh devient peu à peu, après sa conversion au catholicisme (1930), un défenseur de la tradition et des valeurs éternelles de la vieille Angleterre. Son premier roman, *Decline and Fall* (1924), est une satire hilarante de l'Angleterre des années 20 en forme de parodie de roman d'éducation. Le tourbillon s'accélère avec *Vile Bodies* (1930), où la jeunesse dorée londonienne court dans une danse éperdue qui cache mal un vide grandissant. Le rire devient plus grinçant avec *Black Mischief* (1934), qui éreinte aussi bien les colonisateurs que les Africains, et *A Handful of Dust* (1934), autopsie assez sombre du microcosme londonien. Malgré les intermèdes comiques de *Scoop* (1938), satire du monde journalistique, et *The Loved One* (1948), qui tourne en dérision le monde des entrepreneurs de pompes funèbres en Californie, Waugh va de plus en plus apparaître comme un croisé défendant les valeurs de l'ordre, de la hiérarchie et de la continuité historique. *Brideshead Revisited* (1945) présente les grandes familles catholiques comme les gardiennes des valeurs chrétiennes en face de la barbarie moderne, et la trilogie *Sword of Honour* (1952-1961) montre un aristocrate catholique qui grâce à son sens de l'honneur parviendra à s'élever au-dessus des horreurs de la guerre. Après avoir joué au mondain cynique, Evelyn Waugh est ainsi devenu un moraliste, témoin désabusé de son siècle.

BIBLIOGRAPHIE SÉLECTIVE. — J. F. Carens, *The Satiric Art of Evelyn Waugh,* Seattle, University of Washington Press, 1966.

Decline and Fall[1] (1928)

It was called King's Thursday, and stood on the place which since the reign of Bloody Mary[2] had been the seat of the Earls of Pastmaster. For three centuries the poverty and inertia of this noble family had preserved its home unmodified by any of the succeeding fashions that fell upon domestic architecture. No wing had been added, no window filled in; no portico, façade, terrace, orangery, tower, or battlement marred its timbered front. In the craze for coal-gas and indoor sanitation, King's Thursday had slept unscathed by plumber or engineer. The estate carpenter, an office hereditary in the family of the original joiner who had panelled the halls and carved the great staircase, did such restorations as became necessary from time to time for the maintenance of the fabric, working with the same tools and with the traditional methods, so that in a few years his work became indistinguishable from that of his grandsires.[3] Rushlights still flickered in the bedrooms long after all Lord Pastmaster's neighbours were blazing away electricity, and in the last fifty years Hampshire[4] had gradually become proud of King's Thursday. From having been considered rather a blot on the progressive county, King's Thursday gradually became the Mecca of week-end parties. "I thought we might go over to tea at

1. Après avoir été renvoyé de son collège à Oxford à la suite d'un malentendu et avoir fait une expérience plutôt désastreuse comme professeur dans une petite *public school*, Paul Pennyfeather est tombé amoureux d'une jeune fille de la haute société londonienne, Margot Beste-Chestwynde. Il est invité à passer les vacances de Pâques à King's Thursday, la résidence de Margot à la campagne.

2. *Bloody Mary :* Marie Tudor, reine d'Angleterre de 1553 à 1558, ainsi surnommée parce qu'après avoir rétabli le catholicisme elle persécuta et fit exécuter de nombreux protestants.

3. *Grandsires :* aïeux.

4. *Hampshire :* comté au sud-ouest de Londres.

the Pastmasters',” hostesses would say after luncheon on Sundays. “You really must see their house. Quite unspoilt, my dear. Professor Franks, who was here last week, said it was recognized as the finest piece of domestic Tudor[1] in England.” [. . .]

Later they would drive away in their big motor cars to their modernized manors, and as they sat in their hot baths before dinner the more impressionable visitors might reflect how they seemed to have been privileged to step for an hour and a half out of their own century into the leisurely, prosaic life of the English Renaissance, and how they had talked at tea of field-sports and the reform of the Prayer-Book[2] just as the very-great-grandparents of their host might have talked in the same chairs and before the same fire three hundred years before [. . .]

But the time came when King's Thursday had to be sold. It had been built in an age when twenty servants were not an unduly extravagant establishment, and it was scarcely possible to live there with fewer. But servants, the Beste-Chetwyndes found, were less responsive than their masters to the charms of Tudor simplicity; the bedrooms originally ordained for them among the maze of rafters that supported the arches of uneven stone roofs were unsuited to modern requirements, and only the dirtiest and most tipsy of cooks could be induced to inhabit the enormous stone-flagged kitchen or turn the spits at the open fire. Housemaids tended to melt away under the recurring strain of trotting in the bleak hour before breakfast up and down the narrow servants' staircases and along the interminable passages with jugs of warm water for the morning baths. Modern democracy called for lifts and labour-saving devices, for hot-water taps and cold-water taps and (horrible innovation!) drinking water taps, for gas-rings, and electric ovens.

(II, 1)

1. *Tudor :* style de mobilier caractéristique de l'époque Tudor (1485-1603).

2. *Prayer Book :* le *Book of Common Prayer,* publié pour la première fois en 1549, est le livre officiel de prière et de liturgie de l'Eglise anglicane. En 1904 une commission avait été nommée pour discuter d'une éventuelle modernisation de sa présentation. C'est seulement en 1980 que fut autorisé un *Alternative Service Book.*

ALDOUS HUXLEY (1894-1963)

Fils du biologiste Thomas Huxley, Aldous Huxley commença sa carrière comme journaliste et critique de théâtre après des études à Eton et Oxford. Ses premiers romans (*Crome Yellow,* 1921 ; *Antic Hay,* 1923 ; *Those Barren Leaves,* 1925) sont des satires brillantes et cyniques, mais donnent un peu l'impression de tourner dans le vide. *Point Counter Point* (1928), avec sa galerie d'écrivains parmi lesquels on peut reconnaître D. H. Lawrence, est plus ambitieux et se veut un panorama intellectuel de l'époque, mais le comique commence à faire place au mélodrame et la satire au roman à thèse. Après le succès international de *Brave New World* (1932), *Eyeless in Gaza* (1936) continue à agiter les idées du moment, mais la dichotomie chère à Huxley entre l'intellectuel et le physique y est explorée de manière un peu mécanique. Avec *After Many a Summer* (1939) le conflit entre l'idéalisation artistique et les réalités physiologiques est poussé à l'extrême : pour avoir cherché un élixir de jouvence, les héros régressent à l'état de singes. De plus en plus fasciné par la parapsychologie et les religions orientales, Huxley fut amené à s'intéresser aux drogues et aux narcotiques (*The Doors of Perception,* 1954). Malgré sa variété, son œuvre reste limitée par une incapacité à aller au-delà de la satire et du débat d'idées, mais elle fut une extraordinaire cage de résonance pour les préoccupations de toute la génération déboussolée de l'entre-deux-guerres.

BIBLIOGRAPHIE SÉLECTIVE. — Peter Bowering, *Aldous Huxley : A Study of the Major Novels,* New York, 1968 ; C. M. Holmes, *Aldous Huxley and the Way to Reality,* Bloomington, Indiana University Press, 1970.

Brave New World[1] (1932)

The hands of all the four thousand electric clocks in all the Bloomsbury Centre's[2] four thousand rooms marked twenty-seven minutes past two. "This hive of industry," as the Director was fond of calling it, was in the full buzz of work. Everyone was busy, everything in ordered motion. Under the microscopes, their long tails furiously lashing, spermatozoa were burrowing head first into eggs; and, fertilized, the eggs were expanding, dividing, or, if bokanovskified,[3] budding and breaking up into whole populations of separate embryos. From the Social Predestination Room[4] the escalators went rumbling down into the basement, and there, in the crimson darkness, stewingly warm on their cushion of peritoneum[5] and gorged with blood-surrogate and hormones, the foetuses grew and grew or, poisoned, languished into a stunted Epsilonhood. With a faint hum and rattle the moving racks crawled imperceptibly through the weeks and the recapitulated aeons to where, in the Decanting Room,[6] the newly-unbottled babes uttered their first yell of horror and amazement.

The dynamos purred in the sub-basement, the lifts rushed up and down. On all the eleven floors of Nurseries it was feeding time. From eighteen hundred bottles eighteen hundred carefully

1. Le titre est tiré d'une citation de *The Tempest* de Shakespeare (V, i,183). Voir *supra*, p. 127. Cette fable d'anticipation dans la tradition des grandes utopies nous présente un monde totalement conditionné par la science. Les êtres humains naissent à partir d'embryons placés dans des incubateurs et leur rôle dans la société est déterminé à l'avance par un système de castes correspondant à leur niveau intellectuel. Toute notion de souffrance et de péché a disparu au profit de l'harmonie sociale et le mot d'ordre est « *Community, Identity, Stability* ». La source de conflit viendra d'un Sauvage que l'on ramène de sa réserve du Nouveau-Mexique et qui affirmera sa liberté individuelle contre le conditionnement biologique. Il finira par se suicider. Ici le directeur du Centre de Conditionnement se prépare à mettre en accusation un membre de l'élite *(Alpha-Plus)*, Bernard Marx, qui a mis en question les nouvelles valeurs.

2. *Bloomsbury Centre :* l'ironie du choix de ce quartier de Londres vient de ce qu'il a été dans les années qui précédèrent la Première Guerre mondiale le centre du *Bloomsbury Group**, qui cherchait au contraire à sauvegarder les valeurs de l'humanisme et de l'art.

3. *Bokanovskified :* le processus de Bokanovsky est produit par un traitement aux rayons X qui fait que chaque embryon se subdivise et prolifère en une multitude d'autres identiques, aboutissant à des séries de jumeaux que l'on pourra d'autant mieux mettre à une place pré-déterminée dans la société.

4. *Social Predestination Room :* c'est le lieu où les embryons sont classés en cinq catégories (en ordre hiérarchique décroissant : Alpha, Beta, Gamma, Delta, Epsilon) qui détermineront une fois pour toutes leur intelligence et leur rôle dans la société.

5. *Peritoneum :* péritoine. Les fœtus sont enveloppés dans des fragments de péritoine de truie fournis par une banque d'organes.

6. *Decanting Room :* la salle où l'on décante les embryons, c'est-à-dire où on les sépare de leur liquide, opération qui correspond au moment de la naissance.

labelled infants were simultaneously sucking down their pint of pasteurized external secretion.[1]

Above them, in ten successive layers of dormitory, the little boys and girls who were still young enough to need an afternoon sleep were as busy as everyone else, though they did not know it, listening unconsciously to hypnopaedic[2] lessons in hygiene and sociability, in class-consciousness and the toddler's love-life. Above these again were the playrooms where, the weather having turned to rain, nine hundred older children were amusing themselves with bricks and clay modelling, hunt-the-slipper,[3] and erotic play.

Buzz, buzz! the hive was humming, busily, joyfully. Blithe was the singing of the young girls over their test-tubes, the Predestinators whistled as they worked, and in the Decanting Room what glorious jokes were cracked above the empty bottles! But the Director's face, as he entered the Fertilizing Room with Henry Foster, was grave, wooden with severity.

"A public example," he was saying. "In this room, because it contains more high-caste workers than any other in the Centre. I have told him to meet me here at half past two."

"He does his work very well," put in Henry, with hypocritical generosity.

"I know. But that's all the more reason for severity. His intellectual eminence carries with it corresponding moral responsibilities. The greater a man's talents, the greater his power to lead astray. It is better that one should suffer than that many should be corrupted. Consider the matter dispassionately, Mr Foster, and you will see that no offence is so heinous as unorthodoxy of behaviour. Murder kills only the individual—and, after all, what is an individual?" With a sweeping gesture he indicated the rows of microscopes, the test-tubes, the incubators. "We can make a new one with the greatest ease—as many as we like. Unorthodoxy threatens more than the life of a mere individual; it strikes at Society itself. Yes, at Society itself," he repeated.

(Chap. X)

1. *External secretion :* les embryons sont nourris d'un mélange de substitut sanguin et d'extraits d'estomac de porc et de foie de poulain.

2. *Hypnopaedic :* l'*hypnopaedia* est l'enseignement pendant le sommeil. Les enfants sont soumis à des messages radiophoniques subconscients qui leur permettent d'absorber des connaissances en dormant.

3. *Hunt-the-slipper :* jeu du furet.

GRAHAM GREENE (né en 1904)

Le tournant de la vie de Graham Greene fut sa conversion au catholicisme en 1927, décision qui allait marquer toute son œuvre. Il a lui-même divisé ses romans en œuvres sérieuses et *entertainments*. Cette seconde catégorie mêle avec brio roman policier, roman d'espionnage, intrigue amoureuse et débat moral sur la loyauté et la trahison. On y trouve *Stamboul Train* (1932), aventures dans l'Orient-Express sur fond de crise internationale, *The Ministry of Fear* (1943), histoire d'espionnage pendant la Seconde Guerre mondiale, *Our Man in Havana* (1958), satire des services secrets britanniques à Cuba avant Castro. Parmi les œuvres « sérieuses » il faut faire une place à part à trois romans qui forment une trilogie. *Brighton Rock* (1938) montre un héros criminel catholique, Pinkie, qui, parce qu'il a une conscience exacerbée du bien et du mal, aura accès à la grâce, alors qu'Ida, qui ne connaît que *right and wrong*, n'a aucune véritable existence morale. De même dans *The Power and the Glory* (1940), le prêtre alcoolique accède par son martyre à une expérience proche de la sainteté. Enfin dans *The Heart of the Matter* (1948), Scobie accomplit un véritable chemin de croix vers la damnation, se rapprochant par là sans le savoir de la grâce divine. Les nombreux romans suivants ne parviennent malheureusement pas à sortir de la thématique des premières œuvres, au point qu'on a parfois accusé Greene de toujours écrire la même allégorie de la corruption et du péché. Mais il a su admirablement donner à ses tragédies morales les attraits du roman policier et son succès populaire est à la mesure de cette réussite.

BIBLIOGRAPHIE SÉLECTIVE. — Samuel Hynes ed., *Graham Greene : A Collection of Critical Essays,* Englewood Cliffs, NJ, Prentice-Hall, 1973 ; John Spurling, *Graham Greene,* London, Methuen, 1983.

The Heart of the Matter[1] (1948)

He felt an awful disappointment, as though he had *not* found what he was looking for, when he reached the end and discovered that the left-hand cell was occupied; in the light of an oil lamp burning on the floor he saw a girl in a dirty shift spread out on the packing-cases like a fish on a counter; her bare pink soles dangled over the words "Tate's Sugar". She lay there on duty, waiting for a customer. She grinned at Wilson, not bothering to sit up and said, "Want jig jig,[2] darling. Ten bob". He had a vision of a girl with a rain-wet back moving forever out of his sight.

"No," he said, "no," shaking his head and thinking, What a fool I was, what a fool, to drive all the way for only this. The girl giggled as if she understood his stupidity and he heard the slop slop of bare feet coming up the passage from the road; the way was blocked by an old mammy carrying a striped umbrella. She said something to the girl in her native tongue and received a grinning explanation. He had the sense that all this was only strange to *him*, that it was one of the stock situations the old woman was accustomed to meet in the dark regions which she ruled. He said weakly, "I'll just go and get a drink first."

"She get drink," the mammy said. She commanded the girl sharply in the language he couldn't understand and the girl swung her legs off the sugar cases. "You stay here," the mammy said to Wilson, and mechanically like a hostess whose mind is elsewhere but who must make conversation with however uninteresting a guest, she said, "Pretty girl, jig jig, one pound." Market values here were reversed: the price rose steadily with his reluctance.

"I'm sorry. I can't wait," Wilson said. "Here's ten bob," and he made the preliminary motions of departure, but the old woman paid him no attention at all, blocking the way, smiling steadily like a dentist who knows what's good for you. Here a man's colour had no value: he couldn't bluster as a white man could elsewhere: by entering this narrow plaster passage, he had shed every racial, social and individual trait, he had reduced

1. Wilson, jeune fonctionnaire aigri et torturé, a été envoyé par les services secrets britanniques en Sierra Leone pour y surveiller Scobie, chef adjoint de la police. Nous le voyons ici rendre visite, après bien des hésitations, à une maison close tenue par des Africains.

2. *Jig jig* (argot) : invite sexuelle.

himself to human nature. If he had wanted to hide, here was the perfect hiding-place; if he had wanted to be anonymous, here he was simply a man. Even his reluctance, disgust and fear were not personal characteristics; they were so common to those who came here for the first time that the old woman knew exactly what each move would be. First the suggestion of a drink, then the offer of money, after that . . .

Wilson said weakly, "Let me by," but he knew that she wouldn't move; she stood watching him, as though he were a tethered animal on whom she was keeping an eye for its owner. She wasn't interested in him, but occasionally she repeated calmly, "Pretty girl jig jig by-and-by."[1] He held out a pound to her and she pocketed it and went on blocking the way. When he tried to push by, she thrust him backwards with a casual pink palm, saying, "By-an-by. Jig jig." It had all happened so many hundreds of times before.

Down the passage the girl came carrying a vinegar bottle filled with palm wine, and with a sigh of reluctance Wilson surrendered. The heat between the walls of rain, the musty smell of his companion, the dim and wayward light of the kerosene lamp reminded him of a vault newly opened for another body to be let down upon its floor. A grievance stirred in him, a hatred of those who had brought him here. In their presence he felt as though his dead veins would bleed again.

(II, 2, 1)

GEORGE ORWELL (1903-1950)

George Orwell (de son vrai nom Eric Blair) est un des écrivains qui ont le mieux senti les limites de la démocratie humaniste devant la montée des crises sociales et des périls totalitaires. Après des études à Eton, il fit en Birmanie l'expérience du monde colonial et en nourrit son premier roman, *Burmese Days* (1934). Il vécut ensuite misérablement à Paris et à Londres et en tira un

1. *By-and-by :* bientôt.

document poignant sur les déshérités, *Down and Out in Paris and London* (1933). Farouchement indépendant de tout parti politique, il n'épargna pas les intellectuels de gauche dans *The Road to Wigan Pier* (1937), enquête sur la vie des chômeurs dans le nord de l'Angleterre. *Homage to Catalonia* (1938), témoignage sur les conflits à l'intérieur de la gauche espagnole pendant la guerre civile, contribua à l'isoler encore plus au sein même de la gauche anglaise. Parallèlement, il publia plusieurs romans réalistes sur l'état de l'Angleterre : *A Clergyman's Daughter* (1935), plongée dans le monde des laissés pour compte de la crise économique ; *Keep the Aspidistra Flying* (1936), anatomie sans complaisance des frustrations petites-bourgeoises ; *Coming Up for Air* (1939), retour en arrière nostalgique sur une Angleterre en train de disparaître. Il accéda soudain à la célébrité avec *Animal Farm* (1945), fable caustique et poignante sur l'échec de la révolution russe et le stalinisme. *Nineteen Eighty-Four* (1949) parut peu de temps avant sa mort de tuberculose. Très sensible à toute forme d'injustice, Orwell est en même temps rebelle à tout embrigadement politique. C'est finalement dans la sauvegarde du langage qu'il voit la survie de la liberté individuelle et des idéaux démocratiques.

BIBLIOGRAPHIE SÉLECTIVE. — Raymond Williams ed., *George Orwell : A Collection of Critical Essays,* Englewood Cliffs, NJ, Prentice-Hall, 1974 ; Jeffrey Meyers, *A Reader's Guide to George Orwell,* London, Thames and Hudson, 1975.

Nineteen Eighty-Four[1] (1949)

"It's a beautiful thing, the destruction of words. Of course the great wastage is in the verbs and adjectives, but there are hundreds of nouns that can be got rid of as well. It isn't only the

1. Le monde totalitaire d'Oceania est régi par trois slogans : « *War is Peace. Freedom is Slavery. Ignorance is Strength.* » L'individu est aux ordres d'un parti tout-puissant et est surveillé jour et nuit par les caméras de l'omniprésent *Big Brother*. Le héros, Winston Smith, travaille au Ministère de la Vérité où il doit rectifier les événements du passé en réécrivant l'histoire conformément aux ordres du parti. Ici son collègue Syme, qui travaille à l'élaboration du *Newspeak,* lui explique les principes de ce nouveau langage qui doit peu à peu remplacer tous les anciens modes de pensée.

synonyms; there are also the antonyms. After all, what justification is there for a word which is simply the opposite of some other word? A word contains its opposite in itself. Take 'good', for instance. If you have a word like 'good', what need is there for a word like 'bad'? 'Ungood' will do just as well—better, because it's an exact opposite, which the other is not. Or again, if you want a stronger version of 'good', what sense is there in having a whole string of vague useless words like 'excellent' and 'splendid' and all the rest of them? 'Plusgood' covers the meaning; or 'doubleplusgood' if you want something stronger still. Of course we use those forms already, but in the final version of Newspeak there'll be nothing else. In the end the whole notion of goodness and badness will be covered by only six words—in reality, only one word. Don't you see the beauty of that, Winston? It was B.B's[1] idea originally, of course," he added as an afterthought. [. . .]

"Don't you see that the whole aim of Newspeak is to narrow the range of thought? In the end we shall make thoughtcrime literally impossible, because there will be no words in which to express it. Every concept that can ever be needed, will be expressed by exactly *one* word, with its meaning rigidly defined and all its subsidiary meanings rubbed out and forgotten. Already, in the Eleventh Edition,[2] we're not far from that point. But the process will still be continuing long after you and I are dead. Every year fewer and fewer words, and the range of consciousness always a little smaller. Even now, of course, there's no reason or excuse for committing thoughtcrime. It's merely a question of self-discipline, reality-control. But in the end there won't be any need even for that. The Revolution will be complete when the language is perfect. Newspeak is Ingsoc[3] and Ingsoc is Newspeak," he added with a sort of mystical satisfaction. "Has it ever occurred to you, Winston, that by the year 2050, at the very latest, not a single human being will be alive who could understand such a conversation as we are having now?"

"Except— —" began Winston doubtfully, and then stopped.

1. *B.B. : Big Brother,* le dictateur qu'on ne voit jamais, mais qui parle sans cesse à la population par l'intermédiaire des journaux et de la radio.

2. *Eleventh Edition :* il s'agit du *Newspeak Dictionary.*

3. *Ingsoc : English Socialism* en *Newspeak.*

It had been on the tip of his tongue to say "Except the proles,"[1] but he checked himself, not feeling fully certain that this remark was not in some way unorthodox. Syme, however, had divined what he was about to say.

"The proles are not human beings," he said carelessly. "By 2050—earlier, probably—all real knowledge of Oldspeak will have disappeared. The whole literature of the past will have been destroyed. Chaucer, Shakespeare, Milton, Byron—they'll exist only in Newspeak versions, not merely changed into something different, but actually changed into something contradictory of what they used to be. Even the literature of the Party will change. Even the slogans will change. How could you have a slogan like 'freedom is slavery' when the concept of freedom has been abolished? The whole climate of thought will be diffcrcnt. In fact there will *be* no thought, as we understand it now. Orthodoxy means not thinking—not needing to think. Orthodoxy is unconsciousness."

(I, 5)

1. *The proles :* le prolétariat. Dans l'univers d'Oceania, c'est une classe à part, une masse inculte et méprisée qui joue dans la société un rôle purement utilitaire.

WILLIAM BUTLER YEATS (1865-1939)

W. B. Yeats est la grande figure du renouveau poétique anglo-irlandais et domine toute la littérature anglaise au tournant du siècle. Ses premiers recueils sont marqués à la fois par un néo-romantisme imprégné d'occultisme et par un retour aux mythes celtiques (*The Wanderings of Oisin*, 1889). Sa rencontre avec Maud Gonne, fervente nationaliste dont il sera amoureux toute sa vie mais qui refusera toujours de l'épouser, le pousse à ancrer davantage sa poésie dans la réalité irlandaise (*In the Seven Woods*, 1903 ; *The Green Helmet*, 1910). En 1902 il fonde avec Lady Gregory la *Irish National Theatre Company* et se consacre au développement d'un théâtre spécifiquement irlandais qu'il fait jouer au Abbey Theatre de Dublin. Il écrit lui-même de nombreuses pièces parmi lesquelles *The Countess Cathleen* (1902), allégorie poétique sur l'asservissement de l'Irlande.

Responsibilities (1914) marque un tournant : il rejette les complaisances du *Celtic Revival** et se lance dans une poésie de combat qui sera ensuite profondément marquée par le soulèvement nationaliste de Pâques 1916, noyé dans le sang. A partir de 1917 il élabore un vaste système ésotérique fondé sur le cycle des phases de la lune (*A*

Vision, 1924) qui va désormais nourrir toute sa poésie. On en sent l'influence dans *The Wild Swans at Coole* (1919) et *Michael Robartes and the Dancer* (1921). En 1922 il devient sénateur du *Irish Free State* et en 1923 reçoit le prix Nobel. *The Tower* (1928) et *The Winding Stair* (1933), avec les grandes figures symboliques de la tour, l'arbre ou le cygne, représentent probablement l'apogée de son œuvre. Quant aux *Last Poems* (1940), dans leur liberté et leur insolence, ils sont le dernier sursaut d'une pulsion créatrice qui sent venir la mort et refuse de s'y soumettre. La carrière de Yeats va ainsi du post-romantisme victorien aux expérimentations modernistes. Tout en étant en prise sur les soubresauts de l'histoire, elle est aspiration à l'éternité et représente un peu la conscience du siècle.

BIBLIOGRAPHIE SÉLECTIVE. — John Unterecker, *A Reader's Guide to W. B. Yeats*, London, Thames and Hudson, 1959 ; Richard Ellmann, *The Identity of Yeats*, London, Faber, 1964.

Coole Park and Ballylee, 1931[1]

Under my window-ledge the waters race,
Otters below and moor-hens on the top,
Run for a mile undimmed in Heaven's face
Then darkening through "dark" Raftery's[2] "cellar"[3] drop,
Run underground, rise in a rocky place
In Coole demesne, and there to finish up
Spread to a lake and drop into a hole.
What's water but the generated soul?[4]

Upon the border of that lake's a wood
Now all dry sticks under a wintry sun,
And in a copse of beeches there I stood,

1. Coole Park, dans le comté de Galway, était la propriété de Lady Gregory, grande figure du renouveau littéraire irlandais, qui participa avec Yeats à la fondation du *Irish Literary Theatre*, puis à la direction du *Abbey Theatre*. Thoor Ballylee était la propriété de Yeats, toute proche.

2. *Raftery :* poète irlandais aveugle (1784-1835).

3. "*Cellar*" *:* gouffre dans lequel la rivière se précipite.

4. Yeats s'est inspiré là des idées du philosophe néo-platonicien Porphyre (204-305) pour qui l'eau est liée à l'incarnation des âmes.

For Nature's pulled her tragic buskin[1] on
And all the rant's a mirror of my mood:
At sudden thunder of the mounting swan
I turned about and looked where branches break
The glittering reaches of the flooded lake.

Another emblem there! That stormy white
But seems a concentration of the sky;
And, like the soul, it sails into the sight
And in the morning's gone, no man knows why;
And is so lovely that it sets to right
What knowledge or its lack had set awry,
So arrogantly pure, a child might think
It can be murdered with a spot of ink.

Sound of a stick upon the floor, a sound
From somebody[2] that toils from chair to chair;
Beloved books that famous hands have bound,
Old marble heads, old pictures everywhere;
Great rooms where travelled men and children found
Content or joy; a last inheritor[3]
Where none has reigned that lacked a name and fame
Or out of folly into folly came.

A spot whereon the founders lived and died
Seemed once more dear than life; ancestral trees,
Or gardens rich in memory glorified
Marriages, alliances and families
And every bride's ambition satisfied.
Where fashion or mere fantasy decrees
We shift about—all that great glory spent—[4]
Like some poor Arab tribesman and his tent.

1. *Buskin :* cothurne.
2. *Somebody :* Lady Gregory.
3. *Last inheritor :* le fils unique de Lady Gregory avait été tué en Italie pendant la Première Guerre mondiale.
4. Lady Gregory avait été forcée en 1927 de vendre sa propriété à l'Etat et n'en était plus que locataire à vie.

We were the last romantics—chose for theme
Traditional sanctity and loveliness;
Whatever's written in what poets name
The book of the people; whatever most can bless
The mind of man or elevate a rhyme;
But all is changed, that high horse[1] riderless,
Though mounted in that saddle Homer rode
Where the swan drifts upon a darkening flood.

Byzantium[2] (1933)

The unpurged images of day recede;
The Emperor's drunken soldiery are abed;
Night resonance recedes, night-walkers' song
After great cathedral gong;
A starlit or a moonlit[3] dome[4] disdains
All that man is,
All mere complexities,
The fury and the mire of human veins.

Before me floats an image, man or shade,
Shade more than man, more image than a shade;
For Hades'[5] bobbin[6] bound in mummy-cloth
May unwind the winding path;[7]
A mouth that has no moisture and no breath
Breathless mouths may summon;
I hail the superhuman;
I call it death-in-life and life-in-death.

1. *High horse :* Pégase, symbole de l'inspiration poétique.
2. En 1927, dans « Sailing to Byzantium », Yeats voyait en Byzance le symbole de l'éternité de l'art échappant au chaos biologique et au flux destructeur du temps. Dans « Byzantium » (écrit en 1930) au contraire, le monde idéal de Byzance est assiégé par le flux qui vient battre les murailles de la cité éternelle de l'art.
3. *Starlit, moonlit :* ces mots doivent être interprétés selon le symbolisme yeatsien des phases de la lune. La première phase, où la lune est absente et seules luisent les étoiles, est celle de l'effacement complet de la subjectivité. A l'inverse la phase de la pleine lune est celle du triomphe de la subjectivité. Chacune de ces deux phases est un absolu statique qui refuse le changement et le devenir.
4. *Dome :* Sainte-Sophie, la cathédrale construite à Byzance par l'empereur Justinien.
5. *Hades :* dieu grec des enfers.
6. *Bobbin :* le rouleau de fil qui représente la vie humaine.
7. *Winding path :* la spirale qui mène du monde de la chair à la pure spiritualité.

Miracle, bird or golden handiwork,
More miracle than bird or handiwork,
Planted on the star-lit golden bough,[1]
Can like the cocks[2] of Hades crow,
Or, by the moon embittered, scorn aloud
In glory of changeless metal
Common bird or petal
And all complexities of mire or blood.

At midnight on the Emperor's pavement[3] flit
Flames that no faggot feeds, nor steel has lit,
Nor storm disturbs, flames begotten of flame,
Where blood-begotten spirits come
And all complexities of fury leave,
Dying into a dance,
An agony of trance,
An agony of flame[4] that cannot singe a sleeve.

Astraddle on the dolphin's mire and blood,
Spirit after spirit! The smithies break the flood,
The golden smithies of the Emperor!
Marbles of the dancing floor
Break bitter furies of complexity,
Those images that yet
Fresh images beget,
That dolphin-[5]torn, that gong-tormented sea.

1. *Golden bough :* le rameau d'or. Dans la religion druidique la branche de gui est un symbole de renaissance et d'immortalité.

2. *Cocks :* sur les tombes romaines le coq qui chante est le symbole de la continuation du cycle de la vie.

3. *Pavement :* les dalles de marbre du forum de Constantin à Byzance.

4. *Agony of flame :* cette image a été suggérée à Yeats par une pièce du théâtre Nô japonais, *Motomezulka,* où une jeune fille brûle éternellement dans des flammes qui ne sont rien d'autre que son sentiment de culpabilité. Un prêtre lui dit que les flammes disparaîtront si elle cesse d'y croire, mais elle ne peut y parvenir et continue à souffrir.

5. *Dolphin :* le dauphin est souvent chez les Grecs l'accompagnateur des âmes lors de leur voyage après la mort.

T. S. ELIOT (1888-1965)

Né dans le Missouri, Thomas Stearns Eliot fait ses études à Harvard où, sous l'influence d'Irving Babbitt, il acquiert une conception anti-romantique de la vie et de la littérature. En 1914 il rencontre Ezra Pound qui l'encourage à écrire et à s'installer à Londres. Son premier recueil, *Prufrock and Other Observations* (1917), tranche avec la poésie du moment par son ironie et sa forme éclatée, mais reste très influencé par Laforgue et les symbolistes. En 1922 paraît *The Waste Land,* qui le rend immédiatement célèbre. La technique de montage fragmentaire pour évoquer la désintégration de la civilisation moderne, le télescopage de réseaux symboliques et mythiques, l'arrière-plan de stérilité sexuelle et la vision hallucinée du paysage urbain de Londres font du poème le manifeste de l'avant-garde moderniste. Au post-romantisme affadi des poètes georgiens Eliot substitue la clarté clinique des images, la flexibilité du vers et une rare maîtrise de la langue parlée et de la voix. En 1927 il rejoint l'Eglise anglicane et la dimension religieuse va désormais prendre de plus en plus d'importance dans son œuvre. De *The Hollow Men* (1925), constat de désespoir sardonique devant la grisaille morale de l'ère moderne, on passe avec *Ash Wednesday* (1930) à l'humble quête d'une régénération spirituelle. Les *Four Quartets* (1936-1942) sont le couronnement de son œuvre poétique. Ils donnent à la méditation philosophique et religieuse une structure musicale, mêlant le Londres du Blitz à l'Angleterre des siècles passés et révélant les moments d'éternité dans le temps. Eliot a aussi contribué à redonner vie au drame poétique. *Murder in the Cathedral* (1935) combine la rigueur d'une *morality play** médiévale, la poésie d'une tragédie grecque et l'ironie d'une comédie d'idées. Eliot reste le point de référence de toute la révolution moderniste et, même si la poésie anglaise récente a été largement en réaction contre lui, il a marqué durablement une génération entière.

BIBLIOGRAPHIE SÉLECTIVE. — Hugh Kenner ed., *T. S. Eliot : A Collection of Critical Essays,* Englewood Cliffs, NJ, Prentice-Hall, 1962 ; Bernard Bergonzi, *T. S. Eliot,* London, Macmillan, 1972.

Gerontion[1] (1920)

Thou hast nor youth nor age
But as it were an after dinner sleep
Dreaming of both.[2]

Here I am, an old man in a dry month,
Being read to by a boy, waiting for rain.[3]
I was neither at the hot gates[4]
Nor fought in the warm rain
Nor knee deep in the salt marsh, heaving a cutlass,
Bitten by flies, fought.
My house is a decayed house,
And the Jew squats on the window-sill, the owner,
Spawned in some estaminet of Antwerp,
Blistered in Brussels, patched and peeled in London.
The goat coughs at night in the field overhead;
Rocks, moss, stonecrop, iron, merds.
The woman keeps the kitchen, makes tea,
Sneezes at evening, poking the peevish gutter.[5]
                    I an old man,
A dull head among windy spaces.

Signs are taken for wonders. "We would see a sign!"[6]
The word within a word, unable to speak a word,

1. *Gerontion* (grec) : petit vieillard.

2. Shakespeare, *Measure for Measure* (III, 1, v. 32-34). Le duc explique à Claudio, un jeune homme condamné à mort, combien la vie est de peu de valeur.

3. Les deux premiers vers reprennent un passage dc la biographic *Edward FitzGerald* (1905) de A. C. Benson.

4. *Hot gates :* traduction littérale des Thermopyles (« portes chaudes ») où eut lieu la bataille entre les Grecs et les Perses en 480 avant J.-C.

5. *Gutter :* flamme vacillante.

6. C'est le cri des Pharisiens incrédules demandant au Christ de prouver sa divinité en accomplissant un miracle (Evangile selon saint Matthieu, 12, 38). Le Christ répond que ceux qui réclament des signes sont une « génération mauvaise et adultère ».

Swaddled with darkness.[1] In the juvescence[2] of the year
Came Christ the tiger[3]

In depraved May, dogwood and chestnut, flowering judas,[4]
To be eaten, to be divided, to be drunk[5]
Among whispers; by Mr. Silvero
With caressing hands, at Limoges
Who walked all night in the next room;
By Hakagawa, bowing among the Titians;[6]
By Madame de Tornquist, in the dark room
Shifting the candles; Fräulein von Kulp
Who turned in the hall, one hand on the door. Vacant shuttles
Weave the wind.[7] I have no ghosts,
An old man in a draughty house
Under a windy knob.[8]

After such knowledge, what forgiveness? Think now
History has many cunning passages, contrived corridors[9]
And issues, deceives with whispering ambitions,
Guides us by vanities. Think now
She gives when our attention is distracted
And what she gives, gives with such supple confusions
That the giving famishes the craving. Gives too late
What's not believed in, or if still believed,
In memory only, reconsidered passion. Gives too soon
Into weak hands, what's thought can be dispensed with
Till the refusal propagates a fear. Think
Neither fear nor courage saves us. Unnatural vices

1. La source de cette phrase est dans le Sermon sur la Nativité prêché par l'évêque Lancelot Andrewes (1555-1626) le jour de Noël 1618.

2. *Juvescence : juvenescence* (jeunesse).

3. Allusion à la résurrection du Christ le lundi de Pâques.

4. *Judas : judas-tree* (arbre de Judée). La source de ce vers est dans un passage de *The Education of Henry Adams* (1918).

5. Allusion à l'Eucharistie.

6. *Titians :* tableaux du Titien (1490-1576).

7. La source de cette phrase est dans le Livre de Job (7, 6-7).

8. *Knob :* colline.

9. *Corridors :* peut-être une allusion au couloir de Dantzig, qui avait été pris à l'Allemagne pour être rendu à la Pologne après le traité de Versailles en 1919 et restait une source de tension internationale.

Are fathered by our heroism. Virtues
Are forced upon us by our impudent crimes.
These tears are shaken from the wrath-bearing tree.[1]

The tiger springs in the new year. Us he devours. Think at last
We have not reached conclusion, when I
Stiffen in a rented house. Think at last
I have not made this show purposelessly
And it is not by any concitation[2]
Of the backward devils.
I would meet you upon this honestly.
I that was near your heart was removed therefrom
To lose beauty in terror, terror in inquisition.
I have lost my passion: why should I need to keep it
Since what is kept must be adulterated?[3]
I have lost my sight, smell, hearing, taste and touch:
How should I use them for your closer contact?

These with a thousand small deliberations
Protract the profit of their chilled delirium,
Excite the membrane, when the sense has cooled,
With pungent sauces, multiply variety
In a wilderness of mirrors.[4] What will the spider do,
Suspend its operations, will the weevil
Delay? De Bailhache, Fresca, Mrs. Cammel, whirled
Beyond the circuit of the shuddering Bear[5]
In fractured atoms.[6] Gull against the wind, in the windy straits
Of Belle Isle,[7] or running on the Horn[8]

1. *Wrath-bearing tree :* allusion à l'arbre de la connaissance qui attira sur Adam et Eve le courroux de Dieu dans la Genèse.

2. *Concitation :* ce mot est fabriqué directement à partir du mot latin *concitatio* (excitation violente).

3. La source des vers 55-58 est dans la tragédie de Thomas Middleton, *The Changeling* (1622) (V, 3, v. 150-157).

4. Cette image vient peut-être de la pièce de Ben Jonson, *The Alchemist* (1610) (II, 2, v. 45-48).

5. *The Bear :* la Grande Ourse.

6. Les vers 67-69 viennent de la tragédie de George Chapman, *Bussy d'Amboise* (1607) (V, 4). Chapman reprend l'idée ancienne que les pécheurs sont punis en étant envoyés dans l'espace au-delà de la trajectoire habituelle des étoiles.

7. Ile de l'Atlantique proche de la côte du Labrador.

8. *The Horn :* le cap Horn.

White feathers in the snow, the Gulf[1] claims,
And an old man driven by the Trades[2]
To a sleepy corner.

Tenants of the house,
Thoughts of a dry brain in a dry season.

The Waste Land[3] (1922)

I. The Burial of the Dead[4]

April is the cruellest month, breeding
Lilacs out of the dead land, mixing
Memory and desire, stirring
Dull roots with spring rain.
Winter kept us warm, covering
Earth in forgetful snow, feeding
A little life with dried tubers.[5]
Summer surprised us, coming over the Starnbergersee[6]
With a shower of rain; we stopped in the colonnade,
And went on in sunlight, into the Hofgarten,[7]
And drank coffee, and talked for an hour.
Bin gar keine Russin, stamm' aus Litauen, echt deutsch.[8]
And when we were children, staying at the arch-duke's,
My cousin's, he took me out on a sled,

1. *The Gulf :* le Gulf Stream.
2. *The Trades : trade winds* (alizés).
3. Deux mythes apparentés sont au centre du *Waste Land* : l'histoire du Roi Pêcheur telle qu'elle est rapportée dans le livre de Jessie Weston, *From Ritual to Romance* (1920), et la quête du Graal. La figure du Roi Pêcheur apparaît dans de nombreux mythes de fertilité : impuissant et régnant sur un royaume devenu stérile, le vieux roi attend l'arrivée de l'étranger qui permettra la renaissance d'un nouveau cycle. De même dans la quête du Graal (la coupe dans laquelle but le Christ lors de la Cène et où fut recueilli son sang lors de la crucifixion) le pays dévasté attend la venue du chevalier qui apportera le renouveau. Eliot s'est aussi largement inspiré de *The Golden Bough* (1890-1915) de Sir James Frazer, vaste étude d'anthropologie religieuse qui analyse le rôle des rites de la végétation et les cérémonies liées au cycle des saisons. Quant à l'expression *waste land,* elle vient probablement de la chronique arthurienne de Thomas Malory, *Le Morte D'Arthur* (1470), où elle apparaît lors de l'épisode de Galahad (XVII, 3).
4. « The Order for the Burial of the Dead » est le titre de l'office des morts dans le *Book of Common Prayer.* « The Burial of the Dead » est la première des cinq sections du *Waste Land.*
5. *Tubers :* plantes tubéreuses.
6. *Starnbergersee :* lac dans la région de Munich où Eliot était allé en août 1911.
7. *Hofgarten :* parc de Munich.
8. Allemand : « Je ne suis pas du tout russe, je viens de Lituanie, je suis une pure Allemande. »

And I was frightened. He said, Marie,
Marie, hold on tight. And down we went.
In the mountains, there you feel free.
I read, much of the night, and go south in the winter.

What are the roots that clutch, what branches grow
Out of this stony rubbish? Son of man,[1]
You cannot say, or guess, for you know only
A heap of broken images,[2] where the sun beats,
And the dead tree gives no shelter, the cricket no relief,
And the dry stone no sound of water. Only
There is shadow under this red rock,[3]
(Come in under the shadow of this red rock),
And I will show you something different from either
Your shadow at morning striding behind you
Or your shadow at evening rising to meet you;
I will show you fear in a handful of dust.[4]
Frisch weht der Wind
Der Heimat zu
Mein Irisch Kind,
Wo weilest du?[5]
"You gave me Hyacinths[6] first a year ago;
"They called me the hyacinth girl."
—Yet when we came back, late, from the hyacinth garden,
Your arms full, and your hair wet, I could not
Speak, and my eyes failed, I was neither
Living nor dead, and I knew nothing,
Looking into the heart of light, the silence.
Oed' und leer das Meer.[7]

1. *Son of man :* ce sont les mots de Dieu s'adressant à son prophète (Ezéchiel, 2, 1).
2. *Broken images :* peut-être un écho d'Ezéchiel (6, 6).
3. Ce vers est un écho d'Isaïe (32, 2).
4. *A handful of dust :* l'expression apparaît dans la 4e Méditation des *Devotions Upon Emergent Occasions* (1624) de John Donne.
5. Ces vers viennent du livret de *Tristan et Iseult* (1859) de Richard Wagner. Un marin se souvient de sa bien-aimée qu'il a laissée au pays : « Le vent frais souffle / Vers le pays natal / Ma petite Irlandaise, / Où demeures-tu ? » (I, v. 5-8).
6. *Hyacinths :* les jacinthes sont un symbole de la résurrection du dieu dans les mythes de la fertilité.
7. Ce vers vient de *Tristan et Iseult* de Wagner. Tristan attend le retour d'Iseult en Cornouailles, mais un berger qui scrute la mer lui dit : « Désolée et vide la mer » (III, 24).

Madame Sosostris, famous clairvoyante,
Had a bad cold, nevertheless
Is known to be the wisest woman in Europe,
With a wicked pack of cards.[1] Here, said she,
Is your card, the drowned Phoenician Sailor,[2]
(Those are pearls that were his eyes.[3] Look!)
Here is Belladonna,[4] the Lady of the Rocks,[5]
The lady of situations.
Here is the man with three staves,[6] and here the Wheel,[7]
And here is the one-eyed merchant,[8] and this card,
Which is blank, is something he carries on his back,
Which I am forbidden to see. I do not find
The Hanged Man.[9] Fear death by water.[10]
I see crowds of people, walking round in a ring.
Thank you. If you see dear Mrs. Equitone,
Tell her I bring the horoscope myself:
One must be so careful these days.

Unreal City,[11]
Under the brown fog of a winter dawn,
A crowd flowed over London Bridge,[12] so many,
I had not thought death had undone so many.[13]

1. *Pack of cards :* Eliot s'est inspiré des remarques de Jessie Weston *(From Ritual to Romance)* sur le lien entre le symbolisme du jeu de tarots et les anciens rites de la fertilité.

2. *Phoenician Sailor :* dieu de la fertilité que l'on jetait dans la mer pour symboliser la mort de l'été. Le Marin phénicien réapparaît dans « Death by Water », la section IV du *Waste Land.*

3. Cette phrase vient du chant d'Ariel dans *The Tempest* de Shakespeare (I, 2, v. 399). Ariel chante le mystérieux *sea-change* qui a transformé le roi Alonso que l'on croit noyé.

4. *Belladonna :* la belladone est une plante vénéneuse. Mais aussi « belle dame » en italien.

5. *The Lady of the Rocks :* peut-être une allusion à la *Vierge aux Rochers* de Léonard de Vinci. Mais peut-être s'agit-il aussi de la *Joconde* dont Walter Pater avait noté les aspects inquiétants dans *The Renaissance* (1873).

6. *The man with three staves :* figure du jeu de tarots qu'Eliot associe au Roi Pêcheur.

7. *The Wheel :* la Roue de la Fortune.

8. *The one-eyed merchant :* selon Jessie Weston les marchands syriens faisaient circuler autour de la Méditerranée les mystères des cultes de la fertilité. Le personnage réapparaît sous le nom de Mr Eugenides dans la section III du *Waste Land,* « The Fire Sermon ».

9. *The Hanged Man :* figure du jeu de tarots associée ici au dieu de la fertilité qui meurt pour renaître ensuite dans un nouveau cycle.

10. *Death by water :* c'est le titre de la section IV du *Waste Land.*

11. Selon Eliot, la source de ces mots est dans les deux premiers vers du poème de Baudelaire, « Les Sept Vieillards » *(Les Fleurs du Mal).*

12. *London Bridge :* pont sur la Tamise qu'empruntent les gens qui vont travailler dans la City.

13. Selon Eliot, ce vers fait écho à un passage de la *Divine Comédie* (« Enfer », III, v. 55-57) où Dante évoque les âmes de ceux qui ont été indifférents au bien et au mal.

Sighs, short and infrequent, were exhaled,[1]
And each man fixed his eyes before his feet.
Flowed up the hill and down King William Street,[2]
To where Saint Mary Woolnoth[3] kept the hours
With a dead sound on the final stroke of nine.[4]
There I saw one I knew, and stopped him, crying: "Stetson![5]
"You who were with me in the ships at Mylae![6]
"That corpse you planted last year in your garden,[7]
"Has it begun to sprout? Will it bloom this year?
"Or has the sudden frost disturbed its bed?
"O keep the Dog far hence, that's friend to men,
"Or with his nails he'll dig it up again![8]
"You! hypocrite lecteur!—mon semblable,—mon frère!"[9]

1. Eliot renvoie là aussi à la *Divine Comédie* (« Enfer », IV, v. 25-27). Il s'agit des morts qui sont dans les Limbes, ayant vécu vertueusement mais avant l'apparition du christianisme.

2. *King William Street :* rue de la City de Londres.

3. *Saint Mary Woolnoth :* église dans King William Street.

4. Eliot avait effectivement remarqué ce phénomène. C'est à 9 heures que les employés de bureau commencent à travailler dans la City.

5. *Stetson :* peut-être une caricature d'Américain portant un *stetson* (large chapeau).

6. *Mylae :* victoire navale des Romains contre les Carthaginois (260 av. J.-C.).

7. Dans les anciens rites de la fertilité on enterrait dans les champs une figure représentant le dieu.

8. Les vers 74-75 sont une reprise modifiée de deux vers du chant funèbre de Cornelia à la fin de la tragédie de Webster, *The White Devil* (1612) (V, 4, v. 103-104). Le chien est souvent dans l'Ancien Testament un animal impur qui se nourrit de cadavres.

9. Dernier vers de l'adresse « Au Lecteur », au début des *Fleurs du Mal* de Baudelaire.

La poésie : la génération des années trente

W. H. AUDEN (1907-1973)

La carrière poétique de Wystan Hugh Auden s'étend sur près d'un demi-siècle et passe par des périodes fort différentes. Dans son premier volume *Poems* (1928), publié alors qu'il termine ses études à Oxford, il prend le contrepied d'une conception romantique, prophétique, sacralisée de la poésie, telle qu'on la trouve chez Shelley ou chez Yeats, et impose un ton ironique et même parfois clinique. Ce style elliptique et souvent irrévérencieux s'appuie sur une remarquable maîtrise technique et combine des registres fort divers. Pendant les années trente, Auden sera très lié à un groupe de poètes qui partagent une attitude politique de gauche devant la montée des périls (Louis Mac Neice, Cecil Day Lewis et Stephen Spender). En 1939 il s'installe aux Etats-Unis et devient citoyen américain en 1946. Sa poésie perd alors sa tonalité politique et son ton provocant pour se rapprocher d'une inspiration de plus en plus chrétienne (*For the Time Being : A Christmas Oratorio,* 1944 ; *The Age of Anxiety : A Baroque Eclogue,* 1948). En 1956 il devient professeur de poésie à Oxford et sa réputation est désormais établie (*The Shield of Achilles,* 1955 ; *Homage to Clio,* 1960). Ayant commencé par écrire des poèmes courts, condensés et introspectifs, il a évolué vers une poésie plus publique, plus proche de la parabole. Son originalité est peut-être précisément dans cette diversité de tons, qui va d'une insolence très intellectuelle à la méditation religieuse. Sa poésie a un remarquable pouvoir de démystification et est une leçon de lucidité en face des turbulences de l'histoire.

BIBLIOGRAPHIE SÉLECTIVE. — M. K. Spears ed., *W. H. Auden : A Collection of Critical Essays,* Englewood Cliffs, NJ, Prentice-Hall, 1964 ; J. Fuller, *A Reader's Guide to W. H. Auden,* London, Thames and Hudson, 1970.

Lullaby

Lay your sleeping head, my love,
Human on my faithless arm;
Time and fevers burn away
Individual beauty from
Thoughtful children, and the grave
Proves the child ephemeral:
But in my arms till break of day
Let the living creature lie,
Mortal, guilty, but to me
The entirely beautiful.

Soul and body have no bounds:
To lovers as they lie upon
Her tolerant enchanted slope
In their ordinary swoon,
Grave the vision Venus sends
Of supernatural sympathy,
Universal love and hope;
While an abstract insight wakes
Among the glaciers and the rocks
The hermit's sensual ecstasy.

Certainty, fidelity
On the stroke of midnight pass
Like vibrations of a bell,
And fashionable madmen raise

Their pedantic boring cry:
Every farthing of the cost,
All the dreaded cards foretell,
Shall be paid, but from this night
Not a whisper, not a thought,
Not a kiss nor look be lost.

Beauty, midnight, vision dies:
Let the winds of dawn that blow
Softly round your dreaming head
Such a day of sweetness show
Eye and knocking heart may bless,
Find the mortal world enough;
Noons of dryness see you fed
By the involuntary powers,
Nights of insult let you pass
Watched by every human love.

(January 1937)

DYLAN THOMAS (1914-1953)

La poésie de Dylan Thomas reste intimement associée au pays de Galles où il est né, à Swansea, ainsi qu'à la tradition poétique galloise dont il a subi l'influence. Son premier recueil, *Eighteen Poems* (1934), fait sensation par son obscurité, ses images obsessionnelles renvoyant au corps et à la naissance, son insistance très baroque sur le lien entre le sexe et la mort, ses télescopages d'images hétérogènes qui rappellent le *conceit** donnien, ses jeux allitératifs et rythmiques empruntés aux anciens poètes gallois. Les recueils suivants, *Twenty Five Poems* (1936) et *The Map of Love* (1939), évoluent vers une forme moins torturée et un approfondissement de son rapport au christianisme. Le dernier recueil, *Deaths and Entrances* (1946), marque un retour vers les paysages du pays de Galles de son enfance, vers une poésie plus élégiaque et nostalgique. Il a aussi créé une admirable prose poétique dans les nouvelles inspirées de son enfance rassemblées dans *Portrait of the Artist as a Young Dog* (1940) et dans la pièce radiophonique *Under Milk Wood* (1954), où les différentes voix d'un petit village gallois s'élèvent dans la nuit en un chœur alterné. La réputation de Dylan Thomas a subi après sa mort une éclipse considérable à cause de son obscurité et de sa rhétorique narcissique un peu théâtrale, mais peu de poètes ont été aussi sensibles à la musicalité de la voix.

BIBLIOGRAPHIE SÉLECTIVE. — C. B. Cox ed., *Dylan Thomas : A Collection of Critical Essays,* Englewood Cliffs, NJ, Prentice-Hall, 1966 ; Walford Davies, *Dylan Thomas,* Milton Keynes, Open University Press, 1986.

Fern Hill[1] (1946)

Now as I was young and easy under the apple boughs
About the lilting house and happy as the grass was green,
  The night above the dingle[2] starry,
    Time let me hail and climb
  Golden in the heydays of his eyes,
And honoured among wagons I was prince of the apple towns
And once below a time[3] I lordly had the trees and leaves
    Trail with daisies and barley
  Down the rivers of the windfall light.[4]

And as I was green and carefree, famous among the barns
About the happy yard and singing as the farm was home,
  In the sun that is young once only,
    Time let me play and be
  Golden in the mercy of his means,

1. Ce poème, qui date de 1945, appartient à la dernière période de Dylan Thomas, lorsque, après les obscurités et les outrances baroques de ses premiers poèmes, il revient à la célébration du paysage gallois de son enfance. Fern Hill était la ferme de sa tante Ann Jones, près du village de Carmarthen, où Dylan Thomas enfant passa de nombreuses vacances.

2. *Dingle :* vallon boisé.

3. *Once below a time :* jeu de mots sur *once upon a time.*

4. *Windfall light :* la lumière qui est tombée comme un fruit abattu par le vent. Mais il y a aussi dans *windfall* l'idée d'aubaine et de chance.

And green and golden I was huntsman and herdsman, the calves
Sang to my horn, the foxes on the hills barked clear and cold,
And the sabbath rang slowly
In the pebbles of the holy streams.

All the sun long it was running, it was lovely, the hay
Fields high as the house, the tunes from the chimneys, it was air
And playing, lovely and watery
And fire green as grass.
And nightly under the simple stars
As I rode to sleep the owls were bearing the farm away,
All the moon long I heard, blessed among stables, the nightjars
Flying with the ricks, and the horses
Flashing into the dark.

And then to awake, and the farm, like a wanderer white
With the dew, come back, the cock on his shoulder: it was all
Shining, it was Adam and maiden,
The sky gathered again
And the sun grew round that very day.
So it must have been after the birth of the simple light
In the first, spinning place, the spellbound horses walking warm
Out of the whinnying green stable
On to the fields of praise.

And honoured among foxes and pheasants by the gay house
Under the new made clouds and happy as the heart was long,
In the sun born over and over,
I ran my heedless ways,
My wishes raced through the house high hay[1]
And nothing I cared, at my sky blue trades, that time allows
In all his tuneful turning so few and such morning songs
Before the children green and golden
Follow him out of grace,

1. *House high hay* : mot composé.

Nothing I cared, in the lamb white days, that time would
take me
Up to the swallow thronged loft[1] by the shadow of my hand,
In the moon that is always rising,
Nor that riding to sleep
I should hear him fly with the high fields
And wake to the farm forever fled from the childless land.
Oh as I was young and easy in the mercy of his means,
Time held me green and dying
Though I sang in my chains like the sea.

1. *Swallow thronged loft :* mot composé.

Le renouveau du théâtre irlandais

JOHN MILLINGTON SYNGE (1871-1909)

Après des études à Trinity College à Dublin, John Millington Synge fit, sur les conseils de Yeats, un séjour dans les îles d'Aran, au large de la côte ouest de l'Irlande, pour y étudier la langue et les coutumes celtiques (*The Aran Islands*, 1907). C'est là qu'il allait puiser l'inspiration de son théâtre. Ses pièces, d'une sombre grandeur dans leur nudité tragique, mettent en scène des gens simples, parlant une langue à la poésie rude et austère, menant une vie dure au milieu d'une nature hostile et parfois destructrice. Ainsi dans *Riders to the Sea* (1904), situé sur la côte sauvage de l'ouest, une mère voit son dernier fils mourir noyé après que tous ses frères ont subi le même sort. *The Playboy of the Western World* (1907) est un véritable rite sacrificiel dionysiaque qui transcende les limites de la comédie réaliste et parvient à la dimension du mythe. La pièce déclencha des manifestations hostiles à Dublin car les nationalistes refusaient que les paysans irlandais soient présentés comme aussi arriérés, superstitieux et violents. *Deirdre of the Sorrows* (1906), sa dernière pièce inachevée, transforme un des plus célèbres récits de la mythologie irlandaise en une tragédie poignante de l'orgueil. Le théâtre de Synge fut dans l'ensemble incompris car il avait une vision trop passionnée et trop absolue de l'âme irlandaise pour plaire au grand public.

BIBLIOGRAPHIE SÉLECTIVE. — Richard Fallis, *The Irish Renaissance : An Introduction to Anglo-Irish Literature,* Dublin, Gill and Macmillan, 1978 ; Alan Price, *Synge and Anglo-Irish Drama,* London, Methuen, 1961.

The Playboy of the Western World[1] (1907)

WIDOW QUIN And what kind was she?

CHRISTY [*with horror*] A walking terror from beyond the hills, and she two score and five years, and two hundred weights and five pounds in the weighing scales, with a limping leg on her, and a blinded eye, and she a woman of noted misbehaviour with the old and young.

GIRLS [*clustering round him, serving him*] Glory be.

WIDOW QUIN And what did he want driving you to wed with her? [*She takes a bit of the chicken.*]

CHRISTY [*eating with growing satisfaction*] He was letting on I was wanting a protector from the harshness of the world, and he without a thought the whole while but how he'd have her hut to live in and her gold to drink.

WIDOW QUIN There's maybe worse than a dry hearth and a widow woman and your glass at night. So you hit him then?

CHRISTY [*getting almost excited*] I did not. "I won't wed her," says I, "when all know she did suckle me for six weeks when I came into the world, and she a hag this day with a tongue on her has the crows and seabirds scattered, the way they wouldn't cast a shadow on her garden with the dread of her curse."

WIDOW QUIN [*teasingly*] That one should be right company.

SARA [*eagerly*] Don't mind her. Did you kill him then?

CHRISTY "She's too good for the like of you," says he, "and go on now or I'll flatten you out like a crawling beast has passed under a dray." "You will not if I can help it," says I.

1. Le jeune Christy Mahon arrive dans un village du comté de Mayo, à l'ouest de l'Irlande, et fait croire aux habitants qu'il a fendu le crâne de son père lors d'une dispute. Sa faconde et ses talents de comédien font vite de lui un héros, particulièrement auprès des femmes du village. Mais la situation se renverse lorsque Mahon père, bien vivant, réapparaît pour venir chercher son fils qui est d'abord terrifié, puis finit par se battre courageusement contre son père et par repartir avec lui. Nous voyons ici Christy montrer ses talents de raconteur et de fabulateur à un groupe de villageoises.

"Go on," says he, "or I'll have the divil making garters of your limbs tonight." "You will not if I can help it," says I. [*He sits up brandishing his mug.*]

SARA You were right surely.

CHRISTY [*impressively*] With that the sun came out between the cloud and the hill, and it shining green in my face. "God have mercy on your soul," says he, lifting a scythe. "Or on your own," said I, raising the loy.[1]

SUSAN That's a grand story.

HONOR He tells it lovely.

CHRISTY [*flattered and confident, waving bone*] He gave a drive with the scythe, and I gave a lep[2] to the east. Then I turned around with my back to the north, and I hit a blow on the ridge of his skull, laid him stretched out, and he split to the knob of his gullet. [*He raises the chicken bone to his Adam's apple.*]

GIRLS [*together*] Well, you're a marvel! Oh, God bless you! You're the lad, surely!

SUSAN I'm thinking the Lord God sent him this road to make a second husband to the Widow Quin, and she with a great yearning to be wedded, though all dread her here. Lift him on her knee, Sara Tansey.

WIDOW QUIN Don't tease him.

SARA [*going over to the dresser and counter very quickly, and getting two glasses and porter*] You're heroes, surely, and let you drink a supeen[3] with your arms linked like the outlandish lovers in the sailor's song. [*She links their arms and gives them the glasses.*] There now. Drink a health to the wonders of the western world, the pirates, preachers, poteen[4]-makers, with the jobbing[5] jockies; parching[6] peelers,[7] and the juries fill their stomachs selling judgments of the English law. [*Brandishing the bottle.*]

(Act II)

1. *Loy :* sorte de pelle.
2. *Lep : leap.*
3. *Supeen :* petit coup.
4. *Poteen :* whisky distillé illégalement.
5. *Jobbing :* combinards.
6. *Parching :* soiffards.
7. *Peelers :* policiers.

SEAN O'CASEY (1880-1964)

Sean O'Casey naquit dans les taudis de Dublin et travailla sur les routes à partir de quatorze ans pour survivre. Il rejoignit la *Gaelic League* et le *Sinn Fein,* mais l'échec de la rébellion de 1916 déçut ses espoirs et il resta ensuite à l'écart de la guerre civile. C'est dans ses trois premières pièces qu'on trouve le meilleur de son œuvre. *The Shadow of a Gunman* (1923), situé dans un taudis de Dublin en 1920, lorsque les *Black and Tans* (milices pro-britanniques) terrorisent la population catholique, montre la lâcheté dissimulée derrière les grandes poses héroïques. De même, dans *Juno and the Paycock* (1924), la peur et la confusion percent sous la rhétorique nationaliste. *The Plough and the Stars* (1926) est devenu un classique du théâtre irlandais. Soulignant ironiquement le contraste entre la ferveur nationaliste enflammée et la bassesse de ceux qui s'en font l'écho, la pièce mêle la tragédie et la farce avec des effets quasi expressionnistes. Les nationalistes y virent une insulte à la mémoire des morts du soulèvement de 1916 et déclenchèrent une émeute le jour de la représentation. Aucune des pièces suivantes de O'Casey ne parvint à égaler les premières. Il accentua sa technique expressionniste au point de faire de ses personnages des abstractions et se laissa aller à une tendance à la prédication et à l'invective. Vivant en Angleterre, il se trouva peu à peu coupé de la réalité irlandaise et continua à attaquer une Irlande qui avait en fait cessé d'exister.

BIBLIOGRAPHIE SÉLECTIVE. — Bernard Benstock, *Paycock and Others : Sean O' Casey's World,* Dublin, Gill and Macmillan, 1976 ; John O'Riordan, *A Guide to O'Casey's Plays,* London, Macmillan, 1984.

The Plough and the Stars[1] (1926)

BARMAN *(wiping counter)* Nothin' much doin' in your line to-night, Rosie?

ROSIE Curse o' God on th' haporth,[2] hardly, Tom. There isn't much notice taken of a pretty petticoat, of a night like this. . . . They're all in a holy mood. Th' solemn-lookin' dials[3] on th' whole o' them an' they marchin' to th' meetin'. You'd think they were th' glorious company of th' saints, an' th' noble army of martyrs thrampin'[4] through th' sthreets of paradise. They're all thinkin' of higher things than a girl's garthers.[5] . . . It's a tremendous meetin'; four platforms they have—there's one o' them just outside opposite th' window.

BARMAN Oh, ay; sure when th' speaker comes *(motioning with his hand)* to th' near end, here, you can see him plain, an' hear nearly everythin' he's spoutin' out of him.

ROSIE It's no joke thryin'[6] to make up fifty-five shillin's a week for your keep an' laundhry, an' then taxin' you a quid for your own room if you bring home a friend for th' night. . . . If I could only put by a couple of quid for a swankier outfit, everythin' in th' garden ud[7] look lovely—

BARMAN Whisht,[8] till we hear what he's sayin'.

[*Through the window is silhouetted the figure of a tall man who is speaking to the crowd. The Barman and Rosie look out of the window and listen.*

THE VOICE OF THE MAN It is a glorious thing to see arms in the hands of Irishmen. We must accustom ourselves to the thought of arms, we must accustom ourselves to the sight of arms, we must accustom ourselves to the use of arms. . . . Bloodshed is a cleansing and sanctifying thing, and the

1. La scène se passe dans un pub à Dublin en 1915, quelques mois avant le soulèvement sanglant de Pâques 1916 qui sera la toile de fond des actes III et IV. On entend les discours nationalistes enflammés qu'un orateur adresse à la foule à l'extérieur du pub. Rosie est une prostituée.

2. *Haporth :* contraction de *half-pennyworth* (qui ne vaut qu'un demi-penny, c'est-à-dire un pas-grand-chose).

3. *Dials* (argot) : visages.

4. *Thramping : tramping.*

5. *Garther : garter.*

6. *Thrying : trying.*

7. *Ud : would.*

8. *Whisht :* chut.

nation that regards it as the final horror has lost its manhood. . . . There are many things more horrible than bloodshed, and slavery is one of them!

[*The figure moves away towards the Right, and is lost to sight and hearing.*

ROSIE It's th' sacred thruth, mind you, what that man's afther sayin'.

BARMAN If I was only a little younger, I'd be plungin' mad into th' middle of it!

ROSIE *(who is still looking out of the window)* Oh, here's the two gems[1] runnin' over again for their oil![2]

[*Peter and Fluther enter tumultuously. They are hot, and full and hasty with the things they have seen and heard. Emotion is bubbling up in them, so that when they drink, and when they speak, they drink and speak with the fullness of emotional passion. Peter leads the way to the counter.*

PETER *(splutteringly to Barman)* Two halves . . . *(To Fluther)* A meetin' like this always makes me feel as if I could dhrink Loch[3] Erinn dhry!

FLUTHER You couldn't feel any way else at a time like this when th' spirit of a man is pulsin' to be out fightin' for th' thruth with his feet thremblin' on th' way, maybe to th' gallows, an' his ears tinglin' with th' faint, far-away sound of burstin' rifle-shots that'll maybe whip th' last little shock o' life out of him that's left lingerin' in his body!

PETER I felt a burnin' lump in me throat when I heard th' band playin' "The Soldiers' Song", rememberin' last hearin' it marchin' in military formation with th' people starin' on both sides at us, carryin' with us th' pride an' resolution o' Dublin to th' grave of Wolfe Tone.[4]

FLUTHER Get th' Dublin men goin' an' they'll go on full force for anything that's thryin' to bar them away from what they're wantin', where th' slim thinkin' counthry boyo[5] ud limp away from th' first faintest touch of compromization!

1. *The two gems :* « les deux plus beaux ».
2. *Oil* (argot) : bière.
3. *Loch :* lac.
4. *Wolfe Tone :* une des grandes figures du nationalisme irlandais (1763-1798). Il chercha à obtenir le soutien de la France au soulèvement nationaliste de 1798, mais fut capturé après l'échec du débarquement français et se suicida dans sa prison.
5. *Boyo : boy.*

PETER *(hurriedly to the Barman)* Two more, Tom! . . . *(To Fluther)* Th' memory of all th' things that was done, an' all th' things that was suffered be th' people, was boomin' in me brain. . . . Every nerve in me body was quiverin' to do somethin' desperate!

FLUTHER Jammed as I was in th' crowd, I listened to th' speeches pattherin' on th' people's head, like rain fallin' on th' corn; every derogatory thought went out o' me mind, an' I said to meself, "You can die now, Fluther, for you've seen th' shadow-dhreams of th' past leppin'[1] to life in th' bodies of livin' men that show, if we were without a titther[2] o' courage for centuries, we're vice versa now!" Looka here. *(He stretches out his arm under Peter's face and rolls up his sleeve.)* The blood was BOILIN' in me veins!

(Act II)

1. *Leppin' : leaping.*
2. *Titther : tittle* (brin).

Le temps présent : le roman

WILLIAM GOLDING (né en 1911)

Après des études à Oxford, William Golding commanda un navire dans la Royal Navy pendant la guerre, et la mer occupe une grande place dans son œuvre. Sa carrière littéraire commença avec *Lord of the Flies* (1954), fable morale sur la frontière fragile entre civilisation et sauvagerie. *The Inheritors* (1955) est un tour de force narratif écrit du point de vue de l'homme de Néanderthal et décrivant son extermination par l'*homo sapiens. Pincher Martin* (1956) rend avec une intensité cauchemardesque et hallucinatoire les souvenirs fragmentaires d'un officier de marine rescapé d'un naufrage sur un récif rocheux. La veine de moraliste s'accentue avec *Free Fall* (1959), méditation religieuse sur la grâce et la damnation à travers les réflexions d'un homme sur son passé. Plus récemment, *Rites of Passages* (1980) décrit l'expérience initiatique d'un groupe d'immigrants partant pour l'Australie, qui découvrent peu à peu la fragilité du code moral menacé par le chaos. Golding a obtenu le prix Nobel en 1983. Comme Conrad, il aime montrer des individus placés dans des situations extrêmes où le support de la morale et de l'éducation s'effondre et où menace la régression dans la barbarie. Sa faiblesse est une tendance à l'allégorie, mais peu d'écrivains ont une conscience aussi aiguë des pouvoirs du mal.

BIBLIOGRAPHIE SÉLECTIVE. — Mark Kinkead-Weekes and Ian Gregor, *William Golding : A Critical Study,* London, Faber, 1967 ; Virginia Tiger, *William Golding : The Dark Fields of Discovery,* London, Calder and Boyars, 1974.

Lord of the Flies[1] (1954)

Jack leapt on to the sand.

"Do our dance! Come on! Dance!"

He ran stumbling through the thick sand to the open space of rock beyond the fire. Between the flashes of lightning the air was dark and terrible; and the boys followed him, clamorously. Roger became the pig, grunting and charging at Jack, who side-stepped. The hunters took their spears, the cooks took spits, and the rest clubs of fire-wood. A circling movement developed and a chant. While Roger mimed the terror of the pig, the littluns[2] ran and jumped on the outside of the circle. Piggy and Ralph, under the threat of the sky, found themselves eager to take a place in this demented but partly secure society. They were glad to touch the brown backs of the fence that hemmed in the terror and made it governable.

"*Kill the beast! Cut his throat! Spill his blood!*"

The movement became regular while the chant lost its first superficial excitement and began to beat like a steady pulse. Roger ceased to be a pig and became a hunter, so that the centre of the ring yawned emptily. Some of the littluns started a ring on their own; and the complementary circles went round and round as though repetition would achieve safety of itself. There was the throb and stamp of a single organism.

The dark sky was shattered by a blue-white scar. An instant

1. Après un accident d'avion lors d'une guerre nucléaire, un groupe de jeunes garçons se retrouve sur une île déserte. Peu à peu ils sont gagnés par la sauvagerie et s'organisent en société tribale. Mais ils sont vite divisés entre Ralph, qui essaie de maintenir un semblant de démocratie, et Jack, qui règne sur son groupe par la violence. Les enfants sont terrifiés par une mystérieuse créature dont ils ont fait une espèce de monstre mythique et qui est en fait le cadavre d'un parachutiste suspendu à des branches. Nous les voyons ici accomplir le meurtre rituel de leur camarade Simon, qui venait leur dire la vérité sur la prétendue bête.

2. *Littluns : little ones*. Les petits forment un groupe à part.

later the noise was on them like the blow of a gigantic whip. The chant rose a tone in agony.

"*Kill the beast! Cut his throat! Spill his blood!*"

Now out of the terror rose another desire, thick, urgent, blind.

"*Kill the beast! Cut his throat! Spill his blood!*"

Again the blue-white scar jagged above them and the sulphurous explosion beat down. The littluns screamed and blundered about, fleeing from the edge of the forest, and one of them broke the ring of biguns[1] in his terror.

"Him! Him!"

The circle became a horseshoe. A thing was crawling out of the forest. It came darkly, uncertainly. The shrill screaming that rose before the beast was like a pain. The beast stumbled into the horseshoe.

"*Kill the beast! Cut his throat! Spill his blood!*"

The blue-white scar was constant, the noise unendurable. Simon was crying out something about a dead man on a hill.

"*Kill the beast! Cut his throat! Spill his blood! Do him in!*"

The sticks fell and the mouth of the new circle crunched and screamed. The beast was on its knees in the centre, its arms folded over its face. It was crying out against the abominable noise something about a body on the hill. The beast struggled forward, broke the ring and fell over the steep edge of the rock to the sand by the water. At once the crowd surged after it, poured down the rock, leapt on to the beast, screamed, struck, bit, tore. There were no words, and no movements but the tearing of teeth and claws.

(Chap. IX)

ALAN SILLITOE (né en 1928)

Né dans une famille d'ouvriers du Nottinghamshire, Alan Sillitoe commence à travailler en usine à l'âge de quatorze ans. C'est pendant un séjour à l'hôpital pour tuberculose qu'il se met à écrire. Malgré son œuvre

1. *Biguns : big ones.*

abondante, il reste pour beaucoup de lecteurs l'homme d'un seul roman, sa première œuvre, *Saturday Night and Sunday Morning* (1958), chronique haute en couleur d'un jeune ouvrier de Nottingham que sa révolte anarchiste contre l'ordre n'empêche pas de profiter pleinement de la vie et des femmes. Par la vigueur de sa langue populaire et son évocation chaleureuse de la vie familiale en milieu ouvrier, le roman apparut immédiatement comme le chef-d'œuvre du *working class novel* et Sillitoe comme un chef de file des *Angry Young Men**. Plus émouvante et peut-être moins complaisante est la nouvelle « The Loneliness of the Long Distance Runner » qui donne son titre au recueil suivant (1959) : pour ne pas jouer le jeu qu'attend de lui le directeur de la maison de correction, le jeune héros perd délibérément la course et remporte une victoire contre la société qui l'a enfermé. Dans les nombreuses œuvres qui suivirent, Sillitoe ne parvint jamais à s'imposer de manière aussi éclatante, peut-être parce qu'il n'a pas réussi à passer d'un néo-réalisme provincial à une inspiration plus vaste. Mais son intégrité et sa foi en la classe ouvrière imposent le respect.

BIBLIOGRAPHIE SÉLECTIVE. — Stanley S. Atherton, *Alan Sillitoe : A Critical Assessment*, London, Allen, 1979.

Saturday Night and Sunday Morning[1] (1958)

On his first parade the sergeant-major exclaimed that he couldn't make out the shape of Arthur's head because there was so much hair on it, and Arthur jocularly agreed to get it cut, intending to forget about it until the fifteen days was over, which he did. "You're a soldier now, not a Teddy-boy,"[2] the sergeant-major said, but Arthur knew he was wrong in either case. He was nothing at all when people tried to tell him what he was. Not even his own

1. Arthur Seaton, jeune ouvrier d'usine à Nottingham, exprime tout au long du roman sa révolte un peu anarchique contre toute forme d'autorité, que ce soit les patrons, le gouvernement, l'armée ou les voisins. Il dépense son énergie débordante dans la boisson, les aventures amoureuses et les bagarres de pub. Mais à la fin du roman il se fiance et sent confusément qu'il va bientôt se ranger. Nous le voyons ici pendant une période militaire de deux semaines.

2. *Teddy-boy* : les *Teddy-boys* étaient dans les années 50 des bandes de jeunes affectant une grande élégance de vêtement.

name was enough, though it might be on his pay-book. What am I? he wondered. A six-foot pit-prop that wants a pint of ale. That's what I am. And if any knowing bastard says that that's what I am, I'm a dynamite-dealer, Sten-gun[1] seller, hundred-ton tank trader, a capstan-lathe operator waiting to blow the army to Kingdom Cum.[2] I'm me and nobody else; and whatever people think I am or say I am, that's what I'm not, because they don't know a bloody thing about me.

On the second day he stood in the urinal staring at the wall's grey surface with wild eyes, as if to penetrate the obscene scrawls that he had once found so funny, and see today's racing lists and tomorrow's winners set down plainly instead. The seconds he stood there passed like days, each a goods-train in his stomach, a dynamo in his brain, an anvil in his heart, a tool-vice clamped on to his mouth that nevertheless muttered: "Bastards. Bastards. Bastards"—until Ambergate came in from breakfast and thumped him on the back, and Arthur turned with raised fist ready to give himself the pleasure of smashing him. But he stopped in time, for he could not do it to Ambergate, his collier pal from some lonely shaft of the Derbyshire[3] foothills.

The days and nights did not pass quickly enough. On the range he was happy with the Bren,[4] at the thought of bullets falling into the spout[5] from the curving magazine and at the sound of them spitting like music at the boards. He liked firing, he had to admit. It gave him satisfaction to destroy, if only the board[6] perched up above the butts.[7] He would rather destroy something more tangible: houses or human beings: but that was impossible, yet. When it was not his turn at the sandbags he loved to stand and listen to the total bursting of bullets from the dozen guns firing, hearing the lifting and falling of sound, the absolutely untamable rhythms that ripped the air open with untrammelled joy.

Every night he went out with Ambergate to get drunk: on the

1. *Sten-gun :* marque de mitraillette.
2. *Kingdom Cum : kingdom come. To send someone to kingdom come :* expédier quelqu'un dans l'autre monde.
3. *Derbyshire :* comté du nord des Midlands.
4. *Bren :* marque de mitraillette.
5. *Spout :* canon.
6. *Board :* cible.
7. *Butts :* support de la cible.

long walks he plotted private war and revolution, arson and plunder, with Ambergate, bringing to the surface impossible dreams and treating them like jokes. Coming back from the village they forgot everything in the world but their own existence, the now, the this minute of their filled bellies and walking legs and chafed thighs on khaki serge. Arthur's drunken chanting sped out like primeval madness over dark fields and woods, filling the best hours of fifteen days. They passed cottages bolted and barred to them, doors and windows spurning Arthur's made-up songs that rolled and roared along like the explosion of some half-forgotten voice in the world.

(Chap. IX)

IRIS MURDOCH (née en 1919)

On a parfois reproché, non sans raison, à Iris Murdoch de n'écrire que des romans à thèse où les intrigues ont pour unique fonction d'explorer des idées. Ses récits, qu'on a parfois comparés à des romans policiers philosophiques, nous montrent des relations bizarres, souvent perverses, à partir d'intrigues macabres rappelant un peu le roman gothique. Ce sont le plus souvent des initiations douloureuses, des conflits où les forces inconscientes jouent un grand rôle, où les héros sont la proie d'illusions destructrices et où le moi est sans cesse menacé de dislocation. *The Bell* (1958) explore les tensions entre le sexe et la religion dans une communauté de laïcs. *A Severed Head* (1961), comédie macabre sur le thème de l'adultère et de l'inceste, laisse l'impression d'une construction un peu intellectuelle. *The Sea, The Sea* (1978) débouche sur le fantastique et présente des analogies avec *The Tempest* de Shakespeare. Oscillant entre le théâtre, le mythe et la parodie, ses romans peuvent livrer de multiples réseaux d'interprétation et font les délices des universitaires. Mais on n'échappe pas toujours à une impression d'artifice.

BIBLIOGRAPHIE SÉLECTIVE. — Frank Baldanza, *Iris Murdoch*, New York, Twayne, 1974.

The Unicorn[1] (1963)

She looked at him, not with any expression of intensity, but moodily, morosely, almost crossly. There were tears or sea spray upon her face. The breaking waves were near now and he could see behind her the hypnotic movement of their nearing lines. "Alice—" He said it with an imploring confidence. He wanted to clasp her, to reward her, to make certain of her protection. She was turning away from him again; and as he was slipping upon the next rock and saving himself with outstretched arms, she put her hands in her pockets, took another step, and hurled herself full length into the pool.

The shock of her sudden movement made Effingham stumble to his knees. By the time he had got himself up and reached the edge, all was strangely quiet again, the surface rippling a little and Alice lying immersed in the pool, her head resting against a gently sloping rock at the far end. The scene, wrapped about by the loudly roaring waves, had a weird stillness, as if Alice had lain there already a long time, a fish-like sea goddess, brooding since antiquity in some watery hole.

She lay there so still, reposing in the brown weedy pool, her head and shoulders raised against the rock, her hair darkened by the water and quietly dripping, that Effingham thought for a moment that she might have struck the rock and become unconscious. But her eyes were open. He stared at them, remembering Hannah's eyes. He looked down, paralysed and fascinated, as at something suddenly metamorphosed. He could not speak to her now, she had made herself too much other. Yet he noted how grotesquely her hands were still in her pockets, the soaked collar of her tweed coat turned up about her neck, her clothed body disappearing between the reddish stems of flowery seaweed. Shells glittered like small jewels on the floor of the pool,

1. Dans une grande demeure au bord de la mer isolée du reste du monde, Hannah Crean-Smith vit mystérieusement recluse, entourée par un groupe de gens dont on ne sait trop s'ils sont ses anges gardiens ou ses geôliers. Une jeune femme, Marian, est embauchée comme dame de compagnie d'Hannah. Plongée dans cet univers de faux-semblants, elle va aller d'énigme en énigme et se heurter à des mystères que même la tragédie finale ne résoudra pas complètement. Le passage choisi met en scène Alice Lecour et Effingham Cooper, deux personnages qui appartiennent à une autre maison, mais dont on s'aperçoit peu à peu qu'ils ont de nombreux liens avec le groupe précédent. Ils ont par le passé vécu une relation amoureuse, mais se sont depuis éloignés l'un de l'autre.

and he remembered the woman of shells that he had seen laid out upon Alice's bed.

The strong sun cast his shadow upon the pool. He must find his way to Alice. The sides of the pool were too steep and high for him to be able to reach down and touch her. He stood on one leg and took off one shoe. The action seemed grotesque. A seagull passed his head with a shriek and flashed out to sea. He pulled off his sock, removed the other shoe and sock, and then took off his watch and put it in one of the shoes. He took off his jacket and began to loosen his tie. He paused. Something in the ritual of the actions touched him and he felt a sensation which he identified almost at once as sexual desire. Well, was he not going to bed? Without undressing further he began to slither down the side of the pool.

The water was warm and thick with weed. Effingham sank into the brown gluey liquid, on his side now, his head descending close to Alice's. He felt his clothes resist and then drink. Now he was soaked and heavy. His face was close to hers now, their brows almost touching, as he edged his shoulder to the sloping rock. He seemed to intercept Alice's vague gaze. She showed no intensity, looking at him quietly with a sort of casual dignity, her hands still in her pockets. He did not try to raise her yet. He leaned towards her and kissed her on the lips. She was calmly ready for the kiss. As he touched the new Alice he was obscurely aware that something was broken, someone had gone: but he coult not at the moment remember what or who.

(Chap. XXIV)

JOHN FOWLES (né en 1926)

La trajectoire de John Fowles reste éminemment énigmatique. Homme de mystères et de masques, il semble déterminé à frustrer le lecteur de toute interprétation claire de son œuvre. Son premier roman, *The Collector* (1963), tient à la fois du roman policier, de l'étude de mœurs et de l'exploration psychanalytique. Mais le face à face entre Frederick et Miranda est peut-être encore plus un affrontement social qu'un conflit pathologique, et le livre est un constat dévastateur sur les illusions de l'intelligentsia humaniste. *The Magus* (1966), conte initiatique touffu, est un théâtre d'ombres où tout n'est qu'illusion, mais on peut se demander si l'intérêt du roman est à la mesure de l'effort demandé au lecteur. *The French Lieutenant's Woman* (1969), véritable roman en abyme, tisse tout un jeu intertextuel derrière une apparente reconstruction du monde victorien, mettant en contrepoint les conventions du siècle dernier et la morale moderne. Plus récemment, *A Maggot* (1985), en combinant narration et procès-verbaux d'interrogatoire, nous fait pénétrer l'univers d'une secte religieuse au début du XVIIIe siècle, tout en hésitant sans cesse entre le sacré et le fantastique. Fowles semble s'orienter de plus en plus vers la parabole morale, mais son œuvre reste fondamentalement ouverte.

BIBLIOGRAPHIE SÉLECTIVE. — Peter Conradi, *John Fowles*, London, Methuen, 1982.

The Collector[1] (1963)

I won't go on. We argued—no, we don't argue, I say things and he tries to wriggle out of them.

It's true. He is the Old Man of the Sea.[2] I can't stand stupid people like Caliban,[3] with their great deadweight of pettiness and selfishness and meanness of every kind. And the few have to carry it all. The doctors and the teachers and the artists—not that they haven't their traitors, but what hope there is, is with them—with us.

1. Frederick Clegg, petit employé de mairie sans argent et sans instruction, est depuis longtemps amoureux de Miranda, jeune étudiante qui ne le connaît pas, mais qu'il suit et observe. Grâce à une grosse somme d'argent gagnée dans un concours de pronostics, il s'achète une maison isolée à la campagne, puis kidnappe Miranda et la maintient enfermée dans la cave qu'il a aménagée en appartement. C'est le début d'une relation perverse qui se terminera dans la mort. Le roman fait alterner le récit de Frederick et le journal de Miranda. Ce passage est extrait du journal de la jeune fille, peu après une de ses nombreuses tentatives infructueuses pour instaurer un dialogue avec son geôlier.

2. *The Old Man of the Sea* : dans les *Mille et Une Nuits*, Sindbad le marin accepte de porter un vieillard sur ses épaules, mais celui-ci, une fois installé, s'agrippe à lui pendant des jours et des nuits. L'image est souvent utilisée en anglais pour désigner un fardeau dont on n'arrive pas à se défaire.

3. *Caliban* : Miranda associe souvent Frederick au personnage de Caliban, l'esclave sauvage et difforme de Prospero, inaccessible à tout sentiment humain, dans *The Tempest* de Shakespeare.

Because I'm one of them.

I'm one of them. I feel it and I've tried to prove it. I felt it during my last year at Ladymont.[1] There were the few of us who cared, and there were the silly ones, the snobbish ones, the would-be debutantes and the daddy's darlings and the horsophiles and the sex-cats. I'll never go back to Ladymont. Because I couldn't stand that suffocating atmosphere of the "done" thing and the "right" people and the "nice" behaviour. (Boadicea[2] writing "in spite of her weird political views" on my report—how dared she?) I *will* not be an old girl[3] of such a place.

Why *should* we tolerate their beastly Calibanity? Why should every vital and creative and good person be martyred by the great universal stodge around?

In this situation I'm a representative.

A martyr. Imprisoned, unable to grow. At the mercy of this resentment, this hateful millstone envy of the Calibans of this world. Because they all hate us, they hate us for being different, for not being them, for their own not being like us. They persecute us, they crowd us out, they send us to Coventry,[4] they sneer at us, they yawn at us, they blindfold themselves and stuff up their ears. They do anything to avoid having to take notice of us and respect us. They go crawling after the great ones among us when they're dead. They pay thousands and thousands for the Van Goghs and Modiglianis they'd have spat on at the time they were painted. Guffawed at. Made coarse jokes about.

I hate them.

I hate the uneducated and the ignorant. I hate the pompous and the phoney. I hate the jealous and the resentful. I hate the crabbed and the mean and the petty. I hate all ordinary dull little people who aren't ashamed of being dull and little. I hate what G. P.[5] calls the New People, the newclass people with their cars and their money and their tellies and their stupid vulgarities and their stupid crawling imitation of the bourgeoisie.

I love honesty and freedom and giving. I love making, I love

1. *Ladymont :* école privée assez chic qu'a fréquentée Miranda.

2. *Boadicea :* nom que donne Miranda à une de ses professeurs à Ladymont. Ce nom est à l'origine celui d'une reine guerrière de l'est de l'Angleterre qui mena une révolte contre les Romains.

3. *Old girl :* ancienne élève.

4. *To send to Coventry :* mettre en quarantaine.

5. *G. P. :* peintre et ami intime de Miranda. Il tient une très grande place dans son journal.

doing, I love being to the full, I love everything which is not sitting and watching and copying and dead at heart.

G. P. was laughing at my being Labour one day (early on). I remember he said, you are supporting the party which brought the New People into existence[1]—do you realize that?

(Chap. II)

1. Allusion à l'ensemble des lois sur les nationalisations et la sécurité sociale votées par le Parti travailliste entre 1946 et 1948.

PHILIP LARKIN (1922-1985)

Discrète et sans tapage, la vie de Larkin reflète assez bien une poésie dont l'intensité ne naît pas d'expériences hors du commun mais de la profondeur du quotidien et de la méditation sur les choses de la vie. Après des études à Oxford il devint conservateur de la bibliothèque de Hull où il resta toute sa vie. Très influencé par Yeats dans son premier volume, *The North Ship* (1945), il puisera ensuite dans Hardy l'amertume ironique et le stoïcisme sans illusions qui nourriront *The Less Deceived* (1955). Il s'associe aux poètes du *Movement* (Kingsley Amis, Donald Davie, D. J. Enright, John Wain) pour publier en 1956 une anthologie qui réagit contre le néo-romantisme flamboyant de Dylan Thomas, l'engagement politique de Auden et Spender ou les élaborations mytho-poétiques de Eliot et Pound. Les poèmes de *The Whitsun Weddings* (1964) et *High Windows* (1974) évoquent la frustration de l'inaccomplissement dans des paysages de solitude et de banalité. On ne trouve chez Larkin aucune nouveauté radicale d'écriture mais un remarquable talent pour adapter les idiomes de la vie de tous les jours à une métrique discrète mais extraordinairement maîtrisée. Loin des modes, son œuvre s'impose par sa rigueur.

BIBLIOGRAPHIE SÉLECTIVE. — Terry Whalen, *Philip Larkin and English Poetry*, London, Macmillan, 1986.

Here[1] (1964)

Swerving east, from rich industrial shadows
And traffic all night north; swerving through fields
Too thin and thistled to be called meadows,
And now and then a harsh-named halt, that shields
Workmen at dawn; swerving to solitude
Of skies and scarecrows, haystacks, hares and pheasants,
And the widening river's slow presence,
The piled gold clouds, the shining gull-marked mud,

Gathers to the surprise of a large town:
Here domes and statues, spires and cranes cluster
Beside grain-scattered streets, barge-crowded water,
And residents from raw estates, brought down
The dead straight miles by stealing flat-faced trolleys,
Push through plate-glass swing doors to their desires—
Cheap suits, red kitchen-ware, sharp shoes, iced lollies,
Electric mixers, toasters, washers, driers—

A cut-price crowd, urban yet simple, dwelling
Where only salesmen and relations come
Within a terminate[2] and fishy-smelling
Pastoral of ships up streets, the slave museum,[3]
Tattoo-shops, consulates, grim head-scarfed wives;
And out beyond its mortgaged half-built edges
Fast-shadowed wheat-fields, running high as hedges,
Isolate villages, where removed lives

Loneliness clarifies. Here silence stands
Like heat. Here leaves unnoticed thicken,
Hidden weeds flower, neglected waters quicken,
Luminously-peopled air ascends;
And past the poppies bluish neutral distance
Ends the land suddenly beyond a beach
Of shapes and shingle. Here is unfenced existence:
Facing the sun, untalkative, out of reach.

1. Le paysage évoqué est celui de la ville de Hull, au nord-est de l'Angleterre, sur l'estuaire de la Humber, où Larkin vécut de 1955 jusqu'à sa mort.

2. *Terminate :* qui a atteint ses limites.

3. *Slave museum :* le Wilberforce Museum, qui contient des souvenirs de William Wilberforce (1759-1833), homme politique qui contribua à l'abolition de l'esclavage.

TED HUGHES (né en 1930)

Ted Hughes est né dans le Yorkshire, région dont le paysage sauvage sera pour lui une source constante d'inspiration. Après des études à Cambridge, il s'intéresse à l'anthropologie et au folklore, et sa poésie en porte la marque. Dès son premier volume, *The Hawk in the Rain* (1957), il nous montre un univers de prédateurs et de victimes dans une nature en proie à la sauvagerie. Sa fascination pour les animaux et leur dimension mythique rappelle la poésie de D. H. Lawrence. Devant la dislocation des cosmologies traditionnelles, Hughes se fabrique des créatures avortées, versions parodiques et grotesques de la création divine. Ainsi, dans *Crow* (1970), il fait naître une créature monstrueuse que Dieu aurait créée dans un moment de cauchemar. Et ses recueils suivants (*Season Songs,* 1974 ; *Gaudete,* 1977 ; *Cave Birds,* 1978) élaborent peu à peu une véritable mythologie privée. Par ses rythmes discordants et ses images fulgurantes il fait éclater la forme poétique, mais ne parvient pas toujours à unifier ses poèmes qui apparaissent comme des décharges d'énergie.

BIBLIOGRAPHIE SÉLECTIVE. — Terry Gifford and Neil Roberts, *Ted Hughes : A Critical Study,* London, Faber, 1981 ; Keith Sagar ed., *The Achievement of Ted Hughes,* Manchester, Manchester University Press, 1983.

Thrushes (1960)

Terrifying are the attent[1] sleek thrushes on the lawn,
More coiled steel than living—a poised
Dark deadly eye, those delicate legs
Triggered to stirrings beyond sense—with a start, a bounce, a
 stab

1. *Attent : intent.*

Overtake the instant and drag out some writhing thing.
No indolent procrastinations and no yawning stares.
No sighs or head-scratchings. Nothing but bounce and stab
And a ravening second.

Is it their single-minded-sized skulls, or a trained
Body, or genius, or a nestful of brats
Gives their days this bullet and automatic
Purpose? Mozart's brain had it, and the shark's mouth
That hungers down the blood-smell even to a leak of its own
Side and devouring of itself: efficiency which
Strikes too streamlined[1] for any doubt to pluck at it
Or obstruction deflect.

With a man it is otherwise. Heroisms on horseback,
Outstripping his desk-diary at a broad desk,
Carving at a tiny ivory ornament
For years: his act worships itself—while for him,
Though he bends to be blent in the prayer, how loud and above what
Furious spaces of fire do the distracting devils
Orgy and hosannah, under what wilderness
Of black silent waters weep.

SEAMUS HEANEY (né en 1939)

Seamus Heaney est originaire de Belfast, où il a fait ses études à Queen's University. Ses premiers recueils (*Eleven Poems*, 1965 ; *Death of a Naturalist*, 1966 ; *Door into the Dark*, 1969) montrent un enracinement dans la terre irlandaise et un attachement profond à la ferme de son enfance et aux gestes de la vie paysanne. Ses recueils suivants (*North*, 1975 ; *Field Work*, 1979) élargissent le champ et font écho à la crise politique de l'Ulster, tout en cherchant à éviter

1. *Streamlined :* au profil aérodynamique, mais aussi : d'une efficacité très rationnelle.

le double écueil de la poésie engagée et du retrait dans un univers privé. Poète plus oblique que Hughes, Heaney est animé par une loyauté profonde envers les *bog people*, ces peuplades dont on a retrouvé les corps enterrés dans la tourbe et qui font ressurgir le passé archaïque de l'Irlande. La tourbière devient pour lui un lieu de mémoire où se condensent la nature et l'histoire et où la perception présente se nourrit de toute une imprégnation culturelle du passé. Jouissant d'une réputation internationale qui est à présent comparable à celle de Yeats, Heaney a réussi à incarner dans son œuvre toutes les tensions linguistiques, culturelles et politiques de l'Irlande, sans jamais renoncer à son intégrité de poète.

BIBLIOGRAPHIE SÉLECTIVE. — Blake Morrison, *Seamus Heaney*, London, Methuen, 1982 ; Neil Corcoran, *Seamus Heaney*, London, Faber, 1986.

Bog Queen[1] (1975)

I lay waiting
between turf-face[2] and demesne wall,
between heathery levels
and glass-toothed stone.

My body was braille
for the creeping influences:
dawn suns groped over my head
and cooled at my feet,

through my fabrics and skins
the seeps[3] of winter
digested me,
the illiterate roots

1. En 1781 on découvrit dans les monts Drumkeragh (comté de Down) un corps de femme enfoui dans une sépulture sous une épaisse couche de tourbe. On lui attribua d'abord une origine phénicienne, mais il semble que cette femme de haut rang était viking, probablement une reine danoise.

2. *Turf :* en Irlande *turf* a parfois le sens de « bloc de tourbe ».

3. *Seeps :* sucs digestifs qui filtrent à travers les parois des organes.

pondered and died
in the cavings
of stomach and socket.
I lay waiting

on the gravel bottom,
my brain darkening,
a jar of spawn
fermenting underground

dreams of Baltic amber.[1]
Bruised berries under my nails,
the vital hoard reducing
in the crock of the pelvis.

My diadem grew carious,
gemstones dropped
in the peat floe
like the bearings of history.

My sash was a black glacier
wrinkling, dyed weaves
and phoenician stitchwork
retted[2] on my breasts'

soft moraines.
I knew winter cold
like the nuzzle of fjords
at my thighs—

the soaked fledge,[3] the heavy
swaddle[4] of hides.
My skull hibernated
in the wet nest of my hair.

1. *Amber :* l'ambre gris provient des concrétions intestinales des cachalots.
2. *Retted :* pourrirent.
3. *Fledge :* plumes d'oiseau.
4. *Swaddle :* ce qui emmaillote.

Which they robbed.
I was barbered[1]
and stripped
by a turfcutter's spade

who veiled me again
and packed coomb softly
between the stone jambs
at my head and my feet.

Till a peer's wife[2] bribed him.
The plait of my hair,
a slimy birth-cord
of bog, had been cut

and I rose from the dark,
hacked bone, skull-ware,
frayed stitches, tufts,
small gleams on the bank.

1. *To barber :* couper les cheveux.

2. *A peer's wife :* le corps fut mis au jour sur les terres de Lady Moira qui rédigea un récit documenté de cette découverte.

JOHN OSBORNE (né en 1929)

John Osborne est resté associé avant tout au coup de tonnerre que fut dans le théâtre anglais *Look Back in Anger* en 1956. Avec le temps, ce cri de colère qui fut le point de départ du mouvement des *Angry Young Men** apparaît bien narcissique et complaisant, mais il est l'expression d'une génération qui avait beaucoup espéré des changements apportés par les travaillistes après la guerre, et avait été déçue. Les œuvres suivantes d'Osborne n'ont jamais eu le même retentissement. *The Entertainer* (1957), avec son personnage de fantaisiste raté, jette un regard nostalgique sur la gloire passée du music-hall anglais. *Inadmissible Evidence* (1964) dénonce les complaisances de la bourgeoisie à travers la crise dépressive d'un avocat vieillissant. Mais ce psychodrame cathartique, qui mêle réalisme et fantasme, n'est pas exempt de maladresse. *A Patriot for Me* (1965) montre la tragédie d'un officier de l'armée austro-hongroise victime de son homosexualité, mais pèche par manque de concentration dramatique. Malgré leur ton d'indignation passionnée, les pièces d'Osborne se sont peu à peu enfermées dans une thématique de la culpabilité quasi obsessionnelle. Il n'a manifestement pas réussi à trouver un mode théâtral qui aille au-delà de la plaidoirie ou de l'invective.

BIBLIOGRAPHIE SÉLECTIVE. — Ronald Hayman, *John Osborne*, London, Heinemann, 1968.

Look Back in Anger[1] (1956)

JIMMY *(musingly)* Don't think I could provoke her. Nothing I could do would provoke her. Not even if I were to drop dead.

CLIFF Then drop dead.

JIMMY They're either militant like her Mummy and Daddy. Militant, arrogant and full of malice. Or vague. She's somewhere between the two.

CLIFF Why don't you listen to that concert of yours? And don't stand behind me. That blooming[2] droning on behind me gives me a funny feeling down the spine.

Jimmy gives his ears a twist and Cliff roars with pain. Jimmy grins back at him.

That hurt, you rotten sadist! *(To Alison.)* I wish you'd kick his head in for him.

JIMMY *(moving in between them)* Have you ever seen her brother? Brother Nigel? The straight-backed, chinless wonder from Sandhurst?[3] I only met him once myself. He asked me to step outside[4] when I told his mother she was evil minded.

CLIFF And did you?

JIMMY Certainly not. He's a big chap. Well, you've never heard so many well-bred commonplaces come from beneath the same bowler hat. The Platitude from Outer Space[5]—that's brother Nigel. He'll end up in the Cabinet one day, make no mistake. But somewhere at the back of that mind is the vague knowledge that he and his pals have been plundering and fooling everybody for generations. *(Going upstage, and turning.)* Now Nigel is just about as vague as you can get without being actually invisible. And invisible politicians aren't much use to anyone—not even to

1. Jimmy Porter est un ancien étudiant qui, par révolte contre l'ordre établi, a refusé de s'intégrer dans la société et travaille sur les marchés. Sa femme Alison vient d'un milieu bourgeois qui incarne tout ce qu'il déteste dans la classe dominante, et tout au long de l'acte I nous le voyons essayer vainement de provoquer Alison en attaquant violemment sa famille, tandis que leur ami Cliff, au tempérament paisible, essaie sans grand succès de le calmer. La scène se passe un dimanche anglais, jour de désœuvrement qui exaspère tout particulièrement Jimmy.

2. *Blooming :* sacré, satané.

3. *Sandhurst :* célèbre école militaire.

4. *He asked me to step outside :* sous-entendu : pour me donner une correction.

5. *The Platitude from Outer Space :* jeu de mots sur *The Creature from Outer Space,* titre-cliché de roman de science-fiction.

his supporters! And nothing is more vague about Nigel than his knowledge. His knowledge of life and ordinary human beings is so hazy, he really deserves some sort of decoration for it—a medal inscribed "For Vaguery in the Field".[1] But it wouldn't do for him to be troubled by any stabs of conscience, however vague. *(Moving down again.)* Besides, he's a patriot and an Englishman, and he doesn't like the idea that he may have been selling out his countryman all these years, so what does he do? The only thing he *can* do—seek sanctuary in his own stupidity. The only way to keep things as much like they always have been as possible, is to make any alternative too much for your poor, tiny brain to grasp. It takes some doing nowadays. It really does. But they knew all about character building at Nigel's school, and he'll make it all right. Don't you worry, he'll make it. And, what's more, he'll do it better than anybody else!

There is no sound, only the plod of Alison's iron. Her eyes are fixed on what she is doing. Cliff stares at the floor. His cheerfulness has deserted him for the moment. Jimmy is rather shakily triumphant. He cannot allow himself to look at either of them to catch their response to his rhetoric, so he moves across to the window, to recover himself, and look out.

It's started to rain. That's all it needs. This room and the rain.

He's been cheated out of his response, but he's got to draw blood somehow.

(conversationally). Yes, that's the little woman's family.

You know Mummy and Daddy, of course. And don't let the Marquess of Queensberry[2] manner fool you. They'll kick you in the groin while you're handing your hat to the maid. As for Nigel and Alison—*(In a reverent, Stuart Hibberd[3] voice.)* Nigel and Alison. They're what they sound like: sycophantic, phlegmatic and pusillanimous.

(Act I)

1. *Vaguery in the Field :* jeu de mots sur *bravery in the field,* formule qui accompagne la remise d'une décoration militaire.

2. *Marquess of Queensbury :* le marquis de Queensbury fut le premier à mettre au point en 1867 les règles qui par la suite régirent les matches de boxe.

3. *Stuart Hibberd :* commentateur de la BBC célèbre pour sa voix cérémonieuse.

HAROLD PINTER (né en 1930)

Né en 1930 dans une famille juive de l'East End, Pinter a été marqué dès son enfance par la présence de la guerre et des persécutions nazies. Son théâtre montre un univers où le moindre mot peut cacher une menace, où le visiteur peut devenir exécuteur, où la parole se brise sur le mur du silence. Sa première pièce, *The Room* (1957), présente déjà le contraste très pinterien entre la chambre fermée protectrice et l'espace extérieur hostile d'où vont surgir les forces agressives qui détruiront le cocon de sécurité illusoire. A ce thème s'ajoutera dans *The Birthday Party* (1958) tout une théâtralisation quasi fantasmatique de la culpabilité. Dans *The Caretaker* (1960), le vagabond Davies est piégé dans un réseau de relations qu'il ne maîtrise pas, après avoir cru naïvement pouvoir y installer son espace propre. *The Homecoming* (1965) fait de la femme l'enjeu sexuel d'un véritable affrontement tribal au sein d'une même famille. *No Man's Land* (1975) pousse à l'extrême la cruauté de la conversation de salon jusqu'à en faire une exécution rituelle. Tout le théâtre de Pinter témoigne d'une remarquable continuité : derrière la platitude apparente de l'échange verbal, nous avons affaire à des êtres qui sont à des points limites de leur existence et cherchent désespérément à défendre un territoire spatial ou psychique. Le langage est la seule arme qu'ils ont dans ce combat.

BIBLIOGRAPHIE SÉLECTIVE. — Martin Esslin, *Pinter : A Study of his Plays*, London, Eyre Methuen, 1973.

The Birthday Party[1] (1958)

Stanley walks round the table towards the door. McCann meets him.

STANLEY Excuse me.

MCCANN Where are you going?

STANLEY I want to go out.

MCCANN Why don't you stay here?

Stanley moves away, to the right of the table.

STANLEY So you're down here on holiday?

MCCANN A short one. *(Stanley picks up a strip of paper.*[2] *McCann moves in.)* Mind that.

STANLEY What is it?

MCCANN Mind it. Leave it.

STANLEY I've got a feeling we've met before.

MCCANN No we haven't.

STANLEY Ever been anywhere near Maidenhead?[3]

MCCANN No.

STANLEY There's a Fuller's[4] teashop. I used to have my tea there.

MCCANN I don't know it.

STANLEY And a Boots[5] Library. I seem to connect you with the High Street.

MCCANN Yes?

STANLEY A charming town, don't you think?

MCCANN I don't know it.

STANLEY Oh no. A quiet, thriving community. I was born and brought up there. I lived well away from the main road.

MCCANN Yes?

1. Stanley Webber, ancien pianiste, s'est réfugié pour des raisons inconnues dans une petite pension de famille d'une station balnéaire. Soudain s'installent dans la pension deux hommes inquiétants dont on comprend vite qu'ils sont venus chercher Stanley pour régler avec lui une affaire ancienne qui restera inexpliquée. Peu à peu la tension grandit et après une série de confrontations de plus en plus violentes, les deux hommes emmèneront Stanley, brisé, vers une destination inconnue. Nous voyons ici la première rencontre de Stanley avec l'un des deux hommes, qu'il essaie d'amadouer.

2. En attendant Stanley, McCann s'est amusé à déchirer une feuille de journal en cinq bandes égales.

3. *Maidenhead :* ville résidentielle sur la Tamise.

4. *Fuller's :* chaîne de salons de thé.

5. *Boots :* chaîne de petites bibliothèques de prêt appartenant à la compagnie de grands magasins du même nom.

Pause.

STANLEY You're here on a short stay?

MCCANN That's right.

STANLEY You'll find it very bracing.

MCCANN Do you find it bracing?

STANLEY Me? No. But you will. *(He sits at the table.)* I like it here, but I'll be moving soon. Back home. I'll stay there too, this time. No place like home. *(He laughs.)* I wouldn't have left, but business calls. Business called, and I had to leave for a bit. You know how it is.

MCCANN *(sitting at the table, left)* You in business?

STANLEY No. I think I'll give it up. I've got a small private income, you see. I think I'll give it up. Don't like being away from home. I used to live very quietly—played records, that's about all. Everything delivered to the door. Then I started a little private business, in a small way, and it compelled me to come down here—kept me longer than I expected. You never get used to living in someone else's house. Don't you agree? I lived so quietly. You can only appreciate what you've had when things change. That's what they say, isn't it? Cigarette?

MCCANN I don't smoke.

Stanley lights a cigarette. Voices from the back.

STANLEY Who's out there?

MCCANN My friend and the man of the house.

STANLEY You know what? To look at me, I bet you wouldn't think I'd led such a quiet life. The lines on my face, eh? It's the drink. Been drinking a bit down here. But what I mean is . . . you know how it is . . . away from your own . . . all wrong, of course . . . I'll be all right when I get back . . . but what I mean is, the way some people look at me you'd think I was a different person. I suppose I have changed, but I'm still the same man that I always was. I mean, you wouldn't think, to look at me, really . . . I mean, not really, that I was the sort of bloke to—to cause any trouble, would you? *(McCann looks at him.)* Do you know what I mean?

MCCANN No. *(As Stanley picks up a strip of paper.)* Mind that.

(Act II)

EDWARD BOND (né en 1934)

Après avoir quitté l'école et fait divers petits métiers, Edward Bond s'est totalement consacré au théâtre. Sa première pièce, *The Pope's Wedding* (1962), située parmi les paysans pauvres de l'East Anglia, évoque un univers tragiquement coupé du monde de la culture. Derrière la violence quasi insoutenable de certaines scènes, *Saved* (1965) montre des innocents confrontés à des situations extrêmes et victimes des forces répressives que sont pour Bond toutes les institutions. *Early Morning* (1968), véritable règlement de comptes avec les valeurs victoriennes, mêle le burlesque à l'horreur, allant jusqu'à des scènes de cannibalisme pour symboliser la monstruosité des codes sociaux. A partir d'une ancienne chronique japonaise, *Narrow Road to the Deep North* (1968) est une parabole sur la morale chrétienne qui parvient à l'abstraction poétique d'une véritable *morality play*. *Lear* (1971), ré-écriture moderne du *King Lear* de Shakespeare, est peut-être l'œuvre la plus ambitieuse de Bond. La méditation sur l'effondrement de la civilisation s'y allie à une plaidoirie à la fois passionnée et désespérée pour la justice. Bond a continué à écrire une œuvre abondante : *The Sea* (1973), sombre satire de la société provinciale anglaise ; *Bingo* (1973), dont le personnage principal est Shakespeare ; *The Fool* (1975), sur la vie du poète John Clare ; *The Woman* (1978), inspiré de la guerre de Troie ; *Restoration* (1981), *Summer* (1982). Influencé à la fois par Brecht, le théâtre oriental et la tragédie grecque, le théâtre de Bond, malgré son socialisme teinté d'anarchisme, apparaît de plus en plus comme l'œuvre d'un moraliste.

BIBLIOGRAPHIE SÉLECTIVE. — Malcolm Hay and Philip Roberts, *Bond : A Study of his Plays,* London, Eyre Methuen, 1980.

Saved[1] (1965)

He jerks the pram violently.

PETE Thass 'ow they 'ang yer—give yer a jerk.
MIKE Reckon it'll grow up an idiot.
PETE Or deformed.
BARRY Look where it come from.
PETE Little bleeder.[2]

He jerks the pram violently.

That knocked the grin off its face.
MIKE Look! Ugh!
BARRY Look!
COLIN What?

They all groan.

PETE Rub the little bastard's face in it!
BARRY Yeh!
PETE Less 'ave it!

He rubs the baby. They all groan.

BARRY Less 'ave a go! I always wan'ed a do that!
PETE Ain'[3] yer done it before?

Barry does it. He laughs.

COLIN It's all in its eyes.

Silence.

FRED There'll be a row.
MIKE It can't talk.
PETE 'Oo cares?
FRED I tol' yer.
COLIN Shut up.
BARRY I noticed 'e ain'[4] touched it.
COLIN Too bloody windy.[5]

1. La pièce se passe dans les milieux pauvres des quartiers sud de Londres. Pam a laissé son bébé dans son landau dans un parc après lui avoir donné de l'aspirine pour le faire dormir. Un groupe de jeunes, parmi lesquels Fred, le père présumé de l'enfant, s'approche du landau et commence à plaisanter sur le bébé, devenant peu à peu de plus en plus violent. En 1965 la scène apparut scandaleuse et le *Lord Chamberlain*, responsable de la censure, demanda des coupures que Bond refusa de faire. La pièce fut interdite en représentation publique et dut attendre 1969 pour pouvoir être présentée publiquement en Grande-Bretagne.

2. *Little bleeder :* petit salaud.

3. *Ain' : haven't.*

4. *Ain' : hasn't.*

5. *Windy :* trouillard.

FRED Yeh?
PETE Less see yer.
BARRY Yeh.
PETE 'Fraid she'll ruck[1] yer.
FRED Ha!
He looks in the pram.
Chriss.
PETE Less see yer chuck that.
Pete throws a stone to Fred. Fred doesn't try to catch it. It falls on the ground. Colin picks it up and gives it to Fred.
MIKE *(quietly)*. Reckon it's all right?
COLIN *(quietly)*. No one around.
PETE *(quietly)*. They don't know it's us.
MIKE *(quietly)*. She left it.
BARRY It's done now.
PETE *(quietly)*. Yer can do what yer like.
BARRY Might as well enjoy ourselves.
PETE *(quietly)* Yer don't get a chance like this everyday.
Fred throws the stone.
COLIN Missed.
PETE That ain't'![2]
He throws a stone.
BARRY Or that!
He throws a stone.
MIKE Yeh!
COLIN *(running round)*. Where's all the stones?
MIKE *(also running round)*. Stick it up the fair![3]
PETE Liven 'Ampstead 'eath![4] Three throws a quid! Make a packet.[5]
MIKE *(throws a stone)*. Ouch!
COLIN 'Ear that?
BARRY Give us some.
He takes stones from Colin.
COLIN *(throws a stone)*. Right in the lug 'ole.

1. *To ruck :* engueuler.
2. *That ain't! :* « Ce coup-là, je l'ai pas raté ! »
3. *Stick it up the fair! :* « On va le mettre dans un stand de jeu de massacre ! »
4. *Liven 'Ampstead 'eath! :* « Ça mettra de l'animation dans Hampstead Heath ! » *Hampstead Heath :* grand parc du nord de Londres.
5. *Make a packet :* « On gagnerait un gros paquet. »

Fred looks for a stone.

PETE Get its 'ooter.[1]

BARRY An' its slasher![2]

FRED *(picks up a stone, spits on it).* For luck, the sod.

He throws.

BARRY Yyooowwww!

MIKE 'Ear it plonk!

A bell rings.

MIKE 'Oo's got the matches?

He finds some in his pocket.

BARRY What yer doin'?

COLIN Wan'a buck up!

MIKE Keep a look out.

He starts to throw burning matches in the pram. Barry throws a stone. It just misses Mike.

Look out, yer bleedin' git!

COLIN Guy Fawkes![3]

PETE Bloody nutter! Put that out!

MIKE No! You 'ad what you want!

PETE Yer'll 'ave the ol' bloody park 'ere!

A bell rings.

BARRY Piss on it! Piss on it!

COLIN Gungy[4] slasher.

MIKE Call the R.S.P.C.A.[5]

A bell rings.

FRED They'll shut the gates.

PETE *(going).* There's an 'ole in the railin's.

BARRY 'Old on.

He looks for a stone.

PETE Leave it!

BARRY Juss this one!

He throws a stone as Pete pushes him over. It goes wide.

Bastard!

To PETE Yer put me off!

1. *Hooter :* nez.
2. *Slasher :* pénis.
3. *Guy Fawkes :* l'un des auteurs de la Conspiration des Poudres (1605). Son souvenir est célébré le 5 novembre de chaque année par des feux de joie et des pétards.
4. *Gungy :* sale.
5. *R.S.P.C.A. : Royal Society for the Prevention of Cruelty to Animals.*

PETE I'll throttle yer!

BARRY I got a get it once more!

The others have gone up left. He takes a stone from the pram and throws it at point blank range. Hits.

Yar!

COLIN Where's this 'ole!

MIKE Yer bleedin' gear!

FRED Chriss.

He runs down to the rod and boxes. He picks them up.

BARRY Bleedin' little sod!

He hacks into the pram. He goes up left.

PETE Come on!

A bell rings. Fred has difficulty with the boxes and rod. He throws a box away.

FRED 'Ang on!

He goes up left.

They go off up left, making a curious buzzing. A long pause. Pam comes in down left.

PAM I might a know'd they'd a left yer. Lucky yer got someone t' look after yer. Muggins 'ere.[1]

She starts to push the pram. She does not look into it. She speaks in a sing-song voice, loudly but to herself.

'Oo's 'ad yer balloon. Thass a present from grannie. Goin' a keep me up 'alf the night? Go t' sleepies.[2] Soon be 'ome. Nice an' warm, then. No one else wants yer. Nice an' warm. Soon be 'omies.[3]

(Scene VI)

1. *Muggins 'ere :* « Je suis bien cruche. »
2. *Go t' sleepies :* « Fais dodo. »
3. *'Omies :* à la maison.

GLOSSAIRE

Les termes ou expressions expliqués ci-dessous sont ceux qui apparaissent suivis d'un astérisque dans les introductions et dans les notes.

Angry Young Men. Nom donné au milieu des années 1950 à un groupe de jeunes écrivains (parmi lesquels Kingsley Amis, John Osborne, Alan Sillitoe et John Braine) qui cherchaient à exprimer leur révolte contre une Angleterre qu'ils jugeaient trop bourgeoise.

Baptisme. Secte protestante prônant le baptême à l'âge de raison, et par immersion.

Blank verse. En poésie anglaise, désigne l'usage du pentamètre iambique* non rimé.

Bloomsbury Group. Nom donné à un groupe d'intellectuels (parmi lesquels l'économiste John Maynard Keynes, le biographe Lytton Strachey, les peintres Duncan Grant et Roger Fry, les écrivains Virginia Woolf et E. M. Forster), qui se rencontraient dans le quartier de Bloomsbury à Londres (quartier de l'université et du « British Museum ») dans les années qui précédèrent la Première Guerre mondiale. Très attachés aux valeurs de l'humanisme et de l'art, ils étaient en réaction contre les conventions victoriennes et contribuèrent à renouveler la vie culturelle anglaise.

Celtic Revival. Mouvement de renaissance de la langue et de la culture gaéliques qui se développa en Irlande à partir des années 1890 et auquel participèrent des écrivains comme Yeats, Synge et George Moore.

Comédie de mœurs. En anglais *Comedy of Manners.* Type de comédie qui s'intéresse moins aux personnages populaires ou à la bourgeoisie citadine qu'à la bonne société, dont elle représente les travers, les affectations et les ridicules. Elle s'épanouit à la Restauration avec George Etherege, William Wycherley et William Congreve.

Conceit. Terme qui vient de l'italien *concetto* (idée, concept), utilisé par Pétrarque et les pétrarquistes ainsi que par les poètes Métaphysiques*. Il désigne une idée ou expression ingénieuse présentée sous forme d'une métaphore développée et visant à créer un effet de surprise ou de paradoxe.

Controverse de Martin Marprelate. Pseudonyme (qui signifie littéralement « Martin gâche-prélat ») derrière lequel s'abritèrent les auteurs de pamphlets puritains lancés à partir de 1588 contre les évêques de l'Eglise anglicane. Des écrivains, dits antimartinistes, comme John Lyly et Thomas Nashe, furent recrutés par l'archevêché pour répondre dans le même style, c'est-à-dire dans une veine populaire et satirique. Le débat fit rage jusqu'en 1593.

Déisme. Attitude religieuse consistant à admettre l'existence d'un Etre suprême tout en rejetant la révélation. Souvent confondu avec l'athéisme, par amalgame polémique.

Distique héroïque. En anglais *heroic couplet.* Ensemble de deux pentamètres iambiques* rimés.

Emblème. Image allégorique surmontée d'une devise et accompagnée d'un texte en vers qui en interprète la signification. Le premier livre d'emblèmes est publié en Italie par le juriste André Alciat en 1531 et la vogue de ce genre d'ouvrages s'étendra à toute l'Europe aux XVIe et XVIIe siècles. En Angleterre, les plus célèbres sont ceux publiés par Geoffrey Whitney (1586) et George Wither (1635).

Euphuisme. Style artificiel et maniéré mis à la mode par les romans précieux de John Lyly, *Euphues or the Anatomy of Wit* (1578) et *Euphues and His England* (1580).

Evangelical. Nom donné au mouvement religieux qui, à partir du XVIIIe siècle, chercha à rénover l'Eglise anglicane en insistant sur le salut par la foi et sur les responsabilités sociales du chrétien. Son influence fut grande pendant toute la période victorienne.

Fop. Petit-maître. Terme anglais qui se répand sous la Restauration, pour désigner celui qui prête une attention excessive à son apparence, et privilégie l'affectation sous toutes ses formes.

Gothic Revival. Renouveau de l'intérêt pour l'architecture gothique qui commença à la fin du XVIIIe siècle et se développa au XIXe siècle sous l'influence de Ruskin. Toute l'architecture victorienne en porte la marque.

Grotesque. Désigne en peinture le style ornemental lancé en Italie par Raphaël et Vasari, à la suite de la découverte vers 1500 des motifs fantastiques décorant les murs des pièces enfouies *(grottesca)* de la Maison Dorée de Néron à Rome. A l'image de ces entrelacs de chimères, d'arabesques de feuillages et d'animaux, le style grotesque désigne en littérature un mélange de bouffonnerie et de bizarre, l'alliance du rire et du macabre.

Héroï-comique. En anglais *mock-heroic.* Distorsion satirique du discours littéraire consistant à évoquer en termes nobles, voire grandiloquents, des faits ou des personnages triviaux, voire méprisables.

Humeurs. Dans la physiologie de l'Antiquité, qui continue de prévaloir à la Renaissance, elles désignent les principaux fluides corporels composant les quatre grands tempéraments. Il s'agit du sang (chaud et humide), qui donne l'humeur sanguine, de la bile jaune (chaude et sèche), qui donne l'humeur colérique, de la bile noire (froide et sèche), qui donne l'humeur mélancolique, et du flegme (froid et humide), qui donne l'humeur flegmatique. La comédie des humeurs, dont le principal partisan est Ben Jonson, met en scène des personnages dominés par une humeur principale *(Every Man in His Humour).*

Jacobitisme. Les jacobites sont les partisans de Jacques II, chassé du trône en 1688, et de ses descendants, qui prétendent à la couronne d'Angleterre. Les jacobites sont actifs en Ecosse. D'importants soulèvements jacobites ont lieu en 1715 et en 1745.

Latitudinarisme. Mode de la sensibilité religieuse qui, dans l'Eglise d'Angleterre des XVIIe et XVIIIe siècles, se traduit notamment par une moindre attention aux questions de dogme ainsi qu'aux structures ecclésiales. Favorables à la tolérance, plus enclins que d'autres à croire à la bonté de l'être humain, les latitudinariens attachent une grande importance à tout ce qui relève de la charité active.

Libéralisme. Cette tendance théologique qui se manifesta à partir de la fin du XVIIIe siècle rejetait tout dogmatisme, privilégiant l'expérience individuelle du chrétien et cherchant à éclairer les textes sacrés à la lumière de la critique historique.

Masque. Spectacle donné à la Cour lors des fêtes d'hiver, généralement pour une seule représentation, et caractérisé par le luxe des costumes et des décors ainsi que par l'ingéniosité des machines utilisées pour les effets scéniques. C'était un divertissement savant et allégorique, un éloge de l'harmonie et de l'ordre visant à flatter la personne du souverain, dont le thème est souvent emprunté à la mythologie antique. Ben Jonson eut l'idée de l'agrémenter d'un *antimasque* introduisant des personnages difformes ou fantastiques (satyres, géants, sorcières) à des fins de variété, de comique et de contraste. Le *Masque* connaît son apogée sous le règne de Jacques Ier et de Charles Ier.

Moralité. En anglais *Morality play*. Drame qui se développe au Moyen Age et qui se maintient en Angleterre jusqu'au milieu du XVIe siècle. Il consiste en une représentation allégorique de la quête de la rédemption et de la lutte, au sein de l'âme humaine, entre le péché (incarné par les Vices) et le désir du salut. Elle se distingue des Mystères, qui sont des représentations processionnaires d'épisodes tirés de la Bible.

Mummers' Plays. Divertissement populaire donné à Noël et à Pâques et qui provient d'anciens rites païens de la fertilité. D'abord procession silencieuse de personnages masqués (*to « mum »* signifie se taire), il devient par la suite un petit drame burlesque représentant le combat de saint Georges contre un chevalier turc ou contre Belzébuth. Saint Georges y est régulièrement occis avant qu'un miraculeux Docteur, surgi de l'assistance, ne procède ensuite à la résurrection du saint. Le preux, une fois ranimé, déploie une énergie farouche qui lui fait enfin mettre en déroute l'infidèle ou le malin.

Non-conformistes. En anglais *Nonconformists* ou *Dissenters*. Terme générique désignant les protestants de toutes tendances situés à l'extérieur de l'Eglise d'Angleterre.

Ottava rima. Strophe de huit pentamètres iambiques* avec agencement des rimes de type *a b a b a b c c*.

Pathetic fallacy. En français faux pathétique ou animation poétique. Procédé consistant à prêter à la nature et aux éléments des sentiments humains et à les faire réagir aux émotions du poète ou des personnages. Terme inventé par John Ruskin dans *Modern Painters* (vol. 3, 1856).

Pentamètre iambique. Forme la plus courante en Angleterre, ce vers comporte dix syllabes tantôt non accentuées tantôt accentuées, qui donnent un rythme ascendant, avec un total idéal de cinq accents forts.

Poésie, poètes Métaphysiques. Poètes du XVIIe siècle qui, à la suite de Donne, cultivent le trait d'esprit et recherchent des analogies inédites *(conceit*)*. L'adjectif « métaphysique », utilisé par Dryden puis par Samuel Johnson, fut d'abord employé dans un sens plutôt critique avant d'être remis à l'honneur par T. S. Eliot dans les années 1920-1930.

Poètes Cavaliers. Poètes lyriques, épris de concision et de perfection formelle, qui chantent l'amour et le plaisir et qui gravitent dans l'orbite de la Cour. Attachés au roi Charles Ier, ils défendirent sa cause pendant la guerre civile contre les attaques des Têtes rondes *(Roundheads)*, surnom qui désignait alors les puritains.

Portmanteau words (mots-valises). Mots fabriqués par la fusion de plusieurs mots en un seul. Ils furent inventés par Lewis Carroll (ainsi *slithy* est la conjonction de *lithe* et de *slimy*) et abondamment utilisés par Joyce.

Presbytérianisme. Branche du protestantisme, de tradition calviniste. En Angleterre, les presbytériens sont des non-conformistes. L'Eglise d'Ecosse, qui est une Eglise « établie », est presbytérienne.

Pré-Raphaélites. Nom que se donnèrent en 1848 un groupe de peintres et de critiques très liés à Ruskin (parmi lesquels J. E. Millais, D. G. Rossetti et W. Holman Hunt) qui voulaient revenir à la pureté de la peinture du Quattrocento contre ce qu'ils considéraient comme l'influence corruptrice de Raphaël. Leur peinture exprime un symbolisme mystique aux thèmes souvent médiévaux.

Scriblerus Club. Club littéraire fondé en 1713. Y participent Pope, Swift, les poètes Gay et Parnell, le médecin et publiciste John Arbuthnot, l'homme d'Etat Robert Harley, comte d'Oxford. D'inspiration *tory*, le club entend censurer les offenses au bon goût.

Stream of consciousness (flux de la conscience). Technique narrative qui cherche à retrouver le flux chaotique des impressions intérieures avant leur émergence au langage articulé. Elle fut pratiquée en particulier par James Joyce, Virginia Woolf et William Faulkner. Elle est parfois aussi appelée *interior monologue*.

Strophe spensérienne. Strophe de neuf vers, avec agencement des rimes de type *a b a b b c b c c*. Huit pentamètres iambiques* y sont suivis d'un alexandrin.

Système syllabique-accentuel. Système traditionnel de la poésie anglaise depuis Chaucer et qui combine un nombre d'éléments accentués avec un nombre défini de syllabes.

Tory. A l'origine terme d'insulte. Désigne les partisans de la prérogative de la couronne sous la Restauration. Fidèles soutiens de l'Eglise d'Angleterre, liés aux propriétaires terriens et aux *squires*, parfois partisans des Stuarts exilés, les *tories* sont tenus à l'écart du pouvoir sous le règne de George Ier et de George II. Au XIXe siècle, le parti *tory* prend l'appellation de « conservateur ». Le terme *tory* est encore utilisé aujourd'hui.

University Wits. Beaux esprits formés à Oxford et à Cambridge et qui renoncent à la traditionnelle carrière ecclésiastique pour animer la vie littéraire à Londres au XVIe siècle. Il s'agit essentiellement de Marlowe, de Robert Greene, de John Lyly et de Thomas Nashe. En dehors de la poésie et, pour certains, du roman, tous s'essaient au théâtre, où ils réussiront moins bien que le « parvenu » William Shakespeare !

Utilitarisme. Philosophie développée par Jeremy Bentham à la fin du XVIIIe siècle, selon laquelle la motivation de tout acte n'est jamais autre que l'intérêt personnel et le seul critère de la qualité morale d'un acte est le plaisir ou la peine qu'il procure au plus grand nombre d'individus de la communauté.

Whig. Adversaires des *tories,* les *whigs,* hostiles à l'absolutisme, favorables aux non-conformistes et aux classes marchandes, s'identifient aux valeurs de la Glorieuse Révolution de 1688-1689 et au principe de liberté, puis, après l'accession de George Ier en 1714, à la dynastie de Hanovre. Au XIXe siècle, ce terme tend à céder la place à celui de libéral.

Index

Il n'est fait état, dans le présent index, que des auteurs effectivement traités dans l'anthologie.

Imprimé en France
Imprimerie des Presses Universitaires de France
73, avenue Ronsard, 41100 Vendôme
Février 1991 — N° 36 625